漢學研究叢書・文史新視界叢刊

援經入律

——《唐律疏議》立法樞軸與詮釋進路

Quoting of Confucian Classics into Tang Law：
The Core Value of Legislation and Interpretation
Method of *Tanglu Shuyi*

劉怡君　著
by Liu, Yi-Chun

文史新視界叢刊編輯委員會

（依姓名筆劃排序）

如蝶振翼

——《文史新視界叢刊》總序一

近年赴中國大陸學術界闖盪的臺灣文科博士日益增多，這當中主要包括兩類人才。一類是在臺灣學界本就聲名卓著、學術影響鉅大的資深學者，他們被大陸名校高薪禮聘去任教，繼續傳揚他們的學術。另一類則是剛拿到博士文憑，企盼進入學術職場，大展長才，無奈生不逢時，在高校發展面臨瓶頸，人力資源飽和的情況下，雖學得一身的文武藝，卻不知貨與何家、貨向何處！他們多數只能當個流浪教授，奔波各校兼課，猶如衝州撞府的江湖詩人；有的則委身屈就研究助理，以此謀食糊口，跡近沉淪下僚的風塵俗吏。然而年復一年，何時了得？於心志之消磨，術業之荒廢，莫此為甚！劉芝慶與邱偉雲不甘於此，於是毅然遠走大陸，分別在湖北經濟學院和山東大學闖出他們的藍海坦途。如劉、邱二君者，尚所在多有，似有逐漸蔚為風潮的趨勢，日益引發文教界的關注。

然而無論資深或新進學者西進大陸任教，他們的選擇與際遇，整體說來雖是臺灣學術界的損失，但這種學術人才的流動，卻很難用一般經濟或商業的法則來衡量得失。因為其所牽動的不僅是人才的輸入輸出、知識產值的出超入超、學術板塊的挪移轉動，更重要的意義是藉由人才的移動，所帶來學術思想的刺激與影響。晚清名儒王闓運應邀至四川尊經書院講學，帶動蜀學興起，因而有所謂「湘學入蜀」的佳話。至於一九四九年後大陸遷臺學者，對戰後臺灣學術的形塑，其

影響之深遠鉅大，今日仍在持續作用。當然用此二例比方現今學人赴大陸學界發展，或有誇大之嫌。然而學術的刺激與影響固然肇因於知識觀念的傳播，但這一切不就常發生於因人才的移動而展開的學者間之互動的基礎上？由此產生的學術創新和知識研發，以及伴隨而來在文化社會等現實層面上的實質效益，更是難以預期和估算的。

劉芝慶和邱偉雲去大陸任教後，接觸了許多同輩的年輕世代學者，這些學人大體上就屬於剛取得博士資格，擔任博士後或講師；或者早幾年畢業，已升上副教授的這個群體。以實際的年齡來說，大約是在三十五歲至四十五歲之間的青壯世代學人。此輩學人皆是在這十來年間成長茁壯起來的，這正是中國大陸經濟起飛，國力日益壯大，因而有能力投入大量科研經費的黃金年代。他們有幸在這相對優越的環境下深造，自然對他們學問的養成，帶來許多正面助益。因而無論是視野的開闊、資料的使用、方法的講求、論題的選取，甚至整體的研究水平，都到了令人不敢不正視的地步。但受限於資歷與其他種種現實因素，他們的學術成果的能見度，畢竟還是不如資深有名望的學者，這使得學界，特別是臺灣學界，對他們的論著相對陌生。於其而言，固然是遺憾；而就整體人文學界來說，無法全面去正視和有效地利用這些新世代的研究成果，這對學術的持續前進發展，更是造成不利的影響。

因而當劉芝慶和邱偉雲跟我提及，是否有可能在臺灣系統地出版這輩學人的著作，我深感這是刻不容緩且意義重大之舉。於是便將此構想和萬卷樓圖書公司的梁錦興總經理與張晏瑞總編輯商議，獲得他們的大力支持，更決定將範圍擴大至臺灣、香港與澳門，計畫編輯一套包含兩岸四地人文領域青壯輩學者的系列叢書，幾經研議，最後正式定名為《文史新視界叢刊》。關於叢刊的名稱、收書範圍、標準等問題，劉、邱二人所撰的〈總序二〉已有交代，讀者可以參看，茲不

重複。但關於叢刊得名之由，此處可再稍做補充。

其實在劉、邱二君的原始構想中，是取用「新世界」之名的，我將其改為同音的「新視界」。二者雖不具備聲義同源的語言學關係，但還是可以尋覓出某種意義上的關聯。蓋因視界就是看待世界的方式，用某種視界來觀看，就會看到與此視界相應或符合此視界的景物。採用不同以往的觀看方式，往往就能看到前人看不到的嶄新世界。從這個意義來說，所謂新視界即新世界也，有新視界才能看到新世界，而新世界之發現亦常賴新視界之觀看。王國維曾說：「凡一代有一代之文學。」若將其所說的時代改為世代，將文學擴大為學術，則亦可說凡一世代皆有一世代之學術。雖不必然是後起的新世代之學術優或劣於之前的世代，但其不同則是極為明顯的。其中的關鍵，就在於彼此觀看視域的差異。因而青壯輩人文學者用新的方法和視域來研究，必然也能得到新的成果和觀點，由此而開拓新的學術世界，這是可以期待的。

綜上所述，本叢刊策畫編輯的主要目的有二：第一，是展現青壯世代人文學術研究的新風貌和新動能；第二，則是匯集兩岸四地青壯學者的最新研究成果，從中達到相互觀摹、借鑑的效果。最終的目標，還是希冀能對學術的發展與走向，提供正向積極的助力。本叢刊之出版，在當代學術演進的洪流中，或許只不過如蝴蝶之翼般輕薄，微不足道。但哪怕是一隻輕盈小巧的蝴蝶，在偶然一瞬間搧動其薄翅輕翼，都有可能捲動起意想不到的風潮。期待本叢刊能扮演蝴蝶之翼的功能，藉由拍翅振翼之舉，或能鼓動思潮的生發與知識的創新，從而發揮學術上的蝴蝶效益。

西元二〇一七年九月十二日
車行健謹識於政治大學

總序二

　　《文史新視界叢刊》，正式全名為《文史新視界：兩岸四地青壯學者叢刊》。本叢刊全名中的「文史」為領域之殊，「兩岸四地」為地域之分，「青壯學者」為年齡之別，叢書名中之所以出現這些分類名目，並非要進行「區辨」，而是立意於「跨越」。本叢刊希望能集合青壯輩學友們的研究，不執於領域、地域、年齡之疆界，採取多元容受的視野，進而能聚合開啟出文史哲研究的新視界。

　　為求能兼容不同的聲音，本叢刊在編委群部分特別酌量邀請了不同領域、地區的學者擔任，主要以兩岸四地青壯年學者來主其事、行其議。以符合學術規範與品質為最高原則，徵求兩岸四地稿件，並委由萬卷樓圖書公司出版。系列叢書不採傳統分類，形式上可為專著，亦可為論文集；內容上，或人物評傳，或史事分析，或義理探究，可文、可史、可哲、可跨學科。當然，世界極大，然一切僅與自己有關，文史哲領域門類甚多，流派亦各有不同。故研究者關注於此而非彼，自然是伴隨著才性、環境、師承等等因素。叢刊精擇秀異之作，綜攝萬法之流，即冀盼能令四海學友皆能於叢刊之中尋獲同道知音，或是觸發新思，或是進行對話，若能達此效用，則不負本叢刊成立之宗旨與關懷。

　　至於出版原則，基本上是以「青壯學者」為主，大約是在三十五歲至四十五歲之間。此間學者，正值盛年，走過三十而立，來到四十不惑，人人各具獨特學術觀點與師承學脈，也是最具創發力之時刻。若能為青壯學者們提供一個自由與公正的場域，著書立說，抒發學術

胸臆，作為他們「立」與「不惑」之礎石，成為諸位學友之舞臺，當是本叢刊最殷切之期盼。而叢書出版要求無他，僅以學術品質為斷，杜絕一切門戶與階級之見，摒棄人情與功利之考量，學術水準與規範，乃重中之重的唯一標準。

而本叢刊取名為「新視界」，自有展望未來、開啟視野之義，然吾輩亦深知，學術日新月異，「異」遠比「新」多。其實，在前人研究之上，或重開論述，或另闢新說，就這層意義來講，「異」與「新」的差別著實不大。類似的題目，不同的說法，這種「異」，無疑需要吸收前人研究成果。然領域的開創，典範的轉移，這種「新」，又何嘗不需眾多的學術積累呢？以故《文史新視界叢刊》的目標，便是希望著重發掘及積累這些「異」與「新」的觀點，藉由更多元豐厚的新視界，朝向更為開闊無垠的新世界前進。

最末，在數位時代下，吾輩皆已身處速度社會中，過去百年方有一變者，如今卻是瞬息萬變。在此之際，今日之新極可能即為明日之舊，以故唯有不斷追新，效法「天行健，君子以自強不息」之精神，方不為速度社會所淘汰。當然，除了追新之外，亦要維護優良傳統，如此方能溫故知新、繼往開來。而本叢刊正自我期許能成為我們這一時代文史哲學界經典傳承之轉軸，將這一代青壯學者的創新之說承上啟下的傳衍流布，冀能令現在與未來的同道學友知我此代之思潮，即為「新視界叢刊」成立之終極關懷所在。

劉芝慶、邱偉雲　序

董序

　　儒學思想自漢代以來即成為中國文化的主流，對政治、教育、經濟、法律……等各層面影響甚鉅，儒家經典遂備受重視。迄於唐代，因《五經正義》的撰述完成，更奠定了經學的尊崇地位。

　　與《五經正義》幾乎同時頒行的《唐律疏議》，為現存中國最早的法典，也是中華法系最具代表性的法典，影響及於東北亞、東南亞各地域。其內容深受經學的影響，以故研究《唐律疏議》，不能不深究經學與其交融互匯的關係。

　　世新大學中文系助理教授劉怡君，在畢業於東吳大學中文系學士班後，通過考試院司法特考，取得任官資格，曾任臺北地方法院書記官。為求深造，又考入東吳大學中文系碩士班、政治大學中文系博士班就讀，在學期間並至法律系旁聽多門課程。因求學與工作的關係，對經學與律學深感興趣，於選擇博士論文題目時，乃以《唐律疏議》為研究對象，探討經學對律學的影響。在本人與政治大學法律系教授黃源盛共同指導之下完成論文，結構完整嚴謹，內容充實精審，獲得口試委員的一致好評。

　　劉怡君助理教授於取得博士學位後，獲聘於世新大學中文系任教，對博士論文並不自滿，為求精益求精，乃於教學研究、相夫教子之餘，不斷進行修改。既再廣蒐資料，又充實內容，並將題目調整為《援經入律——《唐律疏議》立法樞軸與詮釋進路》，以期與全書主旨及內涵更相符應。萬卷樓圖書公司得知以後，對此一跨越經學與律學領域之作極感興趣，擬印行出版以嘉惠學界。我對劉怡君助理教授

好學深思及不斷求進之精神，深表肯定，並期許其有更多更好的研究
成果展現，因樂為之序如上。

2022年元月　政治大學中文系名譽教授　董金裕謹識

黃序

　　法史學研究的範圍，理想上宜包括法律規範、法律制度、法律思想、法律意識乃至司法實踐等幾個層面，在具體探討時，觀照的面向則涵蓋「現象世界」、「根源世界」與「意義世界」等三個向度，一方面要能重現歷史實象，另一方面要能在歷史實象中探因，才能從中得到借鏡與啟發。

　　世間萬象，千般因緣，二〇〇二年秋，來自文學院的怡君，端坐在政大法史學的課堂上，教室裡學生熙來攘往，唯她勤勉專注，醉心於此，聽講十餘年不輟，青山皓日，溪澗潺潺，初心不改。其間，二〇〇九年夏，因緣俱足，擔任怡君博士論文的指導教授，她將目光聚焦於《唐律》之上，中華法制歷史到了李唐一代，風華獨具，《唐律》上承魏晉隋遺緒，下開宋明清宏軌，體大思精，一準乎禮，是中華法系的經典之作，與西方的羅馬法相互輝映。「法律不應祇是空具軀殼，更須有其靈魂」，經學即是《唐律》的精魄。

　　法史學是一門法學與文史學交錯的學科，一九九五年春，適逢史學界高明士教授主持「唐律研讀會」，每月聚首一次，逐條研讀《唐律疏議》，昕夕講貫。一九九九至二〇〇一年間，受邀兼課於臺大歷史學系，高教授親領門下碩、博士生到場聞聽「比較刑法史」、「比較民法史」等課程，開啟法學界與史學界的交流整合，《唐律》的研究出現前所未有的蓬勃景象。怡君薰習文學已久，熟稔各類古文，擅於釐析文獻及義理建構，她邁進《唐律》研究的行列，法史學界再增添一名新生代的俊彥，令人感奮。

　　法規範，背後有其制度在支撐，制度的背後則有思想在導引，而思想是規範與制度的種子。此書旨在透過對《唐律疏議》的爬梳，推究法律的根源與流變，探求背後的原因與意義，以抽絲剝繭的方式，觀察經學與律學千絲萬縷的連繫，由形而上向形而下落實，重建「援經入律」的歷史實象，論證其立法樞軸與詮釋進路皆立基於經學。

　　我常認為，完整而深刻的法史學研究，離不開「史料」、「史實」、「史論」三大要點，必須兼及「歷史描述」與「歷史解釋」，而現象世界的重現是法史學研究的開端，是一切推論與評價的根本，能避免因主觀臆測而流於無根之論、空疏之文。怡君聰慧敏思，恰如其分地重現當時的景況，以此為基石，條分縷析，論述索源，若松間明月與石上清泉，和諧相成。今付梓問世，欣慰之餘，樂為之序。

2022壬寅新正
於外雙溪犁齋

目次

第一章
緒論[*]

第一節　問題意識的形成

一　研究的背景

　　自漢武帝接受董仲舒「推明孔氏，抑黜百家」的建議後[1]，儒家學說遂成為中國文化的主要思想，儒家經典自然也成為歷代學者所關注的焦點，以經為學，蔚然成風，是以經學在中國學術史中波瀾壯闊地發展，經學對中國文化的影響既深且鉅自不待言。中國傳統學術如：史學、文學、語言文字學等大多導源於經書，而法律、禮俗等現實生活層面也是受到經書的影響。[2]熊十力《讀經示要》曰：「夫六經廣大，無所不包通，而窮極變化真源，則大道恆常，人生不可不實體也。」[3]儒家經典是聖人垂教萬世著作，承載著恆常不變的道理，同

* 本書改寫自拙著《經學對律學的影響──《唐律疏議》研究》（臺北：國立政治大學中國文學系博士論文，2012年），撰寫博士論文期間渥蒙恩師董金裕教授、黃源盛教授悉心啟導，及榮獲國科會100年度「獎勵人文與社會科學領域博士候選人撰寫博士論文」獎勵金（100DFA0200027）資助完成，謹此深致謝忱。

1 班固：《漢書》（臺北：鼎文書局，1983年）卷56〈董仲舒傳〉：「及仲舒對冊，推明孔氏，抑黜百家，立學校之官，州郡舉茂材孝廉，皆自仲舒發之。」頁2525。

2 葉國良、夏長樸、李隆獻編著：《經學通論》（臺北：國立空中大學，1996年）：「我國傳統學術大多導源於經書，如史學、文學、語言文字學等是，而法律、禮俗等現實生活層面也是受經書的影響。」頁45。

3 熊十力：《讀經示要》（臺北：廣文書局，1945年），第一講，頁129。

是也是君王治理天下以及人民日常生活所遵奉的圭臬。經學是理解這些恆常不變的道理的一門學問，就經學的本質而言，「致用」是經學的基本精神，經學的終極目標則在於「經世」。如欲達成「經世致用」的目的，僅憑藉自我實踐的效果有限，但倘若經學中的理念落實到國家律典內成為具體的法律條文，因而具有不得不實踐的強制性，則經學中的理念也就有全面推行的可能性，具有在積極上強制遵循與消極上避免違反的實踐性意義，此即「經學運用」研究的內涵與要旨。同時，這也是之所以從經學的角度，探討中國傳統律典的一個重要理由。

首先，必須先叩問一個最根本的問題：在中國歷史上，經學是否確實對法律造成影響？有無文獻資料可以支持這個論點？解決上述的問題後，才能討論接下來的幾個問題：何以法律會受到經學的影響？經學影響法律的層面有哪些？法律受經學影響後具有哪些獨特之處？解答以上這些問題，是為了處理下列的問題：戰國中期商鞅改李悝《法經》之「法」為「律」後，直至清末，兩千多年的主要成文法典，皆以「律」為名[4]，歷朝歷代的律學雖各有姿態樣貌，然而血脈相連，自成一個體系，是為中華法系。清末民初時期，迫於時局，遂引進大量西方法制，中華法系至此斷裂崩解。中華法系是中國文化智慧的結晶，是否真的毫無可取之處？應該如何評驚其歷史地位與價值？最重要的是，受經學影響的傳統法律能否提供現代法學一些啟發？是否能促使現代法律更符合民族的精神與情感？

4　商鞅「改法為律」之說，可參見郭建、姚榮濤、王志強：《中國法制史》（上海：上海人民出版社，2006年），頁18；何勤華：《律學考》（北京：商務印書館，2004年），頁1；張晉藩：《中國法制史》（臺北：五南圖書出版公司，1992年），頁80等。祝總斌〈關於我國古代的「改法為律」問題〉一文否定商鞅「改法為律」之說，異於相關領域多數學者所提出的傳統論點，然而此論點尚未形成定論，筆者暫採用傳統論點。

　　在檢閱相關文獻時，發現經學對法律的影響最早可以向上推衍至
漢代。西漢時，司法審判遇到疑難案件時，官員以經義解釋法律條
文，甚至直接援引經義而不引用法律條文，經義成為審判的最終判
準。凡符合經義的行為，即使違背法律仍可能免罪；反之，凡違背經
義的行為，即使未觸犯法律仍可能受罰。東漢時，經學家為漢律作章
句，章句今雖不存，但這些經學家的詮釋活動乃是根植於經學思維之
上，章句中必然烙印著經學思潮的印記，待未來相關文獻出土，當可
證實此點。東漢的「引經決獄」和西漢的「引經解律」促成魏晉南北
時期的「引經制律」，隨著歷史條件的成熟，以及合適的時代氛圍，
經學與律學的融攝在唐代達到高峰。

　　《唐律疏議》是宋、元、明、清歷代制定法典的藍本[5]，透過對
各個朝代的研究，當可以看到經學對律學悠遠流長的影響。中國傳統
法律既受到經學深刻的影響，那麼，透過經學掌握中國傳統法律的深
層結構，當是一個相當重要的研究視角。王宏治指出：

> 經學就是關於儒家經典的訓詁注疏、義理闡釋以及其學派承
> 繼、演變等方面的學問。自漢武帝「廢黜百家，獨尊儒術」，
> 將儒家經典定為一尊以來，經學就成為了整個中國文化的主
> 體。……不知、不懂經學，即不可能真正了解中國的歷史，了
> 解中國的文化，當然也就不可能真正了解中國的傳統法律。[6]

5　劉俊文點校《唐律疏議》（北京：法律出版社，1999年）「點校說明」說：「從法學
　　研究的角度看，《唐律疏議》是我國現存最早、最完整的封建法律著作，它集戰國
　　秦漢魏晉南北朝至隋以來封建法律理論之大成，成為宋元明清歷代制定和解釋封建
　　法典的藍本。」頁3、4。
6　王宏治：〈經學：中華法系的理論基礎——試論《唐律疏議》與經學的關係〉，收入
　　《中華法系國際學術研討會文集》（北京：中國政法大學出版社，2007年），頁50。

此中說明了不知、不懂經學，就無法了解中國的傳統法律，也揭示了在中國學術史上經學與傳統法律的緊密關係。如果可以站在經學的立場考察經學與律學在歷史長河中相摩相盪的互動牽引，將有助於呈現傳統律學的完整面貌，同時也拓展了經學的研究向度，進一步了解經學與律學在歷史的縱深發展脈絡裡的流變衍嬗。

透過經學抉發中國傳統法律的深層意義，這種研究方式涉及了現代學科分類的問題，現代學科分類一方面促使學術研究更為精深，另一方面卻也造成學術活動有所侷限。就前者而言，對於學術專業性的加強，有其不可磨滅的價值；就後者而言，限縮了研究的視野，也是應當加以批評的。任何學科的研究必須將內在義理與社會的橫向關係加以聯繫，才能使得概念命題中所蘊含的文化意義不至於被抽離。因此，嘗試開拓「援經入律」此一跨學科領域的議題，從經學的視域釐析《唐律疏議》，審視唐代經學與律學綰合的歷史圖像。

二　問題的提出

晚清修律以後，中華法系解體了，但並未消亡，其中一些基本的精神和價值是中國法文化生存和發展的核心。在新的歷史條件下重塑中華法系，不是單純地復古，而是要創造性地繼承，學習一切外來民族先進法文化來豐富中國的法文化，建立具有中國特色的的法律體系和法治模式，一方面要吸收外國先進的法律理論和制度，另一方面則需汲取中國幾千年法制文明和法文化傳統的精華，這就需要加強中國古代法制的研究，特別是對古代中華法系代表法典《唐律疏議》的研究。[7]中國古代律典的制定者、注解者常常因著政治需求，促使儒家

7　俞榮根〈唐律學：傳承與趨勢——兼及戴炎輝的唐律研究〉，收入黃師源盛主編：

經典滲透進國家律典，甚至將儒家經典與國家律典融攝為一個整體，若能循著此一思路去建構法律流變的軌跡，當有助於整個學術思想嬗衍的建構將更加立體而全面，且當代法學立法、釋法、用法也能根植於中國固有文化，而非盲目地將外國現成的法律橫向移植至中國。

《唐律疏議》絕非儒家經典簡單的再現、模仿、抄襲而已，而是將儒家經典的義理底蘊和精神內涵融攝在律典的體系之中，以達到安定國家政局與維護社會秩序的目標。至於如何將《唐律疏議》中那些未直接標明所引經典，隱匿於幽深之處的經義勾稽出來，則有賴於長時間下工夫抽絲剝繭了。柳正權認為中國傳統法制的研究有三個目標：

> 一是通過歷史透視，知道傳統法制是什麼；二是在此基礎上，研究為什麼是此而非彼，為什麼是這麼；三是意義探究，挖掘中國傳統法制之意義，使之成為創造未來的行動和力量工具。[8]

此三個目標正是筆者思考的方向，又胡旭晟在討論「法史研究新格局」時說：

> 「歷史」呈現於史學家的視野中，原本就是三個不同的「世界」：一是現象世界，即歷史「是什麼」，二是根源世界，即歷史「為什麼是什麼」，三是意義世界，即歷史能為我們的現在和將來提供什麼，或者說，「過去」在與「現在」和「將來」

《法史學的傳承‧方法與趨向——戴炎輝先生九五冥誕紀念論文集》（臺北：中國法制史學會，1994年），頁129。

8　柳正權：〈中國法制史研究方法之探討〉，收入倪正茂主編：《法史思辨——二〇〇二年中國法史年會論文集》（北京：法律出版社，2004年），頁25。

的統一體中意味著什麼。[9]

依據柳、胡二氏的思考脈絡，至少要處理三個向度的問題：第一、就現象世界而言，要「描述」的是：《唐律疏議》「援經入律」的具體情況如何？第二、就根源世界而言，要「追究」的是：《唐律疏議》何以要「援經入律」？第三、就意義世界而言，要「探求」的是：《唐律疏議》「援經入律」的歷史地位、意義與價值為何？[10]研究目的即是為了探求以上問題的答案。這些問題的解答與建構，是法史學的重要視域，同時也是經學史的研究向度。

最後，要說明一個問題，目前學界普遍認為中華法系的基本特點是「禮法結合」，這樣的思考角度原則上相當正確，也很切合中國法制的實際情形，那麼為什麼不以「禮」作為主要概念切入主題，而選擇以「經」作為研究視角探討問題？主要是因為「禮」的概念在運用上，如果不能以儒家經典作為基礎，就無法確切地掌握「禮學」的義理底蘊，難免流於浮泛模糊，帶有幾分想當然爾的味道[11]，即使能以儒家經典與自己的論說相互印證，使得研究成果不流於空泛或臆測，在理論開展時仍然會遭遇到一個問題，這個問題的產生是由於「禮」雖是中華法系的重心，主要依據的經典為《周禮》、《儀禮》、《禮

9　胡旭晟：〈「描述性的法史學」與「解釋性的法史學」──我國法史研究新格局評析〉，收入《解釋性法史學──以中國傳統法律文化的研究為側重點》（北京：中國政法大學出版社，2005年），頁6。

10　胡旭晟〈「描述性的法史學」與「解釋性的法史學」──我國法史研究新格局評析〉：「現象的世界需要描述，根源的世界需要追究，意義的世界需要探求。」收入《解釋性法史學──以中國傳統法律文化的研究為側重點》，頁6。

11　夏新華〈比較法律史：中國法律史學研究的新視角〉：「用『禮法結合』來概括中華法系的基本特點，給人的認識是籠統的、難於確定的。就此概括並進一步闡釋，也有剪不斷理還亂的若干頭緒。」收於倪正茂主編：《法史思辨──二○○二年中國法史年會論文集》，頁158。

記》，然而中華法系的理論基礎並不限於此，如果以「禮」作為切入點，不免會受到侷限，如果能以「經」作為切入點，在建構中國傳統法律歷史圖像時將更周全。

第二節　研究對象與範圍

一　研究的對象

如要透過「經學」的視角審視中國歷史長河中經學與律學千絲萬縷的關係，應當對歷朝歷代的律典進行全面而深入的分析研究，以架構出立體而全面的流變發展，縱向地定位出各時期經學與律學的關係，並將各個時代的情況相互比況。然而，囿於有限的時間與學養，不可能在短時間內以一己之力全面而深入的抉發歷朝歷代律典中的經學思想。因此，在面對如此遼闊寬廣的學術版圖時，僅能簡擇重要的文獻加以分析討論。

那麼，應該簡擇何者作為研究對象？據筆者對中國傳統法律研究成果的觀察，則唐代當該是最重要的時期，而《唐律疏議》則是這個時期最具代表性的律典。因為秦漢到隋朝的律書，存留的都是殘文，至今仍完整保存，並對後代影響最大者實為《唐律疏議》。《唐律疏議》一書包括「律」、「注」、「疏」三個部分，皆是討論的對象。根據前輩學者宏觀式的研究，絕對多數學者都認定《唐律疏議》是中華法系中「經律結合」的代表性法典，茲舉數家學者之說法以明之：

> 儒家之禮教觀，自兩漢以還，隨經學之盛，而整個控制中國法律思想，歷魏晉六朝，相沿不磨，至於唐而益顯。[12]

12 徐道鄰：《唐律通論》（臺北：臺灣中華書局，1958年），頁30-31。

從漢代的「經義斷獄」、「原心」定罪開始，到唐代以《唐律疏議》為代表、「一准乎禮」的中華法系的確立，以禮入法，以經注律，經學與法律徹底地結合了起來。[13]

《唐律》引用大量的儒家經句，把它們作為立法的依據，涉及的經句來自《詩》、《書》、《禮》、《易》、《春秋》、《公羊》、《左傳》、《爾雅》和《孝經》等。有的篇還援引得特別多，如〈名例律〉僅五十七條，但出現經句就有四十餘處。[14]

從《疏議》中也可以看到，完全是以儒家經典《詩》、《書》、《易》、《禮》、《春秋》的基本思想來注釋《唐律》，有些條文，實際上是把禮義道德規範直接納入法律，使儒家學說法典化。[15]

《唐律疏議》緊密的綰合經學與律學，帶有濃厚的經學色彩，深刻的反映出經學對律學流變發展的影響。雖然，《唐律疏議》的成究成果甚為豐碩，且提及《唐律疏議》與「經學」關係密切者也不在少數，但或許是礙於篇幅的限制，又或許是作者的研究重心不在於此，多半僅以寥寥數頁或數行提點若干重要的面向，未能深入發掘經學對律學影響的細節，迄今仍未見以「經學」為視角釐析《唐律疏議》的學術專著。因此，希望藉由本書的研究探討，填補這個至今依然存在的罅漏。

再者，《唐律疏議》上稽秦漢魏晉之大成，下立宋元明清之楷模，在中國法制史上占有承先啟後的關鍵地位，是學習與掌握中國古

---

13 許道勛、徐洪興：《中國經學史》（上海：上海人民出版社，2006年），頁405。
14 王立民：《唐律新探》（北京：北京大學出版社，2007年），頁59。
15 陳鵬生主編：《中國法制通史》（北京：北京大學法學院，1999年），第4卷，頁126。

代法律制度的本質及其特點的必由之路。[16]同時，由於唐朝國勢強盛，《唐律疏議》成為鄰近東亞他國仿效的對象，對於整個東亞法文化有著極為深遠的影響。[17]因此，本書以《唐律疏議》作為主要的研究對象，深入探討「援經入律」的議題。

二　研究的範圍

在時間的設限上，雖然以唐代作為考察的核心，但是為了建構經學與律學綰合的演變軌跡，明瞭唐代「援經入律」達到高峰前的醞釀期，故將時間拉長，向上推衍至漢代以及魏晉南北朝時期，以瞭解這種學術傾向的發端。

就唐代官員而言，他們在制定與解釋律條時，乃是根植於儒家經

---

16 黃師源盛《漢唐法制與儒家傳統》（臺北：元照出版公司，2009年）：「唐承隋業，其刑律又因襲開皇遺緒，上稽秦漢魏晉之大成，下立宋元明清之楷模；尤其，唐高宗時太尉長孫無忌等人所撰的《永徽律疏》，本著『網羅訓詁，研覈丘墳』的精神，條分縷別，句推字解，而又文詞茂美，堪稱是中華法系的一大傑作。」頁178；劉俊文《唐律疏議箋解》（臺北：中華書局，1996年）：「唐律是我國現存最古老、最成熟、最完備的封建法典，是中華法律文化的優秀代表。它不僅在中國法制史上占有承前啟後的關鍵地位，而且曾經覆蓋整個古代東亞，被譽為『東方的羅馬法』。」頁1；喬偉《唐律研究》（濟南：山東人民出版社，1985年）：「《唐律》結構嚴謹，文字簡潔，注疏確切，舉例適當，可以稱之為『中華法系』的代表作，在世界法律發展史上也占有極其重要的地方。……研究《唐律》是學習與掌握中國古代法律制度的本質及其特點的必由之路。」頁1。

17 黃師源盛《中國法史導論》（臺北：元照出版公司，2012年）：「西元七世紀的『東亞』法文化，是以中國的《唐律》為中心，東沿朝鮮半島以至日本列島，南垂中南半島之地域，幾乎均受隋唐法律文化的被及，而造就出世所公認的『中國法文化圈』，在東亞前近代各國的法律制度中，具有領袖群倫的母法地位。」頁70、71。另可參見楊鴻烈：《中國法律在東亞諸國之影響》（臺北：臺灣商務印書館，1971年），頁1-35。

典的理論基礎之上，儒家經義即是他們的「先見」[18]，「先見」又稱為「前見」[19]或「歷史性」[20]。因此，《唐律疏議》將經義融攝於國家律典之中，而國家律典即是經義的具體表現，並大量的援引經典中的文句解釋律條。儒家經典當是研究的前理解，唯有確切地掌握儒家經典中的義理思想，方能抉發唐代國家律典中的經義，探究中國傳統法律深層結構中的文化意義。唐朝建立後，唐太宗認為儒家經典時代久遠，文字訛謬，下詔考定《周易》、《尚書》、《毛詩》、《禮記》、《春秋左氏傳》等五經，由顏師古主其事，後又下詔孔穎達等人撰定《五經正義》，整理儒家經典的文字與義理，以解決儒學多門，章句繁雜的問題[21]，此五經也是《唐律疏議》援引最多的儒家經典。

---

18 周慶華〈「格義」學的歷史意義與現代意義〉一文註17也指出：「任何的詮釋活動，詮釋者必須根據他已知的知識範疇和對存有的體驗以及生命的體會，來決定他為詮釋對象所作的詮釋。而這一已知的知識範疇和對存有的體驗以及生命的體會，就是『先見』。」收入《國際佛學研究年刊》（靈鷲山般若文教基金會、國際佛學研究中心，1992年），頁140。

19 伽達默爾著、洪漢鼎譯《真理與方法》（上海：上海譯文出版社，1999年）：「一切理解都必然包含某種前見，這樣一種承認給予詮釋學問題尖銳的一擊。」頁349。

20 黃俊傑〈從儒家經典詮釋史觀點論解經者的「歷史性」及其相關問題〉：「所謂解讀者的『歷史性』，是指任何經典解讀者都不是也不可能成為一個空白『無自性』的主體。經典解釋者就像任何個人一樣地生存於複雜的社會、政治、經濟、歷史文化的網絡之中，他既被這些網路所制約，又是這些網路的創造者。經典解釋者所生存的這種複雜的網絡，基本上是一種具體的存在，也是一種歷史的存在，因為這些網絡因素都是長期的歷史的積澱所構成的，所以，我們簡稱為『歷史性』。經典解讀者的『歷史性』包括解經者所處的時代的歷史情境和歷史記憶，以及他自己的思想系統。」收入《中國經典詮釋傳統（一）通論篇》（臺北：國立臺灣大學出版中心，2004年），頁345、346。

21 《貞觀政要》卷7〈崇儒學〉：「貞觀四年，太宗以經籍去聖久遠，文字訛謬，詔前中書侍郎顏師古於秘書省考定五經，及功畢，復詔尚書左僕射房玄齡集諸儒重加詳議。時諸儒傳習師說，舛謬已久，皆共非之，異端蜂起。師古輒引晉、宋已來古本，隨方曉答，援據詳明，皆出其意表，諸儒莫不嘆服。太宗稱善者久之，賜帛五百匹，加授通直散騎常侍，頒其所定書於天下，令學者習焉。太宗又以儒學多門，

　　除《五經正義》所簡擇的《周易》、《尚書》、《毛詩》、《禮記》、《春秋左氏傳》等五部儒家經典外，將其餘儒家典籍也列入探討的範圍之內，主要的原因如下：第一、漢代已有七經之說[22]，漢儒援引儒家經典審判獄案時，所援引的儒家經典已旁及其他儒家經典，不限於此五經。[23]第二、唐玄宗時，明經考試已由五經增加為九經，所增者為《周禮》、《儀禮》、《公羊傳》、《穀梁傳》，唐玄宗並親注《孝經》。第三、唐文宗開成年間所立石經，已有《易經》、《尚書》、《詩經》、《春秋》、《左傳》、《公羊》、《穀梁》、《周禮》、《儀禮》、《禮記》、《論語》、《爾雅》、《孝經》等十二經。第四、《孟子》一書，雖然唐代尚未被列為經書，但在宋代備受推崇，被列入群經之中，《唐律疏議》中如有援引《孟子》之處也一併討論。第五、《易經》、《尚書》、《詩經》、《春秋》、《左傳》、《公羊》、《穀梁》、《周禮》、《儀禮》、《禮記》、《論語》、《爾雅》、《孝經》、《孟子》等十三部儒家經典，《唐律疏議》皆有所援引，可見在《唐律疏議》制定之初，此十三部儒家經典就已深受重視。另外，《大戴禮記》、《尚書大傳》以及解經、補經的緯書，也在討論的範圍之內。

章句繁雜，詔師古與國子祭酒孔穎達等諸儒，撰定五經疏義，凡一百八十卷，名曰五經正義，付國學施行。」頁384。

22 李威熊《中國經學發展史論（上冊）》（臺北：文史哲出版社，1988年）：「歷來所謂七經，主要有下列數種說：1. 詩、書、禮、樂、易、春秋、論語。（見《後漢書》卷六十五張純傳李賢注）但後漢書趙典傳注則以五經加論語、孝經為七經。2. 尚書、毛詩、周禮、儀禮、禮記、春秋公羊傳、論語。（見李敦七經小傳、王應麟小學紺珠）3. 易、書、詩、春秋、周禮、儀禮、禮記。（見清康熙御纂七經）三家之說，以後漢書李賢注為最早，各家之說乃就其所見或研究之經數而言，並無特殊意義，故不大為後人所注意。又東漢熹平石經所刻有周易、尚書、魯詩、儀禮、春秋、公羊傳、論語等七經。」頁9、10。

23 黃源盛《中國法史導論》：「兩漢以『經義』決獄的風氣相當盛行，尤其是引孔子所作《春秋》一書為主，此風甚至延續到六朝之末，此即所謂的『春秋折獄』。」「引經以決獄，並不以援引《春秋》為限，其它經典，如《詩經》、《禮記》、《論語》、《孟子》、《尚書》等儒家經典，均在其列。」頁190、191。

第三節　研究成果的回顧與反思

　　綜觀前輩的研究，從外圍背景考察至實質內容探討皆有所抉發闡述，成果豐碩，筆者無意將所有的研究成果一一羅列出來並加以介紹，僅呈現較為重要學者及其著作，這些研究成果將有助於掌握《唐律疏議》的內容。

一　研究成果的回顧

　　首先，是劉俊文點校的《唐律疏議》[24]，以目前所知板刻時代最早的《四部叢刊》三編所收上海涵芬樓影印滂熹齋藏宋刊作為底本，聚集宋元明清各種刻本、鈔本互校，並充分利用了敦煌、吐魯番出土的唐寫本殘卷對勘，這是目前學界研究《唐律疏議》最常使用的版本，本書亦是採用此版本。劉氏另著有《唐律疏議箋解》[25]，就唐律的「歷史淵源」、「編纂沿革」、「篇章結構」、「內容真髓」、「標準解釋」和「實施情況」等六個方面略加考析，勾勒出唐律的總體輪廓，並在點校《唐律疏議》的基礎上，對疏文引徵的史料、典制、語詞等加以箋釋，對律條律意、淵源、演變等進行剖析，並補充了大量案例。此外，還有曹漫之主編的《唐律疏議譯注》[26]與錢大群《唐律疏義新注》[27]也是學界必備的工具書。曹漫之主編的《唐律疏議譯注》以滂熹齋藏宋刊本為底本，參以孫星衍校《岱南閣叢書》本《故唐律疏議》等版本，先對《唐律疏議》進行點校，再對律文、疏議作譯

---

24 劉俊文點校：《唐律疏議》，臺北：中華書局，1986年。

25 劉俊文：《唐律疏議箋解》，北京：中華書局，1996年。

26 曹漫之主編：《唐律疏議譯注》，長春：吉林人民出版社，1989年。

27 錢大群：《唐律疏義新注》，南京：南京師範大學出版社，2007年。

注。注釋以闡釋疏解為主，不作繁瑣考證。錢大群《唐律疏義新注》以「引述」、「原文」、「譯文」、「注釋」四部分解讀，「引述」的部分是據《唐律》的基本原則為綱，以現代刑法學的視角分層次概括要旨；「譯文」的部分全面應對原文各部分，消解語言障礙而有助於對照參驗；「注釋」部分著重引證律義及詞語之所由，並指示重點及難點之所在。這類的書籍需要淵博的學問與積累的工夫才能完成，對於研究《唐律》有相當大的助益。

　　徐法源纂、孫大鵬補《中國歷代法制考》五冊，楊鴻烈《中國法律發達史》、《中國法律對東亞諸國之影響》以及陳顧遠等所著的《中國法制史》等著作都涉及《唐律》，而且篇幅都不小。徐道鄰《唐律通論》說明研讀《唐律》的意義、地位、影響、精神實質、特點，並指出《唐律》中的新穎思想，分析《唐律》在內容上和立法技術上的得失，在研究的觀點上頗見新意，但有過於維護《唐律》的弊病。[28]喬偉《唐律研究》[29]，上編為〈總論〉，論述《唐律》產生與形成、五刑、十惡、八議及其他各項原則；下編為〈各論〉，分「反對和侵犯皇室罪」、「侵犯人身安全罪」、「侵犯官私財物罪」、「危害公共安全罪」、「妨害管理秩序罪」、「職務上的犯罪」、「軍事上的犯罪」、「審判上的犯罪」等八大類說明。楊廷福《唐律初探》[30]，集結〈《唐律疏議》制作年代考〉、〈《唐律》的社會經濟基礎及其階級本質〉、〈略論《唐律》的歷史淵源〉、〈《唐律》內容評述〉、〈《唐律》對中國封建法律的影響〉、〈《唐律》對亞洲古代各國封建法典的影響〉、〈我國古代法制建設的一些借鑒〉等六篇論文，其中作者對日本學者提出的現存《唐律疏議》是《開元律疏》的觀點進行了反駁，從文獻著錄、敦煌

28　徐道鄰：《唐律通論》，重慶：中華書局，1945年。

29　喬偉：《唐律研究》，濟南：山東人民出版社，1986年。

30　楊廷福：《唐律初探》，天津：人民出版社，1982年。

寫本、《唐律疏議》的刊本、《唐律疏議》中出現的避諱等七方面進行論述，考定《唐律疏議》是《永徽律疏》，是《唐律》研究的重要成就。王立民《唐律新探》[31]，提出了唐律、令、格和式都是屬刑法的新論點，而且還做了嚴謹、具體的論證。依據記載、有關規定、令格式的邏輯結構、實施情況等方面進行分析，指出違反令格式都要受到刑事處罰，這就決定了令格式都是刑法的一部分，這個論點頗見新意，並將《唐律》與前朝、後代、國外的法律比較。劉俊文《唐代法制研究》[32]，分「立法」、「法典」、「司法」、「法制演變」四個方面，集中探討唐代法制中諸如唐代的立法制度與沿革、唐律的歷史淵源、唐律與禮的關係、唐格的性質與作用、唐代的司法審判程序與執刑制度、唐代三司的構成與地位，以及唐代前後期法制的變化等具有關鍵性的問題，書末並附文指陳《新唐書‧刑法志》記述之謬失。劉俊文、池田溫主編《中日文化交流史大系（2）——法制卷》[33]，將日本對唐朝律令的學習和改革、兩國律令的異同進行比較，以及兩者在立法原則和內容上相一致，僅在「流刑」、「八議」、「十惡」、「贖刑」、「量刑」等少數問題上有差異。楊鶴皋《魏晉隋唐法律思想研究》[34]，指出《唐律疏議》集我國古代禮法融合思想於大成，將「三綱」法律化，並仔細梳理儒學復興派、永貞革新派，以及陸贄、白居易等人匡世救弊、改良法制的思想主張。鄭顯文《唐代律令制》[35]，以現存的唐代律、令、格、式四種法律形式為線索，結合新出土的文獻資料敦煌吐魯番文書，以及中外古代典籍，對唐代律令格式的法律體

---

31 王立民：《唐律新探》，上海：社會科學院出版社，1993年。

32 劉俊文：《唐代法制研究》，臺北：文津出版社，1999年。

33 劉俊文、池田溫主編：《中日文化交流史大系（2）——法制卷》，杭州：浙江人民出版社，1996年。

34 楊鶴皋：《魏晉隋唐法律思想研究》，北京：大學出版社，1995年。

35 鄭顯文：《唐代律令制》，北京：北京大學出版社，2004年。

系、中日律令制的關係以及律令格式體制下的唐代經濟、民事、宗教和涉外法律進行了探討。

　　戴炎輝的《唐律通論》[36]、《唐律各論》[37]在兩岸三地及日本學界都受到高度肯定，被視為《唐律》研究的經典之作，奠定其在《唐律》研究上的崇高地位。《唐律通論》共分三編，第一編〈總論〉，先說明《唐律》在法制史上的地位、〈名例〉篇之沿革、民刑責任劃分、犯罪與刑罰、刑事犯與行政犯的內涵等；第二編〈名例〉，將〈名例〉篇五十七條條文分為二十六章詳細述釋；第三編為「附錄」，將《唐律》五百零二條律文一一列出，並標示條、款、項、目。《唐律各論》分上、下兩冊，就《唐律》五百零二條律文逐一闡釋，考論精詳。林咏榮《唐清律的比較及其發展》[38]，分別從唐清律在吾國固有法上之重要性、唐清律的沿革、唐清司法制度的比較、唐清律的比較、唐清律與固有法及現行法之關係與比較等角度，多方面地比較唐清律。[39]蔡墩銘《唐律與近代刑事立法之比較研究》[40]，將《唐律》跟中古意大利、日耳曼法乃至各國現代刑法相比較。潘維和《唐律家族主義論》[41]，乃自其碩士論文改訂而成，此書後又改名為《唐律學通義》，以現代法學思想與法律體系之觀點，對唐律上的家族主義，作歷史

36　戴炎輝：《唐律通論》，臺北：元照出版公司，2010年。

37　戴炎輝：《唐律各論》上、下二冊，臺北：成文出版社，1988年。

38　林咏榮：《唐清律的比較及其發展》，臺北：國立編譯館，1982年。

39　陳惠馨：〈法史學的研究方法——從戴炎輝先生的相關研究談起〉，收於黃師源盛主編《法史學的傳承、方法與趨向——戴炎輝先生九五冥誕紀念論文集》，頁25-57。另參見2008年11月28、29日「戴炎輝教授百歲冥誕法學研討會」中由黃師源盛、黃琴唐、江存孝等共同撰寫的〈薪傳——台灣法學院法史學碩博士論文五十年〉一文。

40　蔡墩銘：《唐律與近代刑事立法之比較研究》，臺北：中國學術著作獎助委員會，1968年。

41　潘維和：《唐律家族主義》，臺北：嘉新水泥公司文化基金會，1968年。

的、比較的分析與系統的論述。勞政武《論唐明律對官人之優遇》[42]，乃自其碩士論文改訂而成，比較唐明律對待官人態度上的異同與得失。向淑雲《唐代婚姻法與婚姻實態》[43]，分由擇偶的身分、擇偶的過程、離婚、再娶與再嫁等方向討論法制與婚姻實態的關係。黃師源盛《漢唐法制與儒家傳統》[44]，上篇探究兩漢經義折獄，下篇探究《唐律》立法原理，並以儒家傳統貫穿全書，時而以當代法學觀念今古相互詮釋，在論證時，層層推進，勾勒出漢唐法律文化的風華。

高明士發起並主持「唐律研讀會」，結合史學界與法學界的師生共同參與研讀會，首開臺灣法學界與史學界的科際整合，有了相當豐碩的研究成果：《唐律與國家社會研究》[45]與《唐代身分法制研究——以唐律名例律為中心》[46]。民國九十三年（2004），「唐律研讀會」更名為「東亞法制與教育研讀會」，此時期的研究成果如下：《東亞傳統

42 勞政武：《論唐明律對官人之優遇》，臺北：萬年青書店，1875年。

43 向淑雲：《唐代婚姻法與婚姻實態》，臺北：臺灣商務印書館，1991年。

44 黃師源盛：《漢唐法制與儒家傳統》，臺北：元照出版公司，2009年。

45 高明士主編：《唐律與國家社會研究》，臺北：五南圖書出版公司，1999年。本書結集高明士〈導論：唐律研究及其問題〉、張文昌〈《唐律疏議》與三禮〉、甘懷真〈反逆罪與君臣關係〉、桂齊遜〈刑事責任能力〉、吳謹伎〈六贓罪的效力〉、劉馨珺〈「請求」罪與公私之分際〉、黃致茵〈編戶管理的法制化〉、李淑媛〈悔婚與嫁娶之關係〉、劉燕儷〈水上交通管理〉、陳俊強〈刑訊制度〉、陳登武〈唐宋審判制度中的「檢法」官〉、金相範〈時令與禁刑〉等十二篇論文。

46 高明士主編：《唐代身分法制研究——以唐律名例律為中心》，臺北：五南圖書出版公司，2003年。本書集結陳惠馨〈唐律「化外人相犯」條及化內人與化外人間的法律關係〉、高明士〈唐律中的家長責任〉、桂齊遜〈我國有律關於「同居相為隱」的理論面與實務面〉、黃致茵〈唐代三父八母的法律地位〉、劉燕儷〈從法律面看唐代的夫與嫡妻關係〉、翁育瑄〈從唐律的規定看家庭內的身分等級——唐代的主僕關係〉、甘懷真〈唐律中的罪的觀念：《唐律·名例律》篇目疏議分析〉、吳謹伎〈論唐律「計贓定罪量刑」原則——以名例律之規定為主〉、李淑媛〈唐代的自首——以私罪為核心之探討〉、陳俊強〈試論唐代流刑的成立及其意義〉、賴亮郡〈唐代衛官試論〉、古瀨奈津子〈從官員出身法看日唐官僚制的特質〉等十二篇論文。

教育與法制研究（一）教育與政治社會》[47]、《東亞傳統教育與法制研究（二）唐律諸問題》[48]、《東亞傳統家禮、教育與國法（一）家族、教育與國法》[49]、《東亞傳統家禮、教育與國法（二）家內秩序與國法》[50]。「唐律研讀會」的成員陸續出版相關專書：李淑媛《爭財競產：唐宋的家產與法律》[51]，第一章以同居共財制為核心，探討唐宋家庭財產制之型態，第二、三、四章偏重繼承形式的探討，第五章討論婦女財產繼承權的問題，最後將唐宋法令與現今法律作一番比較。陳登武《從人間世到幽冥界　唐代的法律、社會與國家》[52]，從「人

47 高明士主編：《東亞傳統教育與法制研究（一）教育與政治社會》，臺北：國立臺灣大學出版中心，2005年。該書與筆者有關之著作僅有翁育瑄〈唐宋有關親屬相犯案件的審理〉一文。

48 高明士主編：《東亞傳統教育與法制研究（二）唐律諸問題》，臺北：國立臺灣大學出版中心，2005年。本書收錄黃師源盛〈唐律不應得為罪的當代思考〉、賴亮郡〈唐律的加刑基準數及其相關刑度計算〉、桂齊遜〈唐代宮禁制度在政治與法律上的意義與作用〉、陳登武〈唐律對於「上書奏事」的相關規範——兼論唐代的「欺君罔上」〉、劉馨珺〈從生祠立碑談唐代地方官的考課〉、李淑媛〈唐代的緣坐——以反逆緣坐下的婦女為核心之考察〉、劉燕儷〈唐律私賤階層的夫妻關係與實態之探討〉等七篇論文。

49 高明士主編：《東亞傳統家禮、教育與國法（一）家族、教育與國法》，臺北：國立臺灣大學出版中心，2005年。該書與《唐律疏議》有關的著作只有陳惠馨〈《唐律》中家庭與個人的關係——透過教育與法制建構「家內秩序」〉一文。

50 高明士主編：《東亞傳統家禮、教育與國法（二）家內秩序與國法》，臺北：國立臺灣大學出版中心，2005年。本書集結張中秋〈家禮與國法的關係和原理及其意義〉、羅彤華〈「諸戶主皆以家長為之」——唐代戶主身分研究〉、桂齊遜〈唐律「家人共犯，止坐尊長」〉、劉燕儷〈唐律中的母子關係〉、李淑媛〈唐代的家庭暴力——以虐妻、毆夫為中心之思考〉、高橋芳郎〈唐代以來的竊盜罪與親屬——罪責減輕的緣由〉、翁育瑄〈戶婚律與家內秩序——唐代家庭的探討〉、劉馨珺〈爭山盜葬——唐宋墓田法令演變之探析〉、陳登武〈家內秩序與國家統治——以唐宋廿四孝故事的流變考察為主〉等九篇論文。

51 李淑媛：《爭財競產：唐宋的家產與法律》，臺北：五南圖書出版公司，2005年。

52 陳登武：《從人間世到幽冥界：唐代的法律、社會與國家》，臺北：五南圖書出版公司，2006年。

間世」的法律犯罪課題延伸到「幽冥界」的地獄審判，討論唐代法制的相關面向：透過庶民犯罪，檢視唐代訴訟制度的實際運作概況；庶民犯罪個案所彰顯的社會治安概況與國家的因應措施；如何運用超越法律之外的其他宗教或信仰的力量，降低犯罪率。劉燕儷《唐律中的夫妻關係》[53]，透過探討唐代夫妻關係的淵源、禮教規範的夫妻關係、法律中的夫妻關係與實態等方面，可以明瞭總結上古以來的發展，同時也可窺見唐之後的宋朝新方向。桂齊遜《國法與家禮之間──唐律有關家族倫理的立法規範》[54]，自唐律中與家族倫理有關之立法規範、家人犯罪的緣坐規定、與家族制度相關的恤刑規範，以及唐律對「復仇」課題特殊處分等四個範疇，來尋繹唐律保障家族倫理之立法規範，並進而探討「國法」與「家禮」之間的互動關係。

錢大群主持「唐律系列研究」的工作十載，從譯注《唐律》開始，到全面系統的研究分析，也有專題性的議題討論，是當代唐律學相當重要的成就成果，包括：錢大群、錢之凱《唐律論析》[55]，對唐初的政治制度及法制思想、唐律的制訂過程及篇章結構、唐律中的刑法原則與制度進行了論析，從維護皇權、宗法等級制度、家庭制度、經濟基礎、吏治、公共秩序、訴訟審判的依法進行等七方面闡述《唐律》，並敘述《唐律》對中國及東亞法制的影響。錢大群、夏錦文《唐律與中國現代刑法比較論》[56]，以現代法學體系為角度來研究《唐律》，從刑法學原則、刑法效力、犯罪構成、比附與類推、防衛與避險、犯罪階段、共同犯罪、量刑、累犯與自首、數罪併罪及犯罪

---

53 劉燕儷：《唐律中的夫妻關係》，臺北：五南圖書出版公司，2007年。

54 桂齊遜：《國法與家禮之間──唐律有關家族倫理的立法規範》，臺北：龍文出版社，2007年。

55 錢大群、錢之凱：《唐律論析》，南京：南京大學出版社，1989年。

56 錢大群、夏錦文：《唐律與中國現代刑法比較論》，南京：江蘇人民出版社，1991年。

種類等多方面將現代刑法與《唐律》進行比較。錢大群、郭成偉《唐律與唐代吏治》[57]，對唐代統治者的吏治思想、官吏的選任、管理、考核、監督等各項具體制度及其運作等加分析，並歸納唐代吏治的特點，討論吏治與唐代盛世的關係。錢大群《唐律與唐代法律體系研究》[58]，收錄〈強化對有職權者的法律監督──唐律廉政機制述論之一〉、〈阻卻冤假錯案產生的縱深立體防禦──唐律廉政機制述論之二〉、〈論唐律對官吏罪責追究的制度──唐律廉政機制述論之三〉、〈唐律是維護吏治的有力工具〉、〈論唐代法律體系與唐律的性質〉、〈論唐代法律體與《唐六典》的性質〉、〈再論唐代法律體與《唐六典》的性質〉、〈唐律立法量化技術運用初探〉、〈談《唐律疏議》三條律疏的修改問題──與王永興先生商榷〉、〈比較：唐律研究的一個好方法〉等十篇論文，以新的形勢反觀《唐律》在唐代法律建設中的作品，並將《唐律》置於唐代整個法律體系中研究其性質，也反映唐代法律體系與《唐六典》的性質，並探討《唐律》立法、考辨與研究方法等議題。錢大群《唐律研究》[59]是作者長期從事唐律研究的一部系統化的集成之作，指出研究唐律的重點在於唐代「正刑定罪」制度與觀點的總結與借鑒，將闡述唐律的任務、作用。全書的最後則概括了唐律的特點，其內容既對前代學者的傳統觀點作深入的闡述，又有作者自己的見解。

---

57 錢大群、郭成偉：《唐律與唐代吏治》，北京：中國政治大學出版社，1994年。
58 錢大群：《唐律與唐代法律體系研究》，南京：南京大學出版社，1996年。本書集結〈強化對有職權者的法律監督──唐律廉政機制述論之一〉、〈阻卻冤假錯案產生的縱深立體防禦──唐律廉政機制述論之二〉、〈論唐律對官吏罪責追究的制度──唐律廉政機制述論之三〉、〈唐律是維護吏治的有力工具〉、〈論唐代法律體系與唐律的性質〉、〈論唐代法律體系與《唐六典》的性質〉、〈再論唐代法律體系與《唐六典》的性質〉、〈唐律立法量化技術運用初探〉、〈談《唐律疏議》三條律疏的修改問題──與王永興先生商榷〉、〈比較：唐律研究的一個好方法〉等十篇論文。
59 錢大群：《唐律研究》，北京：法律出版社，2000年。

　　日本的《唐律》研究也有著極高的成就，戴炎輝即是師從日本法
制史學界的中田薰博士，將中國的《唐律》研究推到一個高峰。仁井
田陞的《中國法制史研究》[60]四巨冊及《唐令拾遺》[61]、《唐宋法律文
書の研究》[62]、《中國身分法史》[63]等名著，並與牧野巽共同完成《故
唐律疏議制作年代考上、下》二冊，以及池田溫主編的《唐令拾遺
補》[64]，瀧川政次郎為代表的《譯註日本律令》[65]共十一冊，中村裕
一《唐令逸文の研究》[66]，辻正博《唐宋時代刑制度の研究》[67]等，
皆對《唐律》研究有著重大的貢獻。

二　研究成果的反思

　　考察前輩的研究成果之後，想談談其中的二種研究趨向，一是以
「現代法學」為視角的研究趨向，一是以「歷史描述」為視角的研究
趨向。戴炎輝《唐律通論》、《唐律各論》兩部著作皆運用現代法律語
言、理論、體系去理解《唐律疏議》，此種以當代西方法學析解中國
傳統法律的研究方法，長期以來影響著法學界研究中國傳統法律的研
究取徑。運用現代法學的概念解釋《唐律》的研究方法，有助於熟悉
當代刑法的讀者了解《唐律》，但是不熟悉當代刑法的讀者在閱讀時
則會出現嚴重隔閡。再者，由於古今時空的不同，在就語言文字的流

60　仁井田陞：《中國法制史研究》，東京：東京大學出版社，1991年。

61　仁井田陞：《唐令拾遺》，東京：東京大學出版會，1983年。

62　仁井田陞：《唐宋法律文書の研究》，東京：東京大學出版會，1983年。

63　仁井田陞：《中國身分法史》，東京：東京大學出版會，1983年。

64　池田溫主編：《唐令拾遺補》，東京：東京大學出版會，1997年。

65　律令研究會瀧川政次郎等編：《譯註日本律令》，東京：東京堂，1999年。

66　中村裕一：《唐令逸文の研究》，東京：汲古書院，2005年。

67　辻正博：《唐宋時代刑制度の研究》，京都：京都大學學術出版會，2010年。

變史而言，至少會出現四種情形：（1）古今詞語相同，實質含義相同；（2）古今詞語相同，實質含義不同；（3）古今詞不同，實質含義相同；（4）古今詞語不同，實質含義不同。如果以現代法律的用語解釋《唐律》，只有在第一情形之下，研究的結果才能確實掌握《唐律》的原貌，但是實際情況是，現行法律乃是繼受他國法律而來，法律用語受到德語和日語等外來語的影響甚鉅，用語不僅因時間有古今之分，還因空間而有中外之別，古今詞語的實質含義要完全一致，並不容易。錢大群就曾明確指出，以當代刑法的用語解釋《唐律》的三種情況：一是有些概念與術語屬現代刑法與唐律所共有，但其內涵存在著實際上的差異；二是唐律中雖沒有那種名詞，但事實確有那種制度；三是現代刑法中沒有，唐律卻有那一類制度。[68]

　　法學界的學者已經注意到此種以「當代法學」為研究取徑可能的問題，陳惠馨說：「在研究中國法制史的過程中，我發現在研究時要小心避免的是，如何小心使用現代法學的法律用語，分類及體系觀點去分析傳統中國法律，或者說如何避免挪用現代法學上的法律用語、分類及體系觀點去理解傳統中國法律，以致於傳統中國法律體制無法如實的呈現出來。」[69]這種以「現代法學」的概念和制度來解釋《唐律疏議》的方法自有其價值與意義，但在勾勒出古代法律的圖像時也可能產生滑失和扭曲的現象，這是由於解釋者處在與《唐律疏議》完全不同的時空條件中所造成的「脈絡性的斷裂」，從而出現「以今釋古」、「強古就今」的問題。[70]

---

68 錢大群：〈關於唐律現代研究的幾個問題〉，收入《法史學的傳承‧方法與趨向　戴炎輝先生九五冥誕紀念論文集》，頁209。

69 陳惠馨：〈唐律「化外人相犯」條及化內人與化外人間的法律關係〉，收入《唐代身分法制研究——以唐律名例律為中心》（臺北：五南圖書出版公司，2003年），頁14。

70 李清良：〈黃俊傑論中國經典詮釋傳統：類型、方法與特質〉：「這類類型的詮釋學隱伏著內在的限制，解釋者由於處在與經典完全不同時空條件中而有『脈絡性的斷

　　學者如以「歷史描述」為視角研究《唐律疏議》，則其研究工作的重心在於還原《唐律疏議》原始的面貌為使命，以相當嚴謹的治學態度，對於史料字斟句酌，仔細且反覆地推敲、考據，務求逼真地展現《唐律疏議》在歷史縱深脈絡中的實況。此類學者的研究，務求客觀地展現歷史，而不主觀地解釋歷史，避免歪曲歷史。正因為如此，以「歷史描述」為視角的研究成果，通常以綿密的史料展現《唐律疏議》的某一議題，其研究成果處處可見學者紮實的考據功力。此種以「歷史描述」為視角切入法史學的研究，胡旭晟名為「描述性的法史學」，「描述性的法史學」認為「真實的歷史」原本外在於研究主體而獨立存在著，只有由史料所展現出來的歷史才是真實的歷史。[71]

　　以柳正權所提出的法制史研究的三個目標[72]而言，以「歷史描述」為研究視角的學者，以達成第一個目標為最終的學術使命，並不涉及第二個目標與第三個目標，要達成第二個目標和第三個目標，就必須透過學者對史料主觀地理解、闡述、掘發，才能探求問題的解答、開展理論的架構、呈現價值意義的層面，這就是「歷史解釋」。透過「歷史解釋」，過去的歷史將不僅僅是與研究主體疏離的客觀存在，而是與研究主體互為主體性。歷史文獻無法由自身取得某種意義，必須由研究主體加以詮釋後賦予某種意義，倘若學者不對史料進行詮釋的工作，那麼就會導致歷史文獻與研究主體之間的關係呈現斷

裂』，常不免以今釋古，強古就今；其流弊所及，或不免唐突經典，刑求古人，使古意泯滅，經典支解。」收入洪漢鼎主編：《中國詮釋學》第一輯（濟南：山東人民出版社，2003年），頁268。

71 胡旭晟：《解釋性的法史學──以中國傳統法律文化的研究為側重點》（北京：中國政法大學出版社，2005年），頁6、7。

72 柳正權：〈中國法制史研究方法之探討〉，收於倪正茂主編：《法史思辨──二〇〇二年中國法史年會論文集》（北京：法律出版社，2004年），頁25。另參見筆者第一章〈緒論〉第一節中「問題的提出」，頁4。

裂狀態，唯有歷史文獻與研究者互為主體，兩者產生對話，歷史文獻才不會僅僅是客觀的存在，才能具有生命力。值得注意的是，閻曉君曾指出：「如果歷史研究不是從研究史料出發、從歷史的真實出發，而是從理論到理論，再高明的理論也只是空中樓閣，這是很可怕的。」[73]任何解釋都必須以史料為基礎，唯有確切地掌握史料，貼近歷史的原貌，學者的詮解和論點才不會成為無根之談，而流於主觀的構想和臆測。簡言之，「歷史描述」是「歷史解釋」的基石，而「歷史解釋」賦予「歷史描述」生命。

　　《唐律疏議》的研究當兼顧「歷史描述」和「歷史解釋」，也就是說，一篇精闢的研究成果理當有「史」有「論」，夏錦文曾指出研究法律史至少要符合兩個基本要求：「其一，避免傳統的中國法律史研究中史料堆積多、分析論證少的現象，從而提高中國法律史研究的理論層次與水平，實現史論結合的良性互動；其二，改變傳統的中國法律史研究中分散零星研究多、全面系統研究少，個別考察多、關聯考察少的現象，揭示不同制度、思想和事件之間的邏輯聯繫，勾勒中國法律發展進程的理論軌跡。」[74]總而言之，「史」與「論」應當並重，如果研究不能以史料為基礎，而是從理論到理論，那麼再高明的理論，也會有掛空之感；反之，如果史料堆疊過多，缺乏分析論證，那麼研究的理論層次就無法開展，這類的研究成果將近似於史料彙整。如何從「歷史敘述」中抽繹「歷史解釋」是新一代研究者的使命。

　　歷史界學者桂齊遜指出：「法律文化實與時代背景、社會、經濟環境均有其密不可分之關係，倘脫離歷史時空來闡釋法文，或有空言

---

73 閻曉君：〈中國法制史的學科視野與研究方法〉，《法史思辨──二○○二年中國法史年會論文集》，頁19。

74 夏錦文：〈研究範式的轉換與中國法律史學科的性質和體系〉，《法史思辨──二○○二年中國法史年會論文集》，頁113。

著書之憾;同樣地,史學工作者對於法制史之研究,若毫無法學素養,則亦將陷於向壁虛造之失,於此足見法制史之難為於一斑,而法、史學界之間的科際整合與交流,似乎尤為必要。」[75]據筆者觀察,《唐律疏議》的研究成果確實多半由法學界與史學界兩大領域的學者長時間的努力所積累而來。事實上,法律發展史本身是一門交叉學科,與經學、科學、政治、經濟、社會等都有著錯綜復雜的關係,所以研究法律發展史應當與相關學科保持密切的學術聯繫。目前關於古代法律文獻的研究,著重於法學界和史學界的整合交流,中文學界較少投入,以「經學」為視角的研究仍是寂寞領域,值得進一步開發。事實上,不同領域的學者從不同的角度切入《唐律疏議》,也就提供了不同的觀察視角,透過不同學科的學者的共同努力,將有助於呈現《唐律疏議》全面而立體的面貌。

第四節　研究方法與進路的說明

一　研究的方法

　　詮釋學上有所謂的「詮釋循環」,認為闡釋文獻的意義是一個不斷反覆的歷程,詮釋者必須不時地瞻前顧後,方能釐定出一個有系統的指涉意義。因此,在理解一項語言表現的意義時,各部分的意義必須衡諸整體的意義,換句話說,局部理解所得到的意義,若無法獲得整體意義的印證,就失去效用,因此局部意義與整體意義之間必須有著一貫性,否則將會造成脈絡上的斷裂。徐復觀說:

---

75 桂齊遜:〈五十年來(1949-1999)臺灣有關唐律研究概況〉,收於《法制史研究》創刊號(臺北:中國法制史研究,2000年),頁201-237。

不通過局部，固然不能了解全體；但這種了解，只是起碼的了解。要做進一步的了解，更須反轉來，由全體來確定局部的意義；即是由一句而確定一字之義，由一章而確定一句之義，由一書而確定一章之義；由一家的思想而確定一書之義。這是由全體以衡定局部的工作。……因此，由局部積累到全體，由全體落實到局部，反復印證，這才是治思想史的可靠方法。[76]

在整體與部分兩者的互動關係間，聯結成有機性的結構，且互相制約影響，唯有透過部分和全體脈絡的循環詮釋，才能瞭解古人的思維結構，進入古人的心靈世界，與古人對話。簡言之，《唐律疏議》的律文、注文、疏文中所呈現的概念並不是孤立的存在，這些概念的確切意義必須在整個卷帙之中，乃至整部法典的思想脈絡之中才能加以掌握，而《唐律疏議》的每一個卷帙，乃至整部法典的精神義蘊也必須通過律文、注文、疏文的爬梳，逐字逐句去理解。[77]依據上述的觀點，筆者認為在法律思想專題的研究過程中，應當先建立一個思想的核心問題，並針對問題思索出一個答案。如此，一個問題，一個答案，構成局部的間架。進一步在所有的問答之間不斷的循環推衍，乃構成一有機連繫和結構整體，然後彼此相互衡定，釐出一個有系統的理論體系。這種研究方式，近似於柯林武德所提出的「問題邏輯」觀念：

　　一種哲學理論就是哲學家對自己所提出某種問題的解答。凡是

---

76 徐復觀：〈有關思想史的若干問題〉，《中國思想史論集》（臺北：臺灣學生書局，1981年），頁113-117。

77 黃俊傑：《孟學思想史論》（臺北：中央研究院文哲研究所籌備處，1997年）：「經典的文句中所呈現的概念並不是孤立的存在，這些概念的確切意義必須在整篇文章，乃至整部經典的思想脈絡之中才能加以掌握。反過來說，經典中的文章乃至全書的義蘊也必須通過文句，逐步去理解。」頁93。

不理解所提出的問題究竟是什麼的人，也就不可能希望他理解這種哲學理論究竟是什麼。換句話說，知識來自回答問題，但問題必須是正當的問題開出之以正當的次序。……「提問題的活動」並不是認識某一事物的活動；它不是認識活動的前奏，而是認識活動的一半，那另一半便是回答問題，這問答二者的結合就構成認識。這就是他所謂的問答哲學或問答邏輯。要了解一個人（或一個命題或一本書）的意義，就必須了解他（或它）心目中（或問題中）的問題是什麼。而他說的（或他所寫的）就意味著對於這一問題的答案。因此「任何人所作的一個陳述，就都是對某個問題所做的答案。」[78]

藉用這個觀念，如果要了解《唐律疏議》的意義，就必須先探求此部法典的核心問題是什麼，如此才能探得法典的答案以及對於問題所做的回答方式。問答之間一個緊扣一個，層層推衍構成一個系統邏輯，這就是「問答邏輯」。至於，如何能找出《唐律疏議》中的核心問題？此一問題可參考勞思光的「基源問題研究法」：

所謂「基源問題研究法」，是以邏輯意義的理論還原為始點，而以史學考證工作為助力，以統攝個別哲學活動於一定設準之下為歸宿。這種方法的操作程序大致如下：第一步，我們整理哲學理論的時候，我們首先有一個基本了解，就是一切個人或學派的思想理論，根本上必是對某一個問題的答案或解答。我們如果找到了這個問題，我們即可以掌握這一部分理論的總脈

---

78 R.G. 柯林武德（Robin George Collingwood）著；何兆武、張文杰譯：《歷史的觀念》（北京：商務印書館，2004年），頁3-5。

絡。……第二步，掌握了基源問題，我們就可以將所闡的理論
重新作一個展示，在這個展示過程中，步步都是由基源問題的
要求衍生的探索。因此，一個基源問題引出許多次級的問題；
每一問題皆有一解答，即形成理論的部分。最後一層層的理論
組成一整體，這就完成了個別理論的展示工作。……第三步，
我們將各時代的基源問題，排列起來，原即可以發現整個哲學
史的理論趨勢，但這仍不足以提供一種作全面判斷的理論根
據。要作全面的判斷，對哲學思想的進程及趨向作一種估價，
則我們必須另一套設準。[79]

勞著重於哲學史的寫作，其基源問題研究法最後必與一套設準配合，
並嘗試作全面性的價值判斷，而設準的提出，更表示作者的洞見與智
慧，由於焦點集中於定點、專題的探討，故而將重心置於「基源問題
研究法」的第一步和第二步。先利用基源問題研究法找到基源問題，
作為理論的根本起始與思想之核心問題，再配合問答邏輯的方式展現
一套詮釋循環的有機架構。[80]

　　雖然本書側重於法律思想的研究，但對於法律制度依然重視，因
為法律思想與法律制度的關係相當緊密，法律制度以法律思想作為基
礎，法律思想體現於法律制度之中。[81]早年因多方面情況的限制，導

79　勞思光：《新編中國哲學史》（臺北：三民書局，1987年），頁14-17。

80　此種結合詮釋學上的「詮釋循環」、柯林武德的「問答邏輯」以及勞思光的「基源
　　問題研究法」的研究方法，請參見江師淑君《程明道天人關係之理論內涵與主體實
　　踐》（臺北：淡江大學中國文學研究所碩士論文，1993年），頁11-14。

81　劉新、楊曉青〈中國法律思想史學科的對象與體〉：「在歷史上，某種法律制的形
　　成，總有一定的法律思想為指導，統治階級的代表人物的法律思想，也往往體現在
　　一定的法律制度中」，收於倪正茂主編《法史思辨——二〇〇二年中國法史年會論文
　　集》（北京：法律出版社，2004年），頁55。

致法史學科中法律思想與法律制度截然分開，即使關係很密切，仍是各說各的，不越雷池一步，造成二者共同的縱向聯繫與橫向聯繫被人為的割裂，互不相通。近代學者已經注意到這個問題，嘗試結合法律思想史與法律制度史，改寫為法律發展史，熔上下古今，立體平面，動靜諸態以及各種縱橫聯繫於一爐。

總之，在研究方法上，筆者先利用勞思光的「基源問題研究法」找出基源問題，筆者認為在《唐律疏議》的理論架構系統中最根源的問題是：「通經如何致用？」此一基源問題所衍生的次級問題相當的多元化，包含了形而上與形而下等不同層次的向度，將其衍生的次級問題與答案之間的環節相扣，配合柯林武德「問答邏輯」的方式展示一套有機的思想體系，並參考徐復觀治學的方法，由局部積累到全體，由全體落實到局部，確實掌握《唐律疏議》的精神底蘊，史料彙整與分析論證並重，架構出一條全面而有系統的思想脈絡。

二 研究的進路

在研究進路上，擬分為幾個步驟逐漸推進：首先，是對儒家經典思想底蘊的理解。唯有對儒家經典進行深入的理解，才能逐一簡別出《唐律疏議》中援引經學思想的部分。唐太宗詔孔穎達等人撰定《五經正義》，整理《周易》、《尚書》、《毛詩》、《禮記》、《春秋左氏傳》等儒家經典，《唐律疏議》中大量援用此五經，又《五經正義》代表著唐人對儒家經典的理解和看法，因此在研究程序上先探索儒家經典的義理以及唐人注疏的內容，當是重要的前理解。其次，則是對《唐律疏議》的理解，由於時間和空間的轉換造成隔閡，很難百分之百客觀還原《唐律疏議》的初始意義。那麼，我們如何掌握《唐律疏議》的義理底蘊？關於這個問題，黃俊傑提出二個方法：第一、將經典置

於它所處的歷史脈絡之中；第二、將對經典的解釋置於經典的脈絡之中。[82]也就是說，可以透過將《唐律疏議》於其所處的歷史脈絡與自身的義理血脈之中，以理性的智慧加以判斷，仔細地推敲出《唐律疏議》的原始樣貌。此外，學者詮解《唐律疏議》的相關著作，也有助於掌握與理解《唐律疏議》的真實意義。最後，是時代外緣背景的考察與相關文獻資料的蒐集，此項研究可以協助《唐律疏議》「援經入律」議題的開展，透過歷時性和共時性的向度，呈現「援經入律」此一議題在歷史縱深脈絡中的立體圖景。

　　本書透過對《唐律疏議》的逐字解讀，逐條探析，逐篇統整，將《唐律疏議》中的經學思維，以抽絲剝繭的方式檢別出來，同時探究儒家經典如何不流於學術上的空談，體現儒者經世濟民的入世情懷。整體而言，可分為兩個層次的論述：一是屬於外緣背景的考察；一是屬於內在理路的解析。前者是宏觀性的省察視野，是將理論與社會的橫向關係加聯繫，俾使概念命題中所蘊含的時代意義不至於被抽離；後者相較之下則是屬於微觀性思想義理的架構，在這一個層次的研究中，將《唐律疏議》含攝之經學思想之處予以簡別出來，並加以釐析。

　　本書共分七章：第一章〈緒論〉，說明本書整個思考方向，包括：問題意識的形成、研究的對象與範圍、研究成果的回顧與反思、研究方法與進路的說明。第二章〈經律交會的開端及其發展〉、第三章〈《唐律疏議》綰合經律的外緣考察〉，前者對經學與律學的關係做一縱向歷史性的探討與分析，後者則對《唐律疏議》綰合經學與律學的外緣背景加以考察，此兩章有助於後設反省《唐律疏議》中經學對律學的影響之所以達到高峰的原因。第四章〈《唐律疏議》的終極依

---

82 黃俊傑：《東亞儒學史的新視野》（臺北：喜瑪拉雅研究發展基金會，2001年），頁57-59。

據──「天」〉,「天」是中國經學思想的核心命題與理論基礎,《唐律疏議》的終極依據即是「天」,重視刑罰與天道相應相契的微妙連結,以求達到順天應時的理想境界。第五章〈《唐律疏議》的婚姻規範〉、第六章〈《唐律疏議》的親屬關係〉、第七章〈《唐律疏議》的君臣分際〉,則是本書對於《唐律疏議》分別按單元主題的論述方式,系統化架構出「婚姻」、「親屬」、「君臣」等主題,思考的進路由形而上向形而下具體地落實,從中考察《唐律疏議》與儒家經典一致之處,審視《唐律疏議》融攝儒家經典的情況。第八章〈結論〉,則是對本書的研究成果、當代意義、可能貢獻與未來研究方向等,簡要地加以說明。

第二章
經律交會的開端及其發展

　　從中國法律學發展的歷史來看，唐代「援經入律」達到一個高峰，這種景況並非偶然的歷史現象，而是經過長期間的積澱與醞釀才有的學術成果。因此，在研究唐代「援經入律」的現象時，必須先探討經律交會的開端及其發展，主要的目的在於勾勒經學與律學交融互攝的軌跡，清楚地建構兩者在歷史的縱深發展脈絡裡所呈現的圖景，這將有助於我們瞭解唐代「援經入律」之所以達到高峰的原因。

第一節　「經」、「律」考釋及其關係

　　究竟什麼是「經」？什麼是「律」？唯有先釐定「經」、「律」二字，才能進一步討論「經學」與「律學」的關係。以下就「經」、「律」二字的本義和引申義，說明此二字不同階段的不同意義，並說明「經」與「律」的意涵，在中國歷史長河中如何逐漸趨向一致。

一　「經」的考釋

　　「經」的本義和引申義有階段性的分別。
　　1.《說文解字》曰：「經，織從絲也。」段玉裁注曰：「織之從絲謂之經，必先有經而後有緯，是故三綱、五常、六藝謂之天地之常

經。《大戴禮》曰:『南北曰經,東西曰緯』。」[1]由此可知,「經」的本義是織布時縱向的線。筆者的研究範圍除「經」外,亦包括「緯」,「緯」的本義是織布時橫向的線。織布時必先安排縱向的線,然後再以橫向的線交錯,所以段氏說先有「經」,後有「緯」。

2.古代書籍多以竹簡編連,故而將「經」引申為典籍的通稱。

3.荀子〈勸學〉中曰:「學惡乎始?惡乎終?曰其數則始乎誦經,終乎讀禮。」[2]以「經」指稱「六藝」始於荀子。

> 劉熙《釋名・釋典藝》曰:「經,徑也,如徑路無所不通,可常用也。」[3]
> 張華《博物志・文籍考》曰:「聖人制作曰經。」[4]
> 劉勰《文心雕龍・宗經》曰:「經也者,恆久之至道,不刊之鴻教也。」[5]
> 《四庫全書・經部・序》曰:「蓋經者非他,即天下之公理而已。」[6]

「經」自漢代開始地位顯得格外崇高,專指聖人制作的書籍,後人解經、補經的書籍則稱為「緯」。「經」揭示著天地之間恆久不變的原則,透過對經書的掌握與自身的修養,就能與天地同流合化,一舉一

---

1 許慎著、段玉裁注:《說文解字注》(臺北:書銘出版事業公司,1997年),頁650。以下所引《說文解字》皆見於此版本。
2 北京大學哲學系注:《荀子新注》(臺北:里仁書局,1983年),頁9。
3 劉熙:《釋名》(臺北:臺灣商務印書館,1966年)卷6〈釋典藝〉,頁99。
4 張華:《博物志》(臺北:明文書局,1981年)卷6〈文籍考〉,頁72。
5 劉勰著、王更生注譯:《文心雕龍》(臺北:文史哲出版社,1985年)卷1〈宗經〉,頁78。以下所引《文心雕龍》皆見於此版本。
6 《文淵閣四庫全書》(臺北:臺灣商務印書館,1986年,第1冊)〈經部・序〉,頁1-54。

動皆合於天道流行。[7]凡以群經為研究對象的學問，即為「經學」。

二　「律」的考釋

「律」的本義和引申義也有階段性的分別。

　　1. 「律」的本義是訂定音調或音階的標準單位，即「呂律」之「律」。古代十二律分為「六律」和「六呂」，「六律」指黃鐘、太簇、姑洗、蕤賓、夷則、無射；「六呂」指大呂、夾鐘、中呂、林鐘、南呂、應鐘。「律」與「呂」合為「十二律」。「律」的出現，使得所有合奏樂器有了統一定音的參照。

　　2.《周易・師卦》〈象辭〉曰：「師出以律」[8]，《說文解字》曰：「律，均布也。」段玉裁曰：「律者，所以範天下之不一，而歸於一，故曰：『均布也』。」[9]也有統一的意思。

　　3.《管子・七臣七主》曰：「律者，所以定分止爭也。法律政令者，吏民規矩繩墨也。」[10]此為「法律」連用之始。《爾雅・釋詁》釋「律」時曰：「常也」、「法也」。[11]劉熙《釋名》曰：「律，累也，累

7　漢代時有古今文之爭，今文學派與古文學派對「經」有著不同的看法：今文派學者認為「六經」皆為孔子所作，「經」為孔子著作的專名，依內容深淺定六經次序：《詩》、《書》、《禮》、《樂》、《易》、《春秋》，偏重《春秋》中的微言大義。古文派學者則認為「經」是一切書籍的通稱，「六經」是周公的舊典，視「六經」為古代的史料，以時代先後定六經次序：《易》、《書》、《詩》、《禮》、《樂》、《春秋》，崇尚《周禮》中的禮儀制度。

8　《周易注疏》（臺北：藝文印書館，1997年）卷2〈師卦〉，頁35。以下所引《十三經注疏》皆見於此版本。

9　《說文解字注》，頁650。

10　尹知章注、戴望校正：《管子校正》（臺北：世界書局，1955年），頁288。

11　《爾雅注疏》卷1〈釋詁〉，頁8。

人心，使不得放肆也。」[12]可見「律」與「法」皆是約束行為的常規，用以繫累人心，使人不得隨心所欲而任意妄為。

自商鞅改「法」為「律」後，中國歷朝歷代的主要法典，除《宋刑統》外，幾乎皆以「律」命名，如：漢代《九章律》、曹魏《魏律》、晉朝《泰始律》、隋朝《開皇律》與《大業律》、唐代《唐律》、明代《明律》、清代《清律》等等。凡以眾律為研究對象的學問，即為「律學」。

三　經學與律學的關係

經學以「天道」為宇宙萬物形而上的終極根據，「天道」流衍，落實在形而下的現象世界則為「禮」，是以《左傳》文公十五年曰：「禮以順天，天之道也。」[13]、《左傳》昭公二十五年曰：「夫禮，天之經也，地之義也，民之行也。」[14]可見違「禮」即是逆「天道」。

自漢代獨尊儒術、立五經博士以來，經學波瀾壯闊地發展，儒者深入探索經學的義理底蘊，從六藝中提煉出「三綱」、「五常」的學說理論。東漢章帝建初中，下詔諸儒聚集白虎觀，講議五經異同，並將討論的結果加以記載，名為《白處通議》，又名《白虎通德論》，簡稱《白虎通》。《白虎通》解釋「三綱」、「五常」云：

> 三綱者何？謂君臣、父子、夫婦也。六紀者，謂諸父、兄弟、
> 族人、諸舅、師長、朋友也。……君為臣綱，父為子綱，夫為
> 妻綱。……敬諸父兄，六紀道行，諸舅有義，族有序，昆弟有

---

12 劉熙：《釋名》卷6〈釋典藝〉，頁100、101。
13 《左傳注疏》卷19「文公十五年」，頁340。
14 《左傳注疏》卷51「昭公二十五年」，頁887。

親，師長有尊，朋友有舊。何謂綱紀？綱者，張也；紀者，理
也。大者為綱，小者為紀，所以張理上下，整齊人道也。人皆
懷五常之性，有親愛之心，是以綱紀為化，若羅網有紀綱之而
百目張也。[15]

義禮智信也。仁者不忍，好生愛人；義者宜也，斷決得中也。
禮者履也，履道成文。智者知也，或於事見微知著，信者誠
也，專一不移，故人生而應八卦之體，得五氣以為常，仁義禮
智信是也。[16]

「天道」是生命最高的理想和極則，經學家將人的生命安頓於「天
道」之中，「天道」下貫至現象世界時，即內化於具體生命之中，
此即「五常之性」。凡人皆具有「親愛之心」，能以綱紀加以教化，人
與人之間的關係複雜多元，如何應對進退皆有賴於綱紀的建立，千絲
萬縷的綱紀歸攝起來，可約為「君為臣綱」、「父為子綱」、「夫為妻
綱」等「三綱」。「五常」內鑠於具體生命之中，「三綱」則發顯於日
常生活之上。《白虎通》曰：

所以稱三綱何？一陰一陽之謂道，陽得陰而成，陰得陽而序，
剛柔相配，故人為三綱，法天地人。[17]

「三綱」取自於「天道」，「陰氣」與「陽氣」之所以能夠交互作用，

---

15 班固等：《白虎通》（臺北：臺灣商務印書館，1966年），頁203。以下所引《白虎
　　通》皆見於此版本。
16 《白虎通》，頁209。
17 《白虎通》，頁204。

流衍變化是因為有「天道」在其中主宰，天地未分之前，陽氣運動變化和陰氣寂靜不動的狀態已經存在，沒有任何東西可以在陰陽二氣動靜消長之前，自為發端，幾乎可以說世間無一事無陰陽，如無陰陽二氣的存在，則宇宙天地將失去絪縕變化的契機，生活於天地之間的人物也將失去性情之理，陰陽二氣的作用遍及日常生活的各個層面，涵蓋了開物、成務、治國、平天下等範疇。

經學中所揭示的道理，即是要求人涵養「五常之性」，體踐「三綱」，一舉一動皆合乎「天道」。合乎「天道」的行為，自然也合於「禮」，依經學的邏輯逆推回去，不合於「禮」的行為，當然也不合乎「天道」。古人常說：「出禮入刑」，道理正在於此。

魯昭公六年（前536年），鄭國子產鑄刑書；魯昭公二十九年（前513年），晉國趙鞅、荀寅鑄刑鼎。「刑書」和「刑鼎」的出現，揭示著成文法時代的到來，韓非曰：「法者，編著之圖籍，設之於官府，而布之於百姓者也。」[18]「法」不再是百姓不可測知的內容，而後商鞅改「法」改「律」。「律」本來是訂定音調或音階的標準單位，後來借用為「不可更改的規則」或「常態性的標準規定」，所以有不變的常規、不可變的規範的意思。

「經」和「律」皆是約束行為的準則，都具有長久、穩定、不變的意涵，共同的目標都是維護社會秩序。在中國歷史的長河中，經學與律學的關係可分為五個階段：

第一、漢以前的時期，是經學與律學各自發展的時期，兩者具有獨立性：違反「律」必然遭致「刑」的處罰，「律」發動的是外在消極性的被動規定逼迫；「經」本身不涉及「刑」的適用，「經」引發的是內在積極性的主動參與遵循。此時期刑律的實質內容以法家學說為

---

18 陳啟天：《增訂韓非子校釋》（臺北：臺灣商務印書館，1994年），頁364。

主，經學未能積極地影響刑律。

第二、兩漢時期，漢武帝接受董仲舒的建議，獨尊儒術，經學盛極一時，此時期是經學與律學交會的開端。子曰：「道之以政，齊之以刑，民免而無恥；道之以德，齊之以禮，有恥且格。」[19]孔子處於周文疲弊的時代，重視禮樂教化，並彰顯道德的重要性，但孔子並未否定刑罰的功用，對孔子而言，德禮與刑罰並不是對立的關係，而是先後、主從、本用的關係，「德禮為主，刑律為輔」的思想正式確立於漢代。由於漢承秦制的緣故，此時期的刑罰帶有濃厚的法家色彩，經學家既無法重新編纂律典，遂先後以「引經決獄」與「引經注律」的方式，使經學與律學的關係趨於緊密。

第三、魏晉南北朝時期，經學對律學的滲透愈來愈深刻，自漢代以來「德禮為主，刑律為輔」在中國政治史上已成為安邦定國的基本方針，隨著歷史環境的變化，刑律的實質內容開始受到經學深刻的影響，產生了質變，魏晉南北朝開始，「引經制律」的時代正式來臨。

第四、唐代，此時期是「援經入律」的高峰期，經學思想中的「倫常」與「道德」成為各朝各代律典中的具體內容，依兩造當事人相對地位的「尊卑貴賤」與「親疏遠近」論罪科刑，「犯罪事實判斷」與「道德價值判斷」合而為一。《唐律疏議》對後世有著極為深遠的影響，幾乎歷朝歷代皆以其為楷模，立法、釋法、用法亦皆根植於經學思想之上。

第五、唐以降的時期，經學對律學仍深具影響力，宋朝承襲《唐律疏議》的篇名以及律文，僅在文字上稍加更加動。元朝漢化不深，法典中多為蒙古特有的習慣法，但也保留了「五刑」、「五服」、「十惡」、「八議」等規範。明太祖所頒《大明律》，法體漢唐，參以宋

---

19 《論語注疏》卷2〈為政〉，頁16。

典,雖有所變革和創新,實質內容和指導精神仍本於《唐律疏議》。
清朝入關後,詳譯《大明律》,參以國制,增損裁量,頒布《大清律
例》,依舊以禮教為核心價值。

　　經學與律學由「經律二分」走向「經律合一」,悖逆「經」極可
能即觸犯「律」,觸犯「律」必然受到「刑」的處置,「律」與「經」
的關係密不可分。自唐開始,「經」的核心思想傾注於「律」的條文
內容之中,形成獨具一格的中華法系。

第二節　理論基礎的形成

　　儒法兩家皆重視社會秩序的穩定性,但是兩家根本的意向不同:
儒家的價值根源內歸於人性,外歸於天道;法家則對於人性與天道皆
不信任,缺乏超越性的根源,「人主」即最高之存在,將社會秩序完
全安頓於外在權威之上。雖然,儒法兩家的根本意向不同,但也並非
兩條完全平行的思想脈絡,在歷史長河中有其交集之處,相互激盪,
形成「儒法會通」的學術視域與政治思潮。

一　形成的背景

(一)「約法三章」的真相:漢代法律制度的考察

　　秦國推行法家的學說思想,賞罰分明,國富兵強,最後得以一統
天下,但也因為法令繁苛,刑罰暴酷,國祚僅有十六年。根據《漢
書》的記載,漢高祖劉邦入咸陽城之初與父老「約法三章」,曰:

　　　漢興,高祖初入關,約法三章曰:「殺人者死,傷人及盜抵

罪。」蠲削煩苛，兆民大說。[20]

摶造出漢初「刪繁就簡」、「去苛從寬」、「律簡刑輕」的法制圖像。事實上，漢興之初雖有「約法三章」之史事，然其刑罰仍踵秦制，大辟之刑尚有夷三族之令，令曰：「當三族者，皆先黥、劓，斬左右趾、笞殺之，梟其首，菹其骨肉於市，其誹謗詈詛者，又先斷舌。」[21]彭越、韓信等人皆受此誅，苛刑峻法可見一斑。

西元一九八三年，《奏讞書》出土於湖北江陵張家山漢墓，最後一支竹簡的背面刻有「奏讞書」三個字，《說文》曰：「讞，議辠也。從水獻，與灋同意。」[22]「灋，刑也。平之如水。從水。廌所以觸不直去之。從廌去。」[23]「讞」即是「議罪」，從水獻，會意字，與「灋」同意。「灋」即是「刑」，從水，是指「灋」如同水靜止時般的平穩公正，古時有名為「廌」的神獸，能以角去牴觸不正直的人，所以從廌去。簡言之，刑獄之事有疑上報稱之為「奏讞」。《奏讞書》收錄了秦漢時期的奏讞案件，是疑獄奏讞案例的彙編，年代大多集中在漢高祖時期。以下舉《奏讞書》數例，一窺漢初法制的真實情形。

【案件一】[24]

漢高祖八年（西元前199年），安陸[25]丞[26]忠[27]糾劾獄史平[28]將無

---

20 班固：《漢書》（臺北：鼎文書局，1979年）卷23〈刑法志〉，頁1096。以下所引各代正史皆見於此版本。

21 《漢書》卷23〈刑法志〉，頁1104。

22 《說文解字注》，頁571。

23 《說文解字注》，頁474。

24 《奏讞書》案例編號，皆依張家山二四七號漢墓竹簡整理小組編著：《張家山漢墓竹簡（二四七號墓）：釋文修訂本》（北京：文物出版社，2006年）之編號。以下簡稱《張家山漢墓竹簡》。

「名數」的成年男子種[29]藏匿家中一個月，審問時獄史平坦承罪行，無所爭辯，所以全案顯得相當明快。「名數」是《奏讞書》常見用語，依《漢書・高帝紀》：「民前或相聚保山澤，不書名數。」顏古師注：「名數，謂戶籍也。」[30]名數，即戶籍之意[31]。本案判決時明確地援引了其所依據的令文，這條令文有助於建構漢初法制的面貌：

> 令曰：諸無名數者，皆令自占書名數，令到縣道官盈卅日，不自占書名數，皆耐為隸臣妾，錮，勿令以爵、償免，舍匿者與同罪。[32]

無名籍者，皆命令自行登記名籍，命令傳至縣道官超過三十日，不自行記名籍，男子耐為隸臣，女子耐為隸妾，禁錮，不得因爵位、賞賜而贖免，將無名籍者藏匿家中，與之同罪。漢代「律」與「令」的關係值得我們加以關注，程樹德認為漢律包含了漢蕭何的九章律、叔孫

---

25 安陸，地名，位於南郡。《張家山漢墓竹簡》：「安陸，在今湖北安陸北，當時疑有封侯，故設有相。」頁98。《二年律令與奏讞書——張家山二四七號漢墓出土法律文獻釋讀》：「安陸，漢初屬南郡。」頁351。

26 丞，官職名。呂宗力等編《中國歷代官制大辭典》（北京：北京出版社，1994年）：「丞，官名。輔佐官統稱。戰國時縣丞省稱丞，為縣令副職。漢朝沿用為客官署有令、丞，長、丞；郡有郡丞、縣有縣丞，其官秩自千石至三百石不等。」頁406。以下所引《中國歷代官制大辭典》皆見此版本。

27 忠，人名。

28 平，人名。

29 種，人名。

30 《漢書》卷1〈高帝紀〉，頁54、55。

31 《二年律令與奏讞書——張家山漢墓竹簡（二四七號墓）：釋文修訂本》：「名數，指戶籍。」頁92。

32 《二年律令與奏讞書——張家山漢墓竹簡（二四七號墓）：釋文修訂本》，頁351。

通傍章十八章、張湯越宮律二十七篇、趙禹朝律六篇，共六十篇。[33]
隨著時間的推移，律條必然有其不足之處，《史記・酷吏列傳》曾記載
杜周之言：「前主所是著為律，後主所是疏為令。」[34]可知後世君主對
律典內容加以補充或調整，即稱之為「令」。由本案例可知，「律」與
「令」皆是論罪科刑的依據。地方司法機關對獄史平的判決內容如下：

平當耐為隸臣，錭，毋得以爵、當賞免。[35]

「耐」應是一種二年徒刑，執行時剃去鬚鬢。[36]「毋得以爵、當賞
免」的詮解，學者觀點不同：張伯元認為此句應讀作：「毋得以爵
當、賞免。」[37]彭浩、陳偉、工藤元男等人同意張伯元之句讀的方
式，說：「當，抵。『爵當』指以爵相抵。」[38]蔡萬進則認為「『爵』下
一『當』字，據文例，應為衍文。」[39]根據《奏讞書》前後文，可推

---

33 程樹德：《九朝律考》（北京：中華書局，2003年）：「漢蕭何作九章律，益以叔孫通
　傍章十八章，及張湯越宮律二十七篇，趙禹朝律六篇，合六十篇，是為漢律。」
　頁1。
34 《史記》卷122〈酷吏列傳〉，頁3143。此段記載亦見於《漢書》卷60〈杜周傳〉，
　頁2659。
35 《二年律令與奏讞書——張家山漢墓竹簡（二四七號墓）：釋文修訂本》，頁351。
36 李甲孚《中國法制史》（臺北：聯經出版事業公司，1988年）：「漢代制度，二歲至四
　歲刑，統稱『耐罪』，耐就是『能任其罪』的意思，執行時要剃去犯人的鬚鬢，不剃
　髮的叫完，完就是完其髮。」頁176。然而，根據《後漢書・光武帝》注引《漢書
　音義》：「一歲刑為罰作，二歲刑以上為耐。」頁51。《史記・淮南王安傳》：「一歲
　為罰作，二歲刑已上為耐。耐，能任其罪。」頁3089。「耐」應當是「二歲刑」。又
　《史記・淮南安傳》集解應劭曰：「輕罪不至於髡，完其耏鬢，故曰耏。古『耏』
　字從『彡』，髮膚之意。杜林以為法度之字皆從『寸』，後改如是。」頁3089。
37 張伯元：《出土法律文獻研究》（北京：商務印書館，2005年），頁100。
38 《二年律令與奏讞書——張家山二四七號漢墓出土法律文獻釋讀》，頁352。
39 蔡萬進：《張家山漢簡《奏讞書》研究》（桂林：廣西師範大學出版社，2006年），
　頁19。

知本句的意思為不得因爵位、賞賜而贖免。事實上，自秦代開始就相當重視戶籍管理，《史記·商君傳》曾記載：「商君之法，舍人無驗者坐之。」[40]禁止收留身分不明之舍人。睡虎地秦簡《法律答問》簡一六五也針對「匿戶」作出解釋：「匿戶弗徭、使，弗令出戶賦之謂也。」[41]就是隱藏人戶，不徵發徭役，不加役使，也不命繳納戶賦。[42]本案由南郡守強上奏七支簡牒稟告廷尉，可惜最後並未載明廷尉的決議。

【案件二】

獄吏藏匿人犯，依令必須耐為隸臣、禁錮。那麼，奴隸逃亡出塞，守邊官吏該如何處置？《奏讞書》中有一則相關案件，內容如下：

> 北地守讞（讞）：奴宜亡，越塞，道戍卒官大夫有署出，弗得，疑罪。廷報：有當贖耐。[43]

奴隸宜[44]逃亡，越過關塞，經過[45]守衛[46]，卒官大夫有[47]自官署[48]追出，卻沒有尋得，北地守對於卒官大夫有的罪刑有所懷疑，經奏讞

40　《史記》卷68〈商君列傳〉，頁2236。

41　《睡虎地秦墓竹簡》（北京：文物出版社，2001年），頁132。以下所引《法律答問》皆見此版本。

42　《睡虎地秦墓竹簡》，頁132。

43　《二年律令與奏讞書——張家山漢墓竹簡（二四七號墓）：釋文修訂本》，頁347。

44　宜，人名。

45　陳偉〈張家山漢簡雜識〉：「『道』……，義為取道、經由。」收入《語言文字學研究》（北京：中國社會科學出版社，2005年），頁37。

46　《說文解字注》：「戍，守邊也。」頁636。

47　《張家山漢墓竹簡》：「有，戍卒名。」頁96。

48　《張家山漢墓竹簡》：「署，防守單位。」頁96。

後，確定卒官大夫有當贖耐。本案記載極為簡短，並未載明論罪科刑的相關律令，可能當時並無相關律令，也可能是案件本身不完備。《二年律令》的〈津關令〉第四八八簡則明文規定：

> 請闌出入塞之津關，黥為城旦舂；越塞，斬左止（趾）為城旦；吏卒主者弗得，贖耐。[49]

《漢書‧汲黯傳》曰：「愚民安知市買長安中，而文吏繩以為闌出財物如邊關乎？」顏師古注曰：「應劭曰：『闌，妄也。律，胡市，吏民不得持兵器及鐵出關。雖於京師市買，其法一也。』臣瓚曰：『無符傳出入為闌。』」[50]無符傳妄自出入邊塞津關，黥為城旦舂；越過邊塞，斬左趾為城旦；吏卒無法捕獲逃亡之人者，贖耐。

【案件三】

漢高祖十年（前197年），胡[51]狀[52]、丞憙[53]糾劾臨淄[54]獄史闌[55]令使

---

49 《二年律令與奏讞書——張家山漢墓竹簡（二四七號墓）：釋文修訂本》，頁305。

50 《漢書》卷5〈汲黯傳〉，頁2320。

51 胡，地名。《漢書》卷28〈地理志〉：「湖。（有周天子祠二所。故曰胡，武帝建元年更名湖。）」頁1543。《張家山漢墓竹簡》：「胡，《漢書‧地理志》京兆胡縣『故曰胡』，在今河南靈寶西，位於函穀關內。」頁93，註2。岳慶平、張繼海〈漢簡《奏讞書》中所見的古代城市〉：「案例三和案例四提到漢高祖十年時有胡縣。胡縣在武帝時更名湖縣，屬京兆尹。但是在秦朝時，胡還沒有設縣。這是鄉升為縣城的例子。」頁336。

52 狀，人名。

53 憙，人名。

54 臨淄，地名，田齊國首都。《漢書》卷1〈高帝紀〉：「以膠東、膠西、臨淄、濟北、博陽、城陽郡七十三縣立子肥為齊王。」頁60。《張家山漢墓竹簡》：「臨淄，原田齊首都。」頁93，註4。

55 闌，人名。

女子南[56]戴上白帽，佯裝生病，躺臥於車中，襲奪大夫虞[57]的符傳，妄自出關。根據審問紀錄可知，女子南是齊國遺族田氏，遷移居處至長安，闌護送隨行，並娶之為妻，與之相偕歸返齊國首都臨淄，尚未出關即被捕。漢高祖九年（西元前198年）劉邦下令將貴族強制遷徙至關中，以便監控，此事見於《史記》和《漢書》：

> 九年，趙相貫高等事發覺，夷三族。廢趙王敖為宣平侯。是歲，徙貴族楚昭、屈、景、懷、齊田氏關中。[58]

> 十一月，徙齊楚大族昭氏、屈氏、景氏、懷氏、田氏五姓關中，與利田宅。[59]

本案女子南是必須遷徙至關中的齊國田氏大族，因此，南已是「漢民」，闌卻仍是「齊民」。如此一來，本案臨淄獄史闌可能觸犯三項罪名：一是「來誘」，一是「奸」，一是「匿」。臨淄獄史闌對於「奸」與「匿」自知有罪，沒有辯解，但認為自己沒有涉及「來誘」的罪責。所謂「來誘」是「諸侯國人自其國來誘使人逃亡」的行為[60]，依漢代律令當處以死刑。關於「奸」的刑罰，《奏讞書》本身有相關文獻，至於「來誘」與「匿」二罪則可見於《二年律令》：

---

56 南，人名。

57 虞，人名。

58 《史記》卷8〈高祖本紀〉，頁386。

59 《漢書》卷1〈高帝紀〉，頁66。

60 池田雄一：《奏讞書──中國古代の裁判記錄──》（東京：刀水書房，2002年），頁52。

《二年律令‧賊律》第三簡：「來誘及為間者，磔。」[61]

《奏讞書》第一八二簡：「奸者，耐為隸臣妾。」[62]

《二年律令‧亡律》第一六七簡：「匿罪人：死罪，黥為城旦春，它各與同罪。其所匿未去而告之，除。」[63]

「來誘」是死罪；「奸」則處以「耐為隸臣妾」；「匿」的罪刑視被藏匿人的罪刑而定，如被藏匿人犯死罪，則藏匿者必須「黥為城旦春」，如被藏匿人犯死罪以外之罪，則藏匿人與被藏匿人同罪。如所藏匿者尚未離去而告發，除罪。「城旦」為漢代刑罰，此種刑罰的內容有二種解釋：《史記‧秦始皇本紀》如淳注云：「律說，論決為髡鉗，輸邊築長城，晝日伺寇虜，夜暮築長城。城旦，四歲刑。」[64]《漢書‧惠帝紀》應劭注云：「城旦者，旦起行治城，春者，婦人不豫外徭，但春作米，皆四歲刑也。」[65]二者解釋雖略有不同，但可確定「城旦」是一種至邊陲地帶築城四年的刑罰。承審官吏則認為法律為了禁止從諸侯國「來誘」，政府才下令不能娶他國人。闌雖非故意招徠，而實質上是引誘漢朝人民前往齊國，即從諸侯國「來誘」。本案上讞時官吏以成例加以比況：

人婢清助趙邯鄲城，已，即亡從兄趙地，以亡之諸侯論。[66]

61　《二年律令與奏讞書——張家山漢墓竹簡（二四七號墓）：釋文修訂本》，頁90。

62　《二年律令與奏讞書——張家山漢墓竹簡（二四七號墓）：釋文修訂本》，頁374。

63　《二年律令與奏讞書——張家山漢墓竹簡（二四七號墓）：釋文修訂本》，頁157。

64　《史記》卷6〈秦始皇本紀〉，頁255。

65　《漢書》卷2〈惠帝紀〉，頁87。

66　《二年律令與奏讞書——張家山漢墓竹簡（二四七號墓）：釋文修訂本》，頁339。

《漢書・刑法志》注云:「比,以例相比況也。」[67]由此可見,「比」即援引成例作為定罪的依據。[68]他人婢女清佐助邯鄲城,事畢後即逃亡,從兄趙地,以逃亡諸侯國論罪。依此成例,闌招徠被送徙之人,與成例中的清同類,應當以「來誘」論罪。但是,有人持不同見解,主張闌當以「奸」及「匿黥春」論罪。此二種見解皆載明於奏讞的公文書之上:

> 吏議:闌與清同類,當以從諸侯來誘論。或曰:當以奸及匿黥
> 春罪論。[69]

同年八月,大僕[70]不害行使廷尉職權,指示胡嗇夫[71]審讞獄史闌,《漢書・百官公卿表》:「嗇夫職聽訟、收賦稅。」[72]可見「嗇夫」是官職名,掌理聽訟、賦稅,並使廷尉聞知審讞的決議──闌判處黥為城

67　《漢書》卷23〈刑法志〉,頁1106。

68　李學勤:〈《奏讞書》解說(上)〉:「案例中值得注意的是引用了人婢清以亡之諸侯論的成案,這叫做『比』。《漢書・刑法志》注云:『比,以例相比況也。』」《文物》,1993年第8期,頁30。

69　《二年律令與奏讞書──張家山漢墓竹簡(二四七號墓):釋文修訂本》,頁339。

70　太僕,官名。《中國歷代官制大辭典》:「太僕,官名。西周已置,亦作大僕。《周禮》列為夏官司馬屬官,下大夫,掌供天子輿馬,傳達王命。秦、漢秩中二千石,列位九卿,掌皇帝專用車馬,有時親自為皇帝駕車,地位親近重要;兼管官府畜牧業。」頁115。彭浩〈談《奏讞書》中的西漢案例〉:「案例三的『廷報』記有『大僕不害行廷尉事』。太僕不害即汲紹侯公上不害。《漢書・高惠高後、孝文功臣表第四》:『汲紹侯公上不害,高祖六年為太僕,擊代豨有功,侯千三百戶,為趙太僕。』《漢書・高帝紀》載,十一年立劉恒為代王,公上不害任趙太僕應在漢高祖十一年。」《文物》,1993年第8期,頁33。

71　嗇夫,官職名,掌理聽訟、賦稅。《漢書》卷19〈百官公卿表〉:「嗇夫職聽訟、收賦稅。」頁426。另可參見裘錫圭〈嗇夫初探〉,收入《雲夢秦簡研究》(臺北:帛書出版社,1986年),頁273-372。

72　《漢書》卷19〈百官公卿表〉,頁426。另可參見裘錫圭〈嗇夫初探〉,收錄於《雲夢秦簡研究》(臺北:帛書出版社,1986年),頁273-372。

旦，其他依照律令處理。顯而易見的，本案地方官吏傾向以「來誘」來論處闌，但本案上讞中央審判機關後，卻產生了變化，大僕不害介入本案[73]，指示特定官吏審理，致使本案的闌僅被處以「黥為城旦」的刑罰。從闌的刑罰可知中央審判機構僅對闌論以「匿」的罪刑。依《二年律令‧津關令》第四八八簡「請闌出入塞之津關，黥為城旦舂。」之規定，女子南所犯之罪為「闌」，南當處以「黥為城旦舂」，闌藏匿應處以「黥為城旦舂」之刑的人，依《二年律令‧亡律》之規定，闌當與南同罪，故亦處以「黥為城旦」。

【案件四】

　　漢高祖十年（前197年），大夫查訪女子符[74]，揭發符為逃亡之人。審問時女子符坦承自己確實逃亡，詐稱自己未有名籍，依據當時頒佈的律令，自行登錄名籍，列入簿籍，並成為大夫明[75]的奴隸，明將符嫁給隱官解[76]作為妻子，符未告知解自己為逃亡之人。符既登錄名籍於大夫明的處所，隱官解以為符是無過之人，遂娶以為妻子，不知符先前逃亡的事情，解後來也成為明的奴隸。地方官吏審理本件時，明確的援引出當時的律令條文，條文內容如下：

　　　　律：取（娶）亡人為妻，黥為城旦，弗智（知），非有減也。[77]

---

73 彭浩〈談《奏讞書》中的西漢案例〉：「案例三的『廷報』記有『大僕不害行廷尉事』。太僕不害即汲紹侯公上不害。《漢書‧高惠高後、孝文功臣表第四》：『汲紹侯公上不害，高祖六年為太僕，擊代豨有功，侯千三百戶，為趙太僕。』《漢書‧高帝紀》載，十一年冬音劉恆為代王，公上不害任趙太僕應在漢高祖十一年。」《文物》，1993年第8期，頁33。

74 符，人名。

75 明，人名。

76 解，人名。

77 《二年律令與奏讞書──張家山漢墓竹簡（二四七號墓）：釋文修訂本》，頁341。

明白告知根據律文規定凡娶逃亡之人為妻子者，黥為城旦，不知情者，亦不減等。因此，隱官解雖不知情，仍當以娶逃亡之人為妻論。但是，本案的判決仍然有所歧異：

> 吏議：符有數明所，明嫁為解妻，解不知其亡，不當論。或曰：符雖已詐（詐）書名數，實亡人也。解雖不智（知）其請（情），當以取（娶）亡人為妻論，斬左止（趾）為城旦。[78]

第一種見解為「符有名籍於明的處所，被明嫁作解的妻子，解不知其逃亡，不應當論罪。」第二種見解為「符雖然已經施詐登錄名籍，實際上是逃亡之人。解雖然不知情，仍當以娶亡人為妻論罪，斬左趾為城旦。」由於地方司法機關對解的罪刑有所疑議，由胡丞上讞。最後，廷尉的決議如下：

> 廷報曰：取（娶）亡人為妻論之，律白，不當讞（讞）。[79]

本案以娶亡人為妻論罪，並喻知下級審判機關律文規定明確，不應上讞。不過，何以律文規定：「取（娶）亡人為妻，黥為城旦。」本案卻對隱官解處以「斬左止（趾）為城旦」？首先必須釐定「隱官」一詞。蔣非非指出「隱官的成分大致有三類：因官吏『故不直』及誤判遭處肉刑後經『乞鞠』被平反者；自立軍功或他人上繳軍功而被赦免之刑徒；因朝廷赦令被赦免之刑徒。」[80]李學勤認為「隱官」是「受

---

78 《二年律令與奏讞書——張家山漢墓竹簡（二四七號墓）：釋文修訂本》，頁341。
79 《二年律令與奏讞書——張家山漢墓竹簡（二四七號墓）：釋文修訂本》，頁341。
80 蔣非非：〈《史記》中「隱宮徒刑」應為「隱官、徒刑」及「隱官」原義辨〉，《出土文獻研究（第六輯）》（上海：上海古籍出版社，2004年），頁138。

過肉刑後得自由，被安排在不易被人看見處所工作的人。」[81]根據《奏讞書》記載，本案隱官解確實過去曾受黥刑、劓刑等肉刑。《二年律令·具律》第八八簡：

> 有罪當黥，故黥者劓之，故劓者斬左止（趾），斬左止（趾）者斬右止（趾），斬右止（趾）者府（腐）之。女子當磔若要（腰）斬者棄市，當斬為城旦者黥為舂，當贖斬者贖黥。[82]

可見漢代刑罰以「重複犯罪，罪加一等」[83]作為原則，本案隱官解既曾受過黥刑、劓刑，依律令則當改處以「斬左止（趾）為城旦」。

【案件五】

漢高祖十一年（前196年），江陵[84]丞鷔[85]奏讞：高祖六年（前201年）二月，大夫[86]襐[87]於士伍[88]點[89]之處所買得婢女媚[90]，價錢是一萬六

81　李學勤：〈《奏讞書》解說（上）〉，《文物》，1993年第8期，頁30。

82　《二年律令與奏讞書——張家山漢墓竹簡（二四七號墓）：釋文修訂本》，頁126。

83　朱紅林：《張家山漢簡《二年律令》集釋》（北京：社會科學文獻出版社，2005年），頁79。

84　江陵，地名，位於南郡。《二年律令與奏讞書——張家山二四七號漢墓出土法律文獻釋讀》：「江陵，縣名，屬南郡。」頁337。

85　鷔，人名。

86　大夫，官職名。《中國歷代官制大辭典》：「大夫：戰國秦至漢朝，實行二十等爵制，大夫居第五級。此外又有官大夫（六級）、公大夫（七級）、五大夫（九級）等名。」頁30。

87　襐，人名。

88　《史記》卷5〈秦本紀〉：「五十年十月，武安君白起有罪，為士伍，遷陰密。」裴駰《集解》引如淳曰：「嘗有爵而以罪奪爵，皆稱士伍。」可知「士伍」是因罪失去爵位者，頁212-217。

89　點，人名。

90　媚，人名。

千錢，同年三月，媚逃亡，後來尋得媚，媚卻說自己不應當是婢女。
依據審問紀錄可知，媚今年四十歲，過去確實是點的婢女，楚時逃
亡，到了漢代，未登錄戶籍，漢高祖六年（前201年）二月中旬點尋
得媚，立即將媚登錄名籍，使媚恢復婢女的身分，並將媚賣至褓的處
所。但是媚認定自己不應當是婢女，隨即逃亡。本案女子媚共逃亡二
次，一次是在楚漢相爭期間，一次是在漢朝建立後。漢高祖五年（前
202年），項羽於烏江自刎，劉邦統一天下，以洛陽為首都，並遣散軍
隊，令士卒歸鄉，戰爭終告休止。漢王朝建立之初，由於各地逃亡隱
匿的人口眾多，導致戶籍嚴重失實，劉邦為了重建完善的戶籍資料，
下詔云：

> 諸侯子在關中者，復之十二歲，其歸者半之。民前或相聚保山
> 澤，不書名數，今天下已定，令各歸其縣，復故爵田宅，吏以
> 文法教訓辨告，勿笞辱。民以飢餓自賣為人奴婢者，皆免為庶
> 人。軍吏卒會赦，其亡罪而亡爵及不滿大夫者，皆賜爵為大
> 夫。故大夫以上賜爵各一級，其七大夫以上，皆令食邑，非七
> 大夫以下，皆復其身及戶，勿事。[91]

如有諸侯子嗣在關中者，免賦役十二年，回鄉者，免賦役六年。人民
從前聚集避難，躲匿於山澤之中，沒有戶籍，現今天下已定，命令他
們各自回到原縣，恢復原來的爵位田宅，官吏以令文法條教訓百姓，
分析告知，不得鞭打羞辱百姓。人民因飢餓自賣為他人的奴婢者，都
免除奴婢的身分，恢復庶民的身分。軍官士兵遇到大赦，無罪而無爵
及雖有爵位但位不及大夫者，一律賜與大夫爵位。原有大夫以上爵位

---

91 《漢書》卷1〈高帝紀〉，頁54。

者，各賜爵一級，七大夫以上者，皆受食邑，七大夫以下者，皆恢復身分及戶籍，不事差役。媚第一次逃亡，依據漢高祖五年（前202年）詔，媚可以免除奴婢的身分，但由於未自行登錄戶籍，取得新身分，失去由賤轉良的機會，當點尋得媚時立即登錄名籍，遂使得媚恢復了婢女的身分，媚在漢代的身分正式確立。媚第一次逃亡時正值戰亂，依詔應可免除奴婢的身分，卻未登錄戶籍，罪責難以確定；第二次逃亡時，時局已大致底定，媚的故主點尋得了媚，並登錄戶籍，然後將媚轉賣至祿的處所，媚的行為屬於「奴婢逃亡」，罪責明確。地方官吏認為媚過去是點的婢女，楚時逃亡，但到了漢代尚未登錄名籍，被點尋得，將媚登錄戶籍，於是媚再次成為婢女，如此一來，買賣媚是適當的。雖然承審本案的地方官吏傾向以「逃亡」定媚之罪，但對於媚的罪名依然有所懷疑，見解不一：

> 吏當：黥媚顏頯，畀祿？或曰當為庶人？[92]

不知道應該施黥刑於媚顏面的頯部，交還於祿？或者判定媚為庶人？因此上讞，稟明廷尉判決。然而，《奏讞書》並未載明廷尉對本案的最終決議，故無法知其判決。

【案件六】

漢高祖十一年（西元前196年），夷道長[93]介[94]、丞嘉[95]奏讞：發弩

---

92 《二年律令與奏讞書——張家山漢墓竹簡（二四七號墓）：釋文修訂本》，頁337。
93 夷道，指蠻夷中名為「道」者，位於南郡。《漢書》卷19〈百官公卿表〉：「列侯所食縣曰國，皇太后、皇后、公主所食曰邑，有蠻夷曰道。」頁426。《張家山漢墓竹簡》：「有蠻夷稱道，夷道屬南郡，在今湖北宜都西北。」頁91，註1。「夷道」的相關論述可參見楊建〈《奏讞書》地名劄記（四則）〉中的第一則〈夷道〉，《江漢考古》2001年第4期，頁56、57。

官[96]九[97]造訪男子毋憂[98]，告知其受派為都尉[99]的屯卒；毋憂已收受通知文書，前往報到，行旅未至，逃亡。《漢書・百官公卿表》：

> 列侯所食縣曰國，皇太后、皇后、公主所食曰邑，有蠻夷曰道。[100]

可見「夷道」指蠻夷中名為「道」者，位於南郡[101]，而本案疑議之處就在於毋憂是蠻夷男子。《後漢書・南蠻傳》曰：

> 秦惠王並巴中，以巴氏為蠻夷君長，世尚秦女，其民爵比不

94　岕，人名。《張家山漢墓竹簡》：「夷道岕，夷道之長名岕，簡文省去職官。」頁91，註1。

95　嘉，人名。

96　發弩，官名、兵種。《漢書》卷28〈地理志〉：「南郡，（秦置，高帝元年更為臨江郡，五年復故。景帝二年復為臨江，中二年復故。莽曰南順。屬荊州。）戶十二萬五千五百七十九，口七十一一萬八千五百四十。（有發弩官。）」，頁1566。《張家山漢墓竹簡》：「發弩，司射弩的兵種。見戰國至西漢璽印、封泥。」頁91，註3。

97　九，人名。

98　毋憂，人名。

99　都尉，官名。《漢書》卷19〈百官公卿表〉：「郡尉，秦官，掌佐守典武職甲卒，秩比二千石。有丞，秩皆六百石。景帝中二年更名都尉。」頁426。《中國歷代官制大辭典》：「郡尉，官名。省稱『尉』。秦始皇統一天下後分天下為三十六郡，郡置守、尉、監。郡尉協助郡守典武職甲卒，為郡守主要佐官，秩比千石，有丞。漢因之，景帝中二年（前148年）更名都尉。」頁654；又「都尉，官名。統兵武官。戰國趙、魏等國已置，地位略低於將軍。……秦、漢亦為高級武官，稍低於校尉，或冠以驍騎、軍騎、軍門、強弩、復土等名號，皆有事時臨時設置，事訖即罷。」頁672。

100　《漢書》卷19〈百官公卿表〉，頁426。

101　《張家山漢墓竹簡》：「有蠻夷稱道，夷道屬南郡，在今湖北宜都西北。」頁91，註1。「夷道」的相關論述可參見楊建〈《奏讞書》地名劄記（四則）〉中的第一則〈夷道〉，《江漢考古》2001年第4期，頁56、57。

更，有罪得以爵除。其君長歲出賦二千一十六錢，三歲一出義
賦千八百錢。其民戶出賨布八丈二尺，雞羽三十鍭。漢興，南
郡太守靳彊請一依秦時故事。[102]

可見秦惠王時已與蠻夷有所往來，朝代更替後，南郡太守向朝庭請命，
希望漢朝與蠻夷的互動比照秦時辦理。本案件中援引當時律文如下：

律：變（蠻）夷男子歲出賨錢，以當繇（徭）賦。[103]

可知漢代蠻夷君長每年繳納賨錢，以抵充蠻夷人民的徭賦。關於
「賨」字，根據《說文》的解釋為「南蠻賦也」[104]，即南邊蠻夷的賦
稅。正因為如此，本案毋憂為自己的辯解如下：

變（蠻）夷大男子，歲出五十六錢以當繇（徭）賦，不當為
屯。[105]

按蠻夷之法，成年男子，每年繳納五十六錢抵充徭賦，即可不為屯
卒，而發遣毋憂的都尉窋[106]對承審官吏說明如下：

南郡尉發屯有令，變（蠻）夷律不曰勿令為屯。[107]

102　《後漢書》卷86〈南蠻傳〉，頁2841。
103　《二年律令與奏讞書──張家山漢墓竹簡（二四七號墓）：釋文修訂本》，頁332。
104　《說文》：「賨，南蠻賦也」，頁285。
105　《二年律令與奏讞書──張家山漢墓竹簡（二四七號墓）：釋文修訂本》，頁332。
106　窋，人名。
107　《二年律令與奏讞書──張家山漢墓竹簡（二四七號墓）：釋文修訂本》，頁332。

南郡尉發遣屯卒有道命令說蠻夷法律沒有規定不可派令蠻民為屯卒，遂依據此令發遣毋憂為屯卒，並表示不明白毋憂為何要逃亡。承審官吏顯然認為都尉所言甚是，雖然法律規定夷男子每年出繳賨錢，以抵充徭賦，但並不是不得派令蠻民屯卒的工作，並進一步指出即便不得派令屯卒的工作，都尉窯既已發遣毋憂，毋憂即具備屯卒身分，無論如何，毋憂都當論以「逃亡」罪。然而地方官吏對於毋憂之罪仍有所疑議，不知毋憂當腰斬，或者根本不當論罪，因此懸而未論，冒昧上讞，稟明判決。最後，廷尉決議毋憂應當腰斬。如依《二年律令・興律》第三九八簡：「當戍，已受令而逋不行盈七日，若戍盜去署及亡過一日到七日，贖耐；過七日，耐為隸臣；過三月，完為城旦。」[108]第三九九簡「當奔命而逋不行，完為城旦。」[109]的規定，當為屯卒卻逃亡，罪責應不致死。那麼，毋憂何以被處以腰斬？《漢書・高五王傳》曰：

> 章自請曰：「臣，將種也，請得以軍法行酒。」高后曰：「可。」……頃之，諸呂有一人醉，亡酒，章追，拔劍斬之，而還報曰：「有亡酒一人，臣謹行軍法斬之。」太后左右大驚。業已許其軍法，亡以罪也。因罷酒。[110]

彭浩〈談《奏讞書》中的西漢案例〉引用此段記載，認為漢代對於從軍逃亡者處腰斬，所以本案蠻民毋憂可能就是按軍法處腰斬。[111]

蔡萬進指出《奏讞書》中「諸『疑罪』案例『吏當』、『吏議』中

---

108 《二年律令與奏讞書──張家山漢墓竹簡（二四七號墓）：釋文修訂本》，頁243。
109 《二年律令與奏讞書──張家山漢墓竹簡（二四七號墓）：釋文修訂本》，頁243。
110 《漢書》卷38〈高五王傳〉，頁1991。
111 彭浩：〈談《奏讞書》中的西漢案例〉，《文物》，1993年第8期，頁35。

有兩種議罪意見的，『廷報』基本上都選擇了量刑較重的議罪意見和處罰，沒有從輕或免予刑罰的。」[112]透過對《奏讞書》的分析，不難發現中央審判機關廷尉處斷案件時確實有「疑罪從重」的傾向。秦代以法家學說為思想核心制定法制，漢承秦制，史書上所載「約法三章」搏造出「刪繁就簡」、「去苛從寬」、「律簡刑輕」的法制圖像並非歷史真相。[113]

（二）「獨尊儒術」的真相：漢代儒家經術的考察

秦朝採用法家思想，苛刻暴虐，二世而亡，後世為避免重蹈秦朝速亡的覆轍，不再標榜以法家思想治國。但是，事實上，法家思想從未在中國政治史上退轉消失。漢初為謀求社會經濟的恢復和發展，採用黃老思想治國，以道家思想的「清靜無為」為主，以法家思想的「刑名法術」為用，追求政簡刑輕，天下得以休養生息。黃老思想，表面上看起來以道家思想為主，實際上雜有濃厚的法家色彩。當漢朝的根基逐漸穩定，黃老思想已經無法與漢代統治者欲有積極作為的雄心壯志契合，此時儒家思想開始受到統治階層的重視。

漢初知名學者賈誼為漢文帝時的博士，重視儒家的仁政禮治思想，同時吸收了法家的法治權勢法制思想，並融攝黃老之學的論說，其理論是以儒家的「禮治」為基礎，輔以「法治」，行之於「無為」。賈誼說：「屠牛坦一朝解十二牛，而芒刃不頓者，所排擊剝割，皆眾解理也。至於髖髀之所，非斤則斧。夫仁義恩厚，人主之芒刃也；權

---

112 蔡萬進：《張家山漢簡《奏讞書》研究》（桂林：廣西師範大學出版社，2006年），頁85-87。

113 以上請參見拙作：〈漢初法制研究──以《奏讞書》亡匿案件為中心之考察〉，收入《出土文獻研究視野與方法》（臺北：國立政治大學中國文學系，2009年）第一輯，頁73-106。

勢法制,人主之斤斧也。」[114]又說:「明主者南面正而清,虛而靜」、「令物自定」以求「各得其當」[115]。賈誼以儒術為中心,結合儒、法、道三家思想的精華,其學說雖未被漢文帝完全採納,但仍為過渡時期的重要思想家。

董仲舒為漢代大儒,以研究《公羊春秋》著名,漢景帝時立為《春秋》博士。《漢書・董仲舒》云:「及仲舒對冊,推明孔氏,抑黜百家,立學校之官,州郡舉茂材孝廉,皆自仲舒發之。」[116]漢武帝接受董仲舒「獨尊儒術,廢黜百家」的建議,其背後的真實意義值得進一步深入探究。「儒術」的真實內涵是什麼?「百家」是否被黜而不存?在仔細考察董仲舒的思想後,發現其思想本於儒家,並雜揉各家學說。換言之,董仲舒所獨尊的「儒術」是以「儒家」思想為主幹,吸納「百家」學說後所產生的思想體系,「百家」的學說精華被攝入「儒術」裡面,而成為「儒術」的新內涵,所以漢代儒術的內涵與先秦儒家的思想並不相同。黃樸民將董仲舒所建立的儒術稱為「新儒學」,其曰:

> 新儒學的「新」,一是在理論構建中,能夠汲取其他學說的長處,豐富和完善儒家思想體系。二是在實踐上,克服了早期儒學的某些弊端,適合漢代封建統治的最大需要。因此,新儒學在當時具有強大的生命力,長時間統治著整個思想學術界。[117]

---

114 《漢書》卷48〈賈誼傳〉,頁2236。

115 賈誼撰、閻振益及鍾夏校注:《新書》(臺北:中華書局,2000年)第8〈道術〉,頁302。以下所引《新書》,皆見於此版本。

116 《漢書》卷56〈董仲舒傳〉,頁2525。

117 近代學者有鑑於西漢大儒董仲舒的儒學與先秦儒學內涵不同,故稱董仲舒的儒學為「新儒學」。如黃樸民:《董仲舒與新儒學》(臺北:文津出版社,1992年),相關的論述尚可見於曾振宇、范學輝:《天人衡中》(河南:河南大學出版社,1998年)、余治平《唯天為大》(北京:商務印書館,2003年)等書。

董仲舒雜揉各家思想的長處，其中包括了法家的許多觀點，韓非曾說：「臣事君、子事父、妻事夫，三者順則天下治，三者逆則天下亂，此天下之常道也。」[118]董仲舒將法家的政治思想納入儒家政治策略內，提出「君臣、父子、夫婦之道取之，大禮之終也」[119]的論說，建立起「可求於天」的「王道三綱」。[120]董仲舒並以「天道陰陽」論證「德」與「刑」的關係，提出「德主刑輔」的治國策略，實際上就是以儒家思想「仁德禮教」為主，法家思想「刑名法術」為輔。

漢武帝雖然推崇儒術，並於建元五年（前136年）立「五經」博士，但實際上仍採用法家思想治理國家，吳雁南等《中國經學史》指出：「漢武帝時期的《公羊春秋》學在學術思想上的一個重要特點就是儒法合流。」[121]此時期的儒家思想始終與法家思想夾纏在一起。《漢書·刑法志》曰：

> 及至孝武即位，外事四夷之功，內盛耳目之好，徵發煩數，百姓貧耗，窮民犯法，酷吏擊斷，姦軌不勝。於是招進張湯、趙禹之屬，條定法令，作見知故縱、監臨部主之法，緩深故之罪，急縱出之誅。其後姦猾巧法，轉相比況，禁罔寖密。律令凡三百五十九章，大辟四百九條，千八百八十二事，死罪決事比萬三千四百七十二事。文書盈於几閣，典者不能徧睹。是以郡國承用者駁，或罪同而論異。姦吏因緣為市，所欲活則傅生

---

118 王先謙注：《韓非子集解》（臺北：華正書局，1974年）卷20〈忠孝〉，頁393、394。

119 董仲舒撰、蘇輿義證：《春秋繁露義證》（北京：中華書局，1992年）卷9〈觀德〉，頁402。此下所引《春秋繁露義證》之文皆見於此版本。

120 《春秋繁露義證》卷53〈基義〉，頁351。

121 吳雁南、秦學頎、李禹階主編：《中國經學史》（福州：福建人民出版社，2001年），頁88。

議，所欲陷則予死比，議者咸冤傷之。[122]

漢武帝後律令竟達到三百五十九章，有罪當死的條文共有四百零九條，這些條文共規範一千八百八十二事，死罪的判例更是達到一萬三千四百七十二件，數量繁多到官吏無法全數閱覽。漢武帝表面上推崇儒術，但骨子裡採用的是法家學說，「外儒內法」為漢武帝時代「獨尊儒術」的真相。漢武帝時代綜合儒法兩家之長：儒家以禮、德、仁政、愛人為其學說的支撐點；法家以一斷於法、君主獨治、術勢並重為其學說的特徵。「外儒」即以儒家學說為外飾，這是因為儒家的理論符合中國的傳統國情，有著極濃厚的文化底蘊，可以贏得民心，妝飾仁政，穩定社會，便於統治。「內法」則有利於皇帝的專制統治和發揮法律的治世功能，可以收到急功近利之效。[123]《漢書‧循吏傳》云：

> 孝武之世，外攘四夷，內改法度，民用彫敝，姦軌不禁。時少能化治稱者，惟江都相董仲舒、內史公孫弘、兒寬，居官可紀。三者皆儒者，過於世務，明習文法，以經術潤飾吏事，天子器之。[124]

漢儒董仲舒、公孫弘、兒寬等人皆明習文法，並能以經術「潤飾」吏

---

122 《漢書》卷23〈刑法志〉，頁1101。

123 張晉藩：《中國法律的傳統與近代轉型》（北京：法律出版社，1997年）：「儒家以禮、德、仁政、愛人為其學說的支撐點。法家以一斷於法、君主獨治、術勢並重為其學說的特徵。外儒即以儒家學說為外飾，這是因為儒家的理論符合中國的傳統國情，有著極濃厚的文化底蘊，可以贏得民心，妝飾仁政，穩定社會，便於統治。以法家學說為內涵，有利於皇帝的專制統治和發揮法律的治世功能，可以收到急功近利之效。」頁34。

124 《漢書》卷89〈循吏傳〉，頁3623、3624。

事，而受到漢武帝的器重。此中，「潤飾」二字下得極妙，表明了漢武帝並非以儒家經典的義理思想為核心價值來治理國家，只是想要利用儒家經典「潤飾」繁苛慘烈的刑罰，使獲罪者不僅觸犯國家律條，更違反儒家經典中的綱常倫理，顯得死有餘辜。

綜上所言，漢代思潮由「道家為主，法家為用」，到「儒家、法家、道家並用」，再到「外為儒家，內為法家」，自此以後，法家思想始終以潛流的方式存在於中國政治史中。此外，由於漢承秦制的關係，漢代也承繼秦時以法家學說為核心思想所擬定的律典，漢代國家律典所承載的正是原始法家的精神和主張。漢武帝「獨尊儒術」後，董仲舒雖有以儒家經典的義理作為國家律典終極依據的理想，但受限於歷史情勢尚無法實踐「援經入律」。

二　理論的提出

漢武帝建元五年（前136年）正式設置五經博士，董仲舒以《公羊春秋》為主幹，兼採諸家學說的精華，隨著黃老學說淡出歷史舞臺，董仲舒重新建構的儒家經術全面流衍。漢承秦制，律令浸密，刑罰嚴峻，董仲舒提出縐合「經」與「律」的思想，並將此思想運用於刑獄的決斷，有效地舒緩自秦以來的酷烈嚴苛，樹立儒者通經致用的典範，其理論以天人感應作為理論的基石，以三綱五常作為決斷是非的判準，並以儒家經典作為審判的終極依據。

（一）以天人感應作為基石

「天人相應」是董仲舒思想的核心，將宇宙與人事納入「大一統」的模式中，得出合乎規律的解釋，以維持社會的倫常秩序。董仲

舒說:「天者,百神之大君也」[125],認為天是創造、支配天地萬物的最高主宰。同時,董仲舒建立起天、天子、天下的關係,曰:「唯天子受命于天,天下受命於天子」[126]、「受命之君,天意之所予也。」[127]君主教化百姓、統治天下,均以天意為基準,人民應當順從天意的化身——君主。在董仲舒心中,天與人有種種相同、相類似之處,因此「天」和「人」是可以相應的,董仲舒曰:

> 天地之精,所以生物者,莫貴於人。人受命乎天也,故超然有倚。物疢疾莫能為仁義,唯人獨能為仁義。物疢疾莫能偶天也,唯人獨能偶天地。人有三百六十節,偶天之數也。形體骨肉,偶地之厚也。上有耳目聰明,日月之象也。體有空竅理脈,川谷之象也。……觀人之體,人何高物之甚而類於天地也。……天地之符,陰陽之副,常設於身,身猶天地也。……故小節三百六十六,副日數也。大節十二分,副月數也。內有五臟,副五行數也。外有四肢,副四時數也。[128]

> 為生不能為人,為人者天也。人之人本於天,天亦人之曾祖父也。此人之所以乃上類天也。人之形體,化天數而成;人之血氣,化天志而仁;人之德行,化天理而義。人之好惡,化天之暖清;人之喜怒,化天之寒暑;人之受命,化天之四時。人生有喜怒哀樂之答,春夏秋冬之類也。喜,春之答也。怒,秋之答也。樂,夏之答也。哀,冬之答也。天之副在乎人,人之情

---

125 《春秋繁露義證》卷15〈郊義〉,頁402。
126 《春秋繁露義證》卷11〈為人者天〉,頁319。
127 《春秋繁露義證》卷10〈深察名號〉,頁286。
128 《春秋繁露義證》卷13〈人副天數〉,頁354-357。

性有由天者矣。[129]

董仲舒認為人是天的副本，因此進一步提出人應該效法天的觀點。因為人的構造與天相應，人的行為自然也應該與天相應，尤其是統治者的行為必須與天完全相同，如果違逆天道，天將以災異示警。董仲舒說：

> 臣謹案《春秋》之中，視前世已行之事，以觀天人相與之際，甚可畏也。國家將有失道之敗，而天迺先出災害以譴告之。不知自省，又出怪異以警懼之。尚不知變，而傷敗迺至。此見天心之仁愛人君而欲止其亂也。[130]

> 凡災異之本，盡生於國家之失。國家之失乃始萌芽，而天出災異以譴告之。譴告之而不知變，乃見怪異以驚駭之。驚駭之尚不知畏恐，其殃咎乃至。以此見天意之仁而不欲害人也。[131]

天以災異示警是要人知所警惕，知所戒懼，當災異出現時，人必須反省自己的行為是否違逆了天意。董仲舒的天道思想以「陽尊陰卑」的觀念為基礎，其曰：

> 陽氣出於東北，入於西北，發於孟春，畢於孟冬，而物莫不應是。陽始出，物亦始出；陽方盛，物亦方盛；陽初衰，物亦初衰。物隨陽而出入，數隨陽而終始，三王之正隨陽而更起。以

129　《春秋繁露義證》卷11〈為人者天〉，頁318、319。
130　《漢書》卷56〈董仲舒傳〉，頁2498。
131　《春秋繁露義證》卷8〈必仁且智〉，頁259。

此見之，貴陽而賤陰也。故數日者，據晝而不據夜；數歲者，據陽而不據陰。陰不得達之義。……惡之屬盡為陰，善之屬盡為陽。[132]

天地四時變化的主力在於「陽」，「陰」只是一種輔助的力量而已，陽代表正面，陰代表負面，董仲舒「陽尊陰卑」觀念衍生出人倫秩序「三綱五常」與政治主張「德主刑輔」等重要的思想。

（二）以三綱五常評判是非

董仲舒「陽尊陰卑」的觀念，不僅表現在天道運行的規律之中，也表現在人倫秩序與行為規範之中。韓非曾說：「臣事君、子事父、妻事夫，三者順則天下治，三者逆則天下亂，此天下之常道也。」[133]董仲舒將法家的政治思想融攝納入儒家政治策略內，其云：

君臣、父子、夫婦之義，皆取諸陰、陽之道。君為陽，臣為陰；父為陽，子為陰；夫為陽，婦為陰。……天為君而覆露之，地為臣而持載之，陽為夫而生之，陰為婦而助之，春為父而生之，夏為子而養子，秋為死而棺之，冬為痛而喪之。王道三綱，可求於天。[134]

人倫中的「君」、「父」、「夫」皆屬於「陽」，因此獲得至尊無上的地位，而「臣」、「子」、「婦」是屬於「陰」，地位相較於「君」、「父」、「夫」是卑下低落的。君臣、父子、夫婦必須在這種人倫結構中各守

132　《春秋繁露義證》卷13〈陽尊陰卑〉，頁324-326。

133　王先謙注：《韓非子集解》卷20〈忠孝〉，頁393、394。

134　《春秋繁露義證》卷12〈基義〉，頁350、351。

本份，以符合天道。董仲舒認為臣對君、子對父、妻對夫存在一絕對服從的關係，不服從君、父、夫是極大的罪惡，建立起「可求於天」的「王道三綱」[135]。董仲舒在曰：

> 天子受命於天，諸侯受命於天子，子受命於父，臣妾受命於君，妻受命於夫。諸所受命者，其尊皆天地，雖謂受命於天亦可。[136]

> 是故《春秋》君不名惡，臣不名善，善皆歸於君，惡皆歸於臣。臣之義比於地，故為人臣之下者，視地之事天也。[137]

> 木生火，火生土，土生金，金生水，水生木，此其父子也。……是故木受水，而火受木，土受火，金受土，水受金也。諸授之者，皆其父也；受之者，皆其子也。常因其父，以使其子，天之道也。……故五行者，乃孝子忠臣之行也。[138]

人倫秩序與宇宙自然有著永恆不變的相應關係：君為天，臣為地；父為天，子為地；夫為天，婦為地。董仲舒以「木生火，火生土，土生金，金生水」解釋「父子關係」，認為「金」、「木」、「水」、「火」、「土」等「五行」事實上就是「孝子忠臣之行」。除「三綱」外，董仲舒提出「五常」的概念，「五常」是維繫「三綱」的基本規德規範，即「仁」、「義」、「禮」、「智」、「信」。董仲舒〈天人三策〉曰：

135　《春秋繁露義證》卷53〈基義〉，頁351。
136　《春秋繁露義證》卷15〈順命〉，頁412。
137　《春秋繁露義證》卷11〈陽尊陰卑〉，頁325、326。
138　《春秋繁露義證》卷11〈五行之義〉，頁321。

> 仁、義、禮、知、信五常之道，王者所當修飭也。五者脩飭，
> 故受天之祐，而享鬼神之靈，德施于方外，延及群生也。[139]

董仲舒認為君臣、父子、夫婦之間的行為當以「三綱五常」的禮教為依歸，遂以「三綱五常」作為審查案情、評判是非、決斷善惡的準則。瞿同祖指出：「審判決獄受儒家思想的影響也是可注意的事實，儒者為官既有司法的責任，或參加討論司法的機會，於是常於法律條文外，更取決於儒家的倫理學說。」[140]「三綱五常」的禮教思想源自於儒家經義，董仲舒將儒家經典中的倫常道德注入審判之中，以倫常道德作為審判的最高準則。

（三）以儒家經典決斷獄案

董仲舒通過「天道陰陽」證論「德」與「刑」的關係，提出「德主刑輔」的政治主張，而此一政治主張貫穿整個中國法政制度史。董仲舒曰：

> 天地之常，一陰一陽。陽者天之德也，陰者天之刑也。[141]

> 陰終歲四移而陽常居實，非親陽而疏陰，任德而遠刑與？天之志，常置陰空處，稍取之以為助。故刑者德之輔，陰者陽之助也，陽者歲之王也。[142]

---

139 《漢書》卷56〈董仲舒傳〉，頁2505。
140 瞿同祖：〈中國法律之儒家化〉，收入《瞿同祖法學論著集》（北京：中國政法大學出版社，1998年），頁367。
141 《春秋繁露義證》卷12〈陰陽義〉，頁341。
142 《春秋繁露義證》卷11〈天辨在人〉，頁336。

天道之大者在陰陽。陽為德，陰為刑，刑主殺，刑主殺而德主
生。是故陽常居大夏，而以生育養長為事；陰常居大冬，而稱
於空虛不用之處。以此見天之任德不任刑也。天使陽出布施於
上而主歲功，使陰入伏於下而時出佐陽；陽不得陰之助，亦不
能獨成歲。終陽以成歲為名，此天意也。王者承天意以從事，
故任德教而不任刑。刑者不可任以治世，獨陰之不可任以成歲
也。為政而任刑，不順於天，故先王莫之肯為也。[143]

「德」為「陽」，「刑」為「陰」，由於「陽」是成歲的重要關鍵，所
以主張以「德」為治國的主要方式，然而「陽」沒有「陰」的輔助，
亦不能獨立成歲，也就是說，僅有「德」不足以安定天下，「德」之
外還必須輔以「刑」，如此一來，才能順應天意，天下大治。進一步
來說，用「刑」時以「德」作為判準是董仲舒決斷獄案的中心思想。
「德」的義理內蘊見於儒家經典，在眾多儒家經典中，董仲舒對於
《春秋》格外重視，其曰：

孔子作《春秋》，上揆天道，下質諸人情，參之於古，考之於
今。[144]

《春秋》「大一統」者，天地之常經，古今之通誼也。[145]

又王充《論衡・程材》中說：

143　《漢書》卷56〈董仲舒傳〉，頁2502。
144　《漢書》卷56〈董仲舒傳〉，頁2515。
145　《漢書》卷56〈董仲舒傳〉，頁2523。

　　董仲舒表《春秋》之義，稽合於律，無乖異者。[146]

　　孔子修《春秋》的目的在於「正名」，以正義褒善貶惡，使亂臣賊子
戒懼，因此《春秋》雖然是一部史書，同時也是「上明三王之道，下
辨人事之紀，別嫌疑，明是非，定猶豫，善善惡惡，賢賢賤不肖，存
亡國，繼絕世，補敝起廢，王道之大者也」的「禮義大宗」[147]。董仲
舒總結《春秋》撥亂反正的重要經驗，並提出「十指」的論說，基本
精神即為「王道」與「霸道」並用。[148]《春秋》在董仲舒看來，正是
王霸雜用、儒法合流的「法典」。董仲舒之所以特別尊崇《春秋》，這
與漢初諸侯接連叛亂，大臣貴戚違禮逾制，富貴差距嚴重，社會矛盾
衝突日益劇烈有著相當緊密的關係，「公羊學」強調家族宗法和政治綱
紀，其所提倡的「正名分」及「大一統」正可解決大時代的問題。[149]

第三節　實務運作的進程

　　漢代法制承繼於秦朝，國家大法既已頒布，除非皇帝下詔修定法
律，否則法律將不會有所變動，在無法重新制定法律的情況下，熟稔
儒家經典的官員遂在案件有所疑議時援引儒家經典加以決斷，經學家
則援引儒家經典解釋國家律典的內容，形成「引經決獄」和「引經注
律」的風潮。漢代崩解後，進入魏晉南北朝時期，此時期開始「引經
制律」，儒家經典的義理思想成為國家律典的具體內容。

146　王充：《論衡》（臺北：中華書局，1968年）卷12〈程材〉，頁4。

147　《史記》卷130〈太史公自序〉，頁3297、3298。

148　《春秋繁露義證》卷5〈十指〉，頁145。

149　以上請參見拙作：〈論董仲舒經律思想的淵源、內涵與實踐〉，《東方人文》第3卷
　　第3期，2004年9月），頁21-38。

一　儒家經典與司法審判：引經決獄（西漢）

「引經決獄」是以儒家經義作為指導思想的一種審判方式，審判時以儒家經典詮釋法律條文，或者只援引儒家經典而不引用法律條文，儒家經典的義理是執法的最終判準：符合經義的行為，即使違背法律仍可以免罪；反之，違背經義的行為，即便符合法律仍應受罰。據史書記載，「是時上方鄉文學，湯決大獄，欲傅古義，乃請博士弟子治《尚書》、《春秋》，補廷尉史、亭疑法。」[150]「步舒至長史，持節使決淮南獄，於諸侯擅專斷，不報，以《春秋》之義正之，天子皆以為是」[151]「公孫弘以《春秋》之義繩臣下、取漢相。」[152]「寬為奏讞掾，以古法義決大疑獄，張湯甚重之。」[153]可見漢代多有「引經決獄」之事。[154]

筆者無意於此處重現兩漢時代「引經決獄」的完整面貌[155]，僅以董仲舒為「引經決獄」的代表人物，勾勒「引經決獄」的歷史圖像。《後漢書‧應劭傳》記載：「董仲舒老病致仕，朝廷每有政議，數遣

150　《史記》卷59〈張湯傳〉，頁3130。

151　《史記》卷121〈儒林傳〉，頁3129。

152　《漢書》卷30〈平準書〉，頁1160。

153　《漢書》卷58〈兒寬傳〉，頁2629。

154　漢代引經決獄之事例，今可見於程德樹《九朝律考》卷1〈春秋決獄考〉，總計收有據《春秋》決獄論事之案例、事例58則：其中「董仲舒《春秋》決獄」事例6則；「漢以《春秋》決獄之例」23則；「漢論事援引《春秋》」19則，頁160-174。

155　研究「引經決獄」的專家學者，目前以黃師源盛的研究成果最受到學界關注，包括：《漢代春秋折獄之研究》（臺北：中興大學法律學系研究所碩士論文，1982年）、《傳統法制與思想》（臺北：五南圖書出版公司，1998年）、《漢唐法制與儒家傳統》（臺北：元照出版公司，2009年）、〈董仲舒春秋折獄案例研究〉（《國立台灣大學法學論叢》，1992年8月）、〈兩漢春秋折獄案例探微〉（《政大法學評論》，1994年12月）與〈兩漢春秋折獄『原心定罪』的刑法理論〉（《政大法學評論》，2004年6月）等。

廷尉張湯親至陋巷，問其得失，於是作《春秋決獄》二百三十二事，
動以經對，言之詳矣。」[156]董仲舒以「春秋決獄」聞名天下，《春秋》
以正義褒善貶惡，目的在於使亂臣賊子懼，特別強調禮的作用與規範，
重視行為的主觀動機是否符合禮的道德倫常。以下是筆者的考察：

> 《漢書・藝文志・春秋類》記載：「公羊董仲舒治獄十六篇」。[157]
> 《隋書・經籍志・春秋類》記載：「《春秋決事》十卷董仲舒
> 撰」。[158]
> 《舊唐書・經籍志・法家類》記載：「《春秋決獄》十卷董仲舒
> 撰」。[159]
> 《新唐書・藝文志・法家類》記載：「董仲舒《春秋決獄》十
> 卷黃氏正」。[160]
> 《崇文總目・春秋類》記載：「《春秋決事比》十卷　原釋漢仲
> 舒撰，丁氏平，黃氏正，初仲舒既老病致仕，朝廷每有政議，
> 武帝數遣廷尉張湯問其得失，于是作《春秋決疑》二百三十二
> 事，動以經對，至吳太史令吳汝南季江夏黃復平正得失，今頗
> 殘逸，止有七十八事。」[161]

唐代將董仲舒《春秋決獄》歸入「法家類」，漢代、隋代、宋代則將
董仲舒《春秋決獄》歸入「春秋類」，可見此書經學色彩之濃厚。又
根據《崇文總目》的記載，董仲舒《春秋決獄》宋初雖已佚失部分內

156　《後漢書》卷48〈應劭傳〉，頁579。
157　《漢書》卷30〈藝文志〉，頁1712。
158　《隋書》卷32〈經籍志〉，頁930。
159　《舊唐書》卷47〈經籍志〉，頁2031。
160　《新唐書》卷59〈藝文志〉，頁1531。
161　王堯臣：《崇文總目》（臺北：臺灣商務印書館，1965年），頁23。

容，但仍流傳於世。王應麟《困學紀聞》云：

> 董仲舒《春秋決獄》，其書不傳。《太平御覽》載二事，其一引
> 《春秋》許止進藥，其一引夫人歸于齊。《通典》載一事，引
> 《春秋》之義，父為子隱。應劭謂仲舒作《春秋決獄》二百三
> 十三事，今僅見三事而已。[162]

王應麟撰《困學紀聞》時，已不見董仲舒《春秋決獄》。據上開文獻
資料推斷，董仲舒《春秋決獄》一書極可能是在宋朝南渡時亡佚的，
故今不傳於世。

　　董仲舒《春秋決獄》雖已不傳於世，然而仍有零星的案例被保存
下來。現存的案例散見於：杜佑《通典》、歐陽詢等《藝文類聚》、白
居易《白氏六帖事類集》、李昉等《太平御覽》、馬國翰《玉函山房輯
佚書》、王謨《漢魏遺書鈔》及程樹德《九朝律考》等書。其中以馬
氏所輯的案例最為完整，含括他書所輯的內容，總計收有董仲舒《春
秋決獄》八節，又「武帝外事夷狄，而民去本。董仲舒說上曰：『《春
秋》他穀不書，至於麥禾不成則書之，以此見聖人五穀最重粟
麥。』」一節與斷事決獄完然無涉[163]，「妻甲夫乙毆母，甲見乙毆母而
殺乙。《公羊》說甲為姑討夫，猶武王為天誅紂。」[164]一節文字闕漏
不全。因此，現今僅有六則案例可供研究討論：

162　王應麟撰、翁元圻注：《翁注困學紀聞》（臺北：中華書局，2016年）卷6，頁16。
163　馬國翰：《玉函山房輯佚書‧經編‧春秋類》（臺北：文海出版社，1967年），頁
　　　1181。以下所引《玉函山房輯佚書》皆見於此版本。
164　《玉函山房輯佚書‧經編‧春秋類》，頁1180。

【案例一】

> 時有疑獄曰:「甲無子,拾道旁棄兒乙養之以為子。及乙長,有罪殺人,以狀語甲,甲藏匿之,甲當何論?」
> 仲舒斷曰:「甲無子,振活養乙,雖非所生,誰與易之!詩曰:『螟蛉有子,蜾蠃負之。』《春秋》之義,『父為子隱』。甲宜匿乙,」詔不當坐。」[165]

案:當時發生一件有疑議的案件:甲無子嗣,於道路旁拾得棄兒乙,遂將乙當作自己的骨肉養育。乙長大成人後,犯下殺人的罪行,並將犯罪之事告訴甲,甲遂將乙藏匿起來以避免刑罰,甲該如何論處?董仲舒處理本案例如下:(1)董仲舒先援引《詩經》中「螟蛉有子,蜾蠃負之,教誨爾子,式穀式之。」[166]的經文。古人認為蒲盧取桑蟲之子,負持而去,煦嫗養之,以成其子。換言之,倘若有人撿拾道旁棄兒回家養育,則該名棄兒即可視為他的子女。是故,本案例乙雖是甲之養子,但其地位當應視同為親生子女。(2)董仲舒據《論語》「吾黨之直者異於是,父為子隱,子為父隱,直在其中矣。」[167]的經義,認為父親甲的行為是「父為子隱」,具備「直」的美德,符合《春秋》大義中的「親親之道」。(3)因此,甲不當坐藏匿人犯罪。依據儒家經義,漢宣帝將「親親首匿」的行為合法化,下詔,曰:「父子之親,夫婦之道,天性也。雖有患禍,猶蒙死而存之,誠愛結于心,仁厚之至也,豈能違之哉!自今子首匿父母,妻匿夫,孫匿大父母,皆勿坐。其父母匿子,夫匿妻,大父母匿孫,罪殊死,皆上請廷尉以

---

165 杜佑:《通典・禮・沿革・嘉禮》(北京:中華書局,1992年),頁1191。以下援引《通典》之文,亦見於此版本。
166 《詩經注疏》卷12〈小雅・小宛〉,頁419。
167 《論語注疏》卷13〈子路〉,頁118。

聞。」[168]公開允許「子匿父母、妻匿夫、孫匿大父母」的行為，但「父母匿子、夫匿妻、大父母匿孫」的部分則有待商榷，如犯人罪行重大，罪已至死，則必須上請廷尉裁決。

【案例二】

> 甲有子乙以乞丙，乙後長大而丙所成育。甲因酒色謂乙曰：「汝是吾子。」乙怒，杖甲二十。甲以乙本是其子，不勝其忿，自告縣官。
>
> 仲舒斷之曰：「甲生乙，不能長育以乞丙，於義已絕矣！雖杖甲，不應坐。」[169]

案：《春秋》僖公五年（前655年）記載：「晉侯殺其世子申生。」《春秋公羊傳》解釋說：「曷為直稱晉侯以殺？殺世子母弟，直稱君者，甚之也。」[170]晉獻公寵愛驪姬，驪姬工於心計，想要立自己的兒子奚齊為太子，於是費盡心機使太子申生陷於謀殺尊親的重罪中，申生逃奔至曲沃後，考量年邁的父親如果失去驪姬，晚年必然會孤寂不樂，在既不願說明冤情，又不願蒙受殺父的惡名出亡的情況下，最後選擇自縊身亡。《春秋》以「殺」字責難晉獻公盡失親親之道，作為父親卻不慈愛子女，骨肉親情完全喪失，父子恩義已然斷絕。[171]本案例甲雖生乙，卻未能親自養育乙，而乞求丙養育乙，乙後來由丙養育，長

168　《漢書》卷8〈宣帝本紀〉，頁251。

169　《通典・禮・沿革・嘉禮》，頁1191。

170　《公羊傳注疏》卷10「僖公五年」，頁127。

171　董仲舒於此案例僅云「於義已絕」，並未明確指出其所據之經典與經文，後世僅能推敲其意，自《春秋》中尋找相關事件與義理。黃師源盛《漢唐法制與儒家傳統》（臺北：元照出版公司，2009年）認為董仲舒所據之經義當為《春秋》僖公五年乙事，頁50-53。筆者採取此說。

大成人。某日，甲酒後吐露心中多年來的祕密，遂告訴乙說：「你是我兒。」乙以為甲酒後胡言亂語，惡意中傷乙家的聲譽，因而發怒，杖打甲二十下。甲認為乙本來是自己的親生兒子，竟然敢持杖毆打親生父親，相當忿怒，於是一狀告上縣官。董仲舒認為甲雖生乙，卻未履行作為一個父親應盡的責任，而將乙交由丙扶養，甲乙間並無「親親之義」，父子恩義早已斷絕，故乙不當坐毆父罪。董仲舒「不重所生，而重所養」的思想由此可見一斑。

【案例三】

> 甲父乙與丙爭言相鬥，丙以佩刀刺乙，甲即以杖擊丙，誤傷乙，甲當何論？或曰：「毆父也，當梟首」。
>
> 議曰：「臣愚以為父子至親也，聞其鬥，莫不有怵悵之心，扶杖而救之，非所以欲詬父也。春秋大義，許止父病，進藥於其父而卒，君子原心，赦而不誅。甲非律所謂毆父也，不當坐。」[172]

案：《春秋》昭公十九年（前523年）記載：「夏，五月，戊辰，許世子止弒其君買。」同年，記載許世子「冬，葬許悼公。」《春秋公羊傳》闡發其間的微言大義云：「賊未討，何以書葬？不成于弒也。曷為不成于弒？止進藥而藥殺也。止進藥而藥殺，則曷為加弒焉爾？譏子道之不盡也。其譏子道之不盡奈何？曰：樂正子春之視疾也。復加一飯則脫然愈，復損一飯則脫然愈；復加一衣則脫然愈，復損一衣則脫然愈。止進藥而藥殺，是以君子加弒焉爾，曰：『許世子止弒其君買』，是君子之聽止也；『葬許悼公』，是君子之赦止也。赦止者，免

---

172 李昉等奉敕撰：《太平御覽》第640（臺北：新興書局，1959年），頁2842。以下所引《太平御覽》皆見於此版本。

止之罪辭也。」[173]許世子父親許悼公罹患疾病，許世子進藥醫治父親的疾病，詎料父親卻因為藥材無效而死亡，孔子修《春秋》的目的在於「正名」，或褒或貶，僅在於一字之取捨，許世子未盡為人子的責任，所以孔子以「弒」字責難許世子，然而許世子進藥的動機乃是出於孝道，孔子考察深究許世子進藥時的動機，最後赦免了許世子的罪狀，以「葬」字宥恕許世子。本案例甲的父親乙與丙爭吵鬥毆，丙以佩刀刺殺乙，甲為了救父，情急之下以木杖攻擊丙，卻誤傷自己的父親乙，甲應當如何論處？中國傳統社會相當重視孝道，認為百善孝為先。當時有人主張甲毆打父親，應當處以死刑，並於斬首後，將首級懸掛於竹竿上，以懲戒眾人。董仲舒則認為父子是人倫中的至親，任何人聽聞自己的父親與他人爭鬥，心中都會感到恐懼而六神無主，甲持木杖攻擊丙，目的是為了解救父親脫離危難，而非有意要以木杖擊打父親，使父親遭受侮辱。根據《春秋》的微言大義，甲持杖攻擊丙，卻意外擊中自己的父親乙，甲誤毆己父的行為固然應遭受譴責，然而推究甲的動機，乃是出自於孝道，與許世子進藥醫治父親的事件相似，董仲舒認為孔子既然饒恕了許世子，本案亦應赦免甲誤傷己父乙的行為，甲不應當坐以毆父之罪。

【案例四】

> 甲夫乙將舡，會海風盛，舡沒，溺流死亡，不得葬。四月，甲母即嫁甲，欲當何論？
>
> 或曰：「甲夫死未葬，法無許嫁，以私為人妻，當棄市。」
>
> 議曰：「臣愚以為，《春秋》之義，言夫人歸於齊，言夫死無男，有更嫁之道也。婦人無專刺擅恣之行，聽從為順，嫁之

---

173 《公羊傳注疏》卷23「昭公十九年」，頁291、292。

者，歸也，甲又尊者所嫁，無淫行之心，非私為人妻也。明於
決事，皆無罪名，不當坐。」[174]

案：《春秋》文公十八年（前609年）魯文公薨逝，史書上記載：「夫
人姜氏歸于齊。」[175]姜氏為魯文公夫人。魯文公次妃敬嬴，生子俀，
敬嬴為其子謀立，私結襄仲，姜氏與魯文公所生二子皆遭殺害，庶子
俀立為魯宣公，姜氏無所留，因此歸於齊國，不再復返，歷史上稱之
為「哀姜」。此中所謂「歸」指的是「大歸」，即婦人歸於娘家而不再
返回夫家。本案例甲之丈夫乙乘船出海捕魚，當時海上的暴風相當強
勁，船隻被暴風摧毀沈沒，乙則陷溺於海流之中，慘遭溺斃，葬身海
底，無法安葬。同年四月，甲母將甲再嫁他人，甲與甲母該如何論
處？有人認為甲之丈夫乙死亡而未安葬，依法不得再嫁他人，甲顯然
觸犯「私為人妻」之罪，應當處死棄市。董仲舒則認為甲的再嫁，並
非專擅恣意的行為，而是聽取順從母親的意思，依《春秋》中「夫人
姜歸于齊。」之微言大義，夫死無子，婦女大歸於娘家，當可以再嫁
他人。再者，將甲再嫁他人為甲母之決定，並非甲有淫亂之欲念，自
不當坐「私為人妻」罪。甲母將甲嫁予他人的部分，董仲舒未說明理
由，只說「明於決事，皆無罪名」，認為甲母亦不當坐。

【案例五】

君獵得麑，使大夫持以歸。大夫道見其母隨而鳴，感而縱之。
君慍，議罪未定，君病，恐死，欲託孤幼，乃覺之，大夫其仁

---

174 《太平御覽》第640，頁2842。

175 《公羊傳注疏》卷14「文公十八年」，頁183。此事可參見《左傳》卷20「文公十
八年」：「夫人姜氏歸于齊，大歸也。將行，哭而過市，曰：『天乎！仲為不道，殺
嫡立庶。』市人皆哭，魯人謂之『哀姜』。」頁351。

乎？遇麕以恩，況人乎？乃釋之以為子傅。於議何如？

仲舒曰：「君子不麛不卵，大夫不諫，使持歸，非義也。然而
中感母恩，雖廢君命，徙之可也。」[176]

案：君王獵得小鹿，命令大夫將小鹿帶回宮庭，大夫在路上看見小鹿
的母親一路跟隨哀鳴，心有所感而縱放小鹿。君王因此慍怒，尚在議
論大夫之罪時，君王就病重了，君王心想自己恐怕難逃一死，想要將
年幼的孤子託付給他人，才突然驚覺，縱放小鹿的大夫何其仁愛？能
對小鹿施恩，更何況是人呢？這才釋放了大夫，命大夫為幼子的師
傅。這件事應當如何評議？董仲舒的議論如下：（1）《禮記・王制》
有云：「天子、諸侯無事則歲三田：一為乾豆，二為賓客，三為充君
之庖。無事而不田，曰不敬；田不以禮，曰暴天物。天子不合圍，諸
侯不掩群。天子殺則下大綏，諸侯殺則下小綏，大夫殺則止佐車。佐
車止，則百姓田獵。獺祭魚，然後虞人入澤梁。豺祭獸，然後田獵。
鳩化為鷹，然後設罝羅。草木零落，然後入山林。昆蟲未蟄，不以火
田，不麛，不卵，不殺胎，不殀夭，不覆巢。」[177]因此，董仲舒根據
《禮記》的經義，指出打獵時不得捕殺幼獸，不得攫取鳥卵，如不遵
循狩獵之禮，即是任意滅絕天生的萬物，本案君主獵殺小鹿的行為顯
然違背了「禮」。（2）《禮記・檀弓》云：「事君有犯而無隱。」[178]君
王有了過錯，大夫不應隱瞞，應當直諫。董仲舒指出本案大夫未能勸
諫君主不做不合於「禮」的行為，是為「不義」。（3）本案例大夫見
母鹿悲悽而縱放小鹿，乃是基於惻隱之心，具有「仁」的美德[179]。大

176　《玉函山房輯佚書・經編・春秋類》，頁1180。

177　《禮記注疏》卷12〈王制〉，頁237。

178　《禮記注疏》卷6〈檀弓〉，頁109。

179　《孟子注疏》卷3〈公孫丑〉：「惻隱之心，仁之端也。」頁66。

夫不勸諫的「不義」、廢君命的「不忠」與「縱小鹿」的「仁德」相
抵後，大夫仍須輕罰，接受貶徙的處置。[180]

【案例六】

> 甲為武庫卒，盜強弩弦，一時與弩異處，當何罪？
> 論曰：「兵所居，比司馬，闌入者髡，重武備，貴精兵也。弩
> 蘖、機郭、弦軸異處，盜之不至盜武庫兵陳。」
> 論曰：「大車無輗，小車無軏，何以行之？甲盜武庫兵，當棄
> 市乎？」
> 仲舒曰：「雖與弩異處，不得弦，不可謂弩。矢射不中，與無
> 矢同，不入與無鏃同。律曰：此邊郡，兵所贓，直百錢者，當
> 坐棄市。」[181]

案：甲為武庫兵卒，卻監守自盜，盜取武庫中的弩弦，使得弩弦與弩
分離兩處，應當如何論處？當時議論者有二種不同的看法：第一種看
法，士兵所在的地方，比照司馬門，踰越欄杆進入者必須接受去髮的
刑罰，這是由於國家相當重視軍方的武備與精銳的士兵的緣故。弩是
用機關施放的弓，亦稱為「高弓」，其高弓的木箭、發箭的機械、弦
軸放置於不同的地方，僅盜取弩弦，所犯之罪不致於構成「偷竊武庫

---

180 林咏榮〈春秋折獄考異〉指出：「董仲舒氏治公羊學，現在於《通典》及《御覽》
 中判例四則，均係援引《春秋》之義以為斷，而白帖此一斷例，卻係援引《禮
 記》之義以為斷，似不合常情。」《中央日報》1980年11月4日，文史版。黃師源盛
 《中國傳統法制與思想》（臺北：五南圖書出版公司，1998年）則認為：「引經以
 折獄，狹義以言，固專指援引春秋之義以為斷；但廣義來說，所謂經義，亦可兼
 括儒家各種經典而言。」頁104。
181 《玉函山房輯佚書‧經編‧春秋類》，頁1180。

兵器」。[182]第二種看法，援引《論語》論斷本案例，孔子云：「人而無信，不知其可也。大車無輗，小車無軏，其何以行之哉？」[183]孔子認為人如果沒有信用，不知道要如何以處世，就如同大車沒有安放橫木的「輗」，小車沒有安放橫木的「軏」，如何能夠運行呢？依《論語》經義，甲雖然僅偷弩弦，但弩無弦軸，就如同大車沒有「輗」，小車沒有「軏」，根本無法發揮作用，因此主張甲成立偷竊武庫兵器罪，應當處以棄市的刑罰。董仲舒認為弩與弦雖放置於不同的地方，但沒有弦，就不能稱之為弩，並進一步說明以箭射殺不中，與沒有箭矢是相同的，而射中目標卻沒能插入，與沒有箭頭是相同的。董仲舒對於本案例的立場是駁難第一說，而贊成第二說，並援引律令作為結論：「於邊鄙之處，兵所偷竊之贓物，價值百錢以上者，當構成棄市之刑罰。」此案例應屬於「軍法」的範圍，軍隊的紀律關係著國家的存亡，因此較一般法律嚴苛，甲雖然只偷竊弦，卻足以使弩失去功用，故甲之罪足以至死，應當棄市。[184]

結語

　　《春秋繁露》曰：「《春秋》之聽獄也，必本其事而原其志。志邪者不待成，首惡者罪特重，本直者其論輕。」[185]此中指出據《春秋》

---

182 此議論語意不連貫，自相矛盾，既重視軍方武備、貴重精銳士兵，僅踰越欄杆進入武庫者，依法尚必須處以髡刑，何以偷竊兵器卻主張從輕處理？文獻資料在傳抄時或有疏漏闕誤。

183 《論語注疏》卷2〈為政〉，頁19。

184 沈家本《沈寄簃先生遺書》（臺北：文海出版社，1967年）曾評論此案云：「按武庫地在禁中，兵又非常用之器，故罪重至棄市，邊鄙兵所居，比司馬門，則亦與禁中等，故盜者亦當以盜武庫兵論也，若弦弩異處，董謂不可謂弩，自是持平之語，似此者自當以減論。論贓直百錢，當為別條，原文邊鄙兵所贓句，必有訛奪；恐當為盜邊鄙所居，贓百錢即棄市，重邊防也。漢法之嚴如此，後世藏兵之所既不在禁中，亦無兵所居比司馬之法。」頁595。

185 《春秋繁露義證》卷3〈精華〉，頁92。

聽訟決獄的二個重點，一為「本其事」，一為「原其志」，即以儒家經典中所載的倫理道德觀念為標準，依據犯罪事實，考察犯罪者的動機及目的來論罪科刑，此為漢代「引經決獄」的最高原則。永嘉之亂後，晉室東遷，主簿熊遠上奏建議：「凡為駁議者，若違律令節度，當合經傳及前比故事，不得任情以破成法。愚謂宜令錄事更立條制，諸立議者皆當引律令經傳，不得直以情言，無所依准，以虧舊典也。」[186]凡案件有所議論者，當引律令與經傳決斷，不得任情論處。北魏時代，太武帝太平真君六年（西元445年）下詔：「諸疑獄皆付中書，依古經義論決之。」[187]由此可知，漢代「引經決獄」的餘波對後世影響甚深，直至魏晉南北朝時期，「引經決獄」依然相當盛行。[188]官吏「引經決獄」，如能本於君子仁愛之心，可舒緩刑獄酷烈的問題，但如官吏「引經決獄」，攀附「儒家經義」之名，行濫刑枉法之實，則姦猾巧法，冤傷必多。元時，馬端臨曰：「蓋漢人專務以春秋決獄，陋儒酷吏遂得因緣假飾。」[189]清末民初，劉師培曰：「儒生者，高言經術者，掇類似之詞，曲相附合，高下在心，便於舞文，吏民益巧，法律以歧，故酷吏由之，易於鑄張人罪，以自濟其私。」[190]陳希聖也說：「《春秋》並不是法典，乃是一部史書，所用以斷獄的，是史實記錄的解釋，所以牽強附會，無所不至。」[191]其流弊可見一斑。[192]

---

186 《晉書》卷30〈刑法志〉，頁939。

187 《魏書》卷111〈刑罰志〉，頁2875。

188 參見桂齊遜：〈中國中古時期「經義折獄」案例初探〉，收入《通識研究集刊》（桃園：開南管理學院通識教育中心，2004年12月），頁57-97。

189 馬端臨：《文獻通考》（杭州：浙江古籍出版社，1987年）卷182〈經籍〉，頁1567。

190 劉師培：〈儒學法學分歧論〉，收入《國粹學報》（臺北：文海出版社，1970年，第5冊）。

191 陶希聖：《中國政治思想史》（臺北：食貨出版社，1972年），頁167。

192 以上參見拙作：〈論董仲舒經律思想的淵源、內涵與實踐〉，《東方人文》第3卷第3期，2004年9月），頁21-38。

二　儒家經典與法律解釋：引經解律（東漢）

《唐律疏議》隨處可見援引儒家經典的文句解釋律文的情況，這種「引經解律」的詮解方式，在東漢時代就已經蔚然成風，東漢經學家往往兼治律學，一方面詮釋儒家經典，一方面解釋國家律典。

章句之學是漢代經學的重要內容，章句是解讀儒家典籍的基本方式，《新唐書・藝文志》：「自《六經》焚於秦而復出於漢，其師傳之道中絕，而簡編脫亂訛缺，學者莫得其本真，於是諸儒章句之學興焉。其後傳注、箋解、義疏之流，轉相講述，而聖道粗明，然其為說固已不勝其繁。」[193]初期的章句，規模簡約，考證經書脫亂訛闕之處，針對古字古言訓解大旨，後來經學家開始進一步詮解經書，闡發其中的義理思想，發展到後期時，趨於繁瑣。[194]《漢書・儒林傳》：

> 自武帝立五經博士，開弟子員，設科射策，勸以官祿，訖於元始，百有餘年，傳業者寖盛，支葉蕃滋，一經說至百餘萬言，大師眾至千餘人，蓋祿利之路然也。[195]

漢武帝設立五經博士後，經過百餘年的發展，一經之章句竟達百餘萬言，大師之生徒竟有千餘人，龐大的章句使得後學皓首窮經。任何的詮釋活動，詮釋者必須根據他已知的知識範疇和對存有的體驗以及生命的體會，來決定他為詮釋對象所作的詮釋，而這一已知的知識範疇

193　《新唐書》卷57〈藝文志〉，頁1421。

194　參見郜積意〈宣、章二帝與兩漢章句學的興衰〉，《漢學研究》第25卷第1期（2005年6月），頁61-94。

195　《漢書》卷88〈儒林傳〉，頁3620、3621。

和對存有的體驗以及生命的體會，就是「前見」。[196]經學家的「前見」
（即已知的知識範疇、對存有的體驗以及生命的體會），皆根植於儒
家經學的義理思想之上，他們對律典的注解不可避免地受到當時學術
氛圍的影響，烙印著時代思潮的印記，帶有濃厚的經學氣息。《晉
書・刑法志》：

> 盜律有賊傷之例，賊律有盜章之文，興律有上獄之法，廄律有
> 逮捕之事。若此之比，錯糅無常。後人生意，各為章句。叔孫
> 宣、郭令卿、馬融、鄭玄諸儒章句十有餘家，家數十萬言，凡
> 斷罪所當由用者，合二萬六千二百七十二條，七百七十三萬二
> 千二百餘言，言數益繁，覽者益難，天子於是下詔，但用鄭氏
> 章句，不得雜用餘家。[197]

此中可見當時律典的條文錯糅，盜律中參有賊傷之例，賊律中參有盜
章之文，興律中參有上獄之法，廄律上參有逮捕之事，後人未多加留
意，望文生意，自行解釋，為律章句。叔孫宣、郭令卿、馬融、鄭玄
諸儒的章句十餘家，各家皆有數十萬言，凡斷罪所當由用者，計有二
萬六千二百七十二條，共約七百七十三萬二千二百餘言，字數繁多，
導致閱覽困難。

---

196 關於如何認識和把握經典注釋的特徵及其存在的價值，現代詮釋學理論可以提供
一些答案。海德格爾《存在與時間》（陳嘉映、王慶節譯，北京：三聯書店，1987
年）曾說：「把某某東西作為某某東西加以解釋，這在本質上是通過先行具有、先
行掌握來起作用的。解釋從來不是對先行給定的東西所作的無前提的把握。」頁
184。伽達默爾在《真理與方法》（洪漢鼎譯，上海：上海譯文出版社，1999年）
也提到在經典闡釋的過程中，即使是歷史方法的大師，也不可能使自己完全擺脫
他的時代、社會環境及民族立場的前見，頁678。

197 《晉書》卷30〈刑法志〉，頁923。

　　各家各自為漢律作章句，且章句規模愈來愈龐雜，造成二個嚴重的法律問題：第一、同一條律文，各家章句卻有著不同的解釋，公平正義如何實現？第二、章句規模過於龐大而導致閱讀困難，既難以閱覽，如何掌握律典中罪名與刑罰？所以，律章句發展到後期，魏文帝不得不下詔明定司法審判只能援用鄭玄的律章句，一方面統一律文的解釋，一方面削減章句的規模，經學家對律文的注釋正式成為法律的內容。可惜的是，漢代諸儒律章句十有餘家，卻沒有任何一家章句流傳下來，導致「引經解律」的研究視域，缺乏直接而具體的文獻，無法真實地呈現其歷史圖像。

　　龍大軒在《漢代律家與章句考》一書中遍查經、史、子、集之相關記載，並徵以出土文獻，輯出杜林、許慎、郭躬、陳寵、鄭玄、何休、服虔、文穎、應劭諸家之章句以及不見名傳之律說，共計五四三條，分為律說、具類律章句、罪名類章句、刑名類律章句、事律類律章句、職官類律章句、軍法類律章句、獄訟類律章句、監獄類律章句、禮制類律章句。[198]筆者本以為其輯佚成果或可成為研究漢律章句的重要資料，但經過仔細考察與反思，似乎發現若干問題。龍氏所輯「律章句」是從經、史、子、集中輯出杜林、許慎、郭躬、陳寵、鄭玄、何休、服虔、文穎、應劭等人對刑罰的相關解說，其中或有援引漢律與提及漢制的情況，但皆並非是漢代律章句的本文。也就是說，透過龍氏輯佚的成果可探討漢代律家對刑罰的觀點，也有助於建構漢律完整的歷史圖像，但是無法確定漢代律章句中是否真有此文句，以此為基礎研究漢代律章句，不無疑議。

198　龍大軒：《漢代律考與律章句考》（北京：社會科學文獻出版社，200年）：「筆者遍查經史子集之相關記載，徵以出土文獻，輯出杜林、許慎、郭躬、陳寵、鄭玄、何休、服虔、文穎、應劭諸家之章句以及不見名傳之律說，共計543條。」頁78、79。

　　以龍大軒《漢代律家與章句考》中所輯出具律類的幾條律章句為例，如：第一條為許慎《說文》曰：「灋，刑也，平之如水。從水，廌所以觸不直者去之。從廌去。」此為許慎解釋「灋」造字的方式及其含蘊的意義，從此字可觀察古代對於「灋」的文化概念，但無法確定許慎的律章句有無此句。第二條為鄭玄《禮記正義》曰：「律，法也。」此為鄭玄解釋《禮記》中的「律」字時所下的註解，由此可知，在古代「律」與「法」的意義相同，可以通用，但仍無確定鄭玄的律章有無此句。第二十七條是服虔注《漢書・武帝紀》「元狩六年，夏四月，初作誥」時云：「誥敕王，如《尚書》諸誥也。」說明「誥」此種文書，是帝王對諸王之命令，一如《尚書》中所載「誥」之體制，服虔為律章句時是否會援引此句，完全不得而知。更何況以上三例，並非針對漢律所作的解釋，要說此三句為律章句，恐怕難以令人信服。總之，律章句是律家對律進行解釋活動的成果，但並非律家對刑罰的相關解說就是律章句。

　　關於「引經解律」類型的律章句，龍大軒提出以下的看法：「在《史記》、《漢書》、《三禮》、《毛詩》、《春秋公羊傳》的注箋中，能夠輕而易舉地看到鄭玄、何休等人用漢律來解釋儒經的例子，史稱『引律注經』；卻很難看到他們用儒家經義來注釋漢律的例子，即『引經注律』。但換一個角度來考慮，他們引律注經的條文，倒過來理解，恰恰是引經注律的成果，譬如解釋某條經文引用了某條漢律，反過來，其解釋該條漢律時也理當引用該條經文或與該條經文相似的其他經文。……如此一掉換，引用經文、經義注釋漢律的內容就容易考出了。」[199]從「援律解經」的內容推想「引經注律」的面貌，原則上是行得通的，但是此一觀點是建立在邏輯推演之上，假設解釋某條經文

---

199 龍大軒：《漢代律考與律章句考》，頁14。

時引用了某條漢律，則解釋該條漢律時「理當」引用該條經文或與該條經文相似的其他經文，其所考結果與實際情形必然有所差距。

在缺乏歷史文獻的情形下，難以進一步建構漢代「引經注律」具體而真實的歷史圖像。但可以確定的是，在漢代律章句學史上，最有影響力的人物首推鄭玄。鄭玄以古文經學為宗，兼採今文經學，集古今文於大成，受其業者達到千餘人，鄭氏經學風靡天下，使得分裂已久的漢代經學達到統一的局面。鄭玄的律章句不僅對當時的律學具有一定的影響力，其餘波更是及於後世，魏明帝下詔「但用鄭氏章句，不得雜用餘家」後，取得獨尊的歷史地位，經學家對律令的注釋正式成為法律的內容。《晉書・刑法志》曰：「文帝為晉王，患前代律令本注煩雜，陳群、劉邵雖經改革，而科網本密，又叔孫、郭、馬、杜諸儒章句，但取鄭氏，又為偏黨，未可承用，於是令賈充定法律。」[200] 由此可知，漢儒律章句的法定效力直至晉文帝時期才因制定新律而宣告結束。

三　儒家經典與法律制定：引經制律（魏晉至隋）

1　魏律

根據《晉書・刑法志》記載，魏明帝下詔改定刑制，命司空陳群、散騎常侍劉邵、給事黃門侍郎韓遜、議郎庾嶷、中郎黃休、荀詵等刪約舊科，傍采漢律，定為魏法，制《新律》十八篇。[201]此中，以

---

200 《晉》卷30〈刑法志〉，頁927。
201 《晉書》卷30〈刑法志〉：「天子又下詔改定刑制，命司空陳群、散騎常侍劉邵、給事黃門侍郎韓遜、議郎庾嶷、中郎黃休、荀詵等刪約舊科，傍采漢律，定為魏法，制《新律》十八篇。」頁923。

陳群與劉邵最為重要[202]：陳群奏議時常時引用儒家經典以支持自己的論點[203]，其對於儒家經義的崇奉可見一斑。黃初中，劉邵為尚書郎、散騎侍郎，受詔集五經群書，以類相從，作《皇覽》。明帝即位，出為陳留太守，敦崇教化，百姓皆加以稱許。[204]劉邵認為「制禮作樂」能收「移風易俗」之效，故著《樂論》十四篇[205]，此外，尚著有《法論》、《人物志》等書[206]，足見其經學造詣深厚，推崇禮樂教化，並精於法律之學。魏律既由儒者所制定，自然以儒家經學思想作為立法依據，從儒家的角度審視禮教與法律的關係，《晉書・刑法志》曰：

---

202 《晉書》卷30〈刑法志〉：「文帝為晉王，患前代律令本注煩雜，陳群、劉邵雖經改革，而科網本密，又叔孫、郭、馬、杜諸儒章句，但取鄭氏，又為偏黨，未可承用。」由此可知，陳群與劉邵為魏律製定者的代表人物，頁927。

203 《三國志》卷22〈魏書・陳群傳〉：「臣父紀以為漢除肉刑而增加笞，本興仁惻而死者更眾，所謂名輕而實重者也。名輕則易犯，實重則傷民。《書》曰：『惟敬五刑，以成三德。』易著劓、刖、滅趾之法，所以輔政助教，懲惡息殺也。且殺人償死，合於古制；至於傷人，或殘毀其體而裁翦毛髮，非其理也。若用古刑，使淫者下蠶室，盜者刖其足，則永無淫放穿窬之姦矣。夫三千之屬，雖未可悉復，若斯數者，時之所患，宜先施用。漢律所殺殊死之罪，仁所不及也，其餘逮死者，可以刑殺。如此，則所刑之與所生足以相貿矣。今以笞死之法易不殺之刑，是重人支體而輕人軀命也。」頁634、《詩》稱『儀刑文王，萬邦作孚』；又曰『刑于寡妻，至于兄弟，以御于家邦』。道自近始，而化洽於天下。自喪亂已來，干戈未戢，百姓不識王教之本，懼其陵遲已甚。陛下當盛魏之隆，荷二祖之業，天下想望至治，唯有以崇德布化，惠恤黎庶，則兆民幸甚。夫臣下雷同，是非相蔽，國之大患也。若不和睦則有讎黨，有讎黨則毀譽無端，毀譽無端則真偽失實，不可不深防備，有以絕其源流。」頁635。

204 《三國志》卷21〈魏書・劉邵傳〉：「黃初中，為尚書郎、散騎侍郎，受詔集五經群書，以類相從，作《皇覽》。明帝即位，出為陳留太守、敦崇教化，百姓稱之。」頁618。

205 《三國志》卷21〈魏書・劉邵傳〉：「以為宜制禮作樂以移風易俗，著《樂論》十四篇。」頁620。

206 《三國志》卷21〈魏書・劉邵傳〉：「凡所撰述，《法論》、《人物志》之類百餘篇。」頁620。

　　改漢舊律不行於魏者皆除之，更依古義制為五刑。[207]

將漢朝舊律中不適合於魏朝施行的部分全數刪除，並依「古義」制定
刑罰的內容，所謂「古義」即儒家經典中的義理，如《晉書・刑法
志》曰：「賊鬥殺人，以劾而亡，許依古義，聽子弟得追殺之。」[208]
此中亦提及「古義」二字，此「古義」指的是《春秋》、《禮記》、《周
禮》等儒家經典中的義理，魏律依「古義」允許百姓復仇，並認同復
仇行為的正當性和合法性。[209]魏律依古義制五刑，最具代表性的一
項，即是依《周禮》制「八議」。《唐六典》論及「八議」時，注云：

　　　　《周禮》以八辟麗邦之法，附刑罰，即八議也。自魏、晉、
　　　　宋、齊、梁、陳、後魏、北齊、後周及隋皆載於律。[210]

「八議」源自於《周禮》的「八辟」，凡符合「親」、「故」、「賢」、
「能」、「功」、「貴」、「勤」、「賓」等條件者，可享有法律上的特權，
以顯示身分地位的不同，突顯社會階級的分別，體現「尊尊」、「親
親」的精神。依《唐六典》所言，「八議」自曹魏開始正式成為國家

207　《晉書》卷30〈刑法志〉，頁925。
208　《晉書》卷30〈刑法志〉，頁925。
209　「復仇」的議題可參見李隆獻一系列的研究成果：〈復仇觀的省察與詮釋──以
　　《春秋》三傳為重心〉，《臺大中文學報》第22期（2005年6月），頁99-150；〈兩漢
　　復仇風氣與《公羊》復仇理論關係重探〉，《臺大中文學報》第27期（2007年12
　　月），頁71-122；〈兩漢魏晉南北朝復仇與法律互涉的省察與詮釋〉，《臺大文史哲學
　　報》第68期（2008年5月），頁39-78；〈隋唐時期復仇與法律互涉的省察與詮釋〉，
　　《成大中文學報》第20期（2008年4月），頁79-110；以及《復仇觀的省察與詮釋・
　　先秦兩漢魏晉南北朝隋唐編》（臺北：臺大出版中心，2012年）一書。
210　李林甫等撰、陳仲夫點校：《唐六典》（北京：中華書局，2008年），頁187。以下所
　　引《唐六典》皆見於版本。

法律，其後晉、宋、齊、梁、陳、後魏、北齊、後周、隋、唐等朝
代，皆將「八議」載於律典，影響深遠。

2 晉律

《晉書‧刑法志》記載晉文帝司馬昭認為前代律令本注煩雜，雖
經陳群、劉邵等人改革，而科網本密，效果不彰，而且諸儒章句，但
取鄭氏，又為偏黨，未可承用，於是命令賈充制定法律，並與太傅鄭
沖、司徒荀顗、中書監荀勖、中軍將軍羊祜、中護軍王業、廷尉杜
友、守河南尹杜預、散騎侍郎裴楷、潁川太守周雄、齊相郭頎、騎都
尉成公綏、尚書郎柳軌及吏部令史榮邵等十四人主其事，就漢代的
《九章律》的規模增加十一篇，承繼其族類，端正其體號，改舊律為
《刑名》、《法例》，辨《囚律》為《告劾》、《繫訊》、《斷獄》，分《盜
律》為《請賕》、《詐偽》、《水火》、《毀亡》，因事類為《衛宮》、《違
制》，撰《周官》為《諸侯律》，合二十篇，六百二十條，二萬七千六
百五十七言。[211]根據瞿同祖的考證，晉律的制定者幾乎都精於儒家經
傳，儒學性格鮮明，經學涵養深厚，其曰：

> 鄭沖「耽玩經史，遂博究儒術及百家之言」。杜預「耽思經
> 籍」。為《春秋左氏經傳集解》，又參考眾家譜第謂之《釋

---

211 《晉書》卷30〈刑法志〉：「文帝為晉王，患前代律令本注煩雜，陳群、劉邵雖經
改革，而科網本密，又叔孫、郭、馬、杜諸儒章句，但取鄭氏，又為偏黨，未可
承用。於是令賈充定法律，令與太傅鄭沖、司徒荀顗、中書監荀勖、中軍將軍羊
祜、中護軍王業、廷尉杜友、守河南尹杜預、散騎侍郎裴楷、潁川太守周雄、齊
相郭頎、騎都尉成公綏、尚書郎柳軌及吏部令史榮邵等十四人典其事，就漢九章
增十一篇，仍其族類，正其體號，改舊律為《刑名》、《法例》，辨《囚律》為《告
劾》、《繫訊》、《斷獄》，分《盜律》為《請賕》、《詐偽》、《水火》、《毀亡》，因事
類為《衛宮》、《違制》，撰《周官》為《諸侯律》，合二十篇，六百二十條，二萬
七千六百五十七言。」頁927。

例》，又作《盟會圖》,《春秋長歷》。備成一家之學。為致力儒
家經傳最有成績之一人。荀顗「明三禮，知朝廷大儀」，與羊
祜、任愷等共撰定晉禮。荀勖領秘書監，依劉向《別錄》整理
舊籍，又嘗奉詔撰次汲冢故竹書以為《中經》。他如裴楷之
「尤精《老》、《易》……博涉群書，特精義理」。羊祜「以道
素自居，恂恂若儒者」。[212]

因此，陳寅恪指出：「古代禮律關係密切，而司馬氏以東漢末年之儒
學大族創建晉室，統制中國，其所制定之刑律尤為儒家化，既為南朝
歷代所因襲，北魏改律，復采用之，輾轉嬗蛻，經由（北）齊、隋以
至於唐，實為華夏刑律不祧之正統。」[213]晉律編纂者與儒家經典的關
係之密切，由此可見一斑。又《晉書‧刑法志》曰：

> 峻禮教之防，準五服以制罪也。[214]

此中揭示西晉時代所制定的《泰始律》，其特色為嚴守禮教，並以五
服來制定罪刑[215]，五服的制度載於《儀禮‧喪服》，歷朝歷代雖略有
損益或調整，其中的原始精神則不變。在家族之中，關係愈親愈近
者，服制愈重，服喪時間愈久；關係愈疏愈遠者，服制愈輕，服喪時

212　瞿同祖：〈中國法律之儒家化〉，收於《瞿同祖法學論著集》（北京：中國政法大學
　　　出版社，1998年），頁370。
213　陳寅恪：《隋唐制度淵源略論稿》（臺北：臺灣商務印書館，1944年），頁108。
214　《晉書》卷30〈刑法志〉，頁927。
215　歷來學者多據《晉書‧刑法志》所載，認為《晉律》為「準五服制罪」的濫觴，
　　　但丁凌華則據《通典》與《晉書‧禮志》，認為「準五服制罪」確立於東漢末建安
　　　年間曹操制定的《魏科》，時間上較《晉律》早了約六十年，然丁氏之說尚未成為
　　　定論。請參見丁凌華：〈喪服學研究與「準五服制罪」〉，收入張伯元主編：《法律
　　　文獻整理與研究》（北京：北京大學出版社，2005年），頁136-153。

間愈短。「五服制罪」將禮制與律典融攝為一體，相同的犯實行為，因兩造親屬關係的「尊卑長幼」與「親疏遠近」而有不同罪刑的適用。《唐律疏議》深受此影響，律條中大量出現「期親」、「大功」、「小功」、「緦麻」、「袒免」等用語，「斬衰」、「齊衰」親屬則直接寫出稱謂。官員處理司法案件時，必須先確認兩方有無親屬關係：如無親屬關係，則依凡例處理；如有親屬關係，則依尊卑長幼與親疏遠近論罪科刑，或依凡例減輕，或依凡例加重。

3 北魏律

北魏以胡族入主中原，致力於學習漢族的文化制度，程樹德《九朝律考》曰：「孝文用夏變俗，其於律令，至躬自下筆，凡有疑義，親臨決之，後世稱焉。」[216]魏孝文帝對於國家法制律令親力親為，態度審慎，極為用心，又《魏書‧李沖傳》曰：「議禮儀律令，潤飾辭旨，刑定輕重，高祖雖自下筆，無不訪決焉。」[217]李沖對於北魏律的制定有著決定性的影響，從上述記載中可知李沖長於禮儀、律令、修辭、定刑。

除了李沖之外，崔浩、高允與劉芳是北魏法制重要的代表人物，此三人的學術性格皆帶有濃厚的經學氣息。崔浩才藝通博，究覽天人，政事籌策，當時無人能與之並列，世祖相當倚重他，曾敕諸尚書曰：「凡軍國大計，卿等所不能決，皆先詢浩，後然施行」[218]對於崔

---

216 程樹德：《九朝律考》之〈後魏律考序〉，頁333。

217 《魏書》卷53〈李沖傳〉，頁1181。

218 《魏書》卷35〈崔浩傳〉：「世祖指浩以示之，曰：『汝曹視此人，尪纖懦弱，手不能彎弓持矛，其胸中所懷，乃逾於甲兵。朕始時雖有征討之意，而慮不自決，前後克捷，皆此人導吾至此也。』乃敕諸尚書曰：『凡軍國大計，卿等所不能決，皆先諮浩，然後施行。』」，頁819。

浩的論策可說是言聽計從。[219]崔浩曾奉敕注解《急就章》、《孝經》、《論語》、《詩》、《尚書》、《春秋》、《禮記》、《周易》，並盡覽天文、星曆、易式、九宮等書籍，著有《五寅元歷》。《魏書‧高允傳》：

> 始真君中以獄訟留滯，始令中書以經義斷諸疑事。允據律評刑，三十餘載，內外稱平。[220]

高允博通經史、天文、術數，尤好《春秋公羊》，著有詩、賦、詠、頌、箴、論、表、讚、誄、《左氏釋》、《公羊釋》、《毛詩拾遺》、《論雜解》、《議何鄭膏肓事》、《算術》。[221]北魏太武帝時，疑難案件久而不決，而導致獄訟留滯，為解決此一問題，太武帝命令中書以經義決斷疑議獄案，高允兼顧經義和律條評議刑罰達三十餘載，內外皆稱其平允。由此可見，北魏太武帝時「引經決獄」的風氣仍然相當盛行。根據《魏書》記載，劉芳才思深敏，特精經義，博聞強記，尤長音訓，辨析無疑，漢世造三字石經於太學，對文字有所質疑者皆向劉芳請益，時人號為「劉石經」。劉芳為政廉清寡欲、無犯公私，斟酌古今以議定律令，為議定律令的首要人物。[222]

219　《魏書》卷35〈崔浩傳〉：「崔浩才藝通博，究覽天人，政事籌策，時莫之二，此其所以自比於子房也。屬太宗為政之秋，值世祖經營之日，言聽計從，寧廓區夏。」頁827。

220　《魏書》卷48〈高允傳〉，頁1089。

221　《魏書》卷48〈高允傳〉：「博通經史、天文、術數，尤好《春秋公羊》」，頁1067、「允所制詩賦詠頌箴論表讚誄、《左氏、公羊釋》、《毛詩拾遺》、〈論雜解〉、〈議何鄭膏肓事〉凡百餘篇，別有集，行於世。允尤明算法，為《算術》三卷」，頁1090。

222　《魏書》55〈劉芳傳〉：「才思深敏，特精經義，博聞強記，兼覽《蒼》、《雅》，尤長音訓，辨析無疑。」「昔漢世造三字石經於太學，學者文字不正，多往質焉。芳音義明辨，疑者皆往詢訪，故時人號為劉石經。」「為政儒緩，不能禁止姦盜，廉

　　北魏律今已不存,《魏書・刑罰志》中保留了兩條極為重要的律文,一為「官當」,一為「留養」。《禮記・大傳》曰:「上治祖禰,尊尊也。下治子孫,親親也。」[223]「官當」和「留養」具體實踐《禮記》中「尊尊」和「親親」的精神,北魏律將「尊尊」和「親親」的政治理想正式成為法律的內容:

　　　　法例律:「五等列爵及在官品令從第五,以階當刑二歲;免官者,三載之後聽仕,降先階一等。」[224]

　　　　法例律:「諸犯死罪,若祖父母、父母年七十已上,無成人子孫,旁無期親者,具狀上請。流者鞭笞,留養其親,終則從流。不在原赦之例。」[225]

第一條,五等爵位及官品令從第五者,每階可抵免徒刑二年,被免官者,三年後可再度出仕,但階級較先前降一等,此種以官階抵免刑責的法律制度,後世稱為「官當」。「官當」使得官員和平民的階級等差更加明確,一個人的社會階級將影響其在法律上的地位。第二條,死刑犯祖父母、父母的年齡在七十歲以上,除死刑犯本身外,無其他成年的子孫,也無期親親屬者,具狀上報,奏請留養,暫留性命,以奉養親長,此種制度後世稱為「留養」。「留養」是基於孝道所產生的法律制度,同時也是《禮記》中「老有所終,壯有所用,幼有所長,矜

清寡欲,無犯公私。還朝,議定律令。芳斟酌古今,為大議之主,其中損益,多芳意也。世宗以朝儀多闕,其一切諸議,悉委芳修正。於是朝廷吉凶大事皆就諮訪焉」,頁1220。

223 《禮記注疏》卷16〈大傳〉,頁616。

224 《魏書》卷111〈刑罰志〉,頁2879。

225 《魏書》卷111〈刑罰志〉,頁2885。

寡孤獨廢疾者，皆有所養。」[226]理想社會的實踐。「官當」和「留養」皆可見於《唐律疏議》之中。

4　北齊律

根據史書記載：「天保初，詔鉉與殿中尚書邢邵、中書令魏收等參議禮律。」[227]、「河清三年勅與錄尚書趙彥琛、僕射魏收、尚書陽休之、國子祭酒馬敬德等議定律令。」[228]、「（崔儦）與熊安生、馬敬德等議五禮，兼修律令。」[229]可見北齊律由李鉉、邢劭、魏收、趙彥琛、陽休之、馬敬德、崔儦、熊安生等人制定。不過，瞿同祖指出：「齊律由尚書令趙郡王睿等奏上，但趙郡王決非真正制律之人，不過因爵位關係領銜而已，真正動筆必另有人在，而此種人中又必有儒者參與其間，……儒者馬敬德、熊安生、權會實主之。」[230]如此說來，北齊律的制定實際上是由馬敬德、熊安生、權會等人執其事，此三人的經學涵養皆相當深厚。

馬敬德少好儒術，負笈隨大儒徐遵明學《詩》、《禮》，略通大義而不能精，遂留意於《春秋左氏》，沉思研求，晝夜不倦，其所解義理為諸儒所稱許，並於燕、趙間教授《春秋左氏》，生徒隨之者眾。[231]趙彥深遂推薦馬敬德入東宮侍講，成為後主高緯的師傅。[232]熊安生初從陳

226　《禮記注疏》卷9〈禮運〉，頁412。

227　《北齊書》卷44〈儒林傳・李鉉〉，頁585。

228　《北齊書》卷43〈封述傳〉，頁573。

229　《北史》24〈崔儦傳〉，頁877。

230　瞿同祖：〈中國法律之儒家化〉，收於《瞿同祖法學論著集》（北京：中國政法大學出版社，1998年），頁377。

231　《北齊書》卷44〈儒林傳・馬敬德〉：「少好儒術，負笈隨大儒徐遵明學《詩》、《禮》，略通大義而不能精。遂留意於《春秋左氏》，沉思研求，晝夜不倦，解義為諸儒所稱。教授於燕、趙間，生徒隨之者眾」，頁590。

232　《北齊書》卷44〈儒林傳・馬敬德〉：「世祖為後主擇師傅，趙彥深進之，入為侍講。」頁590。

達，學習《春秋三傳》，又師從房虯，學習《周禮》，後師從徐遵明多
年。東魏天平中，師從李寶鼎，學習《三禮》。熊安生博通五經，教
授《三禮》，弟子自遠方而來，人數達到千餘人[233]，著名的學生有馬
榮伯、張黑奴、竇士榮、孔籠、劉焯、劉炫等人，凡先儒未悟者，皆
有所闡發，著有《周禮義疏》二十卷、《禮記義疏》四十卷、《孝經義
疏》一卷，可見其對「禮」和「孝」的重視。[234]權會志尚沉雅，動遵
禮則。少受鄭《易》，探賾索隱，妙盡幽微，後習《詩》、《書》、《三
禮》，文義該洽，兼明風角，妙識玄象。性甚儒懦，似不能言，及臨
機答難，酬報如響，動必稽古，辭不虛發，由是為儒宗所推崇。[235]

　　北魏律中訂有「重罪十條」，「重罪十條」將儒家經典中維護「君
臣」、「父子」、「夫婦」等綱常倫理的思想具體化成為國家律條的實質
內容，並對於違犯者處以嚴苛的刑罰，即使是原本在法律上享有特殊
地位之人，也不得減贖刑罰。《隋書‧刑法志》曰：

　　　　河清三年，尚書令、趙郡王叡等，奏上齊律十二篇。……列重
　　　　罪十條：一曰反逆，二曰大逆，三曰叛，四曰降，五曰惡逆，
　　　　六曰不道，七曰不敬，八曰不孝，九曰不義，十曰內亂。其犯

---

233 《周書》卷45〈儒林傳‧熊安生〉：「初從陳達受《三傳》，又從房虯受《周禮》，
　　並通大義。後事徐遵明，服膺歷年。東魏天平中，受《禮》於李寶鼎。遂博通五
　　經。然專以《三禮》教授。弟子自遠方至者，千餘人。乃討論圖緯，捃摭異聞，
　　先儒所未悟者，皆發明之。」頁812。

234 《周書》卷45〈儒林傳‧熊安生〉：「安生既學為儒宗，當時受其業擅名於後者，
　　有馬榮伯、張黑奴、竇士榮、孔籠、劉焯、劉炫等，皆其門人焉。所撰《周禮義
　　疏》二十卷、《禮記義疏》四十卷、《孝經義疏》一卷，並行於世。」頁813。

235 《北齊書》卷44〈儒林傳‧權會〉：「志尚沉雅，動遵禮則。少受鄭《易》，探賾索
　　隱，妙盡幽微，《詩》、《書》、《三禮》，文義該洽，兼明風角，妙識玄象。……性
　　甚儒懦，似不能言，及臨機答難，酬報如響，動必稽古，辭不虛發，由是為儒宗
　　所推。而貴遊子弟慕其德義者，或就其宅，或寄宿鄰家，晝夜承閒，受其學業。
　　會欣然演說，未嘗懈怠。」頁592。

此十者不在八議論贖之限。[236]

《唐六典》曰：

> 初，北齊立重罪十條為十惡：一反逆，二大逆，三叛，四降，
> 五惡逆，六不道，七不敬，八不孝，九不義，十內亂。犯此
> 者，不在「八議」論贖之限。隋氏頗有益損，皇朝因之。[237]

《唐律疏議》曰：

> 周齊雖具十條之名，而無「十惡」之目。開皇創制，始備此
> 科，酌於舊章，數存於十。[238]

「重罪十條」成為後世「十惡」的端緒，北齊律制定的「重罪十條」
包括：「反逆」、「大逆」、「叛」、「降」、「惡逆」、「不道」、「不敬」、
「不孝」、「不義」、「內亂」等，將儒家經典中的綱常倫理融攝至國家
律典之中。[239]隋文帝時正式創制「十惡」之目，並將「叛」、「降」兩
條合併，增加「不睦」一條，「十惡」悠遠流長地影響著後世的律
法。《唐律疏議》將「十惡」列在篇首，以為明誡。

236　《隋書》卷25〈刑罰志〉，頁706。

237　《唐六典》卷6，頁186。

238　《唐律疏議》卷1〈名例〉，頁6。

239　鄧奕琦：《北朝法制研究》（北京：中華書局，2005年）指出最先歸納出十種重罪為
　　　北周律而非北齊律，其曰：「北周律比北齊律先頒行一年，北周律率先綜賅十種重
　　　罪並綴以處罰特例的做法，完全有可能被北齊律所照搬，再經北齊律為之冠名，遂
　　　被後人視作北齊人之發明。」此說尚未成為定論，筆者仍採用傳統觀點，頁139。

5 隋律

開皇元年（西元581年），隋文帝詔尚書左僕射、勃海公高頴，上柱國、沛公鄭譯，上柱國、清河郡公楊素，大理前少卿、平源縣公常明，刑部侍郎、保城縣公韓濬，比部侍郎李諤，兼考功侍郎柳雄亮等人，更定新律。[240]此次修法主要蠲除了前代鞭刑及梟首轘裂之法，並將流刑與徒刑之罪減輕，唯有大逆謀反叛者，父子兄弟皆斬，家口沒官，又置十惡之條，多採後齊之制，以其為基礎增刪修訂。[241]《隋書》曰：

> 三年，因覽刑部奏，斷獄數猶至萬條。以為律尚嚴密，故人多陷罪。又敕蘇威、牛弘等，更定新律。[242]

> 詔與蘇威等修定律令。政採魏、晉刑典，下至齊、梁，沿革輕重，取其折衷。同撰者十有餘人，凡疑滯不通，皆取決於政。[243]

開皇三年（583年），隋文帝因閱覽刑部奏章，斷獄數仍有萬條之多，認為法律過於嚴密，下詔更定新律，史稱開皇律。此次修定律令的主要人物為裴政，參酌魏、晉、齊、梁等前朝律令的沿革與刑度，居其

---

240 《隋書》卷25〈刑罰志〉：「開皇元年，乃詔尚書左僕射、勃海公高頴，上柱國、沛公鄭譯，上柱國、清河郡公楊素，大理前少卿、平源縣公常明，刑部侍郎、保城縣公韓濬，比部侍郎李諤，兼考功侍郎柳雄亮等人，更定新律，奏上之。」頁710。

241 《隋書》卷25〈刑罰志〉：「蠲除前代鞭刑及梟首轘裂之法，其流徒之罪皆減從輕。唯大逆謀反叛者，父子兄弟皆斬，家口沒官。又置十惡之條，多採後齊之制，而頗有損益。」頁711。

242 《隋書》卷25〈刑罰志〉，頁712。

243 《隋書》卷66〈裴政傳〉，頁1549。

折衷，凡獄案有所疑議，皆由裴政決斷。《隋書‧刑罰志》曰：

> 煬帝即位，以高祖禁網深刻，又敕修律令，除十惡之條。……
> 三年，新律成。凡五百條，為十八篇。詔施行之，謂之大業
> 律。[244]

隋煬帝即位後，又下詔修律令，務求寬簡，除去十惡之條，歷經三年
的時間，新律終於纂成，是為大業律，可惜隋煬帝外征四夷，賦斂滋
繁，官員為了籌措賦稅，棄律令於不顧，公然收賄，窮人無告，遂轉
相群聚，攻剽城邑，天下大潰。[245]在這種情況下，大業律根本無法實
行，形同具文。雖然如此，由於隋律集魏晉南北朝諸律之長，後仍為
唐朝律典所本。

244　《隋書》卷25〈刑罰志〉，頁716。
245　《隋書》卷25〈刑罰志〉：「後帝乃外征四夷，內窮嗜慾，兵革歲動，賦斂滋繁。
　　有司皆臨時迫脅，苟求濟事，憲章遐棄，賄賂公行，窮人無告，聚為盜賊。帝乃
　　更立嚴刑，敕天下竊盜已上，罪無輕重，不待聞奏，皆斬。百姓轉相群聚，攻剽
　　城邑，誅罰不能禁。帝以盜賊不息，乃益肆淫刑。九年，又詔為盜者籍沒其家。
　　自是群賊大起，郡縣官人，又各專威福，生殺任情矣。及楊玄感反，帝誅之，罪
　　及九族。其尤重者，行轘裂梟首之刑。或磔而射之，命公卿已下，臠啖其肉。百
　　姓怨嗟，天下大潰。」頁717。

第三章
《唐律疏議》縮合經律的外緣考察

　　本章先就「儒家經典」與「法律制度」兩方面考察唐代的時代氛圍，說明唐代對於儒家經典的推崇與對法律制度的重視。其次，說明《唐律疏議》編纂的過程，並探究《唐律疏議》制定者、解釋者的學術性格。最後，就「引經制律」與「引經解律」兩方面說明《唐律疏議》如何將儒家經義傾注於國家律典之中，使得「經」與「律」的融攝達到歷史的高峰。

第一節　唐代時代氛圍的省察

　　唐代儒、釋、道三教鼎立，唐代宗室神化老子，重玄思潮流衍盛行，同時也立寺造像，設齋行道，禮遇僧人，佛教思想蓬勃發展。雖然道家思想與佛教義理皆精深奧妙，但就政治需求而言，儒家經典中所強調的倫理道德，對於安定社會秩序有著更為實際的效用。隋文帝晚年時法制逐漸走向苛虐，至煬帝時，法令尤峻，人不堪命，遂至於亡，唐初一方面動靜皆以隋朝為殷鑒，一方面深受經學的影響，法律規範力求仁愛、寬簡、慎重。

一　唐代對儒家經典的推崇

　　唐太宗踐祚，即於正殿左側設置弘文館，精選天下文儒，令以本官兼署學士，給以五品官員享用的珍膳，並隨時在內殿召見這些文儒，

討論儒家典籍，商略國家政事，有時甚至到深夜時分。[1]唐太宗指出：

> 堯舜之道，周孔之書，以為如鳥有翼，如魚依水，失之必死，
> 不可暫無耳。[2]

將儒家經典中所蘊含的義理思想視為施政方針，甚至強調不可須臾離
棄，否則必遭致覆亡的命運，顯見其對經學的推崇。《貞觀政要》記
載了唐太宗具體的作法，其曰：

> 貞觀二年，……國學增築學舍四百餘間，國子、太學、四門、
> 廣文亦增置生員，其書、算各置博士、學生，以備眾藝。……
> 有能通經者，聽預貢舉。太宗又數幸國學，令祭酒、司業、博
> 士講論，畢，各賜以束帛。四方儒生負書而至者，蓋以千數。
> 俄而吐蕃及高昌、高麗、新羅等諸夷酋長，亦遣子弟請入于
> 學。於是國學之內，鼓篋升講筵者，幾至萬人，儒學之盛，古
> 昔未有也。[3]

貞觀二年（628年），唐太宗增建國學學社，並增置生員，能通經者為
國家所重視，除大唐境內的儒生外，尚有高昌、高麗、新羅等諸夷
遣來的子弟，國學人數幾乎達到萬人之譜，經學教育之昌盛，古今
罕見。

1　吳兢撰、謝保成集校《貞觀政要》（北京：中華書局，2009年）卷7〈崇儒學〉：「太
　宗踐祚，即於正殿之左，置弘文館，精選天下文儒，令以本官兼署學士，給以五品
　珍膳，更日宿值，以聽朝之際引入內殿，討論墳典，商略政事，或至夜分乃罷。」
　頁375。以下所引《貞觀政要》皆見於此版本。

2　《貞觀政要》卷6〈慎所好〉，頁330。

3　《貞觀政要》卷7〈崇儒學〉，頁376、377。

　　貞觀四年（630年），唐太宗認為儒家經典時代久遠，文字訛謬，下詔考定《五經》，由顏師古主其事，顏氏輒引晉、宋已來古本，隨方曉答，援據詳明，諸儒嘆服。不久，唐太宗認為儒學多門，章句繁雜，下詔孔穎達撰定《周易》、《尚書》、《毛詩》、《禮記》、《春秋左氏傳》等五部儒家經典的疏義，名為《五經正義》。[4]《五經正義》最大的特色即疏不駁注：《周易正義》以王弼注為主，為王弼作義疏者約有十餘家，但孔氏認為此十餘家皆辭尚虛玄，義多浮誕，無所取用；《尚書正義》以孔安國傳為主，採用劉焯、劉炫的義疏；《毛詩正義》，以鄭玄注為本，採用劉焯、劉炫的義疏；《禮記正義》，以鄭玄注為本，採用皇侃的義疏，如有不備之處，兼採熊安生的義疏；《春秋左氏傳》以杜預集解為本，採用劉炫的義疏。《五經正義》的注疏包括了漢代至魏晉南北朝不同派別的材料，內容十分龐雜，缺乏系統性的統整，難免有自相矛盾之處，但初步解決儒學多門、章句繁雜的問題，統一南北經學，自有其價值。永徽四年（653年），將孔穎達《五經正義》頒布天下，每年明經科考試，皆依此版本評判。

　　魏徵等奉旨修《隋書》，於〈經籍志・經〉中指出：「夫夫經籍也者，機神之妙旨，聖哲之能事，所以經天地，緯陰陽，正紀綱，弘道德，顯仁足以利物，藏用足以獨善。學之者將殖焉，不學者將落焉。」[5]又曰：「其為人也，溫柔敦厚，《詩》教也；疏通知遠，《書》

4　《貞觀政要》卷7〈崇儒學〉：「貞觀四年，太宗以經籍去聖久遠，文字訛謬，詔前中書侍郎顏師古於祕書省考定五經，及功畢，復詔尚書左僕射房玄齡集諸儒重加詳議。時諸儒傳習師說，舛謬已久，皆共非之，異端蜂起。師古輒引晉、宋已來古本，隨方曉答，援據詳明，皆出其意表，諸儒莫不嘆服。太宗稱善者久之，賜帛五百匹，加授通直散騎常侍，頒其所定書於天下，令學者習焉。太宗又以儒學多門，章句繁雜，詔師古與國子祭酒孔穎達等諸儒，撰定五經疏義，凡一百八十卷，名曰五經正義，付國學施行。」頁384。

5　《隋書》（臺北：鼎文書局，1979年）卷32〈經籍志〉，頁903。

教也；廣博易良，《樂》教也；潔靜精微，《易》教也；恭儉莊敬，《禮》教也；屬辭比事，《春秋》教也。」[6]透顯出唐人對儒家經典的重視。唐代推崇儒家經典，實際上就是肯定其義理底蘊中綱常倫理的價值，透過教育和考試，將此價值觀深植於人心。雖然，《五經正義》僅收錄《周易》、《尚書》、《毛詩》、《禮記》、《春秋左氏傳》等五部儒家經典，但統治者對於其他儒家典籍也相當關注，不斷地提升其他儒家典籍的地位，「經」的範圍也因而不斷地擴展。唐玄宗時，明經考試由五經增加為九經，所增者為《周禮》、《儀禮》、《公羊傳》、《穀梁傳》、《周禮》和《儀禮》採用賈公彥之疏、《公羊傳》採用徐彥之疏、《穀梁傳》採用楊士勛之疏。唐玄宗甚至自注《孝經》，使得《孝經》成為十三經注疏中唯一由皇帝御注的儒家經典。唐文宗開成年間開刻石經，所刻者為《易經》、《尚書》、《詩經》、《左傳》、《公羊》、《穀梁》、《周禮》、《儀禮》、《禮記》、《論語》、《爾雅》、《孝經》等十二經，顯見統治者對儒家經典的看重。

　　除了重視儒學及其典籍之外，也將經學教師的地位提升，如殺害官辦學館任教的「見受業師」，此種犯罪構成「十惡」中的「不義」，法律上不依殺害一般人處理。根據《唐律疏議》疏文的定義，所謂「見受業師」即「伏膺儒業，而非私學者」[7]，並說明如下：

> 《禮》云：「凡教學之道，嚴師為難。師嚴道尊，方知敬學」。如有親承儒教，伏膺函丈，而毆師者，加凡人二等。死者，各斬。⋯⋯儒業，謂經業。非私學者，謂弘文、國子、州縣等學。私學者，即《禮》云「家有塾，遂有序」之類。如有相

6　《隋書》卷32〈經籍志〉，頁903。
7　《唐律疏議》卷1〈名例律〉「十惡」條（總6條），頁15。

犯，並同凡人。[8]

《禮記‧學記》曰：

> 凡學之道，嚴師為難。師嚴然後道尊，道尊然後民知敬學。是
> 故君之所不臣於其臣者二：當其為尸則弗臣也，當其為師則弗
> 臣也。大學之禮，雖詔於天子，無北面；所以尊師也。[9]

> 古之教者，家有塾，黨有庠，術有序，國有學。比年入學，中
> 年考校。一年視離經辨志，三年視敬業樂群，五年視博習親
> 師，七年視論學取友，謂之小成；九年知類通達，強立而不
> 反，謂之大成。[10]

學習之道，以尊師最為困難，唯有尊師，才能重道，百姓才會莊重、
嚴肅地看待學習這件事情。當政者明白透過教育，人人知書達禮，恪
守自己的本分，不做逾越的事情，社會秩序就得以維持，故而將經學
教育視為重大的國家政策之一。當臣子成為君王的師長時，君王為了
表現敬意，不以對待臣子的方式來對待師長。依大學之禮，天子之師
被天子召見，可以免去面向北方行臣子的禮節，即是尊師的具體表
現。如有親承儒教，伏膺教誨，而毆打師長者，較凡例加重二等，師
長因此而死亡者，處以斬殺之刑。值得注意的是，國家律典明文規
定，只有從事儒學教育的師長才適用此條文，教授其他學科者不適用

8　《唐律疏議》卷23〈鬥訟律〉「毆詈夫期親尊長」條（總334條），頁420。
9　《禮記注疏》卷18〈學記〉，頁654。
10　《禮記注疏》卷18〈學記〉，頁648。

此條文，並確切地指出「儒業」指的是「經業」[11]，而且必須是在弘文館、國子監、州縣學館等官辦學館任教的老師，不包括在「塾」、「庠」、「序」等私學任教的老師。

事實上，雖然統治者推崇經學，但同時也推崇佛、老。唐宗室為創造唐朝皇權為天命所授的氛圍，神化老子，推崇道教，並標榜自身為老子的後裔。因此，道教教主老子被唐宗室尊為「聖祖」，而且先後被冊封為「玄元皇帝」，和「大聖祖高上金闕玄元天皇大帝」。《老子》一書被尊為《經德真經》，唐玄宗甚至親自注疏《道德真經》，唐代研究老莊思想的風氣自然極盛，重玄思維流衍盛行。唐宗室並未獨尊道教，唐高祖起義之初，曾在華陰祀佛求福，及即帝位，立寺造像，設齋行道，唐高宗禮遇玄奘，為之作〈述聖記〉，佛教在此種氛圍中，波瀾壯闊地發展，盛極一時，舉凡中國學術史論及唐代，莫不以佛學作為書寫的中心。由於佛、老的興盛，《唐律疏議》中有不少規範道士和僧人的律條。有唐一代，儒、釋、道三教並立，佛教義理與道家思想精深奧妙，但就政治需求而言，儒家經典中所標榜的倫理道德，對於統治者安邦治國有著較為實際的效用。

二　唐代對法律制度的重視

楊堅取代北周政權，自立為帝，建立隋朝，是為隋文帝，在滅了北齊和南陳後，魏晉南北朝以來紛亂的局面，正式宣告一統。隋文帝參酌前朝舊律，制定新律，除苛慘之法，務求寬平，可惜這種清平的日子並沒有維持太久，隋文帝晚年時法律已經漸漸地走向苛虐，至隋

---

11 李《唐六典》卷21〈國子監〉「祭酒」條：「教授之經，以《周易》、《尚書》、《周禮》、《儀禮》、《禮記》、《毛詩》、《春秋左氏傳》、《公羊傳》、《穀梁傳》各為一經；《孝經》、《論語》、《老子》，學者兼習之。」頁558。

煬帝時，法令尤峻，人不堪命，遂至於亡。[12]

　　唐太宗李世民目睹隋朝法制崩壞，苛虐嚴峻的法令，不但未能使百姓懾服，反而造成百姓不懼怕死亡，紛紛起義，崩解隋朝。前車之鑑，令人惕然震懼。魏徵曰：「當今之動靜，必思隋氏以為殷鑒，則存亡治亂，可得而知。」[13]而隋朝所提供的借鑒就是：一旦國家法制開始嚴密苛虐，就即將走向傾覆滅亡的命運，國家想要長治久安，法律就必須簡約寬仁，且君臣上下皆遵守法制。《舊唐書‧刑法志》曰：

> 戴胄、魏徵又言舊律令重，於時議絞刑之屬五十條，免死罪，斷其右趾，應死者多蒙全活。太宗尋又愍其受刑之苦，謂侍臣曰：「前代不行肉刑久矣，今忽斷人右趾，意甚不忍。」……減死在於寬弘，加刑又加煩峻。乃與八座定議奏聞，於是又除斷趾法。[14]

因為戴胄、魏徵的議請，原本應處以絞刑者的五十條律條，皆免除死刑，改為斷右趾，應死之人因而得以保全性命。不久之後，唐太宗又覺得百姓受肉刑之苦，心有不忍，於是又廢除斷趾法。《唐律疏議‧名例律》「應議請減（贖章）條」（總11條）疏文曰：

> 加役流者，舊是死刑，武德年中改為斷趾。國家惟刑是恤，恩弘博愛，以刑者不可復屬，死者務欲生之，情軫向隅，恩覃祝

---

12 《舊唐書》卷50〈刑法志〉：「隋文帝參用周、齊舊政，以定律令，除苛慘之法，務在寬平。比及晚年，漸亦滋虐。煬帝忌刻，法令尤峻，人不堪命，遂至於亡。」頁2133。

13 《貞觀政要》卷8〈論刑法〉，頁441。

14 《舊唐書》卷50〈刑法志〉，頁2135。

網,以貞觀六年奉制改為加役流。[15]

《唐律疏議》的立法精神即為「惟刑是恤」,「惟刑是恤」表彰著國家「恩弘博愛」的仁政舉措。唐太宗曾對侍臣說:「死者不可復生,用法務在寬簡。」[16]以「斷趾」取代「死刑」,雖已較為仁厚,但趾一斷亦無復原之可能,肢體將永久性的毀損,所以貞觀六年(632年)設置「加役流」取代「斷趾」,將原先應處以「死刑」的罪刑以「加役流」取代,減少「死刑」。

如罪犯惡行重大,非處以死刑不可,那麼執行時也必須相當慎重,絕對不酷濫輕率。《唐律疏議‧斷獄律》「死囚覆奏報決」條(總497條)規定:

> 諸死罪囚,不待覆奏報下而決者,流二千里。即奏報應決者,聽三日乃行刑,若限未滿而行刑者,徒一年。[17]

疏文曰:

> 「死罪囚」,謂奏畫已訖,應行刑者。皆三覆奏訖,然始下決。若不待覆奏報下而輒行決者,流二千里。「即奏報應決者」,謂奏訖報下,應行決者。「聽三日乃行刑」,稱「日」者,以百刻,須以符到三日乃行刑。[18]

---

15 《唐律疏議》卷2〈名例律〉,頁35。
16 《貞觀政要》卷8〈刑法〉,頁428。
17 《唐律疏議》卷30〈斷獄律〉,頁572。
18 《唐律疏議》卷30〈斷獄律〉,頁572。

可見死刑執行前必須奏請批准，且前後奏請三次，三次皆准予執行，然後才能執行死刑，凡奏請批示後卻不待核准就擅自處決人犯的官員，處以流刑二千里。即使上級准其奏請，應當處決者，亦不得立即行刑，必須收到批示公文三日後才能行刑。唐代將一日分為一百刻，此條條文所規定的「三日」，必須自收到批示公文開始起算，滿三百刻時，才能行刑。《舊唐書・刑法志》曰：

> 河內人李好德，風疾瞀亂，有妖妄之言，詔按其事。大理丞張蘊古奏，好德癲病有徵，法不當坐。治書侍御史權萬紀，劾蘊古貫相州，好德之兄厚德，為其刺史，情在阿縱，奏事不實。太宗曰：「吾常禁囚於獄內，蘊古與之弈棋，今復阿縱好德，是亂吾法也。」遂斬於東市。既而悔之。又交州都督盧祖尚，以忤旨斬於朝堂，帝亦追悔。下制，凡決死刑，雖令即殺，仍三覆奏。尋謂侍臣曰：「人命至重，一死不可再生。昔世充殺鄭頲，既而悔之，追止不及。今春府史取財不多，朕怒殺之，後亦尋悔，皆由思不審也。比來決囚，雖三覆奏，須臾之間，三奏便訖，都未得思，三奏何益？自今已後，宜二日中五覆奏，下諸州三覆奏。」[19]

唐太宗後因斬殺張蘊古、盧祖尚等大臣，既而悔之，追止不及，認為三覆奏的時間過於短暫，未能審慎思考，遂將三覆奏增為五覆奏，前後五次奏請皆獲批准，才能執行死刑。

唐太宗曾說：「法者，非朕一人之法，乃天下之法。」[20]要求君臣

19　《舊唐書》卷50〈刑法志〉，頁2139、2140。
20　《貞觀政要》卷5〈論公平〉，頁281。

上下皆遵守法律，是以貞觀之初，志存公道，人有所犯，一一於法。[21]
唐太宗歸結天下喪亂的原因曰：

> 自古帝王多任情喜怒，喜則濫賞無功，怒則濫殺無罪。是以天
> 下喪亂，莫不由此。[22]

唐太宗曾問侍臣曰：「今法司覆理一獄，必求深刻，欲成其考課。今
作何法，得使平允？」諫議大夫王珪進言曰：「但選公直良善人，斷
獄允當者，增秩賜金，即姦偽自息。」唐太宗聽從王珪之言，並撰成
詔書[23]，其力圖整頓吏治的用心可見一斑。唐太宗曰：

> 國家法令，惟須簡約，不可一罪作數種條，格式既多，官人不
> 能盡記，更生姦詐。若欲出罪，即引輕條，若欲入罪，即引重
> 條。[24]

又曰：

> 曹司斷獄，多據律文，雖情在可矜，而不敢違法，守文定罪，
> 或恐有冤。自今門下覆理，有據法合死而情可宥者，宜錄狀
> 奏。[25]

正因為唐太宗的態度如此，唐初官員所制定律典與隋代舊律相較，輕

---

21 《貞觀政要》卷5〈論誠信〉，頁294。
22 《貞觀政要》卷2〈求諫〉，頁87。
23 《貞觀政要》卷8〈論刑法〉，頁428、429。
24 《貞觀政要》卷8〈論赦令〉，頁447。
25 《舊唐書》卷50〈刑法志〉，頁2140。

簡許多。[26]《唐律疏議·名例律》疏文云：

> 懲其未犯而防其未然，平其徽纆而存乎博愛，蓋聖王不獲已而用之。[27]

國家制定刑罰的重點在於警告未犯罪的人，以預防犯罪的發生。「徽纆」二字出自於《周易》，〈習坎卦〉上六：「繫用徽纆，寘于叢棘，三歲不得，凶。」[28]又《說文》：「徽，三糾繩也。」段玉裁注：「三糾謂三合而糾之也。」又引劉表之言，曰：「三股曰徽，二股曰纆。」[29]可見「徽」和「纆」皆是繩索名，凡人犯罪即以繩索捆綁，投入周圍有叢棘的監獄中，在這裡引申有為刑罰之義，所以這句話的意思是說，當百姓觸法犯罪，審判百姓要心存博愛，刑罰務求寬平。因此，《唐律疏議》也格外矜恤老小及有疾之人：

1. 七十以上、十五以下及廢疾。《唐律疏議·名例律》「老小及疾有犯條」（總30條）曰：「諸年七十以上、十五以下及廢疾，犯流罪以下，收贖。」[30]疏文如下：

> 依《周禮》：「年七十以上及未齔者，並不為奴。」今律：年七十以上、七十九以下，十五以下、十一以上及廢疾，為矜老小及疾，故流罪以下收贖。[31]

26　《舊唐書》卷50〈刑法志〉，頁2138。

27　《唐律疏議》卷1〈名例律〉，頁1。

28　《周易》卷3〈習坎〉，頁73。

29　《說文解字注》，頁663。

30　《唐律疏議》卷4〈名例律〉，頁80。

31　《唐律疏議》卷4〈名例律〉，頁81。

《周禮·秋官·司寇》曰:「凡有爵者與七十者,與未齓者,皆不為奴。」[32]根據《周禮》有官爵的人與年齡達到七十歲以上的老人以及尚未換牙的孩童[33],皆不必發配為奴隸。所以,《唐律疏議》規定七十歲以上至七十九歲以下,十一歲以上至十五歲以下,以及「廢疾」[34],觸犯流罪以下的罪刑皆收贖。

2. 八十以上、十歲以下及篤疾。《唐律疏議·名例律》「老小及疾有犯條」(總30條)曰:「八十以上、十歲以下及篤疾,犯反、逆、殺人應死者,上請。盜及傷人者,亦收贖。」[35]疏文如下:

> 《周禮》「三赦」之法:一曰幼弱,二曰老耄,三曰憃愚。今十歲合於「幼弱」;八十是為「老耄」;篤疾,「憃愚」之類,並合「三赦」之法。[36]

《周禮·秋官·司寇》設置「司刺」之官職,掌管「三刺」、「三宥」、「三赦」,其曰:「司刺:掌三刺、三宥、三赦之法,以贊司寇聽獄訟。壹刺曰訊群臣,再刺曰訊群吏,三刺曰訊萬民。壹宥曰不識,再宥曰過失,三宥曰遺忘。壹赦曰幼弱,再赦曰老旄,三赦曰蠢愚。以此三法者求民情,斷民中,而施上服、下服之罪,然後刑殺。」[37]古代設置官刺的官職,掌管「三刺」、「三宥」、「三赦」之法,用以協

---

32 《周禮注疏》第36卷〈秋官·司寇〉,頁543。

33 《周禮注疏》第36卷〈秋官·司寇〉鄭玄注曰:「齓,毀齒也。男八歲,女七歲而毀齒。」頁543

34 仁井田陞著:《唐令拾遺》(東京:東方文化學東京研究所,1933年)〈戶令第九〉:「癲痙、侏儒、腰脊折、一肢廢,如此之類,皆為廢疾。」頁228。

35 《唐律疏議》卷4〈名例律〉,頁82。

36 《唐律疏議》卷4〈名例律〉,頁82。

37 《周禮注疏》第36卷〈秋官·司寇〉,頁539。

助司寇決斷獄訟。根據鄭玄的解釋：「刺」是「殺」的意思，即「訊而有罪則殺之」；「宥」是「寬」的意思；「赦」是「捨」的意思。[38]在斷罪時，先詢問群臣的意見，再詢問群吏的意見，最後詢問萬民的意見，此乃尊卑先後的經學思想。[39]凡因不識、過失、遺忘而觸犯法條者，法律採取寬宥的態度。《唐律疏議》認為十歲以下合於「幼弱」，八十歲以上是為「老耄」，「篤疾」[40]即「戇愚」這一類，符合《周禮》「三赦」之法。

　　3. 九十以上、七歲以下。《唐律疏議・名例律》「老小及疾有犯條」（總30條）曰：「九十以上、七歲以下，雖有死罪，不加刑。」[41]疏文曰：

　　　《禮》云：「九十曰耄，七歲曰悼，悼與耄，雖有死罪不加刑」。愛幼養老之義也。[42]

《禮記・曲禮上》曰：「人生十年曰幼，學。二十曰弱，冠。三十曰壯，有室。四十曰強，而仕。五十曰艾，服官政。六十曰耆，指使。七十曰老，而傳。八十、九十曰耄，七年曰悼，悼與耄，雖有罪，不加刑焉。百年曰期，頤。」[43]九十歲曰「耄」，「耆」即「惛忘」；七歲

---

38 《周禮注疏》第36卷〈秋官・司寇〉鄭玄注曰：「刺，殺也。訊而有罪則殺之。宥，寬也。赦，舍也。」頁540。

39 《周禮注疏》第36卷〈秋官・司寇〉賈公彥疏曰：「斷獄弊訟之時，先群臣，次群吏，後萬民，先尊後卑之義。」頁540。

40 仁井田陞著《唐令拾遺》〈戶令第九〉：「惡疾、癲狂、兩肢廢、兩目盲，如此之類，皆為篤疾。」頁228。

41 《唐律疏議》卷4〈名例律〉，頁83。

42 《唐律疏議》卷4〈名例律〉，頁84。

43 《禮記注疏》第1卷〈曲禮上〉，頁16。

曰「悼」,「悼」即「憐愛」。[44] 九十歲以上與七歲以下的人,即便是觸犯死罪也免除刑罰。

《尚書》云:「惟乃丕顯考文王,克明德慎罰,不敢侮鰥寡,庸庸、祗祗、威威、顯民。」[45] 鄭玄注曰:「惟汝大明父文王能顯用俊德,慎去刑罰,以為教也。惠恤窮民,不慢鰥夫寡婦,用可用,敬可敬,刑可刑,明此道以示民。」[46] 由此可見,「明德」即「顯用俊德」,「慎罰」即「慎去刑罰」,聖王要體踐仁德、施行仁政,並非慎「用」刑罰,而是慎「去」刑罰,刑罰的終極目的則是教育百姓。

第二節　《唐律疏議》的編纂者的經學性格

今本《唐律疏議》,宋元以來稱為《故唐律疏議》。日本學者仁井田陞與牧野巽,在長達十四萬言的〈《故唐律疏議》制作年代考〉上下篇中,從「《疏議》中的避諱改字」、「《疏議》中的專門名稱」、「《疏議》中的有些地名並非永徽年間所設置」、「《疏議》中有些職在永徽之後」、「關於《唐律疏議》的制作者」、「關於《進律疏表》」、「《唐律疏議》與《永徽律》條數不同」等方面考定現存《唐律疏議》是唐玄宗開元二十五年(西元737年)頒行的「開元律」的「律疏」,此說在日本幾成定論。中國學者徐道鄰[47]、楊廷福[48]、蒲堅[49] 與

---

44 《禮記注疏》第1卷〈曲禮上〉鄭玄注曰:「耄,惛忘也。」「悼,憐愛也。」頁17。

45 《尚書注疏》卷14〈康誥〉,頁201。

46 《尚書注疏》卷14〈康誥〉,頁201。

47 徐道鄰:《中國法制史論集》(臺北:志文出版社,1975年),頁56、57。

48 楊廷福:《唐律初探》(天津:人民出版社,1982年)。

49 蒲堅:〈試論《唐律疏議》的制作年代〉,收入《法律史論叢》(北京:中國社會科學出版社,1982年),頁18-41。

鄭顯文[50]等，則不認同仁井田陞與牧野巽的論點，主張《唐律疏議》為《永徽律疏》。岡野誠則提出折衷說，指出唐代於永徽四年進行編撰《律疏》，開元時進行修正，此《律疏》即《唐律疏議》的主要資料。[51]劉俊文認為《唐律疏議》撰於永徽，「律條」基本上定於貞觀，「疏文」則在永徽至開元間多次修改，是以《唐律疏議》是有唐一代之法典。[52]綜觀各家論說[53]，《唐律疏議》係以「永徽律」為底本，並逐漸修訂而完成於「開元律」，而疏釋的「律條」則定於貞觀。

一 　《唐律疏議》「律條」撰定者

唐高祖成帝業後，下詔納言劉文靜與當朝通識之士，因開皇律令而損益之，盡削大業所用煩峻之法，後又令尚書左僕射裴寂、尚書右僕射蕭瑀及大理卿崔善為、給事中王敬業、中書舍人劉林甫、顏師古、王孝遠、涇州別駕靖延、太常丞丁孝烏、隋大理丞房軸、上將府參軍李桐客、太常博士徐上機等人，撰定律令，是為「武德律」。貞觀初，唐太宗認為「武德律」仍有未愜之處，命吏部尚書長孫無忌、中書令房玄齡與學士法官對「武德律」更加釐改，削煩去蠹，變重為輕，前後費時十年編定，是為「貞觀律」。[54]「貞觀律」與隋代舊律相

---

50 鄭顯文：〈現存的《唐律疏議》為《永徽律疏》之新證——以敦煌吐魯番出土的唐律、律疏殘卷為中心〉，《華東政法大學學報》第6期（2009年6月），頁107-123。

51 岡野誠：〈日本における唐律研究〉，收入《法律論叢》第54卷第5號（1982年），頁59-81。

52 《唐律疏議》「點校說明」，頁3。

53 關此，尚可參閱高明士〈導論：唐律研究及其問題〉，收入高明士主編：《唐律與國家社會研究》（臺北：五南圖書出版公司，1999年），頁6-9。

54 《舊唐書》卷30〈刑法志〉：「高祖……詔納言劉文靜與當朝通識之士，因開皇律令而損益之，盡削大業所用煩峻之法。……尋又勅尚書左僕射裴寂、尚書右僕射蕭瑀及大理卿崔善為、給事中王敬業、中書舍人劉林甫顏師古王孝遠、涇州別駕靖延、

較，減大辟者九十二條，減流入徒者七十一條，其餘削煩去蠹，變重為輕者，不可勝紀。[55]主要內容說明如下：

「貞觀律」十二卷：一曰〈名例〉，二曰〈衛禁〉，三曰〈職制〉，四曰〈戶婚〉，五曰〈廄庫〉，六曰〈擅興〉，七曰〈賊盜〉，八曰〈鬥訟〉，九曰〈詐偽〉，十曰〈雜律〉，十一曰〈捕亡〉，十二曰〈斷獄〉。設有「笞」、「杖」、「徒」、「流」、「死」等五刑：笞刑五條，自笞十至五十；杖刑五條，自杖六十至杖一百；徒刑五條，自徒一年，遞加半年，至三年；流刑三條，自流二千里，遞加五百里，至三千里；死刑二條：絞、斬。

同時，設有「議」、「請」、「減」、「贖」、「當」、「免」的制度，實踐儒家經典中「尊尊」的政治理想。八議者，犯死罪者皆條所坐及應議之狀奏請，議定奏裁。流罪已下，減一等。若官爵五品以上，及皇太子妃大功以上親，應議者周以上親，犯死罪者上請。流罪以下，亦減一等。若七品以上官，及官爵得請者之祖父母、父母、兄弟、姊妹、妻、子孫，犯流罪以下，各減一等。若應議請減及九品以上官，若官品得減者之祖父母、父母、妻、子孫，犯流罪以下，聽贖。又許以官當罪。

此外，設有「十惡」之條：一曰「謀反」，二曰「謀大逆」，三曰「謀叛」，四曰「謀惡逆」，五曰「不道」，六曰「大不敬」，七曰「不

太常丞丁孝烏、隋大理丞房軸、上將府參軍李桐客、太常博士徐上機等，撰定律令，大略以開皇為準。……及太宗即位，又命長孫無忌、房玄齡與學士法官，更加釐定。」頁2133、2134。事實上，唐律編纂之初不僅因襲開皇律而已，也參酌了大業律，參見高明士：〈從律令制論開皇、大業、武德、貞觀的繼受關係〉，收入《第三屆中國唐代文化學術研究會論文集》（臺北：中國唐代學會，1997年），頁92-99。

55 《舊唐書》卷30〈刑法志〉：「比隋代舊律，減大辟者九十二條，減流入徒者七十一條。其當徒之法，唯奪一官，除名之人，仍同士伍。凡削煩去蠹，變重為輕者，不可勝紀。」頁2136-2138。

孝」，八曰「不睦」，九曰「不義」，十曰「內亂」，犯十惡者，不得依議請之例。年七十以上、十五以下及廢疾，犯流罪以下，亦聽贖。八十已上、十歲以下及篤疾，犯反逆殺人應死者，上請，盜及傷人，亦收贖，餘皆勿論。九十以上、七歲以下，雖有死罪，不加刑。[56]

　　據史書記載，「貞觀律」主要的撰定者為長孫無忌與房玄齡。長孫無忌，字輔機，河南洛陽（今河南洛陽）人，好學深思，該博文史，性通悟，有籌略。唐太宗對其禮遇尤重，曾作〈威鳳賦〉賜無忌，又令人繪製無忌圖像於凌煙閣，褒崇勳德。唐太宗曾曰：「無忌盡忠於我，我有天下，多是此人力。」[57]對無忌甚為倚重。史臣盛讚長孫無忌曰：「才望素高，操秉無玷。」又曰：「英冠人傑，定立儲聞，力安社稷，勳庸茂著，終始不渝。」[58]晚年為許敬宗誣構，去其官爵，流放黔州，天下哀之。不過，史傳對長孫無忌編纂《唐律》之事，未有著墨。

　　房喬，字玄齡，齊州臨淄（今山東淄博），自幼聰敏，博覽經史，工草隸，善屬文。太宗初見玄齡，便如舊識，玄齡既遇知己，罄竭心力，知無不為。玄齡在秦府十餘年，常典管記，每軍書表奏，駐馬立成，文約理贍，初無稿草，才華過人。唐太宗曾曰：「玄齡等有籌謀帷幄、定社稷之功，所以漢之蕭何，雖無汗馬，指蹤推轂，故得功居第一。」[59]以蕭何比玄齡，命其任總百司，虔恭夙夜，盡心竭節，明達吏事，飾以文學，審定法令，意在寬平。唐太宗親征遼東，命玄齡留守京城，手詔曰：「公當蕭何之任，朕無西顧之憂矣。」[60]再

---

56 《舊唐書》卷30〈刑法志〉，頁2136-2138。
57 《舊唐書》卷65〈長孫無忌傳〉，頁2454。
58 《舊唐書》卷65〈長孫無忌傳〉，頁2456。
59 《舊唐書》卷66〈房玄齡傳〉，頁2461。
60 《舊唐書》卷66〈房玄齡傳〉，頁2461。

次以蕭何比玄齡。玄齡晚年有疾，唐太宗敕遣名醫救療，如病情略有好轉，太宗即喜見顏色；如病情略有加劇，太宗即改容悽愴。玄齡薨，太宗廢朝三日，並下詔陪葬昭陵。

史書記載房玄齡「審定法令，意在寬平」[61]，可見房玄齡確有審定法令之情事。唐太宗以漢之蕭何比擬房玄齡，亦足以證成房玄齡是《唐律》主要的制作者。漢代開國時，由相國蕭何制定「九章律」，蕭規曹隨，天下大定[62]，房玄齡之於唐代正猶如蕭何之於漢代。房玄齡之父，好學不倦，通涉《五經》[63]，是以其博覽經史，自是家學淵源所致，而其所制定的《唐律》，必定以其經學涵養為基石。

二　《唐律疏議》「律條」解釋者

永徽三年（西元652年），唐高宗認為律學未有定疏，科舉考試明科無所憑準，下詔廣召解律人撰定《律疏》，於是太尉趙國公無忌、司空英國公勣、尚書左僕射兼太子少師監修國史燕國公志寧、銀青光祿大夫刑部尚書唐臨、太中大夫守大理卿段寶玄、朝議大夫守尚書右丞劉燕客、朝議大夫守御史中丞賈敏行等人對該律典逐條解釋，撰成《律疏》三十卷，並頒於天下，自是斷獄者皆引疏分析之。[64]永徽之

---

61 《舊唐書》卷66〈房玄齡傳〉，頁2461。

62 《漢書》卷23〈刑法志〉：「其後四夷未附，兵革未息，三章之法不足以禦奸，於是相國蕭何攎摭秦法，取其宜於時者，作律九章。……。蕭、曹為相，填以無為，從民之欲而不擾亂，是以衣食滋殖，刑罰用稀。」頁1096。

63 《舊唐書》卷66〈房玄齡傳〉：「父彥謙，好學，通涉《五經》，隋涇陽令，《隋書》有傳。」頁2459。

64 《舊唐書》卷30〈刑法志〉：「三年，詔曰：『律學未有定疏，每年所舉明法，遂無憑準。宜廣召解律人條義疏奏聞。仍使中書、門下監定。』於是太尉趙國公無忌、司空英國公勣、尚書左僕射兼太子少師監修國史燕國公志寧、銀青光祿大夫刑部尚書唐臨、太中大夫守大理卿段寶玄、朝議大夫守尚書右丞劉燕客、朝議大夫守御史

後，顯慶、垂拱、載初、神龍、太極、開元、天寶、乾元、建中、元和年間皆對《唐律》有所刪定，其中又以唐玄宗於開元二十二年（734年）對舊律刪定最為重要，此律於開元二十五年（737年）頒布天下，是為「開元律」。據史書記載，「開元律」由中書令李林甫、侍中牛仙客、御史中丞王敬從，與明法之官前左武衛冑曹參軍崔見、衛州司戶參軍直中書陳承信、酸棗尉直刑部俞元杞等人主其事。李林甫與牛仙客雖有立傳，但對二人刪定律條與律疏的部分，付之闕如[65]，王敬從、崔見、陳承信、俞元杞則無傳可考。開元二十二年的解律人，史料不足，無法探究，而永徽三年的解律人對《唐律疏議》當具有確立核心價值的功用，故以永徽解律人為觀察對象。

李勣，曹州離狐（今山東單縣）人，英武神勇，累戰大捷，功勳彪炳，為唐太宗開創大唐帝國。每次行軍用師，頗任籌算，臨敵應變，動合事機。與人圖計，識其臧否，聞其片善，扼腕而從，事捷之日，多推功於下，以是人皆為用，所向多克捷。凡戰勝所得金帛，皆散之於將士。薨，聞者莫不悽愴，唐高宗為之舉哀，輟朝七日。但是，史書對於李勣解釋律條部分無所著墨。

于志寧，雍州高陸（今陝西南鄭）人，唐高祖以其有名於時，甚加禮遇，授銀青光祿大夫。太子承乾數虧禮度，為匡救太子，撰〈諫苑〉二十卷，承乾不納，終遭敗亡。李弘泰坐誣告罪，詔令不待時而斬決，于志寧上疏諫曰：

今時屬陽和，萬物生育，而特行刑罰。此謂傷春。竊案《左

中丞賈敏行等，參撰律疏，成三十卷，四年十月奏之，頒於天下。自是斷獄者皆引疏分析之。」頁2141。

65 《舊唐書》卷106〈李林甫傳〉：「自無學術，僅能秉筆」，頁3240；卷107〈牛仙客傳〉：「仙客既居相位，獨善其身，唯諾而已。所有錫賚，皆緘封不啟。百司有所諮決，仙客曰：『但依令式可也』，不敢措手裁決。」頁3196。

傳》聲子曰:「賞以春夏,刑以秋冬。」順天時也。又《禮記·月令》曰:「孟春之月,無殺孩蟲。省囹圄,去桎梏,無肆掠,止獄訟。」又《漢書》董仲舒曰:「王者欲有所為,宜求其端於天道。天道之大者在陰陽。陽為德,陰為刑,刑主殺而德主生。陽常居大夏,而以生育養長為事;陰常居大冬,而積於空虛不用之處。以此見天之任德不任刑也。」……欲使舉動順於天時,刑罰依於律令,陰陽為之式序,景宿於是靡差,風雨不愆,零榮輟祀。方今太蔟統律,青陽應期,當生長之辰,施肅殺之令,伏願暫回聖慮,察古人言,倘蒙垂納,則生靈幸甚。[66]

于志寧援引《左傳》、《禮記》、《漢書》中董仲舒之語,勸諫皇帝當順應天時、配合陰陽而施行刑殺,唐太宗從之。衡山公主欲出降長孫氏時,于志寧又上疏曰:

伏見衡山公主出降,欲就今秋成禮。竊按《禮記》云:「女十五而笄,二十而嫁;有故,二十三而嫁。」鄭玄云:「有故,謂遭喪也。」固知須終三年。《春秋》云:「魯莊公如齊納幣。」杜預云:「母喪未再期而圖婚,二傳不譏失禮,明故也。」此即史策具載,是非歷然,斷在聖情,不待問於臣下。……心喪之內,方復成婚,非唯違於禮經,亦是人情不可。……伏願遵高宗之令軌,略孝文之權制,國家於法無虧,公主情禮得畢。[67]

66　《舊唐書》卷78〈于志寧傳〉,頁2698。

67　《舊唐書》卷78〈于志寧傳〉,頁2699。

　　唐太宗下詔公主待三年服闋，然後成禮。透過史書所載「刑罰當順天時」與「衡山公主出降」二事，可知于志寧精通儒家經典，上疏時引經據典，以古鑒今，情理肯綮，皆為皇帝所採納。前後預撰格、式、律、令、《五經義疏》及修禮、修史，賞賜不可勝計。

　　唐臨，京兆長安（今陝西西安）人，唐高宗時任大理卿。唐高宗即位，尊貞觀故事，務在恤刑，嘗問唐臨在獄繫囚之數，唐臨對曰：「見囚五十餘人，惟二人合死。」[68]帝因囚數全少，怡然形於顏色。唐高宗曾親錄死囚，前卿所斷者號叫稱冤，唐臨所入者獨無言，高宗覺得奇怪，問囚犯緣故，囚犯曰：「罪實自犯，唐卿所斷，既非冤濫，所以絕意耳。」[69]高宗嘆息良久曰：「為獄者不當如此耶！」[69]唐臨為高宗所重。永徽元年（650年），華州刺史蕭齡之犯贓罪事發，唐高宗大怒，令於朝堂處置，唐臨此時為御史大夫，奏曰：

　　　臣聞國家大典，在於賞刑，古先聖王，惟刑是卹。《虞書》
　　　曰：「罪疑惟輕，功疑惟重，與其殺弗辜，寧失弗經。」《周
　　　禮》：「刑平國用中典，刑亂國用重典。」天下太平，應用堯、
　　　舜之典。……以齡之受委大藩，贓罪狼籍，原情取事，死有餘
　　　辜。然既遣詳議，終須近法。竊惟議事群官，未盡識議刑本
　　　意。律有「八議」，並依《周禮》舊文，矜其異於眾臣，所以
　　　特制議法。禮，王族刑於隱者，所以議親；刑不上大夫，所以
　　　議貴。知重其親貴，議欲緩刑，非為嫉其賢能，謀致深法。今
　　　既許議，而加重刑，是與堯、舜相反，不可為萬代法。[70]

68　《舊唐書》卷50〈刑法志〉，頁2140。
69　《舊唐書》卷85〈唐臨傳〉，頁2812。
70　《舊唐書》卷85〈唐臨撰〉，頁2812。

唐臨援引《尚書》與《周禮》說明太平盛世，應用堯、舜之典，並闡明《周禮》「議」的本意，不論是為了「王族刑於隱」，或是為了「刑不上大夫」，重點皆在於透過「議」寬緩其刑罰，如今卻透過「議」加重其刑罰，實在不可取。唐高宗從其奏，蕭齡之免於一死，改為流放。不久，唐臨官遷刑部尚書，並於此時期參與《唐律疏議》的解釋。

段寶玄、劉燕客、賈敏行三人，史書中記載甚少，唯段寶玄有一載完整的事蹟，見於《舊唐書》與《新唐書》的〈李義府傳〉中：洛州婦人淳于氏，因奸罪而繫於大理，李義府聞其頗有姿色，囑咐大理丞畢正義讓此婦出獄，納以為妾，並特為其雪罪，段寶玄聽聞，追查此事，畢正義惶懼自縊而死，御史王義方彈劾李義府，反遭貶降。[71]

綜上所述，《唐律》主要的解釋者應該是于志寧與唐臨，兩者上疏時皆以儒家經典作為論點的依據，引經據典，衡諸古今，言辭肯綮，使皇帝採納建言。他們對法律的理解乃是根植於儒家經義的理論基礎之上，儒家經學中的義理思想可說是他們的「前見」，這些解釋具有法定效力，「經」成為「律」的內涵。

---

71 《舊唐書》卷82〈李義府傳〉：「有洛州婦人淳于氏，坐奸繫於大理，義府聞其姿色，囑大理丞畢正義求為別宅婦，特為雪其罪。卿段寶玄疑其故，遽以狀聞，詔令按其事，正義惶懼自縊而死。侍御史王義方廷奏義府犯狀，因言其初容貌為劉洎、馬周所幸，由此得進，言詞猥褻。帝怒，出義方為萊州司戶，而不問義府奸濫之罪。」頁2767；《新唐書》卷223〈奸臣上·李義府傳〉：「永徽六年，拜中書侍郎、同中書門下三品，封廣平縣男，又兼太子右庶子，爵為侯。洛州女子淳于以奸系大理，義府聞其美，屬丞畢正義出之，納以為妾。卿段寶玄以狀聞。詔給事中劉仁軌、侍御史張倫鞫治。義府且窮，逼正義縊獄中以絕始謀。侍御史王義方廷劾，義府不引咎，三叱之，然後趨出。義方極陳其惡，帝陰德義府，故貸不問，為抑義方，逐之。」頁6340。

第三節　《唐律疏議》縮合經律的方式

　　唐太宗曰：「國之道，必須撫之以仁義，示之以威信。」[72]治國之道在於仁義與威信：仁義表現於德禮，德禮載於「經」，是政教之本；威信有賴於刑罰，刑罰載於「律」，是政教之用；兩者缺一不可安邦定國。一方面是因為統治者提供了適當的情勢，另一方面是因為經過漢代、魏晉南北朝、隋代的長期積澱，再一方面是因為「律條」的撰定者與解釋者精通儒家經典，唐代經學與律學的縮合達到歷史的高峰。《唐律疏議》卷一〈名例律〉開宗明義指出：

> 德禮為政教之本，刑罰為政教之用，猶昏曉陽秋相須而成者也。[73]

　　「德禮」與「刑罰」分別為政教之「本」與「用」，兩者的關係猶如昏曉陽秋一般，相互依存，才得以成其事，揭示了「禮教」與「刑罰」不可分裂的統一關係，而「禮教」含蘊於儒家經典之間，「刑罰」則載錄於國家律典之中，「經」與「律」相須而成。元泰定四年（1327年），文林郎江西等處儒學提舉柳贇為《唐律疏議》寫序，其曰：「法家之律，猶儒者之經，五經載道以行萬世，十二律垂法以正人心，道不可廢，法豈能獨廢哉！」[74]《詩》、《書》、《禮》、《易》、《春秋》等五經載道，流傳萬世，《唐律》十二篇垂示法條，整飭人心，強調法家之「律」與儒家之「經」同等重要，不可偏廢。

72　《貞觀政要》卷5〈論仁義〉，頁251。

73　《唐律疏議》卷1〈名例〉，頁11。

74　柳贇：〈唐律疏議序文〉，收入《唐律疏議》（臺北：臺灣商務印書館，2005年），頁1。本序作者有提為「柳贇」者，見長孫無忌等撰、劉俊文點校《唐律疏議》（臺北：弘文館出版社，1986年），頁663、664。

一 引經制律

　　《唐律疏議》以儒家經典作為法學依據，經學義理成為立法根源，是論罪科刑的準繩。漢儒自儒家經典中提煉出「三綱」的學說，在《唐律疏議》中表現得淋漓盡致。同時，儒家經典中「尊尊」與「親親」的核心價值，更是《唐律疏議》的兩大支柱，貫穿整部法典，同一犯罪事實行為，因兩方的「尊卑貴賤」和「親疏遠近」，所適用的律條不同、罪名也不同，刑罰則有輕重等差的分別。《唐律疏議》中的「犯罪事實判斷」與「道德價值判準」高度重疊，悠遠流長地影響著整個中國傳統法律在歷史縱深脈絡中的圖景，這也是中華法系最顯著的特質。

　　《唐律疏議》承繼隋代《開皇律》將悖逆「三綱」的犯罪類型歸納為「十惡」，並將「十惡」標著於國家律典的篇首。《唐律疏議・名例律》「十惡」條（總6條）律文曰：

> 一曰謀反、二曰謀大逆、三曰謀叛、四曰惡逆、五曰不道、六曰大不敬、七曰不孝、八曰不睦、九曰不義、十曰內亂。[75]

疏文曰：

> 五刑之中，十惡尤切，虧損名教，毀裂冠冕，特標篇首，以為明誡。[76]

「名教」事實上就是「禮教」，子路曾問孔子說：「衛君待子而為政，

---

75 《唐律疏議》卷1〈名例律〉，頁6。
76 《唐律疏議》卷1〈名例律〉，頁6。

子將奚先？」孔子對曰：「必也正名乎。」並進一步說明：「名不正則言不順，言不順則事不成，事不成則禮樂不興，禮樂不興則刑罰不中，刑罰不中則民無所措手足。」[77]由於孔子特別重視「正名」，所以魏晉南北朝時期遂稱「禮教」為「名教」。孔子處在禮壞樂崩、周文疲弊的時代，他說：「天下有道，則禮樂征伐自天子出；天下無道，則禮樂征伐自諸侯出。」[78]「八佾舞於庭，是可忍也，孰不可忍也。」[79]「君君、臣臣、父父、子子。」[80]強調「正名分」的重要性，而「正名分」正是為了「定權分」，目的在於使社會中的每一個人各自堅守自己的本分、踐行自己應盡的義務、完成自己的任務，以確立人倫綱常，穩定社會秩序。「冠冕」一詞出自於《左傳》昭公九年（前533年），曰：

> 我在伯父，猶衣服之有冠冕，木水之有本原，民人之有謀主也。伯父若裂冠毀冕，拔本塞原，專棄謀主，雖戎狄，其何有余一人？[81]

當時周朝甘人與晉國閻嘉爭閻田，晉國梁丙、張趯率領陰戎伐潁地，面對晉國種種僭越的行為，周天子決定派遣詹桓伯傳達意旨，以上即周天子所欲傳達的內容，說明自己之於諸侯一如冠冕之於衣服、本源之於木水，謀主之於民人，諸侯如裂冠毀冕、拔本塞原、專棄謀主，就是罔顧君臣倫常，毀壞華夏文化，與蠻夷無異。「十惡」中「不

77　《論語注疏》卷13〈子路〉，頁115。
78　《論語注疏》卷16〈季氏〉，頁146。
79　《論語注疏》卷3〈八佾〉，頁25。
80　《論語注疏》卷12〈顏淵〉，頁108。
81　《左傳注疏》第45卷「昭公九年」，頁779。

道」、「不敬」的罪名,始於漢代,《北齊律》訂有「重罪十條」,隋代《開皇律》正式使用「十惡」之目。[82]

「十惡」,究其根柢,就是觸犯了「君為臣綱」、「父為子綱」、「夫為妻綱」等君權、父權和夫權,以及斲傷名教、倫理和道德的行為。「三綱」是漢儒自「經」中提煉出來的精華,「三綱」的思想悠遠流遠地影響著中國的日常生活,成為中國文化的價值核心之所在。形而上的「天道」向形而下的現象世界落實,成為千絲萬縷的綱紀,大者為綱,小者為紀,再複雜、再多元的人際關係都可以從「天道」中得到安頓。「三綱」是各種綱紀的總稱,不僅是探討君臣、父子、夫婦的關係而已,而是以綱攝紀,舉綱以明紀。也就是說,「三綱」事實上包攝著無數的倫理綱紀。「三綱」隨著歲月的流轉逐漸滲透進「律」中,最後凡違逆倫理綱常的行為亦為法律所禁止,「經」幾乎等同於「律」,國家律典帶有濃厚的經學色彩。

進一步從法規範面仔細考察,更能清楚地看到同一犯罪事實行為,因兩方的「尊卑貴賤」和「親疏遠近」,刑罰則有輕重等差的分別,茲以「盜罪」、「毆罪」、「姦罪」具體說明如下:

1 盜罪

「盜」有「強盜」與「竊盜」之分:「強盜」指以暴力威脅他人以取得財物,如以藥摻入酒或食物中使人狂亂,取其財物,也屬於「強盜」。[83]「竊盜」指隱藏自己的形體和面容而取人財物。[84]卑幼強

---

82 《唐律疏議》卷1〈名例律〉「十惡」條(總6條)曰:「漢制九章,雖並湮沒,其『不道』、『不敬』之目見存,原夫厥初,蓋起諸漢。案梁陳已往,略有其條。周齊雖具十條之名,而無『十惡』之目。開皇創制,始備此科,酌於舊章,數存於十。大業有造,復更刊除,十條之內,唯存其八。自武德以來,仍遵開皇,無所損益。」頁6。

83 《唐律疏議》卷19〈賊盜律〉「強盜」條(總281條)曰:「諸強盜,不得財徒二

盜尊長，準用《唐律疏議・賊盜律》「恐嚇取人財物」條（總285條），其曰：

> 緦麻以上自相恐喝者，犯尊長，以凡人論；強盜亦準此。犯卑幼，各依本法。[85]

卑幼於尊長家強盜，以凡人論，依竊盜罪加一等。[86]《唐律疏議・賊盜律》「盜緦麻小功財物」條（總287條）律文：

> 諸盜緦麻、小功親財物者，減凡人一等；大功，減二等；期親，減三等。殺傷者，各依本殺傷論。[87]

疏文曰：

> 緦麻以上相盜，皆據別居。卑幼於尊長家強盜，已於「恐喝」條釋訖。其尊長於卑幼家竊盜若強盜，及卑幼於尊長家行竊盜

年；一尺徒三年，二疋加一等；十疋及傷人者，絞；殺人者，斬。其持仗者，雖不得財，流三千里；五疋，絞；傷人者，斬。」又注文解釋「強盜」曰：「謂以威若力而取其財，先強後盜、先盜後強等。若與人藥酒及食，使狂亂取財，亦是。」頁356-358。

84 《唐律疏議》卷19〈賊盜律〉「竊盜」條（總282條）曰：「諸竊盜，不得財笞五十；一尺杖六十，一疋加一等；五疋徒一年，五疋加一等，五十疋加役流。」又疏文解釋「竊盜」曰：「竊盜人財，謂潛形隱面而取。」頁358。

85 《唐律疏議》卷19〈賊盜律〉，頁360。

86 《唐律疏議》卷19〈賊盜律〉「竊盜」條（總282條）疏文曰：「『準盜論加一等』，謂一尺杖七十，一疋加一等，五疋徒一年半，五疋加一等，三十五疋流三千里。」頁358。

87 《唐律疏議》卷20〈賊盜律〉，頁365。

者，緦麻、小功減凡人一等，大功減二等，期親減三等。[88]

此條緦麻以上親屬相盜，皆以別籍分居為前提，又「卑幼於尊長家強盜」，已於《唐律疏議・賊盜律》「恐嚇取人財物」條（總285條）說明，此條所處理的犯罪自然不包括「卑幼於尊長家強盜」，本條規範的犯罪有二：「尊長於卑幼家竊盜或強盜」與「卑幼於尊長家竊盜」。凡是緦麻、小功親屬減凡人一等，大功親屬減二等，期親減三等。綜上所述，可分為二種情形說明：（1）「尊長犯卑幼」：尊長於卑幼家不論竊盜或強盜，皆以較輕的竊盜罪論處，犯緦麻、小功卑幼減凡人一等、犯大功卑幼減二等、期親卑幼減三等。（2）「卑幼犯尊長」：「卑幼於尊長家強盜」，以凡人論處，其刑罰依竊盜罪加一等；「卑幼於尊長家竊盜」，犯緦麻、小功尊長減凡人一等、犯大功尊長減二等、期親尊長減三等。

2 毆罪

《唐律疏議・鬥訟律》「毆緦麻兄姊」條（總327條）曰：「諸毆緦麻兄姊，杖一百。小功、大功，各遞加一等。尊屬者，又各加一等。傷重者，各遞加凡鬥傷一等；死者，斬。」[89]毆打緦麻兄姊，處以杖刑一百下；毆打小功兄姊，處以徒刑一年；毆打大功兄姊，處以徒刑一年半。如毆打對象為尊長親屬，則各加一等。如以他物毆人，致其內傷吐血者，再加一等。《唐律疏議・鬥訟律》「毆緦麻兄姊等」

---

88 《唐律疏議》卷20〈賊盜律〉，頁365。
89 《唐律疏議》卷22〈鬥訟律〉，頁411。本條疏文曰：「『傷重者，各遞加凡鬥傷一等』，謂他物毆緦麻兄姊內損吐血，準凡人杖一百上加一等合徒一年，小功徒一年半，大功徒二年；尊屬又加一等，即緦麻徒一年半，小功徒二年之類。因毆致死者，各斬」頁412。

條（總327條）曰：「若尊長毆卑幼折傷者，緦麻減凡人一等，小功、大功遞減一等；死者，絞。」[90]由此可見，尊長毆打卑幼，可分為兩種情況：一是卑幼未折傷，未觸犯法律，無罪責；一是卑幼折傷，刑罰視親疏遠近而定，麻緦卑幼，減凡人一等；小功卑幼，減凡人二等；大功卑幼，減凡人三等。所謂「折傷」，依法律規定為折斷牙齒以上之傷害。

　　《唐律疏議・鬭訟律》「毆詈祖父母父母」條（總329條）曰：「若子孫違犯教令，而祖父母、父母毆殺者，徒一年半；以刃殺者，徒二年；故殺者，各加一等。即嫡、繼、慈、養殺者，又加一等。過失殺者，各勿論。」[91]祖父母、父母毆殺違犯教令的子孫，處以徒刑一年半，以利器殺害子孫，加重刑罰至二年，故意殺害子孫，再加一等。所謂「違犯教令」，即父母有所教令，不論事情是大是小，凡可以遵從父母的意思卻故意違逆者。如犯罪人為嫡母、繼母、慈母、養母，由於情感較為疏離，子女較容易違逆其教令，所以再加一等。凡是子孫違犯教令，依法處罰子孫，不料子孫因此而死亡者，尊長在法律上並無罪責。[92]

90　《唐律疏議》卷22〈鬭訟律〉，頁412。本條疏文曰：「『若尊長毆卑幼折傷者』，謂折齒以上。既云『折傷』，即明非折傷不坐。因毆折傷緦麻卑幼，減凡人一等；小功，減二等；大功，減三等。假有毆緦麻卑幼折一指，凡鬭合徒一年，減一等，杖一百；小功減二等，杖九十；大功減三等，杖八十。其毆傷重者，遞減各準此。因毆致死者，尊長各絞。『即毆殺從父弟妹』，謂堂弟妹；『及從父兄弟之子孫』，謂堂姪及姪孫者：流三千里。若以刃殺及不因鬭而故殺者，俱合絞刑。」頁412。

91　《唐律疏議》卷22〈鬭訟律〉，頁412。

92　《唐律疏議》卷22〈鬭訟律〉疏文曰：「『若子孫違犯教令』，謂有所教令，不限事之大小，可從而故違者，而祖父母、父母即毆殺之者，徒一年半；以刃殺者，徒二年。……『即嫡、繼、慈、養殺者』，為情疏易違，故『又加一等』。律文既云『又加』，即以刃故殺者，徒二年半上加一等，徒三年；違犯教令以刃殺者，二年上加一等，徒二年半；毆殺者，一年半上加一等，徒二年。『過失殺者，各勿論』，即有違犯教令，依法決罰，邂逅致死者，亦無罪。」頁412。

3 姦罪

「姦」有「和姦」與「強姦」之分。一般人犯姦罪，和姦者，男女雙方皆處以徒刑一年半，如女方有夫，則罪加一等，處以徒刑二年；以強迫手段成姦者，加和姦罪一等，對象為無夫女子，處以徒刑二年；對象為有夫女子，處以徒刑二年半。[93]如犯姦的雙方有親屬關係，刑罰較一般人犯姦來得重，《唐律疏議・雜律》「姦緦麻以上親及妻」條（總411條）曰：

> 諸姦緦麻以上親及緦麻以上親之妻，若妻前夫之女及同母異父姊妹者，徒三年；強者，流二千里；折傷者，絞。妾，減一等。餘條姦妾，準此。[94]

「緦麻以上親」是指內外有服制的親屬，內指因血緣而產生的親屬關係，外指因婚姻而產生的親屬關係。凡與緦麻以上親屬、與緦麻以上親屬之妻、與妻前夫之女、與同母異父姐妹和姦者，皆處以徒刑三年。以強迫手段成姦者，處以流刑二千里，倘若因此導致對方折傷者，處以絞殺之刑。如果對方是緦麻以上親屬之妾或媵，則減妻罪一等。[95]《唐律疏議・雜律》「姦從祖母姑等」條（總412條）曰：

---

93 《唐律疏議》卷26〈雜律〉「凡姦」條（總410條）曰：「諸姦者，徒一年半；有夫者，徒二年。……強者，各加一等。」頁493。

94 《唐律疏議》卷26〈雜律〉，頁493。

95 《唐律疏議》卷26〈雜律〉疏文曰：「『姦緦麻以上親』，謂內外有服親者；『及緦麻以上親之妻』，亦謂有服者妻；『若妻前夫之女』，謂妻前家所生者：各徒三年。強者，流二千里。因強姦而折傷者，絞。得罪已重，故『妾，減一等』，謂減妻罪一等。其於媵，罪與妾同。注云『餘條姦妾，準此』，謂餘條五服內及主之緦麻以上親，直有姦名而無妾罪者，並準此條，減妻一等。」頁493、494。

> 諸姦從祖祖母姑、從祖伯叔母姑、從父姊妹、從母及兄弟妻、
> 兄弟子妻者,流二千里;強者,絞。[96]

本條律文中「從祖祖母姑」、「從祖伯叔母姑」、「從母」,為男子的小
功親屬,「從父姊妹」、「兄弟子婦」為男子的大功親屬[97],「兄弟之
妻」為避嫌而無服。凡與祖之兄弟妻、祖之姊妹、父之堂兄弟妻、父
之堂姊妹、自己之堂姊妹、母之姊妹、兄弟之妻、兄弟子妻相姦者,
則男女皆處以流刑二千里。如以強迫手段成姦者,處以絞殺之刑。[98]
《唐律疏議‧雜律》「姦父祖妾等」條（總413條）曰:

> 諸姦父祖妾、謂曾經有父祖子者。伯叔母、姑、姊妹、子孫之
> 婦、兄弟之女者,絞。即姦父祖所幸婢,減二等。[99]

本條律文中的女子皆為男子的期親,凡與伯母、叔母、姑、姊妹、子
婦、孫婦、曾孫孫、玄孫婦、姪女通姦者,皆處以絞殺之刑。其中,
與父親、祖父、曾祖父、高祖父之妾通姦,是一個比較複雜的問題:
如此妾有子,同樣處以絞殺之刑;如此妾無子,則減一等,處以流刑
二千里。[100]

96　《唐律疏議》卷26〈雜律〉,頁494。

97　《儀禮注疏》與《唐律疏議》似未見「兄弟子妻」的服制,《貞觀政要》卷7〈論禮
　　樂〉曰:「眾子婦舊小功,今請與兄弟子婦同為大功九月。」如此說來,「兄弟子
　　妻」的服制應為大功,頁413。

98　《唐律疏議》卷26〈雜律〉疏文曰:「『從祖祖母姑』,謂祖之兄弟妻,若祖之姊
　　妹;『從祖伯叔母姑』,謂父之堂兄弟妻及父之堂姊妹;『從父姊妹』,謂己之堂姊
　　妹;『從母』,謂母之姊妹;及兄弟之妻、兄弟子妻:與之姦者,並流二千里;強
　　者,絞」頁494。

99　《唐律疏議》卷26〈雜律〉,頁494。

100　《唐律疏議》卷26〈雜律〉疏文曰:「『姦父祖妾』,即曾、高妾亦同。注云『謂曾

　　總而言之，為了維護倫理綱紀、穩定社會秩序，唐朝以儒家經義制定國家法典，透過國家法典教育百姓，使百姓明白是非對錯。《唐律疏議・名例律》指出歷代君王「莫不憑黎元而樹司宰，因政教而施刑法」[101]，刑法是政教中極為重要的一環。

二　引經解律

　　法律詮釋者不可能消解自己主觀意識和理論視域的限制，以一個徹底空白的主體進入律典的世界，因此詮釋活動必然含有開放性理解與創造性建構的成分。《唐律》解律者在詮釋律條時，乃是根植於經學的理論基礎之上，《唐律疏議》隨處可見解釋者援引儒家經典解釋律條的現象，使得《唐律疏議》帶有濃厚的經學色彩。

　　《唐律疏議》的本質是一部刑書，其刑名有五：「笞刑」、「杖刑」、「徒刑」、「流刑」、「死刑」[102]，茲說明如下：

　　1.「笞刑」：依輕重分五等，分別是笞十、笞二十、笞三十、笞四十、笞五十。[103]《唐律疏議》疏文對「笞」的解釋如下：

經有父祖子者』，其無子者，即準上文『妾，減一等』。姦伯叔母、姑、姊妹、子孫婦，曾、玄孫婦亦同，兄弟之女者，絞。『即姦父祖所幸婢，減二等』，合徒三年。不限有子、無子，得罪並同。」頁494、495。

101　《唐律疏議》卷1〈名例律〉，頁1。

102　《隋書》卷25〈刑法志〉：「其刑名有五：一曰死刑二，有絞，有斬。二曰流刑三，有一千里、千五百里、二千里。應配者，一千里居作二年，一千五百里居作二年半，二千里居作三年。應住居作者，三流俱役三年。近流加杖一百，一等加三十。三曰徒刑五，有一年、一年半、二年、二年半、三年。四曰杖刑五，自五十至于百。五曰笞刑五，自十至于五十。而蠲除前代鞭刑及梟首轘裂之法。其流徒之罪皆減從輕。……因除孥戮相坐之法。」頁711、712。

103　《唐律疏議》卷1〈名例〉律文曰：「笞刑五：笞一十。笞二十。笞三十。笞四十。笞五十。」頁12。

答者，擊也，又訓為恥。言人有小愆，法須懲誡，故加捶撻以
恥之。漢時答則用竹，今時則用楚。故《書》云「扑作教
刑」，即其義也。[104]

「答」是「擊打」的意思，又解釋為「恥辱」。這是說當人有小過錯
時，依法必須懲誡，因此加以捶撻使其感到恥辱。漢代答打罪人使用
竹杖，唐代則是使用荊條[105]。《尚書》云「扑作教刑」[106]，以杖打作
為訓教之刑，可見訓教即是答刑的意義。

　　2.「杖刑」：依輕重分五等，分別是杖六十、杖七十、杖八十、
杖九十、杖一百。[107]《唐律疏議》疏文解釋「杖」的意義和歷史淵源
如下：

　　《說文》云：「杖者持也」，而可以擊人者歟？《家語》云：
　　「舜之事父，小杖則受，大杖則走。」《國語》云：「薄刑用鞭
　　扑。」《書》云：「鞭作官刑。」猶今之杖刑者也。又蚩尤作五
　　虐之刑，亦用鞭扑。源其濫觴，所從來遠矣。[108]

根據《說文》的解釋，「杖」的意義是「持握」，那麼杖可否用以擊打
人身？《孔子家語》有一段記載：「昔瞽瞍有子曰舜，舜之事瞽瞍，
欲使之未嘗不在於側，索而殺之，未嘗可得，小棰則待過，大杖則逃

104　《唐律疏議》卷1〈名例〉，頁12。
105　《說文解字》：「楚，叢木，一名荊也。」頁274。
106　《尚書注疏》卷3〈虞書·舜典〉，頁35。
107　《唐律疏議》卷1〈名例〉律文曰：「杖刑五：杖六十。杖七十。杖八十。杖九
　　十。杖一百。」頁13。
108　《唐律疏議》卷1〈名例〉，頁13。

走,故瞽瞍不犯不父之罪,而舜不失烝烝之孝。」[109]虞舜侍候父親時,若父親用小杖擊打他,他就承受小杖的擊打,如父親用大杖擊打他時,他就逃離父親所在的地方,否則萬一被擊打而導致身亡,反陷父親於不義。由此可見,「杖」不僅可以解釋為「持握」,也可以用來擊打人身。此外,《唐律疏議》疏文援引了《國語》、《尚書》等文獻,指出杖刑濫觴於鞭刑,歷史久遠。

3.「徒刑」:依時間分五等,分別是徒一年、徒一年半、徒二年、徒二年半、徒三年。[110]《唐律疏議》疏文解釋「徒」的意義和歷史淵源如下:

> 徒者,奴也,蓋奴辱之。《周禮》云:「其奴男子入于罪隸」,又「任之以事,寘以圜土而收教之。上罪三年而捨,中罪二年而捨,下罪一年而捨」,此並徒刑也。蓋始於周。[111]

「徒」即是「奴」之意,其用意是以之為奴役,使人感到恥辱。《周禮》中云:「其奴,男子入于罪隸,女子入于舂、稾。」[112]凡是犯罪沒入為奴者,男人令入罪隸[113],女人撥交舂稾[114],又說:「司圜:掌

---

109 王肅注:《孔子家語》(臺北:世界書局,1991年),頁37。

110 《唐律疏議》卷1〈名例〉律文曰:「徒刑五:一年。一年半。二年。二年半。三年半。」頁13。

111 《唐律疏議》卷1〈名例〉,頁13。

112 《周禮注疏》卷36〈秋官·司寇〉,頁543。

113 《周禮注疏》卷36〈秋官·司寇〉:「罪隸:掌役百官府與凡有守者,掌使令之小事。凡封國若家,牛助為牽傍。蠻隸:掌役校人,養馬。其在王宮者,執其國之兵以守王宮;在野外,則守屬禁。」頁546。

114 《周禮注疏》卷16〈地官·司徒〉:「舂人:掌共米物。祭祀,共其齍盛之米。賓客,共其牢禮之米。凡饗食,共其食米。凡米事。」頁253、「稾人:掌共外內朝冗食者之食。若饗耆老、孤子、士庶子,共其食。掌豢祭祀之犬。」頁254。

收教罷民。凡害人者弗使冠飾，而加明刑焉，任之以事而收教之。能改者，上罪三年而舍，中罪二年而舍，下罪一年而舍。」[115]鄭注云：「去其冠飾，而書其邪惡之狀，著之背也。」[116]司圜的職掌是將犯罪者集中教化，凡危害人者，不可佩戴冠飾，書寫其罪狀，掛在背後，派遣工作給他們做，以收教化之功，如果犯罪者能改過，犯重罪者，三年釋放，犯中罪者，二年釋放，犯輕罪者，一年釋放。這些都是徒刑。由《周禮》的記載可知，徒刑的制度始於周代。

4.「流刑」：依距離分三等，分別是流二千里、流二千五百里、流三千里。[117]《唐律疏議》疏文解釋「流」的意義和歷史淵源如下：

> 《書》云：「流宥五刑。」謂不忍刑殺，宥之于遠也。又曰：「五流有宅，五宅三居。」大罪投之四裔，或流之于海外，次九州之外，次中國之外。蓋始於唐虞。今之三流，即其義也。[118]

《尚書》說：「流宥五刑。」孔穎達疏：「宥，寬也。以流放之法寬五刑。」[119]宥是寬恕之意，為聖人不忍心施加刑殺，以流放代替五刑，而寬宥罪犯令去遠方。《尚書》又說：「五流有宅，五宅三居。」孔穎達疏：「謂不忍加刑，則流放之，若四凶者，五刑之流，各有所居，五居之差，有三等之居，大罪四裔，次九州之外，次千里之外。」[120]五刑寬宥流放，各有其去處，這些去處，又分為三等。重罪放逐到四

---

115 《周禮注疏》卷36〈秋官・司寇〉，頁543。
116 《周禮注疏》卷14〈地官・司徒〉，頁213。
117 《唐律疏議》卷1〈名例〉律文曰：「流刑三：二千里。二千五百里。三千里。」頁14。
118 《唐律疏議》卷1〈名例〉，頁14。
119 《尚書注疏》卷3〈虞書・舜典〉，頁35。
120 《尚書注疏》卷3〈虞書・舜典〉，頁43。

邊極地，或者流放到四海之外，次重的流放九州之外，再次的流放於中土之外。因此，流刑濫觴於唐堯、虞舜之時。現今的三等流刑，就是這種用意。

5.「死刑」：依屍體損害的程度分二等，即「絞」和「斬」。[121]《唐律疏議》疏文解釋「死」的意義如下：

> 絞、斬之坐，刑之極也。死者魂氣歸於天，形魄歸於地，與萬化冥然，故鄭注《禮》云：「死者，澌也。消盡為澌。」[122]

此中指出絞、斬之刑，是最嚴厲的刑罰。死去的人魂氣將歸返於天，形魄回歸於地，與萬物大化流衍，歸於黑暗深遠。鄭玄在注解《禮記・檀弓》：「君子曰終，小人曰死」時說：「死之語澌也，事卒為終，消盡為澌。」[123]君子和小人品德不同，君子道德圓滿，克盡人事，離世時放下大任，是為「終」，小人道德虧損，做奸犯科，離世時消失散盡，是為「澌」。因此，犯下重罪而被處以極刑之人，只能稱「死」，不能稱「終」。《唐律疏議》疏文同時說明了死刑的歷史淵源如下：

> 《春秋元命包》云：「黃帝斬蚩尤於涿鹿之野。」《禮》云：「公族有死罪，磬之于甸人。」故知斬自軒轅，絞興周代。二者法陰數也，陰主殺罰，因而則之，即古「大辟」之刑是也。[124]

---

121 《唐律疏議》卷1〈名例〉律文曰：「死刑二：絞。斬。」頁14。
122 《唐律疏議》卷1〈名例〉，頁14。
123 《禮記注疏》卷7〈檀弓〉，頁126。
124 《唐律疏議》卷1〈名例〉，頁14。

根據《春秋元命包》的記載[125]，黃帝在涿鹿之野斬殺蚩尤，可見自軒轅時代起就有了斬刑。《禮記》有云：「公族其有死罪，則磬于甸人。」鄭玄注：「不於市朝者，隱之也。甸人，掌郊野之官。縣縊殺之，曰磬。」[126]國君的族人犯了死罪，則交由甸師執行絞行，可見周代開始就有了絞刑。按古代陰陽之說，陰主殺，陽主生，二、四、六、八、十是為陰數，一、三、五、七、九是為陽數，死刑設絞與斬二種，正是效法陰數而來，此即古代所稱的「大辟」之刑。「大辟」的名稱見於《禮記》：「獄成，有司讞于公，其死罪，則曰某之罪在大辟，其刑罪，則曰某之罪在小辟。」[127]刑獄確定後，治獄之官將判決呈報君王，如果應處以死刑者，就說「某之罪在大辟」，如果應處以刑罰，則說「某之罪在小辟」。

　　《唐律疏議》在對「五刑」進行解釋時援引了大量的儒家經典，用以說明「五刑」的意義和淵源，而非簡單扼要地羅列「五刑」的名稱和等次，這種情況在《唐律疏議》中隨處可見，此種「引經解律」的詮釋方式，促使經學與律學產生「視域的融合」。

125　《隋書》卷32〈經籍志〉：「《春秋包命》二卷，亡。」頁940。
126　《禮記注疏》卷8〈文王世子〉，頁400。
127　《禮記注疏》卷8〈文王世子〉，頁400。

第四章
《唐律疏議》的終極依據
——「天」[*]

　　「天」是經學體系中的核心命題，經學家以此作為基礎，探討宇宙萬物的最終根源以及其生成變化的問題。「天」包攝了宇宙本體與倫理道德雙重範疇，不僅僅是天地萬物生成的終極依據，同時還是生命最高的理想與極則。整個宇宙因為「陰陽二氣」才有了絪縕變化的契機，其作用更是遍及日常生活的各個層面。《唐律疏議》既以經學的精神底蘊制定律典、詮釋律條，自然也以「天」為終極依據，「天」成為律典形而上的最終根源。

第一節　《唐律疏議》「天」與「人」的繫聯

　　《周易》肯定了「人」在宇宙萬物中特出的地位與價值，認為「人」稟賦靈秀之氣，為宇宙萬物之首，所以將「人」與「天」、「地」並列為「三才」。《唐律疏議》承繼《周易》的思想脈絡，將「人」安頓於天道之中，「人」既由天道化育流行而生成，生成時必內蘊著天道，天道至善，所以人性必然本善。那麼，「惡」從何而

---

[*] 本章部分內容曾發表於〈《唐律疏議‧名例律》「天」與「刑」關係之探析——兼論經學與律學的交涉〉，《東吳中文學報》第19期（THCI Core核心期刊），2010年6月，渥蒙匿名審查先生悉心指正，謹致謝忱。

來？《唐律疏議》以為「惡」來自於「情」，凡放縱情感之人，見識沈滯，易有過誤，大則叛亂，使天下動盪不安；小則違逆法度，擾亂社會秩序。

一 依《周易》立「三才」

「天」是中國經學思想的核心與基礎，也是《唐律疏議》刑罰體系的終極依據。「天」含有「所以然」與「所當然」的雙重內涵，既是宇宙萬物「所以然」的終極根據，也是萬物之靈「所當然」的最高倫理道德準則，其中「所以然」的部分又涵蓋了「本體論」（Ontology）與「宇宙論」（Cosmology）二大議題，在哲學思想中屬於「形而上」的範疇。「本體論」探討「實在」或「實體」（reality）亦即「存有」（Being）的意義；「宇宙論」探討實在之演變歷程，及宇宙所由構成之一般法則與萬有秩序。《唐律疏議·名例律》開宗明義指出：

> 夫三才肇位，萬象斯分。[1]

《唐律疏議》「天」的觀念乃是順承《周易》而來，《周易》肯定了「人」在宇宙萬物中特出的地位與價值，認為「人」稟賦靈秀之氣，為宇宙萬物之首，所以將「人」與「天」、「地」並列為「三才」。《周易·說卦》曰：

> 昔者，聖人之作《易》也，將以順性命之理。立天之道曰陰與陽，立地之道曰柔與剛，立人之道曰仁與義，兼三才而兩之，

---

1 《唐律疏議》卷1〈名例〉，頁1。

故《易》六畫而成卦，分陰分陽，迭用柔剛，故《易》六位而
成章。[2]

《周易·繫辭下》也有類似的文字：

《易》之為書也，廣大悉備，有天道焉，有人道焉，有地道
焉。兼三才而兩之，故六。六者，非它也，三才之道也。[3]

在這裡，必須叩問一個問題，唐人是如何理解《周易》「三才之
道」？唐太宗詔孔穎達等人撰定《五經正義》，整理《周易》、《尚
書》、《毛詩》、《禮記》、《春秋》等儒家經典的文字與義理，《五經正
義》成為官方對儒家經典權威性的解釋，透過《五經正義》的內容有
助於掌握唐人對於儒家經典的理解。孔穎達解釋《周易》「三才之
道」時，曰：

八卦小成，但有三畫。於三才之道，陰陽未備，所以重三為
六，然後周盡。……其天地生成萬物之理，須陰陽必備。是以
造化闢設之時，其立天之道，有二種之氣，曰成物之陰與施生
之陽也。其立地之道，有二種之形，曰順承之柔與特載之剛
也。天地既立，人生其間。立人之道，有二種之性，曰愛惠之
仁與斷割之義也。既備三才之道，而皆兩之，作《易》本順此
道理，須六畫成卦，故作《易》者，因而重之，使六畫而成卦
也。六畫所處，有其六位，分二、四為陰位，三、五為陽位。[4]

---

2 《周易注疏》卷9〈說卦〉，頁182。
3 《周易注疏》卷8〈繫辭下〉，頁174。
4 《周易注疏》卷9〈說卦〉孔穎達正義語，頁183。

八卦初設立時只有三畫，就三才之道而言，「陰」與「陽」尚未完備，所以再將三畫重疊，成為六畫，如此一來，才能周備詳盡揭示吉凶變化。這是因為「陰」與「陽」是天地生成萬物的必備條件，藉由陰氣與陽氣二氣的絪縕流衍，萬物才得以變化生成，這就是《易經》著名的宇宙論。「天」包攝「陰」與「陽」；「地」包攝「柔」與「剛」，「人」包攝「仁」與「義」。三才之道既已完備，而且皆包含兩個面向，所以作《易》者將三畫重疊，使其成為六畫，形成一個完整的卦象，六畫所處的位置，是為六位，二、四是陰位，三、五是陽位。所以，《易經·繫辭上》云：「六爻之動，三極之道也。」[5]天之極、地之極與人之極皆是「道」，「道」即天地萬物的終極依據，具有演化生成萬物的力量，同時具有本體方面的意義與生成方面的意義。

　　孔穎達解釋《周易·繫辭上》曰：「易之所立，本乎乾坤。若乾坤不存，則易道無由興起，故乾坤是易道之所蘊積之根源也。夫易者，陰陽變化之謂。陰陽變化，立爻以效之，皆從乾坤而來。」[6]此中指出《易》的根本乃在於「乾」、「坤」，倘若「乾」、「坤」不存，則《易》之「道」更無從興起，所以說「乾」、「坤」是《易》之「道」絪醞蓄積的根源。《易》的義理內蘊，就是陰陽二氣的變化流行。聖人設立六爻以效法陰陽二氣的變化流行，皆是自「乾」、「坤」而來。《周易》中有〈乾〉、〈坤〉二卦，〈彖傳〉曰：

　　　　大哉乾元，萬物資始，乃統天。雲行雨施，品物流形。大明終　　　　始，六位時成。時乘六龍以御天。乾道變化，各正性命。保合　　　　太和，乃利貞。首出庶物，萬國咸寧。[7]

5　《周易注疏》卷7〈繫辭上〉，頁143。
6　《周易注疏》卷7〈繫辭上〉孔穎達正義語，頁148。
7　《周易注疏》卷1〈乾〉，頁16。

至哉坤元，萬物資生，乃順承天。坤厚載物，德合無疆；含弘光大，品物咸享。牝馬地類，行地無疆。[8]

「乾」代表「天」，「天」有開創之功，是萬物獲得生命的根源，宇宙萬物皆由「天」所統管，雲朵飄行，雨水降落，萬物得以生成，「天」並賦予萬物各種形體。天道的大化流衍可以保持、調整宇宙萬物間和諧的狀態，使得萬物得以各自生存。「坤」代表「地」，「地」也有開創之功，是萬物獲得生命的基礎，「地」順承著天道的變化而變化，寬厚地承載萬物，具有廣大包容的美德，可以深厚廣博地蘊藏萬物，各種物類皆得以順暢地生長。「乾」、「坤」與「氣」的關係，孔穎達解說如下：

乾是純陽，德能普備，無所偏主，唯專一而已。若氣不發動，則靜而專一，故云「其靜也專」，若其運轉，則四時不忒，寒暑無差，則而得正，故云「其動也直」，以其動靜如此，故能大生焉。[9]

坤為陰柔，閉藏翕斂，故「其靜也翕」，動則開生萬物，故「其動也闢」，以其如此，故能廣生於物焉。[10]

萬物既為「乾」、「坤」配合而生成，又「乾」為純陽，「坤」為純陰，天地之所以能生衍宇宙萬物，有賴於「氣」的發動運轉，也就是陰陽二氣交相感應，絪縕流衍。因此，孔穎達云：「天體高遠，故乾

8　《周易注疏》卷1〈坤〉，頁18。
9　《周易注疏》卷8〈繫辭下〉孔穎達正義語，頁150。
10　《周易注疏》卷7〈繫辭上〉孔穎達正義語，頁150。

云『大生』；地體廣博，故坤云『廣生』。」[11]宇宙萬物的生成變化以「乾」、「坤」為根基，在開閉之間生成變化，往來不窮，生生不息，天地的大用在於其具有生生之德。

《詩經・烝民》：「天生烝民，有物有則，民之秉彝，好是懿德。」[12]此句話透顯出人能秉常懿德的思想，也啟發了孟子的「性善說」，奠定了儒家學說體系的「性善說」的基調。[13]孟子云：「仁、義、禮、智，非由外鑠，我固有之也，弗思耳矣。」[14]又云：「四端之心，人皆有之，聖人先得我心之同然耳。」[15]由此可見，「仁」、「義」、「禮」、「智」內在於人性之中，人人皆有四端之心。孟子講四端，但自漢代起儒家人物為配合五行，更常講的是五常，人感應五行秀異之氣而生，天生就具備「仁」、「義」、「禮」、「智」、「信」的美德，此為五行秀異之氣在人身上的具體呈現。因此，《禮記・中庸》云：

> 唯天下至誠，為能盡其性；能盡其性，則能盡人之性；能盡人之性，則能盡物之性；能盡物之性，則可以贊天地之化育；可以贊天地之化育，則可以與天地參矣。[16]

人既是天地陰陽五行之精華，是天地之盛德的價值凝結，天地創生人的目的自然是為了體現天地盛德，那麼，人的使命就是盡人類之所能

---

11 《周易注疏》卷7〈繫辭上〉孔穎達正義語，頁150。

12 《詩經注疏》卷18〈大雅〉，頁674。

13 《孟子注疏》卷11〈告子〉：「《詩》云：『天生烝民，有物有則，民之秉彝，故好是懿德。』孔子曰：『為此詩者，其知道乎？故有物必有則；民之秉彝，故好是懿德。』」頁194。

14 《孟子注疏》卷11〈告子〉，頁194。

15 《孟子注疏》卷11〈告子〉，頁194。

16 《禮記注疏》卷31〈中庸〉，頁894。

助天地之仁，做到贊天地之化育，與天地合德。[17]總之，在萬物之中，「人」稟賦靈秀之氣，是為萬物之首，所以古先聖哲將「人」的地位提升，「人」與「天」、「地」並列為「三才」，而「三才之道」的重點就在於「人」效法天地之道，將主體的地位提升到本體的層次，與天地同流共化。[18]

　　「天道」是陰陽、五行流衍變化的終極根據，也是宇宙萬物生成存在的終極根據，具有本體方面和生成方面的哲學意義。再者，「天道」是現象世界「所以然」的最終依歸，也是現象世界「所當然」的最終依歸，除了本體和生成的意義之外，也含括倫理道德的價值意義。「人道」被安頓於「天道」之中，凡是政策、百官、刑罰的制定與施行皆應源自於「天道」，符合「天道」運行的法則。綜上所述，經學中的「天道」具有三層內涵：第一、本體義；第二、生成義；第三、道德義。就本體義而言，「天道」是《唐律疏議》之所以存在的終極根據；就生成義而言，《唐律疏議》認為天地的絪縕變化存在著一種自然秩序，人文秩序亦屬於自然秩序的一環[19]；就道德義而言，《唐律疏議》以倫理綱常為核心價值。

17　范忠信《中國法律傳統的基本精神》（濟南：山東人民出版社，2001年）：「中國傳統哲學認為，既然人是天地陰陽五行之精華，是天之仁善美的價值的凝結，天生人的目的是為體現真善美，成就真善美，那麼，人的使命就是盡人類之所能助天地之仁，即所謂『參天地，贊化育』。」頁28。

18　曾春海《易經哲學的宇宙與人生》（臺北：文津出版社，1997年）：「『三才之道』即人法效天地之道。《易經》昌明人性人能，肯定人崇高的生命意義，把人在萬物中的地位提升到宇宙層面，與天地同流共化。」頁205。

19　甘懷真〈唐律中的罪的觀念《唐律·名例律》篇目疏議分析〉：「唐律立法者的法律觀念或可謂某類『自然觀』，是認為宇宙間存在自然的秩序，人間的政治秩序亦是此自然秩序的一環。然而，這套儒教理論的關鍵在於，『萬象斯分』之後，人間的規範亦成立，儒家稱之為『倫』、『理』、『綱』、『常』。」收入高明主編：《唐律身分法制研究》（臺北：五南圖書出版公司，2003年），頁179。

二　依《禮記》、《尚書》論「性情」

中國思想以生命為探討的對象，主要用心在於如何安頓生命，是一種生命的哲學，經學家對「天」的探究與建構，主要的目的就在於安頓「人」的生命與價值，為「人」確立一個明確的根源，將「人」之所為「人」的本性，安置於宇宙生成的本體之內。「人」是由生生不息的天道化育流行而生成的，生成時就內蘊著天道，此一內蘊於人的天道即是人性。「天」既是宇宙萬物生成之本體，同時也是儒家倫理道德之根源，更是「人」行為舉措的最高準則，含攝宇宙本體與倫理價值兩大範疇。《唐律疏議》是一部法典，其用心不在討論心性之學，但從其思想脈絡可推知，其對「人性」的理解與詮釋。「人性觀」一直是中國歷代學者關注的議題，也是學者建立學說體系的核心，傳統儒家對於「人性」的詮釋，大體可分為兩種進路：（一）《中庸》、《易傳》所代表一路，主要思想在「天命之謂性」一語；（二）孟子所代表的一路，主要思想為「仁義內在」，即心說性。前者從天命、天道的下貫處講，可稱之為「宇宙論的進路」；後者主張仁義在於人「心」，就「心」來說「性」，主張「心」具有「仁」、「義」、「禮」、「智」等四端，可稱之為「道德的進路」。

第一種思想進路認為「天命」是一條生生不息的生化源流，牟宗三稱此源流為「創造真機」，而當「創造真機」流進人的生命裡，便成了人的「性」。「性」具存於各個個體之中，「創造真機」由群體共同依循，就個體而論，必有其特殊性，然而群體而論，內在之「性」均來自天的「創造真機」，必有其普遍性。也就是說，「創造真機」是一個超越而普遍的存在，「創造真機」流進個體生命之中，成就了個體的特殊性；而個體的特殊性既由「創造真機」而來，所以在特殊性

之中，同時具有普遍性。《中庸》曰：「天命之謂性」[20]，《周易》云：「乾道變化，各正性命」[21]、「一陰一陽之謂道，繼之者善也，成之者性也」[22]、「窮理盡性以至於命」[23]，均是以此「創造真機」為「性」的內涵。這條思想進路是繞到外面立論的，所謂的「性」即是「創造真機」，這個說法似乎有些抽象而難以理解，究竟「性」的主要內容是什麼？此一問題的解決必須透過第二條思想進路，即孟子這一路。

　　孟子正式地提出「性」的主要內容為「善」，更精確地說，「性」即是「道德之善」的本身，孟子的進路使道德有其自身的建立處。「道德之善」必須通過內在的「道德意識」才能顯露道德上的善與不善，「道德意識」可以使人對於善與惡有一個明確的概念，而「道德意識」即是「道德之心」。在孟子看來，「心」有超拔挺立的力量，能夠使人實踐於善而避免淪落於惡，「心」即是「道德的主體性」。孟子由「仁」、「義」、「禮」、「智」四端之「心」言「性」，直接從「道德意識」來論「性」，使得「心性」的內容不再含糊不清。「道德之性」根源於「天命之性」，而「天命之性」必須從「道德之性」來了解、印證和貞定。如此一來，「宇宙論的進路」的終結與「道德的進路」的終結便相互會合了，所以《孟子》說：「盡其心者，知其性也；知其性，則知天矣」，[24]認為窮盡「心」之善，就能明白「性」的內涵，明白「性」的內涵就能知曉「天道」所含蘊的「創造真機」與「道德內涵」。[25]

20　《禮記注疏》卷52〈中庸〉，頁879。

21　《周易注疏》卷1〈乾〉，頁10。

22　《周易注疏》卷7〈繫辭上〉，頁148。

23　《周易注疏》卷9〈說〉，頁183。

24　《孟子注疏》卷13〈盡心〉，頁228。

25　關於「心性論」的兩種進路，可參見牟宗三：《中國哲學的特質》（臺北：臺灣學生書局，1983年）第八講〈對於「性」之規定（一）易傳、中庸一路〉及第九講〈對於「性」之規定（二）孟子一路〉，頁59-74。

《周易‧繫辭下》云:「天地絪縕,萬物化醇,男女構精,萬物化生。」[26]孔穎達解釋云:「構,合也。言男女陰陽相感,任其自然,得一之性,故合其精則萬物化生也。若男女无自然之性,而各懷差二,則萬物不化生。天地之間,陰陽二氣共相和會,萬物感之變化而純厚,男女交合,萬物合其精變化生成。」[27]男女交合,陰陽相感,順任自然,稟受天道,各有其性,所以說合男女之精則萬物變化生成。《唐律疏議‧名例律》疏文云:

稟氣含靈,人為稱首。[28]

山貸《唐律釋文》解釋如下:「天以二氣、五行化生萬物,氣以成形,唯人也得其秀而最靈。」[29]此概念源自於《禮記》與《尚書》。《禮記‧禮運》曰:

故人者,其天地之德,陰陽之交,鬼神之會,五行之秀氣也。[30]

根據孔穎達《禮記正義》的解釋[31],天之德在於包覆萬物,地之德在於承載萬物,人感應天地而生,可以說人之所以有形體、有生命,皆是由於天地的盛德。陰陽即天地,側重於「氣體」這個面向時,稱

26　《周易注疏》卷8〈繫辭下〉,頁171。

27　《周易注疏》卷8〈繫辭下〉孔穎達正義語,頁171。

28　《唐律疏議》卷1〈名例〉,頁1。

29　山貸冶子:《唐律疏議釋文》,收入長孫無忌等著:《唐律疏議》(臺北:臺灣商務印書館,2005年),頁1。以下所引《唐律疏議釋文》皆見於此版本。

30　《禮記注疏》卷9〈禮運〉,頁431。

31　《禮記注疏》卷9〈禮運〉孔穎達正義曰:「天以覆為德,地以載為德,人感覆載而生,是天地之德也。……陰陽,則天地也。據其氣謂之陰陽,據其形謂之天地。獨陽不生,獨陰不成,二氣相交乃生。……鬼謂形體,神謂精靈。」頁431。

「陰陽」，側重於「形體」這個面向時，稱「天地」。只有陽氣不能生成萬物，只有陰氣也不能生成萬物，必須由陰陽二氣相交感應才能生成萬物。「鬼神之會」的「鬼」是指人的形體，「神」是指人的精靈，也就是說人是形體與精靈結合。又《尚書・泰誓》曰：

> 惟天地萬物父母，惟人萬物之靈。[32]

根據孔穎達《尚書正義》的解釋[33]，萬物皆天地生成，故以天地為父母，孔穎達援引《禮記・禮運》的經文解釋此句，其云：「故人者，天地之心也，五行之端也，食味、別聲、被色而生者也。」簡言之，天在上，包覆萬物；地在下，承載萬物；人居於天地之中，進退動靜，要能感天應地，做到一舉一動皆與天地相契。[34]萬物悉由五行而生，其中又以人所得之氣最為靈秀，明白「仁」、「義」、「禮」、「智」、「信」等五行，並於倫常日用中踐行。[35]五行各有對應的氣味，唯有人能品嚐得出來；五行各有對應的音聲，唯有人能分別出來；五行各有對應的顏色，唯有人能含帶五色而有生命。五行所對應的一切，以氣味、音聲、顏色最為顯著，而人又稟之而生，所以為五行之端，簡言之，只有人能兼具此種氣性，其餘萬物皆不能如此，此

---

32 《尚書注疏》卷11〈周書・泰誓〉，頁152。

33 《尚書注疏》卷11〈周書・泰誓〉孔穎達正義曰：「萬物皆天地生之，故謂天地為父母也。……《禮運》云：「人者天地之心，五行之端也，食味、別聲、被色而生者。」言人能兼此氣性，餘物則不能然。故《孝經》云：「天地之性，人為貴。」此經之意，天地是萬物之父母，言天地之意，欲養萬物也。人是萬物之最靈，言其宜長養也。」頁152。

34 《禮記注疏》卷9〈禮運〉孔穎達正義曰：「『故人者，天地之心也』者，天地高遠，在上臨下，四方，人居其中央，動靜應天地，天地有人，如人腹內有心，動靜應人也，故云『天地之心也。』」頁431。

35 《禮記注疏》卷9〈禮運〉孔穎達正義曰：「『五行之端也』者，端，猶首也。萬物悉由五行而生，而人最得其妙氣，明仁、義、禮、智、信為五行之首。」頁431。

乃人之所以可貴之處。[36]「人」乃是天地的盛德，陰陽的交感，鬼神
相會的大化流衍，「水」、「火」、「木」、「金」、「土」等五行運行時的
靈秀之氣所凝聚生成。天地為萬物的根源，而萬物之中又以人最為靈
秀。《孝經》有云：「天地之性，人為貴。」孔穎達推究經文的底蘊，
指出天地是萬物的始源，天地的意義在於其長養萬物的盛德，萬物之
中又以人類最為靈秀，最適宜長時間深蓄厚養，自我完善，達到與天
地合德的理境。

　　依《唐律疏議》內在邏輯推衍，可知其認為人性是由天所命，每
個人都來自最高價值實體──「天」，每個人都內賦同質的價值，所
以順著人性向外而發為的行為，即是天道。孔穎達《禮記正義》云：

> 言人感五行秀異之氣，故有仁、義、禮、知、信，是五行之秀
> 氣也。故人者，天地之德，陰陽之交，是其氣也；鬼神之會，
> 五行之秀，是其性也。[37]

> 萬物悉由五行而生，而人最得其妙氣，明仁、義、禮、智、信
> 為五行之首。[38]

「天地之德，陰陽之交」，是就人的「氣」而言；「鬼神之會，五行之
秀」，是就人的「性」而言。萬物皆由五行之氣變化生成，五行之氣

36　《禮記注疏》卷9〈禮運〉孔穎達正義曰：「『食味』者，人既是天地之心，五行之
　　端，故有此下之事也。五行各有味，人則並食之。『別聲』者，五行各有聲，人則
　　含之，皆有分別也。『被色』者，五行各有色，人則被之以生也。被色，謂人含帶
　　五色而生者也。五行有此三種，最為彰著，而人皆稟之以生，故為五行之端者
　　也。」頁431。

37　《禮記注疏》卷9〈禮運〉孔穎達正義，頁431。

38　《禮記注疏》卷9〈禮運〉孔穎達正義，頁431。

依「天道」而行，其中以「人」所得之氣最為靈妙，內在五常之性，天生具有「仁」、「義」、「禮」、「智」、「信」的道德。「天」有生生之仁，萬物才得以生成，換言之，「人」生命的根源就是「天」的仁德，人稟此仁德以成性，「人性」必定是仁善的。

「天道」下貫至現象世界，存在於萬事萬物之中，人所稟賦的「天道」，就稱之為「人性」，人的形軀雖然渺小猶如滄海一粟，卻可以透過精神的涵養、道德的實踐，突破形軀的限隔，達到與天地合德的境界，做到一舉一動皆是「天道」流行。既然人「性」本「善」，那麼「惡」的根源是什麼？《唐律疏議·名例律》疏文云：

> 有情恣庸愚，識沈愆戾，大則亂其區宇，小則睽其品式，不立
> 制度，則未之前聞。[39]

這一段敘述的關鍵就在於「情」這個字，「情」與「性」相對，「性善情惡」是《唐律疏議》「人性觀」的基調。《禮記·禮運》曰：「何謂人情？喜、怒、哀、懼、愛、惡、欲七者，弗學而能。」[40]人之情包括「喜」、「怒」、「哀」、「懼」、「愛」、「惡」、「欲」等七情，不學而能，與生俱來。又《禮記·樂記》曰：「夫民有血氣心知之性，而無哀樂喜怒之常，應感起物而動，然後心術形焉。」[41]人民天生稟受血氣心智的天性，此種天性具有普遍性和共同性，但哀、樂、喜、怒等情緒卻變化無常，隨著各式外物而有所感應、發動，形成各種心術。因此，「惡」的主要原因在於放縱情感，放縱情感而不知拘束的人，庸俗愚昧，見識沈滯，心術不正，易有過誤，而陷於罪惡之中。李翱

---

39 《唐律疏議》卷1〈名例〉，頁1。
40 《禮記注疏》卷9〈禮運〉，頁430。
41 《禮記注疏》卷38〈樂記〉，頁678。

是唐代儒家復興運動的思想家，他「性善情惡」的復性學說對後世有
著深刻的影響，開宋明理學的先河。〈復性書〉曰：

> 人之所以為聖人者，性也；人之所以惑其性者，情也。喜、
> 怒、哀、懼、愛、惡、欲七者，皆情之所為也。情既昏，性斯
> 匿矣。非性過也，七者循環而交來，故性不能允也。水之渾
> 也，其流不清；火之煙也，其光不明，非水火清明之過。沙不
> 渾，流斯清矣；煙不郁，光斯明矣；情不作，性斯充矣。[42]

此中指出人之所以成為聖人的原因，是由於「性」；人之所以迷惑本
性，是由於「情」。喜、怒、哀、懼、愛、惡、欲七者，皆是由於
「情」的發動。「情」既造成昏亂，「性」就隱匿沒入。這不是「性」
的問題，而是喜、怒、哀、懼、愛、惡、欲七者，循環不已，交替而
來，所以「性」不能朗潤充實。水之所以渾沌，導致水流不清澈；火
之所以有煙，導致火芒不亮；並非水火本身不清澈、不明亮。沙不淌
渾於其中，水流自然清澈；煙不濃郁漫飛，光芒自然明亮。唯有抑制
情緒，本性才得充實朗潤。李翱的學說主張與《唐律疏議》的思想內
蘊相互綰合契應，《唐律疏議》的主要功能並非闡述儒家學說體系，
但透過鈎稽其思想內容將可以使得「性善情惡」的理論脈絡更加清晰
完整。孔穎達解釋〈乾·文言〉時云：

> 性者，天生之質，正而不邪。情者，性之欲也，言若不能以性
> 制情，使情如性，則不能久行其正。[43]

---

42 董誥等編：《全唐文》卷637〈復性書〉（北京，中華書局，1987），頁6433。
43 《周易注疏》卷1〈乾·文言〉孔穎達正義語，頁16。

「性」是天所賦予、與生俱有的本質，其內涵正而不邪；「情」是性的欲求，其內涵可正可邪，如果不能以「性」抑制「情」，使「情」和「性」合一不二，那麼道德實踐的工夫修養就不能堅持，無法長久。「人」雖為萬物之靈，卻因為放縱「喜」、「怒」、「哀」、「懼」、「愛」、「惡」、「欲」等情感，本性已然隱沒無法彰顯。因此，自古以來當政者莫不為了百姓設官署置官員，也為了政教而立法典施刑罰，從未聽聞歷史上有不樹立制度的朝代。《唐律疏議·名例律》疏文云：

> 故曰：「以刑止刑，以殺止殺。」刑罰不可弛於國，笞捶不得廢於家。[44]

「人」自「天」出，「天人合德」是最原始的狀態，但是人在現象世界不免受到各種牽引，放縱自己的情感和欲望，不斷地向外在攀緣，生命流於紛馳，心性走向淪墮，此時「天」與「人」遂產生「分殊」的現象，透過無窮無盡的工夫修養，道德才能獲致無限而圓滿的實踐，達到「天人合德」的理想境界。問題在於只有少數人能自覺地透過工夫修養體現道德，一般的黎民百姓必須以「刑罰」加以威嚇或懲處，才能達到「以刑止刑，以殺止殺」的理境。正因為如此，治國不可弛廢刑罰，齊家不得廢除笞捶。

第二節　《唐律疏議》「天」與「刑」的繫聯

聖人觀察到雷電的威力相當驚人，令人震懾懼怕，遂取法於天，制定刑罰；見秋季霜降後，大地充斥肅殺之氣，遂順應天時，行誅殺

之刑。此外，聖人依天道運行的秩序設置「白龍」、「白雲」、「西火」、「西水」、「爽鳩」、「金政」等刑官，並效法五行而制五刑，「死刑」效法「水」，「宮刑」效法「土」，「臏刑」效法「金」，「劓刑」效法「木」，「墨刑」效法「火」。總之，聖人依據天象，窺測天意，把握天道，設置各種制度，「天」是「刑」制定、執行的終極依據。

一　援引《周易》說明「聖人取法於天象」

《周易‧繫辭下》云：「古者包犧氏之王天下也，仰則觀象於天，俯則觀法於地，觀鳥獸之文與地之宜，近取諸身，遠取諸物，于是始作八卦，以通神明之德，以類萬物之情。」[45]從中國古代思想的角度觀之，人們相信天地萬物的生成變化為人類社會制度制定的準則。《唐律疏議‧名例律》疏文云：

> 《易》曰：「天垂象，聖人則之。」觀雷電而制威刑，觀秋霜而有肅殺。[46]

「天垂象，聖人則之。」出自於《周易》。《周易‧繫辭上》曰：

> 天垂象，見吉凶，聖人象之；河出圖，洛出書，聖人則之。[47]

天人之間有著極為密切的關係，所以聖人經由對天象的觀察可以判斷人事吉凶變化的種種奧秘，所以聖人依據天象行事：聖人觀察到雷電

45　《周易注疏》卷8〈繫辭下〉，頁165。
46　《唐律疏議》卷1〈名例〉，頁1。
47　《周易注疏》卷7〈繫辭上〉，頁155。

的威力相當驚人，令人震懾懼怕，遂取法於天，制定刑罰；聖人見秋季霜降後，大地充斥肅殺之氣，遂順應天時，行誅殺之刑，可見「天」是「刑」制定施行的終極依據。雷電與刑罰的關係見於《周易‧噬嗑卦》：

> ䷔ 噬嗑：亨，利用獄。

> 〈彖〉曰：頤中有物，曰噬嗑。噬嗑而亨，剛柔分，動而明，雷電合而章。

> 〈象〉曰：雷電，噬嗑；先王以明罰敕法。[48]

〈噬嗑〉卦，上卦為離，離為電，下卦為震，震為雷，雷電交合，閃爍明亮，用在刑獄，有寬威並濟之意。聖人觀察雷電交加之天象，遂取法於天，既有嚴明的刑罰，也有寬敕的法令。天之道為陰陽交感，地之道為剛柔相濟，刑之道為寬威並用。長孫無忌等人於〈進律疏表〉中云：

> 臣聞三才既分，法星著於玄象，六位斯列，習坎彰於《易經》。[49]

山貴《唐律釋文》解釋曰：「此言自天、地、人既分之後，則刑法之星，上著於天文也。」[50]也就是說，三才既分，掌管刑法的星宿就顯

48　《周易注疏》卷3〈噬嗑〉，頁166。

49　《唐律疏議》卷1〈名例〉，頁1。

50　山貴冶子：《唐律疏議釋文》，收入《唐律疏議》，頁1。

現於天象之中,關於天象中刑法之星的排列可見於《晉書‧刑法志》,其曰:

> 太微,天子庭也,五帝之坐也,十二諸侯府也。……南蕃中二星間曰端門。東曰左執法,廷尉之象也。西曰右執法,御史大夫之象也。執法,所以舉刺凶奸也。[51]

太微垣是天子的宮廷,五帝的座位,十二諸侯的官府。南方中的兩星之間叫端門,端門東邊的星宿稱為「左執法」,是「廷尉」的星象;端門西邊的星宿稱為「右執法」,是「御史大夫」的星象。不論是「左執法」或「右執法」,其執法的目的都是為了糾舉、制裁凶惡奸邪之人。《周易‧習坎卦》,云:

> ䷜習坎:有孚,維心亨,行有尚。
>
> 〈彖〉曰:習坎,重險也。水流而不盈,行險而不失其信,維心亨,乃以剛中也。行有尚,往有功也。天險不可升也,地險山川丘陵也,王公設險以守其國。險之時用大矣哉!
>
> 〈象〉曰:水洊至,習坎;君子以常德行,習教事。[52]

〈習坎〉卦,上卦為坎,下卦亦為坎,坎為陰為水,兩坎相重,表示險阻相重,又指水流長流而不停蓄,代表人行經險峻之地而仍不失其信諾,其心亨美,具有剛健中正之德。險阻有二:一為天險,一為地

---

51 《晉書》卷11〈天文志〉,頁291、292。
52 《周易注疏》卷3〈習坎〉,頁71、72。

險。天險不可踰越，地險則在山川丘陸交錯之處，險阻在關鍵時刻可以發揮巨大的作用，所以王公設置險阻以守護國家。申言之，刑罰如同天險和地險，可以守定國家。水流不斷湧至，這就是〈習坎〉卦的卦象，君子觀察此象，自然當不斷地修養德行，學習教令政事。所以《唐律疏議》認為國君既承天命，就應該觀察宇宙萬物變化，效法天地，與天地合德，率領人民。[53]

《唐律疏議》認為聖人觀察「天」所垂示的現象，企求政策刑制符合天道運行的法則，因此「覩秋霜而有肅殺」[54]，當秋霜降下，萬物凋零，才可以執行死刑。死刑的執行必須與四時節氣相契相應，官府不得任意處決人犯。《禮記‧月令》記載每月應做之事，其曰：

> 孟秋之月……涼風至，白露降，寒蟬鳴，鷹乃祭鳥，用始行戮。……命有司修法制，繕囹圄，具桎梏，禁止姦，慎罪邪，務搏執。命理瞻傷，察創，視折，審斷。決獄訟，必端平。戮有罪，嚴斷刑。天地始肅，不可以贏。[55]

孟秋之月，涼風至，白露降，寒蟬鳴，鷹殺鳥，天地瀰漫著肅殺之氣，此時才可以殺戮有罪應死的罪犯。隋文帝曾於六月發怒，以棒殺人，大理少卿趙綽以天道為依據，勸諫文帝說：「季夏之月，天地成長庶類。不可以此時誅殺。」文帝不聽諫言，回說：「六月雖曰生長，此時必有雷霆。天道既於炎陽之時，震其威怒，我則天而行，有

---

53 《唐律疏議》卷17〈賊盜律〉「謀反大逆」條（總248條）曰：「人君者，與天地合德，與日月齊明，上祇寶命，下臨率土。」頁321。

54 《唐律疏議》卷1〈名例律律〉，頁1。

55 《禮記注疏》卷6〈月令〉，頁323。

何不可？」也以天道為依據作為反駁。[56]然而，依據儒家經學思想中的道德價值取向，隋文帝顯然是逆天行事，復以其所創建之王朝國祚甚短，遂成為後代帝王永遠的借鑒。《唐律疏議‧斷獄律》「立春後秋分前不決死刑」（總497條）明文規定：

> 諸立春以後、秋分以前決死刑者，徒一年。其所犯雖不待時，若於斷屠月及禁殺日而決者，各杖六十。待時而違者，加二等。[57]

原則上，不得在立春之後，秋分以前執行死刑，否則將處以徒刑一年，觸犯「惡逆」以上及奴婢、部曲殺主者，由於惡性重大，可以不拘此令[58]，但仍不得在「斷屠月」及「禁殺日」執行，否則處以杖刑六十下，「斷屠月」指的是農曆正月、五月、九月。「禁殺日」指的是每個月的一日、八日、十四日、十五日、十八日、二十三日、二十四日、二十八日、二十九日、三十日。[59]古人認識到季節更替和氣候變化的規律，以春、夏、秋、冬四季為周期，將一年分成立春、雨水、驚蟄、春分、清明、穀雨、立夏、小滿、芒種、夏至、小暑、大暑、

---

56 《隋書》：「帝嘗發怒，六月棒殺人。大理少卿趙綽固爭曰：『季夏之月，天地成長庶類。不可以此時誅殺。』帝報曰：『六月雖曰生長，此時必有雷霆。天道既於炎陽之時，震其威怒，我則天而行，有何不可。』遂殺之。」頁715。

57 《唐律疏議》卷30〈斷獄律〉，頁571。

58 《唐律疏議》卷30〈斷獄律〉「立春後秋分前不決死刑」（總497條）曰：「若犯『惡逆』以上及奴婢、部曲殺主者，不拘此令。」頁571。

59 《唐律疏議》卷30〈斷獄律〉「立春後秋分前不決死刑」（總497條）曰：「其所犯雖不待時，『若於斷屠月』，謂正月、五月、九月，『及禁殺日』，謂每月十直日，月一日、八日、十四日、十五日、十八日、二十三日、二十四日、二十八日、二十九日、三十日，雖不待時，於此月日，亦不得決死刑，違而決者，各杖六十。」頁571。

立秋、處暑、白露、秋分、寒露、霜降、立冬、小雪、大雪、冬至、
小寒、大寒等二十四個節氣。既然《唐律疏議》規定不得於立春以
後、秋分以前執行死刑，我們可推知，唐代執行死刑的時期是秋分至
立春之間，秋分至立春此一時期萬物凋敝，天地之間充盈著肅殺之
氣，此時執行死刑，才能合於天時，順應天道。

　　《周易・繫辭》：「天地之大德曰生，聖人之大寶曰位。何以守
位？曰仁。何以聚人？曰財。理財正辭，禁民為非，曰義。」[60]天地
以陰陽二氣化生萬物，聖人以仁義二德化育萬民，「仁」是內在的修
養及情操的蘊蓄，「義」則是外在行為的正當性和合理性。孔子的理
想人格是以「仁」為主要內涵的有道君子，問題是——如何判斷一個
人是不是道德圓滿充實的君子？孔子云：

　　　君子之於天下也，無適也，無莫也，義之與比。[61]

可見在孔子的思想內蘊裡，個人行為的評斷，最重要的判準即是
「義」。《唐律疏議》疏文摘錄《周易》的文字，以《周易》的思想作
為制定刑律的判準：

　　　《易》曰：「理材正辭，禁人為非曰義。」故銓量輕重，依義
　　　制律。[62]

一位有道的君主，當修養德性，以仁為本，管理財稅，使百姓衣食無

60　《周易注疏》卷8〈繫辭下〉，頁166。
61　《論語注疏》卷4〈里仁〉，頁37。
62　《唐律疏議》卷1〈名例律〉，頁1、2。

虞，端正名分，使人人恪守本分，禁止人們做一些不正當與不合理的事，此即「義」的精神之體現。進一步來講，凡是符合「義」的行為，必定符合「仁」的精神，能與「仁」契合的一舉一動，皆是天道的流行大化。所以，權衡罪行與刑罰的輕重，皆以「義」作為判定的標準。《禮記・禮運》對「義」的定義如下：

> 父慈、子孝、兄良、弟弟、夫義、婦聽、長惠、幼順、君仁、臣忠。[63]

「義」與身分有著密切的關係，身分是相對待而生的，對方的身分不同，自己與之相對應的身分也就不同，而不同的身分有不同的道德要求，符合這些道德要求就是體現「義」的底蘊。「銓量輕重，依義制律」的精神見於《尚書・呂刑》：

> 上刑適輕下服，下刑適重上服，輕重諸罰有權，刑罰世輕世重，惟齊非齊，有倫有要。[64]

如果百姓觸犯重刑，但按其情節宜減輕刑罰，那麼就減輕刑罰，相反的，如果百姓觸犯輕刑，但按其情節宜加重刑罰，那麼就加重刑罰。刑罰的輕重都要加以銓量，如此慎重的銓量刑罰輕重，是為了要使不守法的百姓守法，遵守倫理秩序與符合中正之道。《唐律疏議・名律例》疏文云：

---

63 《禮記注疏》卷9〈禮運〉：「何謂人義？父慈、子孝、兄良、弟弟、夫義、婦聽、長惠、幼順、君仁、臣忠十者，謂之人義。」頁430。

64 《尚書注疏》卷19〈周書・呂刑〉，頁300。

　　古先哲王，則天垂法，輔政助化，禁暴防姦，本欲生之，義期
　　止殺。[65]

古代先王根據天象制定刑罰，目的在於輔助政事與教化，防禁凶暴與
奸邪之事，最根本的用意是為了讓百姓安居樂業，真正的意義在於藉
由刑罰達到不用刑罰的理想。《尚書・虞書・大禹謨》：「刑期于無
刑」[66]，制定刑罰的終極目標，是希冀刑罰無所適用，此與孔子的刑
獄思想相當接近，孔子曰：「聽訟，吾猶人也；必也使無訟乎！」[67]、
「善人為邦百年，亦可以勝殘去殺矣！」[68]以無訟無刑為政治教化的
理想境界。

二　援引《左傳》說明「順天道而設刑官」

　　《論語・陽貨》云：「天何言哉？四時行焉，百物生焉，天何言
哉？」[69]四季自然運轉遞行，萬物自然滋生衍息，天雖不曾言語，但
其作用不曾停歇，宇宙萬物的生成變化都是天道運行的結果，古人認
為凡事都得順應天道運行的秩序，不得悖逆天道施行政事，所以各朝
刑官皆是依天道運行的秩序加以設置，人間的秩序與天道相契相應。
《唐律疏議・名例律》疏文云：

　　昔白龍、白雲，則伏犧、軒轅之代；西火、西水，則炎帝、共

65　《唐律疏議》卷1〈名例〉，頁5。
66　《尚書注疏》卷4〈虞書・大禹謨〉，頁54。
67　《論語注疏》卷12〈顏淵〉，頁109。
68　《論語注疏》卷13〈子路〉，頁117。
69　《論語注疏》卷17〈陽貨〉，頁157。

工之年。鶄鳩筮賓於少皞，金政策名於顓頊。[70]

此段敘述援引自《左傳》昭公十七年（前525年）的記載：

> 秋，郯子來朝，公與之宴。昭子問焉，曰：「少皞氏鳥名官，
> 何故也？」郯子曰：「吾祖也，我知之。昔者黃帝氏以雲紀，
> 故為雲師而雲名；炎帝氏以火紀，故為火師而火名；共工氏以
> 水紀，故為水師而水名；大皞氏以龍紀，故為龍師而龍名。我
> 高祖少皞摯之立也，鳳鳥適至，故紀於鳥，為鳥師而鳥名。鳳
> 鳥氏，歷正也；玄鳥氏，司分者也；伯趙氏，司至者也；青鳥
> 氏，司啟者也；丹鳥氏，司閉者也。祝鳩氏，司徒也；鴡鳩
> 氏，司馬也；鳲鳩氏，司空也。爽鳩氏，司寇也；鶻鳩氏，司
> 事也。五鳩，鳩民者也。五雉為五工正，利器用、正度量，夷
> 民者也。九扈為九農正，扈民無淫者也。自顓頊以來，不能紀
> 遠，乃紀於近。為民師而命以民事，則不能故也。」[71]

服虔《左氏傳解誼》對於黃帝、炎帝、共工及大皞時期的官名補充解
釋如下：

> 昔者，黃帝氏以雲紀，故為雲師而雲名，黃帝受命得景雲之
> 瑞，故以雲紀事，以雲名官，春官為青雲氏，夏官為縉雲氏、
> 秋官為白雲氏、冬官為黑雲氏、中官為黃雲氏；炎帝以火名
> 官，春官為大火、夏官為鶉火、秋官為西火、各官為北火、中
> 官為中火；共工以水名官，春官為東水、夏官為南水、秋官為

---

70 《唐律疏議》卷1〈名例〉，頁3、4。
71 《左傳注疏》卷48「昭公十七年」，頁835-838。

西水、冬官為北水、中官為中水；大皞以龍名官，春官為青龍
氏、夏官為赤龍氏、秋官為白龍氏、冬官為黑龍氏、中官為黃
龍氏。⋯⋯自少皞以上，天子之號，以其德，百官之紀，以其
徵；自顓頊以來，天子之號，以其地，百官之紀，以其事。[72]

根據《左傳》的文獻以及《左氏傳解誼》的解釋，伏犧即大皞，其受
天命時，有龍瑞出現，故官名皆以龍為名，五官遂以青龍、縉龍、白
龍、黑龍、黃龍為名，其中「白龍」即刑官之官名；軒轅即黃帝，其
受天命時，有雲瑞出現，故官名皆以雲為名，五官以赤雲、縉雲、白
雲、黑雲、中雲為名，其中「白雲」為刑官之官名。炎帝受天命時，
有火瑞出現，故官名皆以火為名，五官以大火、鶉火、西火、北火、
中火為名，其中「西火」為刑官之官名。共工氏受命時，有水瑞出
現，故官名皆以水為名，五官以東水、南水、西水、北水、中水為
名，其中「西水」為刑官之官名。少皞受天命時，正好有鳳鳥來到，
故官名皆以鳥為名，五官分別以祝鳩、雎鳩、鳲鳩、爽鳩、鶻鳩為
名，其中「爽鳩」為刑官之官名。至於顓頊時期，由上下文意可推
知，其刑官之名為「金政」，金為五行之一，位於西方，主刑殺，故
顓頊以「金政」為刑官之名。綜前所述，可知《唐律疏議》中所提到
「白龍」、「白雲」、「西火」、「西水」、「爽鳩」、「金政」分別為伏犧、
軒轅、炎帝、共工、少皞、顓頊時期刑官之名。因此，《唐律疏議‧
名例律》疏文云：

咸有天秩，典司刑憲。[73]

---

[72] 服虔：《左氏傳解誼》，收入嚴一萍選輯《叢書集成續編》（臺北：藝文印書館，未
　　載明出版時間），頁12。
[73] 《唐律疏議》卷1〈名例〉，頁4。

《尚書‧虞書‧皋陶謨》云：

> 天秩有禮，自我五禮，有庸哉！……天討有罪，五刑五用哉！[74]

孔穎達疏曰：

> 天次秩有禮，……天又次敘爵命，使有禮法，故人君為政，當奉用我公、侯、伯、子、男五等之禮，接之使五者皆有常哉！……承天意為五等之刑，使五者輕重用法哉！典禮德刑，無非天意。[75]

高明士認為「咸有天秩，典司刑憲」是指「順天而設的爵秩，屬於上天運行的一種現象」。[76]君主依照天道運行所設置的官位有一定的禮法。《唐律疏議》認為由「白龍」、「白雲」、「西火」、「西水」、「鶉鳩」、「金政」主管各時期的刑罰，是順天而設爵秩的具體表現。

三　援引《孝經援神契》說明「五刑法五行」

相傳「五刑」起源於蚩尤時代，《尚書‧呂刑》：「蚩尤惟始作亂，延及于平民；罔不寇賊，鴟義姦宄，奪攘矯虔。苗民弗用靈，制以刑，惟作五虐之刑曰法，殺戮無辜。爰始淫為劓、刵、椓、黥，越

74　《尚書注疏》卷4〈虞書‧皋陶謨〉，頁60。
75　《尚書注疏》卷4〈虞書‧皋陶謨〉，頁62。
76　高明士〈唐律中的「理」〉曰：「《名例律‧疏議序》：『咸有天秩，典司刑憲。』是指順天而設的爵秩，屬於上天運行的一種現象。」收入黃師源盛主編：《唐律與傳統法文化》（臺北：元照出版公司，2011年），頁9。

茲麗刑并制，罔差有辭。」[77]蚩尤作亂，禍延平民百姓，九黎的苗民不聽蚩尤之命，蚩尤遂制作五種酷虐的刑罰，並稱之為「法」，來殺戮無罪的人。蚩尤所制的「五刑」，包括了：「㲉」、「劓」、「刵」、「椓」、「黥」。「㲉」是死刑，「劓」是截鼻，「刵」是截耳，「椓」是椓陰，「黥」是黥面。[78]《尚書·呂刑》曰：「呂命穆王，訓夏贖刑作呂刑。」孔穎達疏曰：「墨劓皆千，剕刑五百，宮刑三百，大辟二百。」[79]此時「五刑」為：「大辟」、「剕（臏）」、「宮」、「劓」、「墨」。「大辟」即是死刑[80]；「剕」，即是斷足之刑，周代改「臏」作「剕」[81]；「宮」，男子割勢，女子幽閉[82]；「劓」，即是截鼻之刑[83]；「墨」，即是黥刑，先刻其面，再以墨填之。[84]隋朝以北周刑制作為基礎，並加以改革，廢除了鞭刑、梟首及轘裂等酷刑，並刪去孥戮相坐之法，制定「五刑」，即「死刑」、「流刑」、「徒刑」、「笞刑」、「杖刑」[85]，唐朝

77　《尚書注疏》卷19〈周書·呂刑〉，頁296。

78　《尚書注疏》卷19〈周書·呂刑〉孔穎達疏曰：「截人耳鼻、椓陰、黥面。」頁296。

79　《尚書注疏》卷19〈周書·呂刑〉，頁295。

80　《尚書注疏》卷19〈周書·呂刑〉孔穎達疏曰：「辟罪也死，是罪之大者，故謂死刑為大辟。」302頁。

81　《周禮注疏》卷36〈秋官·司刑〉鄭玄注曰：「剕，斷足也，周改臏作剕。」頁539、《說文解字注》：「剕，絕也。」段玉裁注曰：「剕足則為趴。」頁183。

82　《周禮注疏》卷36〈秋官·司刑〉鄭玄注曰：「宮者，丈夫則割其勢，女子閉於宮中。」頁539、《尚書》卷19〈周書·呂刑〉孔安國注曰：「宮，淫刑也，男子割勢，女子幽閉，次死之刑。」頁301。

83　《周禮注疏》卷36〈秋官·司刑〉鄭玄注曰：「劓，截其鼻也。」頁539、《尚書注疏》卷19〈周書·呂刑〉孔安國注：「截鼻曰劓」頁301。

84　《周禮注疏》卷36〈秋官·司刑〉鄭玄注曰：「墨，黥也，先刻其面，以墨窒之。」《尚書注疏》卷19〈周書·呂刑〉孔安國注：「刻其顙而涅之曰墨刑。」頁300。

85　《隋書》卷25〈刑法志〉：「其刑名有五：一曰死刑二，有絞，有斬。二曰流刑三，有一千里、千五百里、二千里。應配者，一千里居作二年，一千五百里居作二年半，二千里居作三年。應住居作者，三流俱役三年。近流加杖一百，一等加三十。

則承繼隋朝的刑制。

　　如前所述，可知不論時光如何流轉、政權如何遞嬗、刑罰如何變更，刑名皆以「五」為數。《唐律疏議》疏文援引《孝經援神契》說明古代聖人制定「五刑」，乃是取法「五行」而有的制度：

　　　　《孝經援神契》云：「聖人制五刑，以法五行。」[86]

《孝經援神契》指出古先聖人之所以制定「五刑」，是為了與「五行」相契相應。問題是，「五刑」如何法「五行」？《孝經援神契》今已亡佚[87]，所幸虞世南《北堂書鈔》中尚且保存了《孝經援神契》的文字，其云：

　　　　大辟法水之滅火，宮者法土之雍水，臏者法金之剋木，劓者法木之穿土，《周禮》云：「墨者額也」，取火之勝金。[88]

由此可見，「五刑」的內容是「死刑」、「宮刑」、「臏刑」、「劓刑」與「墨刑」，而「五行」的內容是「金」、「木」、「水」、「火」、「土」。「死刑」效法「水」，「水」可以滅「火」；「宮刑」效法「土」，「土」可以雍「水」；「臏刑」效法「金」，「金可以剋「木」；「劓刑」效法「木」，「木」可以穿「土」；「墨刑」效法「火」，「火」可以勝「金」。「五行」最早見於《尚書・洪範》：

三曰徒刑五，有一年、一年半、二年、二年半、三年。四曰杖刑五，自五十至于百。五曰笞刑五，自十至于五十。而蠲除前代鞭刑及梟首轘裂之法。其流徒之罪皆減從輕。……因除孥戮相坐之法。」頁711、712。

86 《唐律疏議》卷1〈名例〉，頁2。

87 《隋書》卷第32〈經籍志〉：「《孝經援神契》七卷，宋均注。」頁940。

88 虞世南：《北堂書鈔》（臺北：文海出版社，1962年），頁170。

五行：一曰水，二曰火，三曰木，四曰金，五曰土。水曰潤
下，火曰炎上，木曰曲直，金曰從革，土爰稼穡。潤下作鹹，
炎上作苦，曲直作酸，從革作辛，稼穡作甘。[89]

《史記》云：

黃帝考定星歷，建立五行。[90]

《漢書》云：

天有五星，地有五行。[91]

五星之合於五行：水合於辰星，火合於熒惑，金合於太白，木
合於歲星，土合於填星。[92]

可見古人相信黃帝考定天象星宿運行的軌跡，建立了「五行」，「五
行」指地上「水」、「火」、「金」、「木」、「土」等五種材質，分別與天
上「辰星」、「熒惑」、「太白」、「歲星」、「填星」等五星相互扣合。[93]
鄒衍將「五行」與「陰陽」結合，對自然天道與人類社會的運行法則
提出解釋，強調天能主宰人事，人要與天相契相應。這種學說，一方

89　《尚書注疏》卷12〈洪範〉，頁168。
90　《史記》卷26〈歷書〉，頁1256。
91　《漢書》卷21〈天文志〉，頁983。
92　《漢書》卷21〈天文志〉，頁983。
93　參見范毓周：〈「五行說」起源考論〉、劉起釪：〈五行原始意義及其紛歧蛻變大要〉
　　等文，收入艾蘭、汪濤、范毓周主編：《中國古代思維模式與陰陽五行說探源》（南
　　京：江蘇古籍出版社，1998年），頁133-160。

面促成了政治上「天人感應」的神權觀念，一方面促成學術上講「圖讖符瑞」的讖諱之學盛行。「讖緯」是西漢後期哀帝、平帝的產物，興盛於王莽當政時期，在東漢明帝、章帝時達到極盛。「讖書」以詭奇的隱語，預言吉凶興衰；「緯書」從神秘的立場及預言的角度解釋儒家經典。[94]這裡所提及的《孝經援神契》就是一部緯書，將「五刑」與「五行」相契相應。《唐律疏議・名例律》援引《禮記》和《孝經鉤命決》說明對刑罰的看法：

> 《禮》云：「刑者，侀也，成也。一成而不可變，故君子盡心焉。」《孝經鉤命決》云：「刑者，侀也，質罪示終。」然殺人者死，傷人者刑，百王之所同，其所由來尚矣。[95]

《禮記・王制》云：「凡作刑罰，輕無赦。刑者，侀也。侀者，成也。一成而不可變，故君子盡心焉。」[96]則說明了「刑」即是「侀」，也就是「成」的意思，刑罰一旦施行造成人體的傷害後，就無法再挽回，即使是刑罰很輕，仍不得赦免，所以官員一定要竭盡心力的審案量刑。《禮記・王制》中具體說明聽訟的方式，曰：「司寇正刑明辟，以聽獄訟，必三刺。有旨無簡，不聽。附從輕，赦從重。凡制五刑，必即天論。郵罰麗於事。凡聽五刑之訟，必原父子之親、立君臣之義以權之。意論輕重之序、慎測淺深之量以別之。悉其聰明、致其忠愛

---

94 參見顧頡剛《秦漢的方士與儒士》（臺北：里仁書局，1985年）。此外，尚可參見孫廣德《先秦兩漢陰陽五行說的政治思想》（臺北：臺灣商務印書館，1993年）、李漢三《先秦兩漢之陰陽五行學說》（臺北：鐘鼎文化出版公司，1967年）及鄺芷人《陰陽五行及體系》（臺北：文津出版社，1992年）等書。

95 《唐律疏議》卷1〈名例〉，頁4。

96 《禮記注疏》卷5〈王制〉，頁260。

以盡之。疑獄，氾與眾共之；眾疑，赦之。必察小大之比以成之。」「三刺」即「訊群臣」、「訊群吏」、「訊萬民」，以求民情，決斷獄訟[97]。凡是有犯罪意圖，但查無實狀者，不論其罪。[98]施用刑罰時從輕罪量刑[99]，赦免刑罰時從重罪赦起[100]。凡斷罪論刑，必合於天意[101]，斷罪論刑以犯罪事實為依據，切不可以一己之喜怒而任意論斷[102]，同時要權衡「父子之親」、「君臣之義」，考察其本心之善惡[103]，以聰明忠愛斷罪論刑，獄案有疑，應聽取眾人的意見，如眾人皆疑，應赦免嫌疑人。援引故事斷罪論刑時，輕重大小必須合適。[104]此外，《孝經鉤命決》[105]云：「刑者，侀也，質罪示終。」[106]也就是說「刑」是「侀」的意思，是犯罪者受刑抵罪的最終處罰。《唐律疏議》藉由援引儒家經典，取得刑罰的合法性和正當性。接著《唐律疏議》指出「殺人者死，傷人者刑，百王之所同，其所由來尚矣。」是為了宣示唐代刑罰是「其來有自」，絕非「憑空而來」。

---

97 《禮記注疏》卷5〈王制〉，鄭玄注曰：「以求民情，斷其獄訟之中：一曰訊群臣，二曰訊群吏，三曰訊萬民。」頁259。

98 《禮記注疏》卷5〈王制〉，鄭玄注曰：「簡，誠也。有其意、無其誠者，不論以為罪。」頁259。

99 《禮記注疏》卷5〈王制〉，鄭玄注曰：「附，施刑也。求出之使從輕。」頁259。

100 《禮記注疏》卷5〈王制〉，鄭玄注曰：「雖罪可重，猶赦之。」頁259。

101 《禮記注疏》卷5〈王制〉，鄭玄注曰：「制，斷也，即就也。必即天論，言與天意合。」頁259。

102 《禮記注疏》卷5〈王制〉，鄭玄注曰：「郵，過也。麗，附也。過人、罰人，當各附於其事，不可假他以喜怒。」頁259。

103 《禮記注疏》卷5〈王制〉，鄭玄注曰：「淺深，謂俱有罪，本心有善惡。」頁259。

104 《禮記注疏》卷5〈王制〉，鄭玄注曰：「小大，猶輕重已行。故事曰比。」頁259。

105 《隋書》卷32〈經籍志〉：「《孝經勾命決》七卷，宋均注。」頁940。

106 《禮記注疏》卷5〈王制〉，頁259。

第三節　《唐律疏議》的敬天思想

　　《唐律疏議》中關於「天」的具體規定有助於建構唐人對「天」
的看法。「天」所透露的訊息被視為機密，凡是與天文相關的器物或
圖書，一般人不得私有或私習，天文成為官方壟斷的特殊領域。祀天
時應當保持最為虔敬的態度，凡破壞祭壇、盜取神祇所御之物者皆重
罰，官員在祭祀前必須齋戒七日，不得弔喪，不得問疾，不得判署刑
殺文書，不得施行「杖」或「笞」的刑罰，清心靜慮，專心祭祀，唐
人對於「天」的敬重可見一斑。

一　依《周易》、《尚書》壟斷天文之學

　　從中國古代思想的角度觀之，人們相信天道流行的消長變化與人
類社會的興衰成敗有著極為密切的關係。《唐六典》曰：「太史令掌觀
察天文，稽定歷數。凡日月星辰之變，風雲氣色之異，率其屬而占候
焉。」[107]「凡玄象器物，天文圖書，苟非其任不得與焉。」[108]可見唐
人認為天象玄妙，日月星辰的變化、風雲氣色的不同，透露著國家起
落與變動的種種徵兆，這些徵兆被視為機密，除太史局的官吏外，一
般人不得學習研究。太史局的官吏觀見風雲氣色有異狀時，應「密封
奏聞」[109]，如有漏泄天象機密者，處一年半的徒刑。[110]唐代相當重視

107　《唐六典》卷10〈秘書省・太史局〉，頁303。
108　《唐六典》卷10〈秘書省・太史局〉，頁303。
109　《唐六典》卷10〈秘書省・太史局〉注文曰：「所見徵象災異，密封聞奏，漏泄有
　　　刑。」頁303。
110　《唐律疏議》卷9〈職制〉「漏泄大事條」（總109條）曰：「非大事應密者，徒一年
　　　半。」疏文解釋曰：「『非大事應密』，謂依令『仰觀風雲氣色有異，密封奏聞』之
　　　類。有漏泄者，是非大事應密，合徒一年半。」頁195。又仁井田陞著《唐令拾

「天道」，凡與「天道」相關的器物和圖書皆為官方所壟斷，不得私有或私習。《唐律疏議·職制律》「私有玄象器物」條（總110條）曰：

> 諸玄象器物，天文，圖書，讖書，兵書，七曜曆，《太一》、《雷公式》，私家不得有，違者徒二年。私習天文者亦同。[111]

疏文解釋如下：

> 玄象者，玄，天也，謂象天為器具，以經星之文及日月所行之道，轉之以觀時變。《易》曰：「玄象著明，莫大於日月。故天垂象，聖人則之。」《尚書》云：「在璇璣玉衡，以齊七政。」天文者，《史記·天官書》云：「天文，日月、五星、二十八宿等」，故《易》曰：「仰則觀於天文。」圖書者，「河出圖，洛出書」是也。讖書者，先代聖賢所記未來徵祥之書。兵書，謂《太公六韜》、《黃石公三略》之類。七曜曆，謂日、月、五星之曆。《太一》、《雷公式》者，並是式名，以占吉凶者。私家皆不得有，違者，徒二年。若將傳用，言涉不順者，自從「造祅言」之法。「私習天文者」，謂非自有書，轉相習學者，亦得二年徒坐。[112]

「玄」就是天，「玄象」就是天象，「玄象器物」是模擬天象所製作出

遺》（東京：東方文化學東京研究所，1933年）卷33〈雜令〉曰：「諸玄象器物、天文圖書，苟非其任不得與，觀生不得讀占書，仰觀見風雲氣色有異，密封契聞。」頁847。

111 《唐律疏議》卷9〈職制律〉，頁196。

112 《唐律疏議》卷9〈職制律〉，頁196。

來的器具，可以用來觀測星辰之亮度、色澤、運轉以及日月所運行的
軌道，又天象與人事相對相應，透過器具觀察天象，可以探知時勢的
變異。《唐律疏議》疏文並援引《易》與《尚書》加以印證：

第一、「玄象著明，莫大於日月。故天垂象，聖人則之。」摘錄
自《周易·繫辭上》，其曰：

> 法象莫大乎天地，變通莫大乎四時，縣象著明莫大乎日月，崇
> 高莫大乎富貴。備物致用，立成器以為天下利，莫大乎聖人。
> 探賾索隱，鉤深致遠以定天下之吉凶，成天下之亹亹者，莫大
> 乎蓍龜。是故天生神物，聖人則之；天地變化，聖人效之；天
> 垂象，見吉凶，聖人象之。河出圖，洛出書，聖人則之。[113]

聖人準備各式器物以便利天下，並透過蓍草與龜甲闚探幽微之理，求
索隱藏之處，鉤取深處之物，招致遠方之人，定天下萬事的好壞，勤
勉成就天下功業。透過《周易》可知，聖人學習效法的對象不僅僅是
日月而已，還包括了上天生成的神物與天地萬物的變化。除此之外，
聖人必須隨時留心上天所垂示的種種徵象，並推斷其中所透露的吉凶
禍福。

第二、「在璇璣玉衡，以齊七政。」摘錄自《尚書·虞書》，其曰：

> 正月上日，受終于文祖。在璿璣玉衡，以齊七政。肆類于上
> 帝，禋于六宗，望于山川，徧于群神。[114]

堯禪讓帝位於舜，舜受堯命後惶恐不安，不知自己接受帝位是否合於

113　《周易注疏》卷7〈繫辭上〉，頁155。
114　《尚書注疏》卷3〈虞書·舜典〉，頁36。

天意，遂以「璿璣玉衡」觀察「日」、「月」與「金」、「木」、「水」、「火」、「土」等五星的運行是否齊整：倘若齊整的話，便可接受帝位；反之，便不可接受帝位。當舜確定「日」、「月」與「金」、「木」、「水」、「火」、「土」等五星的運行皆齊整，才開始行帝王之事，遂[115]祭[116]上帝，告知攝位事類，又禋祭於六宗等神[117]，望祭山川，遍祭群神，以告己受禪之事。[118]「璿璣玉衡」是美玉所製成觀測天文的器物，其中「璣」為轉運，「衡」為橫簫，運「璣」可使「衡」動，自漢代以來，稱此器物為「渾天儀」。[119]「七政」是指「日」、「月」與「金」、「木」、「水」、「火」、「土」等五星，各有吉凶之象，七者各自異政。[120]

「天文」依《史記・天官書》則是指「日月、五星與二十八宿」，古代將黃道區分的恆星分為二十八個星座，東西南北各有七

---

115 《尚書注疏》卷3〈虞書・舜典〉孔穎達正義曰：「『肆』是縱之言，此因前事而行後事，故以『肆』為遂也。」頁36。

116 《尚書注疏》卷3〈虞書・舜典〉孔穎達正義曰：「『類』，謂攝位事類，既知攝當天心，遂以攝位事類告天帝也。此『類』與下『禋』、『望』相次，當為祭名。」頁34。

117 《尚書注疏》卷3〈虞書・舜典〉孔穎達正義曰：「名曰『六宗』，明是所尊祭者有六，但不知六者為何神耳。」頁36。

118 《尚書注疏》卷3〈虞書・舜典〉孔穎達正義曰：「明年正月上日，受堯終帝位之事於堯文祖之廟。雖受堯命，猶不自安。又以璿為璣、以玉為衡者，是王者正文之器也，乃復察此璿璣玉衡，以齊整天之日月五星七曜之政。觀其齊與不齊，齊則受之是也，不齊則受之非也。見七政皆齊，知己受為是，遂行為帝之事，而以告攝事類祭於上帝，祭昊天及五帝也。又禋祭於六宗等尊卑之神，望祭於名山大川、五岳四瀆，而又徧祭於山川、丘陵、墳衍、古之聖賢之群神，以告己之受禪也。」頁36。

119 《尚書注疏》卷3〈虞書・舜典〉孔穎達正義曰：「日月星宿運行於天，是為天之文也。璣衡者，璣為轉運，衡為橫簫，運璣使動，於下衡望之，是『王者正天文之器』。漢世以來，謂之渾天儀者是也。」頁36。

120 《尚書注疏》卷3〈虞書・舜典〉孔穎達正義曰：「日月五星有吉凶之象，因其變動為占，七者各自異政，故為七政。」頁36。

宿，簡言之，凡與日月星辰有關者皆是「天文」的範圍，正因為日月星辰皆懸掛於天體，所以《易》云：「仰則觀象於天文」。「圖書」指的是黃河所出的龍圖與洛水所出的龜書。「讖書」則是先代聖賢所記載未來徵祥的書籍。「兵書」指的是《太公六韜》、《黃石公三略》之類的書籍。「七曜曆」是指日月與五星之曆。[121]《太一》與《雷公式》皆是占卜的法式。以上，私家皆不得有，違者，科以二年的徒刑。《唐律疏議》注文並補充「私習天文者，亦同。」所謂「私習天文者」並非指自己擁有書籍，而是指人與人之間轉相習學者，凡私自學習天文者，亦科以二年的徒刑。

山貫《唐律釋文》云：「天文，星運之局也，能預知禍福，慮學者非其人則以妖妄惑眾，故禁之也。」[122]天文，是指星體運行的情形，透過觀察星體的運行能預知人事的禍福，當政者考慮到如非受過專業訓練的太史局官吏，則恐怕會藉此以妖妄之言迷惑眾人，所以禁止私習天文。值得注意的是，《唐律疏議・名例律》「犯罪未發自首條」（總37條）明文規定：「諸犯罪未發而自首者，原其罪。」[123]凡犯罪未被發現就自首的人，原宥其罪，但是「私習天文者」竟被排除在外，不在自首減刑之例中[124]，理由是「天文玄遠，不得私習」[125]。此外，《唐律疏議・賊盜律》「殺人移鄉條」（總265條）規定：「諸殺人應死會赦免者，移鄉千里外。」殺人應死者逢天下大赦而免者，依律

---

121 日本或受此影響，至今週曆仍採用日月與五星排序，星期日為「日曜日」（にちようび），星期一為「月曜日」（げつようび），星期二為「火曜日」（かようび），星期三為「水曜日」（すいようび），星期四為「木曜日」（もくようび），星期五為「金曜日」（きんようび），星期六為「土曜日」（どようび）。

122 山貫冶子：《唐律疏議釋文》，收入《唐律疏議》，頁394。

123 《唐律疏議》卷5〈名例律〉，頁101。

124 《唐律疏議》卷5〈名例律〉「犯罪未發自首條」（總37條）曰：「私習天文者，並不在自首之例。」頁106。

125 《唐律疏議》卷5〈名例律〉「犯罪未發自首條」（總37條）疏文，頁106。

必須移鄉於千里之外，但由官方培訓完成天文專業的人，不得移鄉千里之外，否則將處以二年的徒刑。[126]由此可知，唐代對於能觀測天象、解讀徵兆、知曉機密的天文人才的流向，有特殊的規定，並不同於常人。

　　《唐律疏議》疏文並指出「若將傳用，言涉不順者，自從『造祅言』之法。」凡私家不得有之器物和圖書，傳授使用，且言語涉及反逆者，以「造祅言」定罪，此罪見於《唐律疏議‧賊盜律》「造祅書祅言條」（總268條）：

> 造祅書及祅言者，絞。造，謂自造休咎及鬼神之言，說吉凶，涉於不順者。[127]

疏文云：

> 「造祅書及祅言者」，謂構成怪力之書，詐為鬼神之語。「休」，謂妄說他人及己身有休徵。「咎」，謂妄言國家有咎惡。觀天畫地，詭說災祥，妄陳吉凶，並涉於不順者，絞。[128]

所謂「造祅書及祅言者」是指撰構怪力的書籍，詐托鬼神的言語。「休」是妄言他人或自己的身體有富貴之特徵。「咎」是妄言國家有過錯災禍。觀察天文，比劃地理，詭稱看到災禍或祥瑞的徵兆，妄言

126　《唐律疏議》卷18〈賊盜律〉「殺人移鄉條」（總265條）曰：「若死家無期以上親，或先相去千里外，即習天文業已成，若婦人有犯及殺他人部曲、奴婢，並不在移限，違者徒二年。」頁341。

127　《唐律疏議》卷18〈賊盜律〉，頁345。

128　《唐律疏議》卷18〈賊盜律〉，頁345。

吉凶福禍，並且內容涉及悖逆者，處以絞殺之刑，刑罰相當嚴峻。

　　唐代之所以壟斷天文之學，與讖緯的發展有著相當密切的關係，讖緯之學興起於漢成帝、哀帝之際，大盛於王莽當政至東漢光武帝年間。早在春秋戰國時期，就有秦讖、趙讖，從秦至漢，讖語愈來愈多，表達的形式也很多元，如：圖畫、符號、星象、奇物等。讖書以奇詭的隱語，預言日後國家的吉凶，人事興衰必然應驗之事；緯書從神秘的立場及預言的角度和觀注解儒家經典，將人類的命運，視作上天早已作出的安排。讖語、緯書的出現與西漢之際政治社會的動亂有著密切的關係，於是自漢降魏，政治野心家為爭取政權，篡奪皇位，大多通過造作圖讖、緯文以達到目的。讖緯之學使漢代今文經學流於迷信、荒誕、無稽，連樸實不虛妄的古文經學家，如：賈逵、馬融、鄭玄等，也受到讖緯之學的影響。《晉書・石季龍載記》曰：

> 禁郡國不得私學星讖，敢有犯者，誅。[129]

《魏書・高祖紀》曰：

> 圖讖之興，起於三季。既非經國之典，徒為妖邪所憑。自今圖讖、秘緯及名為孔子閉房記者，一皆焚之。留者以大辟論。又諸巫覡假稱神鬼，妄說吉凶，及委巷諸卜非墳典所載者，嚴加禁斷。[130]

《隋書・經籍志》曰：

129　《晉書》卷106〈石季龍載記〉，頁2765。
130　《魏書》卷7〈高祖紀〉，頁155。

　　煬帝即位，乃發使四出，搜天下書籍，與讖緯相涉者，皆焚之，為吏所糾者至死。[131]

據劉俊文考據，南朝宋、齊、梁、陳及北朝後魏、齊、周皆沿晉制，禁止私藏、私習天文讖諱之書，唐律此條蓋自前代沿襲而來。[132]以史為鑑，自漢降魏，政治野心家通過對天道、陰陽、五行變化的觀察，以讖語的方式造作天意，謀取政權，當政者當然容不得百姓私習天文之學，妄言國家的吉凶災祥，意圖以天意為旗幟，建立新朝。

二　依《周禮》、《禮記》制定祀天之律

　　唐代祭祀依其所祭祀的對象分為「大祀」、「中祀」、「小祀」三個等級：「大祀」包括祭昊天上帝、五方上帝、皇地祇、神州、宗廟等[133]；「中祀」包括社稷、日月、星辰、岳鎮、海瀆、帝杜等[134]；「小祀」包括司中、司命、風師、雨師、諸星、山林、川澤等。[135]祭祀的對象涵蓋了整個自然世界，其中又以「天」最為重要，因為「天」是

131　《隋書》卷32〈經籍志〉，頁941。

132　劉俊文：《唐律疏議箋解》（臺北：中華書局，1996年），頁769。

133　《唐律疏議》卷1〈名例律〉「十惡條」（總6條）曰：「昊天上帝、五方上帝、皇地祇、神州、宗廟等為大祀。」頁10；卷9〈職制〉「大祀不預申期及不如法條」（總98條）：「大祀，謂天地、宗廟、神州等為大祀。」頁187；《唐律疏議》卷19〈賊盜〉「盜大祀神御物條」（總270條）曰：「大祀，謂天地、宗廟、神州等。」頁348；《唐律疏議》卷27〈雜律〉「棄毀亡失神御之物條」（總435條）曰：「祠令：天地、宗廟、神州等大祀。」頁512。

134　《唐律疏議》卷9〈職制律〉「大祀不預申期及不如法條」（總98條）疏文曰：「社稷、日月、星辰、岳鎮、海瀆、帝杜等為中祀。」頁188。

135　《唐律疏議》卷9〈職制律〉「大祀不預申期及不如法條」（總98條）疏文曰：「司中、司命、風師、雨師、諸星、山林、川澤之屬為小祀。」頁188。

萬物的終極本體，具有創生萬物之功，擁有至高無上的地位。《唐律疏議・職制律》「大祀在散齋弔喪問疾」條（總99條）注文曰：

> 凡言祀者，祭、享同。[136]

疏文解釋曰：

> 依〈祠令〉：「在天稱祀，在地為祭，宗廟名享。」今直舉祀為例，故曰：「凡言祀者，祭、享同。」[137]

「祀」的對象是「天」，「祭」的對象是「地」，「享」的對象是「宗廟」，三者之中，「天」的地位最崇高，是以舉「祀」為例，含括「祭」與「享」。《唐律疏議・雜律》「毀大祀丘壇條」（總436條）疏文云：

> 「大祀丘壇」，謂祀天於圓丘，祭地於方丘，五時迎氣，祀五方上帝，並各有壇。[138]

《周禮・春官・大司樂》云：「冬日至，於地上之圓丘奏之。」賈公彥疏文云：「言圓丘者，按《爾雅》『土之高者曰丘』，取自然之丘。圓者，象天圓。」[139]冬至在地上的圓丘祀天，古人之所以在圓丘上祭天是因為他們觀察天體，發現天體是圓的，遂取象於天，造圓丘；

---

136 《唐律疏議》卷9〈職制律〉，頁189。
137 《唐律疏議》卷9〈職制律〉，頁189。
138 《唐律疏議》卷27〈雜律〉，頁513。
139 《周禮注疏》卷22〈春官・宗伯第三・大司樂〉，頁342。

《周禮・春官・大司樂》：「夏日至，於澤中之方丘奏之。」賈公彥疏文云：「地言澤中方丘者，因高以事天，故於地上，因下以事地，故於澤中，取方丘者，水鍾曰澤，不可以水中祭，故亦取自然之方丘，象地方故也。」[140]在高處祀天，在低處祭地，祀天之處為「地上」，祭地之處為「澤中」，但無法於水流匯集之處舉行祀祭儀式，所以夏至在水澤中的方丘祀地，古人之所以在方丘上祭地是因為他們觀察土地，發現土地是方的，遂取象於地，造方丘。「天圓地方」是古人對天地的認知，是故取象於天地，造圓形土壇祭祀天，造方形土壇祭祀地。除了「天地」之外，還有「五方上帝」其地位崇高，介於天帝地祇之間，包括：東方的青帝、南方的赤帝和黃帝、西方的白帝，北方的黑帝，皆是輔助天帝的神祇。唐代於立春之日，在東郊祭祀青帝；於立夏之日，在南郊祭祀赤帝；於季夏之日，在南郊祭祀黃帝；於立秋之日，在西郊祀祭白帝；於立冬之日，在北郊祭祀黑帝。[141]各有祭壇。《唐律疏議・雜律》「毀大祀丘壇條」（總436條）曰：

> 諸大祀丘壇將行事，有守衛而毀者，流二千里；非行事日，徒一年。壇門，各減二等。[142]

疏文內容如下：

> 「非行事日」，謂非祭祀之日而毀者，徒一年。「壇門，各減二等」，壇門，謂丘壇之外，擁土為門。毀壇門者，將行事之

---

140 《周禮注疏》卷22〈春官・宗伯第三・大司樂〉，頁342。
141 《通典・開元禮纂類一・序例》曰：「立春祀青帝於東郊，立夏祀赤帝於南郊，季夏祀黃帝於南郊，立秋祀白帝於西郊，立冬祀黑帝於北郊。」頁15。
142 《唐律疏議》卷27〈雜律〉，頁513。

日，徒二年半；非行事日，杖九十。故云「各減二等」。[143]

凡大祀祭壇將要舉行祭典，有守衛看守而毀壞祭壇者，處流刑二千里，不是祭祀之日而毀壞祭壇者，處徒刑一年，毀壞祭壇土門者，時間點如在即將舉行祭典之時，處徒刑二年半，不是祭祀之日，杖打九十下。《唐律疏議・名例律》「十惡條」（總6條）中的「大不敬」疏文云：

> 大祀者，依〈祠令〉：「昊天上帝、五方上帝、皇地祇、神州、宗廟等為大祀。」〈職制律〉又云：「凡言祀者，祭、享同。」若大祭、大享，並同大祀。神御之物者，謂神祇所御之物。本條注云：「謂供神御者，帷帳几杖亦同。」造成未供而盜者，帷帳几杖亦。酒醴饌具及籩、豆、簠、簋之屬，在神前而盜者，亦入「大不敬」；不在神所盜者，非也。[144]

凡盜取神祇所御之物者，皆入「十惡」中的「大不敬」，其中帷帳几杖製作完成後，即使尚未供奉神祇，盜取者仍入「大不敬」之罪，至於酒醴饌具及籩、豆、簠、簋這一類的器皿，如果在神祇前盜取，亦入「大不敬」之罪，處流刑二千五百里。[145]此外，「大祀」時期，官員必須齋戒，齋戒又分為二個階段，前期稱「散齋」，共四日，後期稱「致齋」，共三日。《唐律疏議・職制律》「大祀不預申期及不如法

---

143 《唐律疏議》卷27〈雜律〉「毀大祀丘壇條」（總436條）曰：「『非行事日』，謂非祭祀之日而毀者，徒一年。『壇門，各減二等』，壇門，謂丘壇之外，擁土為門。毀壇門者，將行事之日，徒二年半；非行事日，杖九十。故云『各減二等』。」頁513。

144 《唐律疏議》卷1〈名例律〉，頁10。

145 《唐律疏議》卷19〈賊盜律〉「盜大祀神御物條」（總270條）曰：「諸盜大祀神御之物者，流二千五百里。謂供神御者，帷帳几杖亦同。」頁348。

條」（總98條）規定：

> 即入散齋，不宿正寢者，一宿笞五十；致齋，不宿本司者，一宿杖九十；一宿各加一等。[146]

疏文解釋如下：

> 依令：「大祀，散齋四日，致齋三日。……散齋之日，齋官晝理事如故，夜宿於家正寢。」不宿正寢者，一宿笞五十，一宿加一等。其無正寢者，於當家之內餘齋房內宿者，亦無罪。皆不得習穢惡之事。故《禮》云：「三日齋，一日用之，猶恐不敬。」致齋者，兩宿宿本司，一宿宿祀所。無本司及本司在皇城外者，皆於郊社、太廟宿齋。若不宿者，一宿杖九十，一宿加一等。通上散齋，故云「各加一等」。[147]

依〈祠令〉散齋期間，受齋戒的官員白天辦公如故，夜晚歇宿於家中正廳。《論語·鄉黨》曰：「齊，必變食，居必遷坐。」[148]齋戒時，必改變日常飲食，必遷移日常居所，〈祠令〉之規定或出自《論語》。如違反〈祠令〉規定，不歇宿於家中正寢者，一晚笞打五十下，每增加一晚，刑罰加一等。如家中無正寢者，在家內其他齋房歇宿者，無罪。不論在廳堂或齋房內歇宿，皆不可有穢惡之事。致齋期間，兩晚歇宿所屬官署，一晚歇宿於祀祭之所，無所屬官署者及所屬官署在皇城外者，皆歇宿於郊社、太廟，如不按照規定住宿，一晚杖打九十

146　《唐律疏議》卷9〈名例律〉，頁188。
147　《唐律疏議》卷1〈名例律〉，頁188。
148　《論語注疏》卷10〈鄉黨〉，頁86。

下，每增加一晚，刑罰加一等。《唐律疏議・職制律》「大祀在散齋喪問疾條」（總99條）律文並規定：

> 諸大祀在散齋而弔喪、問疾、判署刑殺文書及決罰者，笞五十；奏聞者，杖六十。致齋者，各加一等。[149]

疏文解釋如下：

> 大祀散齋四日，並不得弔喪，亦不得問疾。刑謂定罪，殺謂殺戮罪人，此等文書不得判署，及不得決罰杖、笞。違者，笞五十。若以此刑殺、決罰事奏聞者，杖六十。若在致齋內犯者，各加一等。[150]

大祀中散齋四日，不得弔喪，不得探視病人，不得審理撰寫定罪及殺戮犯人的文書，不得施行「杖」或「笞」的刑罰，違者笞打五十下。若將此等依法不得作為之事上奏皇帝者，杖打六十下。致齋期間犯此等過錯者，各加一等。根據《禮記》的記載，孔子曾曰：

> 三日齊，一日用之，猶恐不敬；二日伐鼓，何居？[151]

賈公彥《禮記正義》解釋如下：

> 此一經論祭之失禮之事。祭前宜齊而專一，不得伐鼓也。凡

149　《唐律疏議》卷9〈職制律〉，頁189。
150　《唐律疏議》卷9〈職制律〉，頁189。
151　《禮記注疏》卷11〈郊特牲〉，頁489。

祭，必散齊七日，致齊三日，不樂不弔，致齊三日，專其一心，用以祭祀，猶恐為敬不足，故云「猶恐不敬」也。于時祭者，在致齊三日之中，而二日伐鼓，使祭者情散意逸以違禮，故譏而問之。[152]

祭祀前必須先受齋，使心思專一，且不得擊鼓。古時祭祀，必須受齋，受齋包括散齋七日與致齋三日，在這段期間，不能作樂，也不能弔喪，尤其是祭祀前三天，要做到清心靜慮，將心思專注於祭祀之事，以免情散意逸。然而，即使如此，到祭祀當天尚且擔憂不夠虔敬，現在居然在致齋期間擊鼓作樂，如此失禮，孔子不免要加以譏評了。由此可知，《唐律疏議》依據《禮記》的記載，遵循孔子受齋期間不樂不弔的原則，以及祭祀力求虔敬的態度，來制訂相關法律。《唐律疏議》之所以如此重視「祀天」，是由於君王乃是奉天命而有其位，是「天道」由形而上向形而下的延續，君王因此取得形而下現象世界至高無上的地位，其地位以形而上的「天道」作為最終根源，神聖不可侵犯。

152　《禮記注疏》卷11〈郊特牲〉，頁489。

第五章

《唐律疏議》的婚姻規範[*]

　　《禮記·中庸》曰：「君子之道，造端乎夫婦，及其至也，察乎天地。」[1]萬物獨陽不生，獨陰不成，唯有陰陽交感，才得以生成，男女之義，婚姻之禮，天地之道，人倫之始。《禮記·昏義》曰：「敬慎重正而后親之，禮之大體，而所以成男女之別，而立夫婦之義也。男女有別，而后夫婦有義；夫婦有義，而后父子有親；父子有親，而后君臣有正。故曰：昏禮者，禮之本也。」[2]男女有別，必須透過敬慎重正的婚禮才能正式結為夫婦，夫婦有義而後父子有親，父子有親而後君臣有正，如此一來，倫理綱常得以確立，社會結構得以安定，故而婚禮是諸禮之本。

第一節　《唐律疏議》婚姻的締結

　　《禮記·昏義》曰：「昏禮納采、問名、納吉、納徵、請期，皆主人筵几於廟，而拜迎於門外，入，揖讓而升，聽命於廟，所以敬慎重正昏禮也。」[3]婚姻乃是生命歷程中的大事，君子對於納采、問名、

* 本章部分內容曾發表於〈唐代「援經入律」探析——以《唐律疏議》婚姻規範為中心之考察〉，《東吳中文學報》第28期（THCI Core核心期刊），2014年12月，渥蒙匿名審查先生悉心指正，謹致謝忱。

1 《禮記注疏》卷31〈中庸〉，頁881。
2 《禮記注疏》卷44〈昏義〉，頁1000。
3 《禮記注疏》卷44〈昏義〉，頁999。

納吉、納徵、請期、親迎等六禮皆不得馬虎輕率，故男方使者來到，女方在先在宗廟中設筵，並親自在門外拜迎，待男方使者入內，相互揖讓登堂，在宗廟中聽取男方使者所傳達的內容，以示敬慎重正。

一　依《詩經》、《孟子》賦予尊長主婚權

在傳統中國，嫁娶必須是父母之命，並由父母請媒人傳達婚配的意思，溝通協調婚禮的大小事宜。《詩經》中〈南山〉曰：「取妻如之何？匪媒不得。……取妻如之何？必告父母。」[4]又《孟子・滕文公下》曰：「丈夫生而願為之有室，女子生而願為之有家。父母之心，人皆有之。不待父母之命、媒妁之言，鑽穴隙相窺，踰牆相從，則父母、國人皆賤之。」[5]凡是不待父母之命、媒妁之言，違背此一規範者，必不為社會所接受，此一規範可在《唐律》中見之。《唐律疏議・戶婚律》「為婚妄冒」條（總176條）疏文曰：

> 為婚之法，必有行媒。[6]

如男方父母不請媒人向女方提親，即使男女雙方合意，仍無法完婚，由此可見，在古代婚禮中，媒人具有相當重要的地位。《詩經》中〈氓〉曰：「氓之蚩蚩，抱布貿絲。匪來貿絲，來即我謀。送子涉淇，至于頓丘。匪我愆期，子無良媒。將子無怒，秋以為期。」[7]詩中男女兩情相悅，但女子遲遲無法答應男子的求婚，主要的原因就是

4　《詩經注疏》卷5〈國風・齊風・南山〉，頁191。
5　《孟子注疏》卷6〈滕文公下〉，頁108。
6　《唐律疏議》卷13〈戶婚律〉，頁255。
7　《詩經注疏》卷3〈國風・衛風〉，頁129。

男家未遣良媒來女家提親，男子因女子拖延婚期而發怒，女子為平息
男子的怒火，自行決定婚期，婚後遭到丈夫無情地對待，終至捐棄，
此詩頗有警醒世人的意味。《唐律疏議・戶婚律》「卑幼自娶妻」條
（總188條）曰：

> 諸卑幼在外，尊長後為定婚，而卑幼自娶妻，已成者，婚如
> 法；未成者，從尊長。違者，杖一百。[8]

疏文解釋曰：

> 「卑幼」，謂子、孫、弟、姪等。「在外」，謂公私行詣之處。
> 因自娶妻，其尊長後為定婚，若卑幼所娶妻已成者，婚如法；
> 未成者，從尊長所定。違者，杖一百。「尊長」，謂祖父母、父
> 母及伯叔父母、姑、兄姊。[9]

律條中稱「尊長」者，包括：祖父母、父母及伯叔父母、姑、兄姊
等；稱「卑幼」者，包括：子、孫、弟、姪等。一般而言，由父母決
定子女的婚姻大事，除父母之外，祖父母可以決定子孫的婚姻、兄姊
可以決定弟妹的婚姻、姑和伯叔父母可以決定姪子的婚姻。《唐律疏
議》依據儒家經典規範婚姻應由尊長主婚，主要是為了鞏固父權，使
得龐大的家族秩序得以藉由父權加以維繫，父為子天，父尊子卑，乃
是傳統社會中天經地義的法則，《儀禮・士婚禮》曰：「宗子無父，母
命之；親皆沒，已躬命之。支子則稱其宗。弟，稱其兄。」[10]即使父

8　《唐律疏議》卷14〈戶婚律〉，頁267。
9　《唐律疏議》卷14〈戶婚律〉，頁267。
10　《儀禮注疏》卷4〈士昏禮〉，頁46。

殁,父權依然存在於其他尊長之上,不容卑幼擅自決定:如是嫡長子,父殁後由母命之,然婦人無外事,事實上是由母命諸父兄師友,由諸父兄師友命使者,如父母皆殁,則親命使者;如是庶昆弟,稱其宗子命使者;如是宗子之母弟,稱其兄命使者。主婚權的規定,森嚴有序,不容擅斷。

然而,唐代疆土廣袤,百姓一旦離鄉,往往一年半載,未經尊長同意,在他鄉娶妻的情況在所難免。凡卑幼因私事或公事離家至他處,因而自行娶妻在前,尊長為其決定婚事在後,處置的方式視娶妻程序「已成」與「未成」而有不同:(1)卑幼娶妻已成者,自行決定的婚姻為合法的婚姻。(2)卑幼娶妻未成者,必須遵從尊長所決定的婚配對象。《唐律疏議》未執拗地一概否認自行娶妻的效力,一方面尊重父母等尊長的主婚權,一方面視百姓的實際生活狀況放寬認定標準,自行娶妻已成者,其婚姻效力仍為法律所承認。國家律典與儒家經典的目的皆是定亂止紛,促使社會安定,婚姻效力如因未經尊長同意一律無效,勢必造成身分上的混亂,延伸出更多的社會問題,有「經」即有「權」,此即為權宜處置

二 依《左傳》、《禮記》禁止「同姓為婚」

《唐律疏議·戶婚律》「同姓為婚」條(總182條)曰:「諸同姓為婚者,各徒二年。緦麻以上,以姦論。」[11]這是為了避免血緣關係相近,導致男女婚後所產的子女健康狀況不佳。「同姓不婚」見於《左傳》與《禮記》。《左傳》僖公二十三年(西元637年)曰:

---

11 《唐律疏議》卷14〈戶婚律〉,頁262。

及鄭，鄭文公亦不禮焉。叔詹諫曰：「臣聞天之所啟，人弗及也。晉公子有三焉，天其或者將建諸，君其禮焉！男女同姓，其生不蕃。晉公子，姬出也，而至于今，一也。離外之患，而天不靖晉國，殆將啟之，二也。有三士，足以上人，而從之，三也。晉、鄭同儕，其過子弟固將禮焉，況天之所啟乎！」弗聽。[12]

晉國公子重耳父母皆為姬姓，一般而言，相同姓氏的男女結合，他們所生的後代容易夭折，無法繁盛。但是，重耳竟能平安長大成人，存活至今。叔詹認為此為天意的示現，重耳必定稟受著不凡的天命，故而勸諫鄭文公禮遇重耳。可見早在春秋戰國時期，就已經知道同姓婚配，子嗣不蕃。《禮記・郊特牲》曰：

夫昏禮，萬世之始也。取於異姓，所以附遠厚別也。[13]

《禮記・坊記》則記載孔子之言，曰：

子云：「取妻不取同姓，以厚別也。」[14]

孔子所處的時代，男女奔淫不絕於史書，如齊襄公與妹文姜姦淫，紊亂倫理，幾與禽獸無別。因此，《唐律疏議》依據儒家經義規範「同姓不婚」，實則有二個層次的意義：第一個層次是遠別血緣相近女子，以免子嗣斷絕；第二個層次是遠別禽獸，不得聚麀亂倫。

---

12 《左傳注疏》卷15「僖公二十三年」，頁251。
13 《禮記注疏》卷11〈郊特牲〉，頁505。
14 《禮記注疏》卷30〈坊記〉，頁872。

　　《唐律疏議・戶婚律》「同姓為婚」條（總182條）疏文在解釋
「同姓不婚」時曰：「同宗共姓，皆不得為婚，違者，各徒二年。然
古者受姓命氏，因彰德功，邑居官爵，事非一緒。其有祖宗遷易，年
代寖遠，流源析本，罕能推詳。至如魯、衛，文王之昭；凡、蔣，周
公之胤。初雖同族，後各分封，並傳國姓，以為宗本，若與姬姓為婚
者，不在禁例。」[15]此中「同宗共姓，不得為婚」的概念源自於周
代。《禮記・大傳》曰：

> 同姓從宗，合族屬。……四世而緦，服之窮也；五世袒免，殺
> 同姓也。六世，親屬竭矣。其庶姓別於上，而戚單於下，昏姻
> 可以通乎？繫之以姓而弗別，綴之以食而弗殊，雖百世而昏姻
> 不通者，周道然也。[16]

姓的問題頗為複雜，古時有為了彰顯德行而授姓，有為了表彰功勳而
授姓，有為了封邑或封官而授姓，如祖先遷移他處，年代愈來愈久
遠，百姓對於自己的本根很少能詳細推究。「魯、衛，文王之昭；
凡、蔣，周公之胤」一句出自於《左傳》，僖公二十二年（西元前636
年）曰：「管、蔡、郕、霍、魯、衛、毛、聃、郜、雍、曹、滕、
畢、原、酆、郇，文之昭也。邢、晉、應、韓，武之穆也。凡、蔣、
邢、茅、胙、祭，周公之胤也。」[17]又《禮記・祭統》云：「祭有昭
穆，昭穆者，所以別父子、遠近、長幼、親疏之序而無亂也。是故，
有事於大廟，則群昭穆咸在而不失倫，此謂親疏之殺也。」[18]「左昭

---

15 《唐律疏議》卷14〈戶婚律〉，頁262。
16 《禮記注疏》卷16〈大傳〉，頁617。
17 《左傳注疏》卷15「僖公二十三年」，頁255。
18 《禮記注疏》卷25〈祭統〉，頁835。

右穆」為宗廟禮法，始祖之子列於左側，始祖之孫列於右側，一代一代照順序左右排序。宗廟牌位如此擺放，可使後人祭祝時清楚地知道祖先血脈、遠近、長幼、親疏的關係。「昭」、「穆」、「胤」皆是後代的意思，周文王、周武王、周公本姓姬，後代封諸侯立國後，以各自的封國或封爵為姓氏，這些後代如與姬姓通婚，基於年代久遠、探究不易的考量，並不在《唐律疏議》禁止之列同姓為婚的限制，不僅包括妻，同時也包括妾，問題是妾多半身世飄零，甚至不清楚自己的親生父母是誰，當然也就無從知道自己本宗本姓為何。那麼，娶妾如何才能合法？《唐律疏議》以問答的方式解釋法律，其曰：

> 問曰：同姓為婚，各徒二年。未知同姓為妾，合得何罪？
> 答曰：「買妾不知其姓，則卜之。」取決著龜，本防同姓。同姓之人，即嘗同祖，為妻為妾，亂法不殊。〈戶令〉云：「娶妾仍立婚契。」即驗妻、妾，俱名為婚。依準禮、令，得罪無別。[19]

如前所述，「買妾不知其姓，則卜之。」[20]出自《禮記》，見於〈曲禮上〉及〈坊記〉在妾不知本身姓氏的情況下，以占卜的結果為斷，如占卜結果為異姓，可以娶之為妾，如占卜結果為同姓，則不得娶之為妾。總之，就是要慎防同姓男女結合。《唐律疏議》為何以占卜的方式決斷？《周易·繫辭上》曰：

> 探賾索隱，鉤深致遠，以定天下之吉凶，成天下之亹亹者，莫大乎著龜。[21]

19　《唐律疏議》卷14〈戶婚律〉，頁262。
20　《禮記注疏》卷1〈曲禮上〉，頁36。
21　《周易注疏》卷7〈繫辭上〉，頁155。

可見古人對於未知的事情，往往透過蓍草或龜甲占卜探知吉凶成敗。「同姓」代表擁有共同的祖先，不論娶之為妻或娶之為妾，皆是破壞法制的犯罪行為，況且不論娶妻或娶妾，皆須訂立婚姻契約，由此可知娶妾也稱為「婚」。既是如此，如娶同姓之妾，當然也依《唐律疏議・戶婚律》「同姓為婚」條（總182條）處置，處以二年的徒刑。

此外，《唐律疏議・戶婚律》「同姓為婚」條（總182條）也規定凡是婚配會導致尊卑混亂、人倫失序的情況，皆為法律所禁，其曰：

> 若外姻有服屬而尊卑共為婚姻，及娶同母異父姊妹，若妻前夫之女者，謂妻所生者。餘條稱前夫之女者，準此。亦各以姦論。[22]

此中「外婚有服屬」，指的是外祖父母、舅、姨、妻之父母，如果嫁娶這些尊親屬，就會形成「尊卑共為婚姻」的情況[23]，法律當然不容許這等罔顧輩分、毀壞倫常的行為。如外姻有服親屬無尊卑關係，男女婚配，法律並不禁止。[24]此外，娶同母異父的姊妹，則依〈雜律〉「姦妻前夫之夫」之規定論處。[25]即使依禮無服者，只要婚配會導致輩分錯亂，也為法律所禁止。《唐律疏議・戶婚律》「同姓為婚」條（總182條）曰：

22　《唐律疏議》卷14〈戶婚律〉，頁263。

23　《唐律疏議》卷14〈戶婚律〉疏文曰：「外姻有服屬者，謂外祖父母、舅、姨、妻之父母。此等若作婚姻者，是名『尊卑共為婚姻』。」頁263。

24　《唐律疏議》卷14〈戶婚律〉疏文曰：「其外姻雖有服，非尊卑者為婚，不禁。」頁263。

25　《唐律疏議》卷14〈戶婚律〉疏文曰：「『及娶同母異父姊妹，若妻前夫之女者』，注云『謂妻所生者』，謂前夫之女，後夫娶之，是妻所生者。如其非妻所生，自從本法。『餘條稱前夫之女者，準此』，據〈雜律〉『姦妻前夫之女』，亦據妻所生者，故云『亦準此』。」頁263。

> 其父母之姑舅兩姨姊妹及姨、若堂姨，母之姑、堂姑，己之堂
> 姨及再從姨、堂外甥女，女婿姊妹，並不得為婚姻，違者各杖
> 一百。並離之。[26]

由此可知，以下親屬不得婚配：（1）「父母之姑舅兩姨姊妹」：即父母
姑母及舅父所生的子女，與父母同輩，為父母的緦麻親屬，本身對其
雖然無服，但依輩分仍為尊親屬。[27]（2）「父母之姨、堂姨」：「父母
之姨」是父母小功的尊親屬；「父母之堂姨」，父母於其無服，但仍為
父母的尊親屬。[28]（2）「母之姑、堂姑」：皆是母親的小功以上的尊親
屬。[29]（4）「己之堂姨及再從姨、堂外甥女」：即堂姊妹所生的子女。
（5）「女婿姊妹」。以上所列親屬，依禮皆無服制，其不得為婚的理
由，《唐律疏議·戶婚律》「同姓為婚」條（總182條）疏文講得很明
白，曰：

> 於身雖並無服，據理不可為婚：並為尊卑混亂，人倫失序。[30]

依「禮」無服，則代表兩人之間的關係已經相當疏遠了，但《唐律疏
議》據「理」仍認為不可以為婚配，主要的理由就是「尊卑混亂，人
倫失序」，凡是此類的婚姻皆強制離婚。

26　《唐律疏議》卷14〈戶婚律〉，頁263。
27　《唐律疏議》卷14〈戶婚律〉疏文曰：「『父母姑、舅、兩姨姊妹』，於身無服，乃
　　是父母緦麻，據身是尊，故不合娶。」頁263。
28　《唐律疏議》卷14〈戶婚律〉疏文曰：「『及姨』，又是父母小功尊；『若堂姨』，雖
　　於父母無服，亦是尊屬。」頁263。
29　《唐律疏議》卷14〈戶婚律〉疏文曰：「『己之堂姨及再從姨、堂外甥女』，亦謂堂
　　姊妹所生者」頁263。
30　《唐律疏議》卷14〈戶婚律〉，頁263。

　　基於避免「尊卑混亂，人倫失序」的情況出現，《唐律疏議》規定曾經為親屬之妻或妾的女性，本人不得再娶之為妻，也不得再娶之為妾。此種犯罪共有四種排列組合：（1）前人之妻，今娶為妻；（2）前人之妻，今娶為妾；（3）前人之妾，今娶為妻；（4）前人之妾，今娶為妾。《唐律疏議‧戶婚律》「嘗為袒免妻而嫁娶」條（總183條）曰：

> 諸嘗為袒免親之妻，而嫁娶者，各杖一百；緦麻及舅甥妻，徒一年；小功以上，以姦論。妾，各減二等。並離之。[31]

首先，說明「妻」的部分：（1）曾經為袒免親屬之妻：高祖親兄弟，曾祖堂兄弟，祖再從兄弟，父三從兄弟，身四從兄弟、三從姪、再從姪孫，皆在緦麻喪服之外，是為袒免親屬。向前追溯五代，祖先相同，服制異於一般人，因此曾經為袒免親屬之妻者，於法不得再相互嫁娶。違反法律嫁娶者，男女各處以杖刑一百下。[32]（2）曾經為緦麻親屬及舅甥之妻：曾為同姓緦麻親屬之妻、舅父之妻、外甥之妻，而更相嫁娶者，其夫與自己為尊卑關係，嫁娶各處以徒刑一年。[33]（3）曾經為小功以上親屬之妻：小功親屬，多半是本族之人，若有嫁娶，一律比照姦法處理。[34]再者，說明「妾」的部分：（1）曾經為袒免親

---

31 《唐律疏議》卷14〈戶婚律〉，頁264。

32 《唐律疏議》卷14〈戶婚律〉疏文曰：「高祖親兄弟，曾祖堂兄弟，祖再從兄弟，父三從兄弟，身四從兄弟、三從姪、再從姪孫，並緦麻絕服之外，即是『袒免』。既同五代之祖，服制尚異他人，故嘗為袒免親之妻，不合復相嫁娶。輒嫁娶者，男女各杖一百。」頁264。

33 《唐律疏議》卷14〈戶婚律〉疏文曰：「『緦麻及舅甥妻』，謂同姓緦麻之妻及為舅妻，若外甥妻，而更相嫁娶者，其夫尊卑有服，嫁娶各徒一年。」頁264。

34 《唐律疏議》卷14〈戶婚律〉疏文曰：「『小功以上，以姦論』，小功之親，多是本族，其外姻小功者，唯有外祖父母。若有嫁娶，一同姦法。」頁264。

屬之妾，相互嫁娶各處以杖刑八十下。（2）曾經為緦麻親屬及舅甥之妾：相互嫁娶各處杖刑九十下。（3）曾經為小功以上親屬之妾，相互嫁娶則各減姦罪二等。疏文曰：

> 若是前人之妻，今娶為妾，止依娶妻之罪，不得以妾減之。如為前人之妾，今娶為妻，亦依娶妾之罪。[35]

可知其中只有第一種排列組合「前人之妻，今娶為妻」以娶妻論處，第二、三、四種排列組合「前人之妻，今娶為妾」、「前人之妾，今娶為妻」、「前人之妾，今娶為妾」皆以娶妾論處，唯有尊卑長幼清楚，人倫綱常才能穩固，家族秩序才得以安定，國家的根基才能穩定。

三　「婚約認定」參酌《儀禮》、《禮記》

依《唐律疏議》規定，男女雙方的婚姻契約主要以書面契約為主，一旦女家許諾男家的求婚，回覆了婚書，婚姻契約即成立；即使不回覆婚書，私有契約，婚姻契約依然成立。《唐律疏議・戶婚律》「許嫁女輒悔」條（總175條）曰：

> 諸許嫁女，已報婚書及有私約，約，謂先知夫身老、幼、疾、殘、養、庶之類。而輒悔者，杖六十。男家自悔者，不坐，不追娉財。[36]

疏文解釋曰：

35　《唐律疏議》卷14〈戶婚〉，頁264。
36　《唐律疏議》卷13〈戶婚律〉，頁253。

許嫁女已報婚書者，謂男家致書禮請，女氏答書許訖。「及有私約」，注云「約，謂先知夫身老、幼、疾、殘、養、庶之類」，老幼，謂違本約相校倍年者；疾殘，謂狀當三疾，支體不完；養，謂非己所生；庶，謂非嫡子及庶、孽之類。以其色目非一，故云「之類」。皆謂宿相諳委，兩情具愜，私有契約，或報婚書，如此之流，不得輒悔，悔者杖六十，婚仍如約。若男家自悔者，無罪，娉財不追。[37]

由此可知，唐代婚姻的法律要件是「婚書」，男家送婚書依禮請婚，女家如允諾，就回復婚書，如此一來，即完成許婚的法定程序。如女家早已知悉男子與女子年齡相差一倍，患有殘疾、廢疾、篤疾、肢體不全，或者為養子或庶子，即使男家的狀況未載明於婚書之上，只要男女兩家私下訂約，或者女方已回覆男方的婚書，皆不得任意反悔，否則處以杖刑六十下。如男方反悔，在法律方面無任何罪責，唯不得向女家追回所給聘財。

　　如女家未回覆男家婚書，不代表婚姻契約就不成立，還必須參酌傳統婚禮儀式來加以判斷。根據《儀禮・士昏禮》對婚禮的規範，完整的婚禮程序包括：「納采」、「問名」、「納吉」、「納徵」、「請期」、「親迎」等六項禮儀，其曰：

昏禮：下達，納采，用雁。……請問名，主人許。……納吉用雁，如納采禮。納徵：玄纁束帛，儷皮。如納吉禮。請期，用雁。主人辭。賓許，告期，如納徵禮。納吉用雁，如納采禮。納徵：玄纁束帛，儷皮。如納吉禮。請期，用雁。主人辭。賓

---

37 《唐律疏議》卷13〈戶婚律〉，頁253、254。

　　　　許，告期，如納徵禮。[38]

　　古代婚姻的程序，由男方請媒人向女家求親，獲得女家允許之後，使人納其採擇之禮。「下達」有言辭下通之意，透顯出陽倡陰和文化觀念。「用雁」也有其深意，雁是一種「順陰陽往來」的禽類，夫為陽、婦為陰，有婦人從夫之義在其中。[39]「問名」，是指男家向女家探問女子的名字和庚帖，以卜吉凶。[40]如卜算結果為吉兆，再一次送雁至女家，通知女家卜算結果，婚事就此定下，是為「納吉」。[41]接著，舉行「納徵」的儀式，將聘禮送至女家，納徵成則昏禮成。[42]鄭玄注曰：「玄纁，象陰陽之備也。束帛，十端也。」又《周禮》曰：「凡嫁子娶妻，入幣純帛無過五兩。」[43]玄是黑色，代表天，纁是絳色，代表地。「束帛」即十端、五兩。「玄纁束帛」，即三玄二纁，寓有陽奇陰耦之意。「請期」，為符合陽倡陰和的傳統精神，日期當由男家決定，並徵求女方意見。[44]一切就緒後，新郎如期依禮親迎新娘。[45]《唐律疏議・戶婚律》「許嫁女輒悔」條（總175條）曰：

　　　　雖無許婚之書，但受娉財，亦是。娉財無多少之限，酒食非。以財

38　《儀禮注疏》卷4〈士昏禮〉，頁39-42。

39　《儀禮注疏》卷4〈士昏禮〉鄭玄注：「達，通也。將欲與彼合昏姻，必先使媒氏下通其言。女氏許之，乃後使人納其采擇之禮。用雁為摯者，取其順陰陽往來。」頁39。

40　《儀禮注疏》卷4〈士昏禮〉鄭玄注：「問名者，將歸卜其吉凶。」頁40。

41　《儀禮注疏》卷4〈士昏禮〉鄭玄注：「歸卜於廟，得吉兆，復使使者往告，昏姻之事於是定。」頁42。

42　《儀禮注疏》卷4〈士昏禮〉鄭玄注：「徵，成也。使使者納幣，以成昏禮。」頁42。

43　《周禮注疏》卷14〈地官・司徒・媒氏〉，頁217。

44　《儀禮注疏》卷4〈士昏禮〉鄭玄注：「主人辭，陽倡陰和，期日宜由夫家來也。夫家必先卜之，得吉日，乃使使者往，辭即告之。」頁42。

45　相於「親迎」的儀式，詳見〈士昏禮〉，《儀禮注疏》，卷4，頁42-50。

物為酒食者,亦同娉財。[46]

疏文解釋曰:

> 婚禮先以娉財為信,故《禮》云:「娉則為妻。」雖無許婚之
> 書,但受娉財亦是。注云「娉財無多少之限」,即受一尺以
> 上,並不得悔。酒食非者,為供設親賓,便是眾人同費,所送
> 雖多,不同娉財之限。若「以財物為酒食者」,謂送錢財以當
> 酒食,不限多少,亦同娉財。[47]

此中,《唐律疏議》援引《禮記》作為法律的根據,《禮記·內則》
曰:「聘則為妻,奔則為妾。」[48]又《儀禮》中鄭玄注曰:「納幣以成
昏禮」[49]、賈公彥疏曰:「納幣帛則昏禮成」[50]可見當男家下聘,女家
收聘後,婚姻大事就確立了。《儀禮·士昏禮》曰:「辭無不腆,無
辱」,說明古人「納徵」之時,不宜故作謙虛之辭,以求「直」與
「信」,婚禮既以聘財作為信物,只要接受了男家的聘財,視同許諾
男方,不得任意反悔。由此可知,在沒有書約的情況下,《唐律疏
議》以「納徵」作為婚約是否成立的要件,一如《禮記·曲禮》所
言:「男女非有行媒,不相知名;非受幣,不交不親。」[51]中國古代有
「出禮入刑」的說法,仔細觀察《唐律疏議》,確實如此,法律與禮
制密不可分婚姻契約成立後,卻由別的男女非法冒充,此一犯罪的刑

46　《唐律疏議》卷13〈戶婚律〉,頁254。
47　《唐律疏議》卷13〈戶婚律〉,頁254。
48　《禮記注疏》卷12〈內則〉,頁537。
49　《儀禮注疏》卷4〈士昏禮〉,頁42。
50　《儀禮注疏》卷4〈士昏禮〉,頁39。
51　《禮記注疏》卷1〈曲禮〉,頁36。

罰較許婚後又悔婚更嚴厲，《唐律疏議・戶婚律》「為婚妄冒」條（總176條）曰：「諸為婚而女家妄冒者，徒一年。男家妄冒，加一等。未成者，依本約；已成者，離之。」[52]疏文曰：

> 為婚之法，必有行媒，男女、嫡庶、長幼，當時理有契約，女家違約妄冒者，徒一年。男家妄冒者，加一等。「未成者依本約」，謂依初許婚契約。已成者，離之。違約之中，理有多種，或以尊卑，或以大小之類皆是。[53]

古代婚姻的進行必須由媒人傳達男女雙方的意思，婚姻契約上應載明姓別、嫡庶、年齡等資料，如女家違約非法冒充，處以徒刑一年；如男家違約非法冒充，加一等，處以徒刑一年半。婚姻未成者，依原本的契約行事；婚姻已成者，強制離婚。所謂的「違約」，種類眾多，比方說輩分上尊卑不合，或者年齡上大小不合等皆是。值得注意的事，「貧富貴賤」並不是非法冒充的要件，《唐律疏議・戶婚律》「許嫁女輒悔」條（總175條）疏文曰：

> 老、幼、疾、殘、養、庶之類，此緣事不可改，故須先約，然許為婚。且富貴不恒，貧賤無定，不入「之類」，亦非妄冒。[54]

此中顯露了唐代對於「富貴貧賤」的看法──「富貴不恆，貧賤無定」，「富」與「貧」是指錢財資產的多寡，「貴」與「賤」指的是社會階級的高低，然而社會地位與個人財富緊密相連，幾乎無法全然斷

---

52 《唐律疏議》卷13〈戶婚律〉，頁255。
53 《唐律疏議》卷13〈戶婚律〉，頁255。
54 《唐律疏議》卷13〈戶婚律〉，頁254。

開。唐人「富貴不恆，貧賤無定」的觀念與唐代擢拔人材的制度有很大的關係，科舉考試使得出身貧賤的人有了晉升權貴的機會，但是官場黑暗，幾經浮沉，榮華富貴也可能轉眼成煙。

第二節　《唐律疏議》的夫妻地位

《禮記·昏義》曰：「昏禮者，將合二姓之好，上以事宗廟，而下以繼後世也，故君子重之。」[55]婚姻最重要的意義就在於結合二個家族，婦女對上主持宗廟祭祀，對下延續家族血脈。傳統中國女子嫁進夫家後，依禮有「廟見」與「未廟見」之別，法律如何看待此一問題？古代「夫妻地位」的問題是眾多學者關注的議題之一，本文將透過法規範面探討「夫妻地位」的二種觀點，並從經學的角度解釋此看似矛盾卻又和諧的邏輯。

一　「夫妻」釋名：援用《禮記》之詞

首先，是「夫」的部分：《律疏議·名例律》「十惡」條（總6條）曰：「『夫』者，依禮，有三月廟見，有未廟見，或就婚等三種之夫，並同夫法。其有克吉日及定婚夫等，唯不得違約改嫁，自餘相犯，並同凡人。」[56]凡是律文中稱「夫」者，包括「三月廟見之夫」、「未廟見之夫」、「就婚夫」等三種。其中，「廟見」是問題的核心，《禮記·曾子問》曰：

55　《禮記注疏》卷44〈昏義〉，頁999。
56　《唐律疏議》卷1〈名例律〉，頁9。

孔子曰：「嫁女之家，三夜不息燭，思相離也。取婦之家，三
日不舉樂，思嗣親也。三月而廟見，稱來婦也。擇日而祭於
禰，成婦之義也。」曾子問曰：「女未廟見而死，則如之
何？」孔子曰：「不遷於祖，不祔於皇姑，婿不杖、不菲、不
次，歸葬于女氏之黨，示未成婦也。[57]

鄭玄注曰：

舅沒者也，必祭成婦義者，婦有供養之禮，猶舅姑存時，盥饋
特豚於室。……遷，朝廟也。婿雖不備喪禮，猶為之服齊衰
也。[58]

孔穎達等疏曰：

舅姑亡者，婦入三月之後，而於廟中以禮見於舅姑，其祝辭告
神，稱來婦也。謂選擇吉日，婦親自執饌以祭於禰廟，以成就
婦人盥饋之義。……今未廟見而死，其婿唯服齊衰而已，其柩
還歸葬於女氏之黨，以其未廟見，不得舅姑之命，示若未成
婦。[59]

這是說娶嫁時男子之父母已離世，結婚滿三個月時，女子必須至男家
祖廟祭拜舅姑，才能稱得上是夫家的媳婦，並親自行供養之禮，如同
舅姑在世一般。倘若女子尚未至男家祖廟祭拜公婆就離世，夫不為妻

---

57 《禮記注疏》卷7〈曾子問〉，頁366。
58 《禮記注疏》卷7〈曾子問〉，頁366。
59 《禮記注疏》卷7〈曾子問〉，頁366。

備喪禮,僅穿上齊衰之服,並將妻還歸葬於女氏之黨,這是因為女子未廟見,不得舅姑之命,並未正式成為男家的媳婦。對於女子而言,自己未廟見時之夫為「未廟見之夫」,自己三月廟見時夫為「三月廟見之夫」,但不論前者或後者,依《唐律疏議》對於「夫」之規範,皆為女子之「夫」。第三種「就婚夫」,指男子入贅於女家,是為「贅夫」。下列二種情況則非法律上所稱之「夫」:婚禮進行到「請期」的程序時,明確地訂立迎娶的吉日,從訂立婚期至迎娶當天的期間,男子對女子而言尚未成「夫」;如女家已回覆男家婚書,或者私約婚事,又或者已接受男家聘金,男子對女子而言為「定婚夫」,但「定婚夫」不是「夫」。

其次,是「妻」的部分:《唐律疏議‧戶婚律》「以妻為妾」條(總178條)為「妻」下定義,其曰:「妻者,傳家事,承祭祀,既具六禮,取則二儀。」[60]所謂的「妻」就是傳承家事和祭祀的重擔,依《禮記‧昏儀》和《儀禮‧士昏禮》,娶妻必須依照「納采」、「問名」、「納吉」、「納徵」、「請期」、「親迎」等六項程序,娶進家門後,夫妻如同天地般,尊卑有序,和諧共存。申言之,六禮具備,「妻」的地位就此確立。此外,依禮「夫」既有「三月廟見之夫」與「未廟見之夫」之分,那麼「妻」當亦有「三月廟見之妻」與「未廟見之妻」之別。就禮而言,「未廟見之妻」被視為「未成婦」,孔穎達疏曰:

> 然其實已成婦,但示之未成婦,禮欲見其不敢自專也。[61]

子女對於婚姻無自專之道,所娶之妻既未祭拜父母,視為未得父母之命,「未廟見之妻」被視為「未成婦」。但是,就事實而言,不論廟見

---

60 《唐律疏議》卷13〈戶婚律〉,頁256。
61 《禮記注疏》卷7〈曾子問〉,頁366。

與否,「成妻」都是事實。陳顧遠《中國婚姻史》說:「為族娶婦是重,為個人娶妻是輕。」[62]正是這個道理,「未廟見之妻」雖未成「族婦」,但已成「己妻」殆無庸置疑。因此,《唐律疏議》才會認為「三月廟見之夫」與「未廟見之夫」皆為法律上的「夫」。夫妻關係相對而有,如此說來,「三月廟見之妻」與「未廟見之妻」也皆為法律上的「妻」。[63]

依據《禮記》,夫妻婚後,有「廟見」與「未廟見」之別,這是為了尊重亡故的父母,女子必須經過「廟見」的儀式,才能正式成為族婦,未經「廟見」的儀式則代表婚姻不得舅姑之命。《唐律疏議》既援用《禮記》「廟見」與「未廟見」之詞,可見當時確實有此種禮儀與觀念。但是,就法律的角度而言,「親迎」至「廟見」的期間長達三個月,倘若此三個月成為夫妻關係的模糊地帶,容易產生各式紛爭,法律的適用也必然有所疑議。因此,迎娶後,「夫」與「妻」的名分就此確立,無「廟見」與「未廟見」之分。

二 夫妻地位的二種觀點

《唐律疏議》如何看待夫妻之間的地位?仔細爬梳整部《唐律疏議》後不難發現,其觀點約略可分為二種:一為「夫妻齊體」;一為「夫尊妻卑」。這二種觀點散見於《唐律疏議》之中,有時甚至同時出現在同一文句之內。劉燕儷《唐律中的夫妻關係》一書指出:「原則

---

62 陳顧遠:《中國婚姻史》(臺北:臺灣商務印書館,1992年),頁8。

63 林素娟〈古代婚禮「廟見成婦」說問題探究〉指出歷來有關廟見的性質與功能主要有三種:(一)、廟見是新婦祭已故舅姑之禮(二)、廟見是三月祭祖先之禮(三)、廟見是新婚夫妻祭祖後始能同房的成婚之禮,收入《漢學研究》第21卷第1期(2003年6月),頁47-75。筆者採取第一種觀點,以鄭玄、孔穎達之說為主。

上，應如仁井田陞的看法，夫妻齊體的關係應準同長幼關係。」[64]此觀點似有再商榷的空間。茲將《唐律疏議》夫妻地位的二種觀點說明如下：

（一）「夫妻齊體」：源自《禮記》的觀念

「夫妻齊體」之說，出自於《禮記・郊特牲》，曰：「壹與之齊，終身不改。」[65]《說文》在解釋「妻」時，也曰：「妻，婦與己齊者也。」[66]《唐律疏議》規定有妻不得更娶妻，〈戶婚律〉「有妻更娶」條（總177條）疏文曰：

> 依《禮》，日見於甲，月見於庚，象夫婦之義。一與之齊，中饋斯重。[67]

「日見於甲，月見於庚，象夫婦之義。」出自於《禮記・禮器》，曰：「天道至教，聖人至德。廟堂之上，罍尊在阼，犧尊在西。廟堂之下，縣鼓在西，應鼓在東。君在阼，夫人在房。大明生於東，月生於西，此陰陽之分、夫婦之位也。君西酌犧象，夫人東酌罍尊。禮交動乎上，樂交應乎下，和之至也。」[68]此中的「大明」即「日」，夫婦之位，依日月升起的方向而定，日生於東，月生於西，夫為陽，象日出東方而西行，婦為陰，象月出西方而東行。[69]申言之，「夫」與

---

64 劉燕儷：《唐律中的夫妻關係》（臺北：五南圖書出版公司，2009年），頁183。另參見仁井田陞：《中國身分法史》（東京：東京大學出版會，1983年），頁656、657。

65 《禮記注疏》卷11〈郊特牲〉，頁504。

66 《說文解字注》，頁620。

67 《唐律疏議》卷13〈戶婚律〉，頁255。

68 《禮記注疏》卷10〈禮器〉，頁471。

69 《禮記注疏》卷10〈禮器〉鄭玄注曰：「大明，日也。」，並解釋「君西酌犧象，夫人東酌罍尊。」曰：「象日出東方而西行也，月出西方而東行也。」頁471。

「妻」的對應，有如「日」與「月」、「陽」與「陰」的對應。《唐律疏議》並援引《禮記・郊特牲》「壹與之齊，終身不改。」之說，闡明「妻」的重要性。因此，《唐律疏議》規定有妻不得更娶妻，〈戶婚律〉「有妻更娶」條（總177條）曰：

> 諸有妻更娶妻者，徒一年；女家，減一等。若欺妄而娶者，徒一年半；女家不坐。各離之。[70]

疏文曰：

> 一夫一妻，不刊之制。有妻更娶，本不成妻。[71]

一夫一妻，才符合天道的運行，有妻更娶妻，處以徒刑一年，並強制離婚。犯徒罪者，如家中無其他成丁，准予杖刑代替徒刑，以免家內困窮，但在這種情況下，如罪犯之妻年齡達到二十一歲以上，也會被視為成丁。《唐律疏議・名例律》「犯徒應役家無兼丁」條（總27條）曰：

> 諸犯徒應役而家無兼丁者，徒一年，加杖一百二十，不居作；一等加二十。流至配所應役者亦如之。妻年二十一以上，同兼丁之限。婦女家無男夫兼丁者，亦同。[72]

疏文曰：

70　《唐律疏議》卷13〈戶婚律〉，頁257。
71　《唐律疏議》卷13〈戶婚律〉，頁256。
72　《唐律疏議》卷3〈名例律〉，頁72。

妻同兼丁，婦女雖復非丁，據《禮》「與夫齊體」，故年二十一
歲以上同兼丁之限。[73]

原則上，女子本非丁，但就本條而言，二十一歲以上之妻視為兼丁，
理由正是妻與夫齊體，以《禮記·郊特牲》為法律依據。此外，《唐
律疏議》也禁止以妻為妾的行為，《唐律疏議·戶婚律》「以妻為妾」
條（總178條）曰：

諸以妻為妾，以婢為妻者，徒二年。以妾及客女為妻，以婢為
妾者，徒一年半。各還正之。[74]

疏文曰：

妻者，齊也，秦晉為匹。妾通賣買，等數相懸。婢乃賤流，本
非儔類。若以妻為妾，以婢為妻，違別議約，便虧夫婦之正
道，黷人倫之彝則，顛倒冠履，紊亂禮經，犯此之人，即合二
年徒罪。[75]

第一句即指出「妻」之重要，「妻」是與自己齊體的至親，自古以來
秦晉兩國強國相互匹配，所以男女嫁娶又稱永結「秦晉之好」。不論
是以妻為妾，或是以婢為妻，皆不符合夫妻之正道，顛倒尊卑上下，
紊亂禮經要旨，處以徒刑二年。如妻未有七出的情狀，夫卻出之者，
也不為法律所允許，《唐律疏議·戶婚律》「妻無七出而出之」條（總

73　《唐律疏議》卷3〈名例律〉，頁72。
74　《唐律疏議》卷13〈戶婚律〉，頁256。
75　《唐律疏議》卷13〈戶婚律〉，頁256。

189條）疏文說明理由如下：

> 伉儷之道，義期同穴，一與之齊，終身不改。[76]

援引《禮記・郊特牲》之語，說明婚姻是非常慎重的事，夫妻齊體，終身不改，夫妻之道，生死不離棄。綜上所述，《唐律疏議》對於夫妻之間的相對地位，似乎是採取「夫妻齊體」的立場。

（二）「夫尊妻卑」：源自《儀禮》、《詩經》的觀念

1　夫妻地位的差距類似父子

這個觀念主要是從《儀禮・喪服》中而來，〈傳〉曰：「夫者，婦之天。」[77]且依《儀禮・喪服》規定，父為家中的至尊，女子為父親服斬衰之喪，出嫁後則以丈夫為至尊，改為丈夫服斬衰之喪，對父親則降為齊衰不杖期。可知，女子出嫁後，「夫」即取代了「父」的地位，成為女子生命中的「至尊」。因此，《唐律疏議・名例律》「十惡」條（總6條）疏文曰：

> 夫者，妻之天也。移父之服而服，為夫斬衰，恩義既崇，聞喪即須號慟。而有匿哀不舉，居喪作樂，釋服從吉，改嫁忘憂，皆是背禮違義，故俱為十惡。[78]

妻以夫為天，依禮移父之服而為夫服斬衰之服，恩義高深，聞喪應立

76　《唐律疏議》卷14〈戶婚律〉，頁267。
77　《儀禮注疏》卷33〈喪服〉，頁356。
78　《唐律疏議》卷1〈名例律〉，頁16。

即哀慟地放聲哭號，表達內心的悲傷。倘若妻聞夫喪，卻加以隱匿，不準備喪事，還作樂、釋服從吉，甚至改嫁他人，皆入「十惡」中的「不義」。[79]《唐律疏議・職制律》「匿父母夫喪」條（總120條）疏文曰：

> 婦人以夫為天，哀類父母。聞喪即須哭泣，豈得擇日待時。[80]

> 夫為婦天，尚無再醮。若居父母及夫之喪，謂在二十七月內，若男身娶妻，而妻女出嫁者，各徒三年。[81]

婦女「尚無再醮」的觀念與《禮記・郊特牲》「夫死不嫁」[82]相同，但《唐律疏議》並未要求婦女一輩子不嫁，不過，至少在夫的喪期二十七個月內不得再嫁。女子出嫁後，生命中的「至尊」從「父」移轉成「夫」，而《唐律疏議》指出失去丈夫的哀痛類似失去父母的哀痛，復以疏文中不斷地提到「夫者，妻之天也」、「婦人以夫為天」、「夫為妻天」，《唐律疏議》對於夫妻之間的相對地位，又似乎是採取「夫尊妻卑」的立場，而夫妻地位的差距也就類似父與子。

2 夫妻地位的差距類似兄弟

　　同樣是「夫尊妻卑」的立場，《唐律疏議》還有另一種觀點，即夫妻地位的差距類似兄與弟，屬於長與幼的關係。《唐律疏議・職制

---

79 《唐律疏議》1〈名例律〉律文曰：「九曰不義。謂殺本屬府主、刺史、縣令、見受業師，吏、卒殺本部五品以上官長；及聞夫喪匿不舉哀，若作樂，釋服從吉及改嫁。」頁15。

80 《唐律疏議》卷10〈職制律〉，頁204。

81 《唐律疏議》卷10〈職制律〉，頁204。

82 《禮記注疏》卷11〈郊特牲〉，頁504。

律》「匿父母夫喪」條（總120條）疏文曰：

> 其妻既非尊長，又殊卑幼，在禮及詩，比為兄弟，即是妻同於
> 幼。[83]

《唐律疏議》指出《禮》及《詩》將夫妻比為兄弟，但是《三禮》中無明顯文句可以證成《唐律疏議》的說法，前人認為此或與《儀禮·喪服》中「父子一體也，夫妻一體也，昆弟一體也。故父子首足也，夫妻胖合也，昆弟四體也。」之言有關，此中以人的軀幹作為類比，說明父子、夫妻、昆弟是家族組成的重要成員，但是看不出將夫妻比作兄弟的意思。[84]至於《經詩》，確實有詩句將夫妻比作兄弟，〈谷風〉曰：

> 習習谷風，以陰以雨。黽勉同心，不宜有怒。采葑采菲，無以下體。德音莫違，及爾同死。
> 行道遲遲，中心有違。不遠伊邇，薄送我畿。誰謂荼苦？其甘如薺。宴爾新昏，如兄如弟。
> 涇以渭濁，湜湜其沚。宴爾新昏，不我屑以。毋逝我梁，毋發我笱。我躬不閱，遑恤我後！
> 就其深矣，方之舟之；就其淺矣，泳之游之。何有何亡？黽勉求之。凡民有喪，匍匐救之。

---

83 《唐律疏議》卷10〈職制律〉，頁205。

84 劉俊文《唐律疏議箋解》認為應是出自《儀禮·喪服》「夫妻一體也，夫妻緋胖合也。」頁802。錢大群《唐律疏義新注》（南京：南京師範大學出版社，2008年）也認為應是出自《儀禮·喪服》「父子一體也，夫妻一體也，昆弟一體也。故父子首足也，夫妻胖合也，昆弟四體也。」頁343。

　　　　不我能慉，反以我為讎。既阻我德，賈用不售。昔育恐育鞠，
　　　　及爾顛覆。既生既育，比予于毒。
　　　　我有旨蓄，亦以御冬。宴爾新昏，以我御窮。有洸有潰，既詒
　　　　我肄。不念昔者，伊余來墍。[85]

這是一首著名的棄婦詩，敘述丈夫另結新歡，丈夫與新婚的妻子相處
和樂，如同兄弟一般。如此說來，《唐律疏議》認為夫妻關係又類似
兄弟關係。

　　《唐律疏議》對於夫妻相對地位的釐定似乎處於滑動的狀態，甚
至一條解釋中同時出現兩種觀點。《唐律疏議・鬥訟律》「毆傷妻妾」
條（總325條）疏文曰：

　　　　妻之言齊，與夫齊體，義同於幼，故得「減凡人二等」。[86]

前面說妻即是齊，與夫齊體，後面又說妻等同於夫的卑幼親屬。《唐
律疏議・職制律》「匿父母夫喪」條（總120條）疏文曰：

　　　　依《禮》：「夫者，婦之天。」又云：「妻者，齊也。」恐不同
　　　　尊長，故別言夫號。[87]

在儒家經典中，既認為夫為妻之天，也認為妻與夫齊體，如此一來，
夫妻的相對地位該如何釐定？《唐律疏議》只說夫之於妻「恐不同尊
長」，「恐」字下得極有意思，含有不確定的意味，還是直接稱

85　《詩經注疏》卷2〈國風・邶風・谷風〉，頁87。
86　《唐律疏議》卷22〈鬥訟律〉，頁409。
87　《唐律疏議》卷22〈鬥訟律〉，頁409。

「夫」，最是明白清楚。如夫之於妻不同卑幼之於尊長，那麼上述《唐律疏議‧職制律》「匿父母夫喪」條（總120條）云妻「義同於幼」，又如何成立？事實上，《禮記‧郊特牲》就已在同一句話內展現兩種觀點，其曰：

> 壹與之齊，終身不改，故夫死不嫁。男子親迎，男先於女，剛柔之義也，天先乎地，君先乎臣，其義一也。[88]

那麼，《唐律疏議》究竟如何看待夫妻的相對地位？我們可以考察法律對於夫妻的規範，此將有助於釐定夫妻的相對地位，茲闡述如後。

三　法規範面的夫妻地位

如前所述，《唐律疏議》中「夫妻地位」的觀點似乎處於滑動的狀態，同一部律典中同時存在「夫妻齊體」與「夫尊妻卑」的觀點，且後者的地位差距又有「父子」與「長幼」之分，「長幼」的部分也矛盾反覆，疏文同時有妻「義同於幼」與「不可同之卑幼」的解釋，接下來考察《唐律疏議》關於夫妻法律條文，將有助於釐清夫妻地位的問題。

（一）以「夫妻齊體」為思想核心的法律

《禮記‧昏義》曰：「婦至，婿揖婦入，共牢而食，合巹而酳，所以合體同尊卑，以親之也。」[89]男女結為夫婦後，一起食用祭祀的食物，並將瓠瓜剖開成兩瓢，夫婦以瓢飲酒，象徵夫婦合體，尊卑與

88　《禮記注疏》卷11〈郊特牲〉，頁504。
89　《禮記注疏》卷44〈昏義〉，頁1000。

共，夫為婦的至親，婦為夫的至親。孔穎達疏曰：「所以合體同尊卑者，欲使婿之親婦，婦亦親婿，所以體同為一，不使尊卑有殊也。」[90]《唐律疏議》「夫妻齊體」觀念的具體表現正是「夫妻同尊卑」，〈名例律〉「婦人有官品邑號」條（12條）曰：

> 諸婦人有官品及邑號，犯罪者，各依其品，從議、請、減、贖、當、免之律，不得蔭親屬。[91]

疏文曰：

> 婦人有官品者，依令，妃及夫人，郡、縣、鄉君等是也。邑號者，國、郡、縣、鄉等名號是也。婦人六品以下無邑號，直有官品，即媵是也。依《禮》：「凡婦人，從其夫之爵位。」注云：「生禮死事，以夫為尊卑。」故犯罪應議、請、減、贖者，各依其夫品，從議、請、減、贖之法。若犯除、免、官當者，亦準男夫之例。故云「各從議、請、減、贖、當、免之律」。婦人品命既因夫、子而授，故不得蔭親屬。[92]

婦人可分「內命婦」和「外命婦」兩類：（1）內命婦：貴妃、淑妃、德妃、賢妃並為夫人，皆正一品；昭儀、昭容、昭儀、充容、充媛並為嬪，正二品；婕妤九員，正三品；美人九員，正四品；才人九員，正五品；寶林二十七員，正六品；御女二十七員，正七品；采女二十七員，正八品。皇太子良娣二員，正三品；良媛六員，正四品；承徽

---

90 《禮記注疏》卷44〈昏義〉，頁1000。
91 《唐律疏議》卷2〈名例律〉，頁38。
92 《唐律疏議》卷2〈名例律〉，頁38。

十員，正五品；昭訓十六員，正七品；奉儀二十四員，正九品。[93]
（2）外命婦：皇姑封大長公主，皇姊妹封長公主，皇女封公主，皆
視正一品；皇太子之女郡主，視從一品；王之女封縣主，視正二品。
王母、妻為妃。一品及國公母、妻為夫人；三品以上母、妻為郡夫
人；四品、若勳官二品有封，母、妻為郡君；五品，若勳官三品有
封，母、妻為縣君。散官並同職事。勳官四品有封，母、妻為鄉君。
其母邑號皆加「太」字。各視其夫及子之品，若兩有官爵者，皆從
高。凡庶子有五品以上官封，皆封嫡母，無嫡母，即封所生母。凡二
王後夫人、職事五品以上、散官三品以上、王及國公母、妻朝參，各
視其夫及子之禮。[94]《唐律疏議》援引《禮記‧雜記》曰：

> 凡婦人，從其夫之爵位。[95]

鄭玄注云：

> 婦人無專制，生禮死事，以夫為尊卑。[96]

古代婦人多半無自己獨立的身分地位，其身分地位隨丈夫爵位高低而
定，一切的禮儀皆依丈夫的身分地位行事。因此，《唐律疏議‧雜律》
「姦父祖妾等」條（總413條）曰：

> 婦人尊卑，緣夫立制。[97]

93　引錄自《唐六典》卷2〈尚書吏部‧司封郎中　員外郎〉，頁38。
94　引錄自《唐六典》卷2〈尚書吏部‧司封郎中　員外郎〉，頁38、39。
95　《禮記注疏》卷20〈雜記上〉，頁724。
96　《禮記注疏》卷20〈雜記上〉，頁724。
97　《唐律疏議》卷26〈雜律〉，頁495。

此種觀點尚可見於《禮記‧郊特牲》，曰：「壹與之齊，終身不改。」[98]
鄭玄注曰：「齊，謂共牢而食，同尊卑也。」[99]又《儀禮‧喪服》賈公
彥解釋妻為夫服斬衰之喪時曰：「妻者，齊也。婦人無爵，從夫之
爵。坐以夫之齒，是言妻之尊卑與夫齊也。」[100]說明了古人所謂的
「夫妻齊體」，是指妻從夫之爵位，夫尊妻亦尊，夫卑妻亦卑。婦人
犯罪，各以其夫官爵品階，依法議、請、減、贖，如需要除、免、官
當，也依法處理。婦人的品命既因夫而有，不得庇蔭親屬。

（二）以「夫尊妻卑」為思想核心的法律

首先，討論夫毆傷妻妾、毆死妻妾以及故殺妻妾的狀況。《唐律
疏議‧鬥訟律》「毆傷妻妾」條（總325條）曰：「諸毆傷妻者，減凡
人二等；死者，以凡人論。毆妾折傷以上，減妻二等。……過失殺
者，各勿論。」[101]疏文曰：

> 妻之言齊，與夫齊體，義同於幼，故得「減凡人二等」。「死
> 者，以凡人論」，合絞。以刃及故殺者，斬。毆妾，非折傷無
> 罪；折傷以上，減妻罪二等，即是減凡人四等。若殺妾者，止
> 減凡人二等。[102]

在本條中，將妻視為夫之卑幼親屬，所以如夫毆傷妻，其刑罰可以減
凡人二等，如妻因此而死亡者，則依凡例，處以絞殺之刑，不得減輕

98　《禮記注疏》卷11〈郊特牲〉，頁506。

99　《禮記注疏》卷11〈郊特牲〉，頁506。

100　《儀禮注疏》卷29〈喪服〉，頁347。

101　《唐律疏議》卷22〈鬥訟律〉，頁409。

102　《唐律疏議》卷22〈鬥訟律〉，頁409。

刑責。如夫持刀刃故意殺害妻，依律斬殺。至於夫與妾的相對地位，無疑是妾較夫卑微許多，所以夫毆打妾，除非妾被打到骨折，否則夫無法律上的刑責。一般而言，「毆」這種犯罪行為，對方傷勢愈重則刑罰愈重，如妾的傷勢嚴重，依毆妻罪減二等，即減凡人四等。如故意殺害妾，減凡二等，處以流刑二千五百里。本條注文曰：

皆須妻、妾告，乃坐。即至死者，聽餘人告。[103]

疏文曰：

注云「皆須妻、妾告，乃坐」，即外人告者，無罪。「至死者，聽餘人告」，餘人不限親疎，皆得論告。[104]

妻妾如被夫毆傷，必須由妻妾親自告發，法律才會追究夫的刑責，如由外人告發，夫無罪。又《唐律疏議·名例律》規定「謀殺及賣緦麻以上親」入「十惡」中的「不睦」[105]，妻為夫的期親，如夫殺妻則入「不睦」。此外，如夫過失導致妻妾死亡者，法律並不追究刑責，理由為「無惡心」。[106]

接著，討論妻毆傷夫以及致死的狀況。《唐律疏議·鬥訟律》「妻毆詈夫」條（總326條）曰：「諸妻毆夫，徒一年；若毆傷重者，加凡鬥傷三等；須夫告，乃坐。死者，斬。媵及妾犯者，各加一等。加

---

103 《唐律疏議》卷22〈鬥訟律〉，頁410。
104 《唐律疏議》卷22〈鬥訟律〉，頁410。
105 《唐律疏議》卷1〈名例律〉，頁14。
106 《唐律疏議》卷22〈鬥訟律〉曰：「『殺妻，仍為不睦』，妻即是緦麻以上親，準例自當『不睦』，為稱『以凡人論』，故重明此例。『過失殺者，各勿論』，為無惡心，故得無罪。」頁410。

者，加入於死。過失殺傷者，各減二等。」[107]疏文曰：

> 妻毆夫，徒一年。「若毆傷重者，加凡鬥傷三等」，假如凡人以
> 他物，毆傷人內損吐血，合杖一百，加凡鬥三等，處徒二年。
> 此是計加之法。「須夫告，乃坐」，謂要須夫告，然可論罪。因
> 毆致死者，斬。[108]

妻毆打夫，處以徒刑一年，如毆傷的刑罰較重者，加凡人鬥傷三等，
比方說：一般人持他物毆傷人，導致對方內傷吐血，依法處以杖刑一
百下，如果是妻毆傷夫的話，加凡鬥三等，即處以徒刑二年。妻毆傷
夫，必須由夫親自告發，然後才可以論罪科刑。如因毆致死者，一律
處斬。疏文曰：

> 「五品以上有媵，庶人以上有妾。」故媵及妾犯夫者，各加妻
> 犯夫一等，謂毆夫者，徒一年半；毆傷重者，加凡鬥傷四等。
> 「加者，加入於死」，若毆夫折一支，或瞎一目，凡鬥徒三
> 年，加四等合絞，是名「加入於死」。「過失殺者，各減二
> 等」，謂妻、妾、媵過失殺者，並徒三年。假如妻折夫一支，
> 加凡人三等，流三千里，過失減二等，合徒二年半；若媵及妾
> 折夫一支合絞，過失減二等，合徒三年。自餘折傷，各隨輕
> 重，準此加減之例。[109]

五品以上的官員可以娶媵，媵的地位在於妻與妾之間，媵與妾毆傷

107 《唐律疏議》卷22〈鬥訟律〉，頁410。
108 《唐律疏議》卷22〈鬥訟律〉，頁410。
109 《唐律疏議》卷22〈鬥訟律〉，頁410、411。

夫，加妻毆夫一等，即處以徒刑一年半；如夫因毆而重傷，加凡鬪四等，加至死刑為止。比方說：毆人一肢骨折，或瞎一目，一般人犯罪依法處以徒刑三年，如犯罪人為夫之媵或妾，則刑罰較一般人加四等，處以絞殺之刑。最後，討論「過失」的情況，凡是妻、媵、妾過失殺害夫，或者過失傷害夫，皆減二等，以被害人一肢骨折或瞎一目的情況為例：（1）妻：先加凡人三等，處以流刑三千里，再減二等，也就是處以徒刑二年半。（2）媵及妾：加凡人四等，處以絞殺之刑，再減二等，也就是處以徒刑三年。

最後，以《唐律疏議·名例律》「十惡」條（總6條）[110]所規範的內容考察夫妻的相對地位，「惡逆」的注文曰：「謂毆及謀殺祖父母、父母，殺伯叔父母、姑、兄姊、外祖父母、夫、夫之祖父母、父母。」[111]「不睦」的注文曰：「謂謀殺及賣緦麻以上親，毆告夫及大功以上尊長、小功尊屬。」[112]由此可知，殺夫入「惡逆」，毆夫入「不睦」，告夫也入「不睦」；殺妻入「不睦」，毆妻、告妻根本不入「十惡」。此外，「不義」注文曰：「聞夫喪匿不舉哀，若作樂，釋服從吉及改嫁。」疏文曰：

> 夫者，妻之天也。移父之服而服，為夫斬衰，恩義既崇，聞喪即須號慟。而有匿哀不舉，居喪作樂，釋服從吉，改嫁忘憂，皆是背禮違義，故俱為十惡。其改嫁為妾者，非。[113]

---

110 《唐律疏議》卷1〈名例律〉「十惡」（總6條）曰：「十惡：一曰謀反、二曰謀大逆、三曰謀叛、四曰惡逆、五曰不道、六曰大不敬、七曰不孝、八曰不睦、九曰不義、十曰內亂。」頁6-16。

111 《唐律疏議》卷1〈名例律〉，頁8。

112 《唐律疏議》卷1〈名例律〉，頁14。

113 《唐律疏議》卷1〈名例律〉，頁16。

援引《儀禮‧喪服》「夫者,婦之天。」[114]作為訂立法律的根據,婦女逢夫喪時如有以下四種行為皆被視為「背禮違義」,而入「不義」:(1)匿哀不舉(2)居喪作樂(3)釋服從吉(4)改嫁忘憂。但是,如夫逢妻喪,卻無相對應的規範。簡言之,夫只有殺妻才會入「十惡」,妻告夫、毆夫、殺夫以及居夫喪時匿哀不舉、居喪作樂、釋服從吉、改嫁忘憂皆入「十惡」。因此,就「十惡」的規範內容而言,除殺妻外,夫對妻的種種行為皆不構成「十惡」;反過來,妻對夫有所犯冒則相當容易構成「十惡」。

綜上所述,可知一般人犯毆罪,依傷害程度決定刑罰輕重,傷勢愈重則刑罰愈重,夫與妻、妾、媵相犯,刑罰原則相同,但刑度不同,依兩者之間的相對地位而有所加減。茲將前述內容,整理歸納如下:

第一、「故意」的處置情形:(1)毆:夫毆妻、媵、妾未成傷者,皆無法律上的刑責。反過來,妻、媵、妾毆夫不論是否成傷,皆有法律上的刑責,妻處以徒刑一年,媵及妾再加妻一等,處以徒刑一年半。(2)毆傷:如毆傷妻,減凡人二等,妾的地位卑微,傷害程度需達到折傷,夫才有刑責的問題,但得減凡人四等。如妻、媵、妾毆傷夫,刑罰重於一年者,妻加凡人三等,媵及妾加凡人四等。以傷害程度「內損吐血」為例,說明如下:一般人處以杖刑一百下;夫毆妻減凡人二等,即杖刑八十下;夫毆媵及妾減凡人四等,即笞刑四十下;妻毆夫加凡人三等,即徒刑二年;媵及妾加凡人四等,即徒刑二年半。(3)毆死:夫毆死妻,處以絞刑,夫毆死媵及妾,處以流刑二千五百里。妻、媵、妾毆死夫皆處以斬刑。

第二、「過失」的處置情形:(1)毆傷:夫過失傷害妻、媵、妾,無法律上的刑責;妻、媵、妾過失傷害夫,依毆傷夫的刑罰減二

等，妻加凡人三等，再減二等，總計加凡人一等；媵及妾加凡人四等，再減二等，總計凡人二等。（2）毆死：夫過失殺害妻媵、妾，無法律上的刑責；妻、媵、妾過失殺害夫，皆處以徒刑三年。顯而易見，夫對妻犯罪，刑度乃是依一般人的刑罰減輕，妻對夫犯罪，刑度乃是依一般人的刑罰加重。

　　綜上所述，可知「妻對夫」犯罪一定較「夫對妻」犯罪來得嚴重，就夫妻相犯而言，夫尊妻卑的位階相當明確。

四　夫妻地位的再釐定

　　劉燕儷認為夫妻齊體的關係應準同長幼關係，與《唐律疏議》的內在邏輯不相契合，凡「長」與「幼」必然存在著尊卑之別；又《唐律疏議》「匿父母夫喪」條（總120條）疏文指出夫之於妻「恐不同於尊長」，如此說來，「夫之於妻」不同於「尊長之於卑幼」。

　　《唐律疏議》中既見以「夫妻齊體」為思想核心的條文，又見以「夫尊妻卑」為思想核心的條文，看似矛盾，實則不然。在中國經學思想中，此種「甲」與「乙」既為一體，而又有所分別，是一種常見的思考邏輯。《唐律疏議》提及「夫妻」規範時，最常引用的一句話即是《禮記‧郊特牲》中的：「壹與之齊，終身不改，故夫死不嫁。男子親迎，男先於女，剛柔之義也。天先乎地，君先乎臣，其義一也。」[115]此中的義理思想與《周易》有著極為緊密的關係。《周易‧繫辭上》曰：

　　　　易有太極，是生兩儀，兩儀生四象，四象生八卦。[116]

115　《禮記注疏》卷11〈郊特牲〉，頁504。
116　《周易注疏》卷7〈繫辭上傳〉，頁155。

孔穎達解釋如下:「太極謂天地未分之前,元氣混而為一,即是太初、太一也。」[117]宇宙初始是一個混沌的整體,後來「陰」、「陽」二氣大化流行、絪縕變化,天地萬物才得以生成。由此可見,「陽」與「陰」原始狀態是一個混沌的整體,但兩者之間仍有所分別。再進一步說明,《周易.繫辭上》曰:

　　一陰一陽之謂道。[118]

「道」同時具有「本」與「用」的內涵:「本」是指本體,即宇宙萬物的最終根源;「用」是指作用,即「陰」、「陽」二氣的變化流行。陰陽變化是道體的作用,如天道不變化,即萬物不能生萬物。因此,「陰」與「陽」調和,萬物才得以生生不息。人倫始於夫妻,「夫」與「妻」,即是「陽」與「陰」,陰陽一體,才能孕育生命。但是,「陽」與「陰」仍有分判,《周易.繫辭上》曰:

　　天尊地卑,乾坤定矣。[119]

乾卦代表天,天為陽為尊;坤卦代表地,地為陰為卑,人間秩序與天道運行相為契應,「夫」為天、為陽、為尊,「妻」為地、為陰、為卑。在孕育生命方面,夫妻密不可分,被視為一個整體,尊卑與共;在相對地位方面,夫妻有尊卑之別,被視為兩個個體,夫尊妻卑。

　　總之,在《唐律疏議》的思考脈絡中:夫妻本為和諧的一個整體,尊卑與共,社會地位一致,所以說「夫妻齊體」;夫妻不相安

---

117 《周易注疏》卷7〈繫辭上〉,頁156、157。
118 《周易注疏》卷7〈繫辭上〉,頁147。
119 《周易注疏》卷7〈繫辭上〉,頁143。

諧，不論是夫犯妻，還是妻犯夫，夫妻就成了二個個體，尊卑有別，所以說「夫尊妻卑」。[120]

第三節 《唐律疏議》的伉儷之道

《唐律疏議‧戶婚律》「妻無七出而出之」條（總189條）曰：「諸妻無七出及義絕之狀，而出之者，徒一年半；雖犯七出，有三不去，而出之者，杖一百。追還合。若犯惡疾及姦者，不用此律。」[121]疏文曰：

> 伉儷之道，義期同穴，一與之齊，終身不改。故妻無七出及義絕之狀，不合出之。[122]

《唐律疏議》援引《詩經》與《大戴禮記》說明本條文，「伉儷之道，義期同穴」出自於《詩經》，「七出」出自於《大戴禮記》。《詩經‧國風‧王風‧大車》曰：

---

120 唐代現實生活中的夫妻地位又是何如？劉淑媛〈休妻棄放——唐代離婚法「七出」、「義絕」問題再探〉中指出：「唐代繼承北朝女子善妒之風尚，復因女性社會地位提高，使妒婦悍妻現象在有唐一代蔚為潮流。」北朝婦人以妒悍聞名，唐代承繼此一風尚，復以女性社會地位的提升，現實生活中應有不少妻尊夫卑的家庭，收入《法制史研究》第17期（2010年6月），頁69、70。唐代婦女妒悍之研究，可參見牛志平《唐代社會生活論叢》（太原：書海出版社，20011年）中〈唐代妒婦述論〉、〈說唐代懼內之風〉二文；大澤正昭〈妒婦、悍妻以及懼內——唐宋變革期的婚姻與家庭之變化〉，收入鄧小南主編《唐宋女性與社會》（上海：上海辭書出版社，2003年）。

121 《唐律疏議》卷14〈戶婚律〉，頁267。

122 《唐律疏議》卷14〈戶婚律〉，頁267。

大車檻檻，毳衣如菼。豈不爾思？畏子不敢。大車啍啍，毳衣
如璊。豈不爾思？畏子不奔。穀則異室，死則同穴。謂予不
信，有如皦日。[123]

詩中男女雙方雖情意相通，不知何原因卻無法長相廝守，女子見男子
乘大車離去，希冀男子有勇氣帶著自己私奔，結為夫婦，生死不離。
古代夫婦宮室分內外，夫妻生則異室而居，死則同穴而葬，所以說
「穀則異室，死則同穴」[124]。伉儷之道在於生死相隨，永不離棄，妻
與夫齊體，終身不改，彼此不得任意離棄。

一 援引《大戴禮記》、《公羊傳》制定「七出」、「三不去」

《唐律疏議・戶婚律》「妻無七出而出之」條（總189條）疏文
曰：「七出者，依〈令〉：『一無子，二淫泆，三不事舅姑，四口舌，
五盜竊，六妒忌，七惡疾。』」[125]關於「七出」出自於《大戴禮記・
本命》，曰：

婦有七去：不順父母去，無子去，淫去、妒去、有惡疾去、多
言去、竊盜去。不順父母去，為其逆德也；無子，為其絕世
也；淫，為其亂族也；妒，為其亂家也；有惡疾，為其不可與

---

123 《詩經注疏》卷4〈國風・王風・大車〉，頁153、154。
124 《詩經注疏》卷4〈國風・王風・大車〉孔穎達正義曰：「古之大夫聽政也，非徒
不敢淫奔，又令室家有禮，使夫之與婦生則異室而居，死則同穴而葬，男女之別
如此。……夫婦宮室，辨外內，男不入，女不出，是禮也。生在於室則內外異，
死所以得同穴者，死則神合同而為一，故得同穴也。」頁154。
125 《唐律疏議》卷14〈戶婚律〉，頁267。

共粢盛也；口多言，為其離親也；盜竊，為其反義也。[126]

又《公羊傳》莊公二十七年（前667年），何休解釋「大歸曰來歸」時曰：

無子，棄，絕世也；淫泆，棄，亂類也；不事舅姑，棄，悖德也；口舌，棄，離視也；盜竊，棄，反義也，嫉妒，棄，亂家也；惡疾，棄，不可奉宗廟也。[127]

《唐律疏議》的「七出」與《大戴禮記》的「七去」相較，用字稍有不同，順序也略有更動，與《公羊傳》何休注的「七棄」相較，更為接近，順序完全相同，「嫉妒」改為「妒忌」，但意義相同。就實質內容而言，可以說《唐律疏議》「七出」幾乎完全承繼《大戴禮記》的「七去」和《公羊傳》何休注的「七棄」。依《唐律疏議》規定妻有下列七種情況，夫得以依法出妻，說明如下：

（1）「無子」：《大戴禮記》所載的理由為「絕世」。《孟子》曰：「不孝有三，無後為大。舜不告而娶，為無後也，君子以為猶告也。」[128]「無後」被視為不孝的重大事項。孟懿子問孝於孔子，孔子對曰：「無違」，「無違」即「生，事之以禮。死，葬之以禮，祭之以禮。」[129]當妻子無法生育，家族血脈無以為繼，膝下無子可娶媳，則無人主持家族祭祀，列祖列宗的魂魄將無所安頓，所以孟子說「無

---

126 方向東：《大戴禮記彙校集解》（北京：中華書局，2008年）卷13〈本命〉，頁1305。

127 《公羊傳注疏》卷8「莊公二十七年」，頁105。

128 《孟子注疏》卷7〈離婁上〉，頁137。

129 《論語注疏》卷2〈為政〉，頁16。

後」為「不孝」之最。依《唐律疏議》規定，女性至五十歲仍無子，夫才能出妻[130]，此說出自於《禮記》，〈內則〉曰：「妾雖老年，未滿五十，必與五日之御。」鄭玄注曰：「五十始衰，不能孕也。」[131]古人認為女性五十歲身體機能開始衰退，無法受孕。

（2）「淫泆」：《大戴禮記》所載的理由為「亂族」，妻子不守婦道，將紊亂家族血脈和倫理。「淫泆」導致「亂族」，見於《禮記・坊記》，曰：「諸侯不下漁色。故君子遠色以為民紀。故男女授受不親。御婦人則進左手。姑姊妹女子子已嫁而反，男子不與同席而坐。寡婦不夜哭。婦人疾，問之不問其疾。以此坊民，民猶淫泆而亂於族。」[132]男女之別，為人倫大要。

（3）「不事舅姑」：即《大戴禮記》所云的「不順父母」，理由為「逆德」。《禮記・內則》：「子甚宜其妻，父母不說，出；子不宜其妻，父母曰：『是善事我！』子行夫婦之禮焉，沒身不衰。」[133]妻未能好好孝順夫之父母，違逆婦德，不宜為人婦。古代個人娶妻事小，家族娶婦事大，如夫妻和樂，但妻子不得父母歡心，丈夫仍然必須離棄妻子。

（4）「口舌」：即《大戴禮記》所云的「多言」，理由為「離親」。《詩經》中〈瞻卬〉曰：「哲夫成城，哲婦傾城。懿厥哲婦，為梟為鴟。婦有長舌，維厲之階。亂匪降自天，生自婦人。」[134]幽王驕縱荒淫，寵愛褒姒，西周終於走向滅亡。[135]詩中指出男人多謀慮，則國

---

130 《唐律疏議》卷14〈戶婚律〉疏文曰：「問曰：妻無子者，聽出。未知幾年無子，即合出之？答曰：《律》云：『妻年五十以上無子，聽立庶以長。』即是四十九以下無子，未合出之。」頁268。

131 《禮記注疏》卷28〈內則〉，頁533。

132 《禮記注疏》卷30〈坊記〉，頁872。

133 《禮記注疏》卷12〈內則〉，頁512。

134 《詩經注疏》卷18〈大雅・瞻卬〉，頁694、695。

135 《詩經注疏》卷18〈大雅・瞻卬・序〉：「瞻卬，凡伯刺幽王大壞也。」頁694。

成；婦人多謀慮，則國傾。[136]褒姒長舌，如同梟、鴟，搬弄是非[137]，禍亂家國。古代家族人口眾多，婦人多言，必生是非，難免離間親屬之間的感情，導致父子失和、妯娌惡鬬、兄弟鬩牆的種種家族問題。

（5）「盜竊」：《大戴禮記》所載的理由為「反義」。《禮記・內則》曰：「子婦無私貨，無私畜，無私器，不敢私假，不敢私與。」[138]父母健在時，子孫及其配偶對家中的財產無自專之道，所以婦人不論是盜取或竊取家族中的財產，皆被視為違反義理的不正當行為。

（6）「妒忌」：《大戴禮記》所載的理由為「亂家」。《詩經・國風・周南・螽斯》曰：「螽斯羽，詵詵兮。宜爾子孫振振兮。螽斯羽，薨薨兮。宜爾子孫繩繩兮。螽斯羽，揖揖兮。宜爾子孫蟄蟄兮。」[139]其〈序〉曰：「言若螽斯不妒忌，則子孫眾多也。」[140]古代男子妻妾成群，如妻子妒忌，家中恐無安寧之日，也不利於傳承子嗣。

（7）「惡疾」：《大戴禮記》所載的理由為「不可與共粢盛」。《左傳》文公二年：「凡君即位，好舅甥，修婚姻，娶元妃以奉粢盛，孝也。孝，禮之始也。」[141]鄭玄注：「元妃，嫡夫人。奉粢盛，供祭祀。」[142]，又《禮記・祭統》曰：「夫祭也者，必夫婦親之。」[143]《詩經》中〈采蘩序〉曰：「夫人可以奉祭祀，則不失職矣。」[144]古

136　《詩經注疏》卷18〈大雅・瞻卬〉毛公傳曰：「哲，謂多謀慮也。城，猶國也。丈夫，陽也。陽動，故多謀慮，則成國。婦人，陰也。陰靜，故多謀慮乃亂國。」頁694。

137　《詩經注疏》卷18〈大雅・瞻卬〉毛公傳曰：「懿，有所痛傷之聲也。厥，其也。其，幽王也。梟、鴟，聲之鳥，喻褒姒之言無善。」頁695。

138　《禮記注疏》卷12〈內則〉，頁522。

139　《詩經注疏》卷1〈國風・周南・螽斯〉，頁35、36。

140　《詩經注疏》卷1〈國風・周南・螽斯〉，頁35。

141　《左傳注疏》卷18「文公二年」，頁304。

142　《左傳注疏》卷18「文公二年」，頁304。

143　《禮記注疏》卷25〈祭統〉，頁830。

144　《詩經注疏》卷1〈國風・召南・采蘩〉，頁46、47。

代娶婦就是為了祭祀祖先,如妻子因惡疾無法主持家族祭祀活動,丈夫得依法出妻。何謂「惡疾」?《公羊傳》昭公二十年(西元前522年)曰:「母兄稱兄,兄何以不立?有疾也。何疾爾?惡疾也。」何休解釋「惡疾」為「謂瘖、聾、盲、癘、禿、跛、不逮人倫之屬也。」[145]或可供參考。

原則上,妻子如有以上七種情形,丈夫得依法出妻。但是,如有以下三種情況,夫依然不得出妻。《唐律疏議·戶婚律》「妻無七出而出之」條(總189條)疏文曰:「『雖犯七出,有三不去』,三不去者,謂:一,經持舅姑之喪;二,娶時賤後貴;三,有所受無所歸。而出之者,杖一百。並追還合。」[146]關於「三不去」亦出自於《大戴禮記·本命》,其曰:

> 婦有三不去:有所取無所歸不去,與更三年喪不去,前貧賤後富貴不去。[147]

又《公羊傳》莊公二十七年(西元前667年),何休解釋「大歸曰來歸」時曰:

> 嘗更三年喪不去,不忘恩也;賤取貴不去,不背德也;有所受,無所歸不去,不窮窮也。[148]

《唐律疏議》的「三不去」與《大戴禮記》的「三不去」,用字稍有

145 《公羊傳注疏》卷23「昭公二十一年」,頁293。

146 《唐律疏議》卷14〈戶婚律〉,頁268。

147 方向東:《大戴禮記匯校集解》卷13〈本命〉,頁1305。

148 《公羊傳注疏》卷8「莊公二十七年」,頁105。

不同，順序也略有更動，與《公羊傳》何休注的「三不去」相較，更為接近，用字稍有不同，但順序完全相同。就實質內容而言，可以說《唐律疏議》「三不去」幾乎完全承繼《大戴禮記》與《公羊傳》何休的注文。總之，（1）婦人為舅姑服三年之喪，不得離棄，何休的理由是「不忘恩」。（2）娶妻前貧賤，娶妻後富貴，不得離棄，何休的理由是「不背德」。（3）女子出嫁時有娘家，出嫁後無娘家可歸者，不得離棄，何休的理由是「不窮窮」，即不窮盡其窮困之境。《唐律疏議・戶婚律》「妻無七出而出之」條（總189條）疏文曰：

> 雖犯七出，有三不去，而出之者，杖一百。追還合。若犯惡疾及姦者，不用此律。[149]

妻子雖然犯「七出」之條，但有「三不去」的情形，卻仍出妻者，處以杖刑一百下，並依法追回，仍為合法的妻子。但是妻子如患有惡疾或觸犯姦罪，並不適用本律條，即使妻有「三不去」的情形，夫仍舊可以出妻。

　　《唐律疏議・戶婚律》「義絕離之」條（總190條）曰：「諸犯義絕者離之，違者，徒一年。」[150]夫妻有「義絕」的情況，皆依法離婚，如違背法律，處以徒刑一年。何謂「義絕」？又《唐律疏議・戶婚律》「妻無七出而出之」條（總189條）疏文曰：

> 毆妻之祖父母、父母及殺妻外祖父母、伯叔父母、兄弟、姑、姊妹，若夫妻祖父母、父母、外祖父母、伯叔父母、兄弟、姑、姊妹自相殺及妻毆詈夫之祖父母、父母，殺傷夫外祖父

149　《唐律疏議》卷14〈戶婚律〉，頁267。
150　《唐律疏議》卷14〈戶婚律〉，頁268。

母、伯叔父母、兄弟、姑、姊妹及與夫之緦麻以上親、若妻母
姦及欲害夫者,雖會赦,皆為義絕。[151]

(1)夫犯妻黨:夫毆打妻的祖父母、父母及殺妻的外祖父母、伯叔父
母、兄弟、姑、姊妹等,以及與妻母通姦。(2)妻犯夫家:妻毆詈夫
之祖父母、父母,殺傷夫外祖父母、伯叔父母、兄弟、姑、姊妹及與
夫之緦麻以上親,以及想要加害丈夫。(3)親屬相犯:夫妻祖父母、
父母、外祖父母、伯叔父母、兄弟、姑、姊妹自相殺害。疏文曰:

> 夫妻義合,義絕則離。違而不離,合得一年徒罪。離者,既無
> 「各」字,得罪止在一人,皆坐不肯離者;若兩不願離,即以
> 造意為首,隨從者為從。皆謂官司判為義絕者,方得此坐,若
> 未經官司處斷,不合此科。[152]

夫妻以義結合,義絕之時則當離異,如違背法律而不離異,處以徒刑
一年,律條中無「各」字,所以並非夫妻皆得受罰,僅處罰不肯離異
的一方,若夫妻皆不願離異,即以造意者為首犯,隨從者為從犯。由
官府判定為「義絕」者,才有本條的適用,如未經官府處斷,不受此
條的處罰。申言之,當妻有「七出」的情形,夫可決定出妻或不出
妻;但如有「義絕」的情形,夫妻的作法只有二個:一是由夫出妻,
二是兩願離異,否則就會觸犯法律,被科以刑罰,最後仍由官府強制
離異。

---

151 《唐律疏議》卷14〈戶婚律〉,頁268。
152 《唐律疏議》卷14〈戶婚律〉,頁268。

二　援引《儀禮》、《左傳》說明不得「擅去」

　　夫不得任意出妻，結束兩方的婚姻關係，妻亦不得擅自離開夫。《唐律疏議‧戶婚律》「義絕離之」條（總190條）曰：「即妻妾擅去者，徒二年；因而改嫁者，加二等。」[153] 疏文曰：

> 婦人從夫，無自專之道，雖見兄弟，送迎尚不踰閾。若有心乖唱和，意在分離，背夫擅行，有懷他志，妻妾合徒二年。因擅去而即改嫁者，徒三年，故云「加二等」。室家之敬，亦為難久，帷薄之內，能無忿爭，相嗔暫去，不同此罪。[154]

《唐律疏議》援引《儀禮》和《左傳》說明婦人擅去違法的原因。「婦人從夫，無自專之道」出自於《儀禮‧喪服》中〈傳〉曰：

> 婦人有三從之義，無專用之道，故未嫁從父，既嫁從夫，夫死從子。故父者子之天也；夫者，妻之天也。[155]

婦人無自專之道，未嫁以父親的意見為意見，既嫁以丈夫的意見為意見，丈夫死後以兒子的意見為意見。「雖見兄弟，送迎尚不踰閾」出自於《左傳》僖公二十二年（西元前638年）：

> 丙子晨，鄭文夫人羋氏、姜氏勞楚子於柯澤。楚子使師縉示之俘馘。君子曰：非禮也。婦人送迎不出門，見兄弟不踰閾，戎

153　《唐律疏議》卷14〈戶婚律〉，頁268。
154　《唐律疏議》卷14〈戶婚律〉，頁268。
155　《儀禮注疏》卷30〈喪服〉，頁359。

事不踰女器。[156]

婦人見自己的兄弟尚不能踰越屋子的門檻，更遑論依照自己的意思，專斷妄作，擅自離開夫家，倘若妻子有心使夫妻關係不和諧，用意在於與丈夫分離，甚至背棄丈夫擅自行動，並且懷有他志，皆處以徒刑二年。但是，《唐律疏議》也明白夫妻之間，相敬如賓的情形難以持久，日常相處難免有所磨擦，因發怒而暫時離去，另當別論。

　　承上所述，妻妾擅去處以徒刑二年，妻妾擅去且改嫁他人，刑罰再加二等，即處以徒刑三年。如由祖父母、父母或期親尊長等主婚，該如何論罪科刑？《唐律疏議‧戶婚律》「義絕離之」條（總190條）疏文曰：

> 問曰：妻妾擅去徒二年，因而改嫁者加二等。其有父母、期親等主婚，若為科斷？
> 答曰：下條：「嫁娶違律，祖父母、父母主婚者，獨坐主婚。若期親尊長主婚者，主婚為首，男女為從。」父母知女擅去，理須訓以義方。不送夫家，違法改嫁，獨坐父母，合徒三年；其妻妾之身，唯得擅去之罪。期親主婚，自依首從之法。[157]

嫁娶違律，如由祖父母、父母主婚，獨坐主婚人；如由期親尊長主婚，則主婚人為首犯，男女為從犯。父母知女兒擅去，理當必須以義方訓斥。教子女以義方出自《左傳》，隱公三年（西元前724年）石碏勸諫衛莊公曰：

156　《左傳注疏》卷15「僖公二十二年」，頁249。
157　《唐律疏議》卷14〈戶婚律〉，頁269。

臣聞愛子，教之以義方，弗納於邪。驕、奢、淫、泆，所自邪也。……夫賤妨貴，少陵長，遠間親，新間舊，小加大，淫破義，所謂六逆也；君義，臣行，父慈，子孝，兄愛，弟敬，所謂六順也。去順效逆，所以速禍也。[158]

真正愛護子女的話，就必須以義方教育，義方就是天道，包含一切倫理道德的義蘊，使其行為舉止不致於出禮而入刑，陷於災禍之中。如父母不將女兒送回夫家，還違法改嫁女兒，父母應處以徒刑三年；女兒本人仍依擅去之罪處置，處以徒刑二年，不必因改嫁再加二等。

158　《左傳注疏》卷3「隱公三年」，頁53。

第六章

《唐律疏議》的親屬關係[*]

　　《禮記・喪服四制》曰：「凡禮之大體，體天地，法四時，則陰陽，順人情，故謂之禮。……夫禮，吉凶異道，不得相干，取之陰陽也。喪有四制，變而從宜，取之四時也。有恩，有理，有節，有權，取之人情也。恩者，仁也；理者，義也；節者，禮也；權者，知也。仁、義、禮、智，人道具矣。」[1] 凡人間的制度皆與天地相契相應，故而聖人體察天地，效法四時，取法陰陽，順應人情而有喪禮，古代喪服主要見於《儀禮・喪服》，透過喪服可釐定兩造當事人的親屬關係，從而決定刑罰的輕重。

第一節　《唐律疏議》的親屬名分

　　熊十力《讀經示要》云：「死喪之禮，禮經最重，此是儒家精神所在。」[2] 點出了儒家對於喪禮的重視，雖然隨著時代的變遷和觀念的改變，歷朝歷代皆對古禮難免有所改動，但依輩分的尊卑長幼、血緣的親疏遠近、感情的深淺厚薄而有不同服制的核心價值則恆古不變。《唐律疏議》對《儀禮・喪服》有所承繼，也有所調整，律典採

---

[*]　本章部分內容曾發表於〈《儀禮》對《唐律疏議》的影響──以「親屬名分」諸問題為探討核心〉，《中央大學人文學報》第55期，2013年6月，渥蒙匿名審查先生悉心指正，謹致謝忱。

[1]　《禮記注疏》卷49〈喪服四制〉，頁1032。

[2]　熊十力：《讀經示要》（臺北：明文書局，1984年），頁94。

用「期親」、「大功」、「小功」、「緦麻」之稱，但不用「斬衰」與「齊衰」之名，這並不代表律典中無「斬衰」與「齊衰」親屬的規範，而是直接以親屬之名指稱。

一　依《禮記》定義「親屬」

《唐律疏議》於「役使所監臨」條（總143條）、「盜經斷後三犯」條（總299條）、「邀車駕撾鼓訴事不實」條（總358條）中皆可見「親屬」的定義，曰：

> 親屬，謂緦麻以上及大功以上婚姻之家。[3]

依《唐律疏議》所載，親屬主要分為「血親」與「姻親」兩種：「血親」是指具有血緣關係之親屬，包括：斬衰、齊衰、大功、小功與緦麻等親屬；「姻親」則是指因婚姻關係而生之親屬，包括：（一）「血親之配偶」（二）「配偶之血親」兩種，此中所謂的「血親」僅限於斬衰、齊衰、大功等親屬。《唐律疏議》以喪禮服制定義「親屬」，由此可見，國家法制與喪禮服制的關係之緊密。《禮記‧大傳》云：

> 四世而緦，服之窮也；五世袒免，殺同姓也。六世，親屬竭矣。[4]

3　《唐律疏議》卷11〈職制律〉「役使所監臨」條（總143條），頁225、226；卷20〈賊盜律〉「盜經斷後三犯」條（總299條），頁378；卷24〈鬪訟律〉「邀車駕撾鼓訴事不實」條（總358條），頁447。

4　《禮記注疏》卷16〈大傳〉，頁617。

鄭玄注曰：

> 四世共高祖；五世高祖昆弟；六世以外親盡無屬名。[5]

孔穎達疏文曰：

> 四世謂上至高祖以下至己兄弟，同承高祖之後。為族兄弟相報
> 緦麻，是服盡於此，故緦麻服窮，是四世也。五世袒免殺同姓
> 也者，言服袒免而無正服，減殺同姓也。六世親屬竭矣者，謂
> 其承高祖之祖者也。言不服袒免，同姓而已，故云：「親屬竭
> 矣」。[6]

四世親屬的血脈向上追溯，同承高祖，喪服為緦麻，五服服制盡於
此；五世親屬僅袒免而無正服，關係疏遠，只能說是同姓而已；六
世，親屬關係竭盡，已無親屬之名。《唐律疏議・名例律》「稱期親祖
父母等」條（總52條）曰：

> 稱袒免以上親者，各依本服論，不以尊壓及出降。義服同正
> 服。[7]

本條疏文曰：

> 假令皇家絕服旁期及婦人出嫁，若男子外繼，皆降本服一等，

5　《禮記注疏》卷16〈大傳〉，頁617。
6　《禮記注疏》卷16〈大傳〉，頁617。
7　《唐律疏議》卷6〈名例律〉，頁137。

若有犯及取蔭，各依本服，不得以尊壓及出降即依輕服之法。義服者，妻妾為夫，妾為夫之長子及婦為舅姑之類，相犯者並與正服同。[8]

《唐律疏議》中的親屬關係皆以「本服」為判準，不隨著禮法中「尊壓」和「出降」的情況而有所改動。「尊壓」謂皇家地位尊貴，對旁期以尊壓而絕服，「出降」謂女子出嫁、男子外繼，兩種情況皆降本服一級。[9]由此可見，唐代法律對於身分認定以「血統」為終極根據，不因生於皇家、出嫁、外繼等因素而有所改變，此將有助於建立律典的穩定性與安定性。此外，「義服」親屬相犯時，視同「正服」親屬相犯。「義服」是指為無血統關係的親屬所服之服，如：妻妾為夫、妾為夫之長子、婦為舅姑等[10]，「正服」是指為有血統關係的親屬所服之服，凡「正服」親屬皆具有血親關係。義服親屬本無自然的血統關係，《唐律疏議》賦予義服親屬具有血親關係的法律效果，此規範自有其積極意義：義服親屬如能視彼此為血親關係，必然有助於家族社會的和諧安定。

二　親屬名分的問題：對《儀禮》的承繼與調整

《唐律疏議》無「斬衰」與「齊衰」之名，主要原因是「斬衰」與「齊衰」之名既無法完全含括《唐律疏議》中重新劃分、歸類的親

8　《唐律疏議》卷6〈名例律〉，頁137。

9　《唐律疏議》卷6〈名例律〉疏文曰：「假令皇家絕服旁期及婦人出嫁，若男子外繼，皆降本服一等，若有犯及取蔭，各依本服，不得以尊壓及出降即依輕服之法。」頁137。

10　《唐律疏議》卷6〈名例律〉疏文曰：「義服者，妻妾為夫，妾為夫之長子及婦為舅姑之類，相犯者並與正服同。」頁137。

屬關係，遂捨棄不用，直接寫出親屬名稱。那麼，《唐律疏議》對於《儀禮‧喪服》親屬的定位有何改動？又有哪些親屬名分上的問題，是透過《儀禮‧喪服》所載的內容尋求解答？以下將釐定《唐律疏議》親屬名分的幾個問題。

（一）「父」與「母」的問題

目前，學者在論及唐代法律父、母的類型時，多以「三父八母」概括，此說蓋由仁井田陞先生與戴炎輝先生提出。[11]「三父」，皆指繼父，不包括己之生父，分為「同居」、「嘗同居，今異居」、「未嘗同居」三種情形；「八母」，即嫡母、繼母、養母、出母、嫁母、庶母、慈母、乳母。黃玫茵女士於〈唐代三父八母的法律地位〉中說：

> 唐代法律中的父、母共有幾種類型？仁井田陞、戴炎輝氏提出
> 「三父八母」以概括。二氏取宋之名用於唐代，愚意以乃唐代
> 已有此數類型之父母存在，唯尚未創一名詞概括涵蓋，故二氏
> 借用宋代名詞以指稱。唐代雖未必已有「三父八母」之總名，
> 唯就服制而言，確實已有符合「三父八母」之父、母類型存
> 在。[12]

以宋代「三父八母」的概念探討唐代法律父、母的類型，有幾個問題：第一個問題是將宋代語詞用於唐代是否合適？第二個問題是「三父八母」並不包括親父與親母，討論唐代法律中父、母的類型，不將

---

11 相關論述，見於仁井田陞《中國身分法史》（東京：東京大學出版社，1983年）與戴炎輝《唐律通論》（臺北：正中書局，1970年）。

12 黃玫茵〈唐代三父八母的法律地位〉，收入高明主編：《唐代身分法制研究──以唐律名例律為中心》（臺北；五南圖書出版公司，2003年），頁91。

親父與親母列入討論是否合適？第三個問題是黃氏指出就「服制」而言，唐代確實已有符合「三父八母」之父、母類型存在，關鍵點在於討論「唐代法律」，當就「法律」而言，唐代「法律」中是否確實已有符合「三父八母」之父、母類型存在？徐乾學《讀禮通考》指出「三父八母」出於《元典章》，列父之名以三，而親父不與，列母之名有八，而親母不在其中，因此雖列有圖表說明，卻多有難解之處，於是另行擬定「五父十三母」之圖。事實上，車垓《內外服飾通釋》已作有「三父八母服制之圖」，雖有圖、有說、有名義、有提要，但意義隱晦難通，踵繼其後的《元典章》自然也難解。[13]第一個問題，討論唐代的議題，當將文獻置於唐代的歷史脈絡之中，唐朝既尚未形成「三父八母」的說法，用此詞說明唐代父、母的類型，恐有不妥之處。再者，明、清學者然已經發覺「三父八母」的闕失，而有「五父十母」、「六父十三母」、「五父十三母」之說。何以要用「三父八母」來說明唐代法律的父、母的類型？第二個問題，父、母的類型中最重要的就是親父、親母，討論唐代父、母的類型時，應當就親父、親母的部分加以說明，更何況「三父八母」之所以難解，正是因為親父、親母不在其中，用「三父八母」說明唐代法律的父、母類型，恐落入同樣的困境。第三個問題，《唐律疏議》中完全沒有提及「嫁母」、「乳母」，唐代法律如何能有「八母」之說？「出母」一詞在《唐律疏議》中僅出現二次：第一次是說明嫡子出母的父母與繼母的父母，皆是自己的外祖父母[14]；第二次是說明依《唐律疏議》規定，子女不

---

13 林素英：〈以「父」名、「母」名者服喪所凸顯的文化現象——以《儀禮·喪服》為討論中心〉，《中國學術年刊》第20期（1999年3月），頁34註2。

14 《唐律疏議》卷1〈名例律〉「十惡」條（總6條）曰：「依禮，嫡子為父後及不為父後者，並不為出母之黨服，即為繼母之黨服，此兩黨俱是外祖父母。」頁137。

得告父母，繼母殺被出的親母則是例外[15]。「庶母」一詞在《唐律疏議》中僅出現一次，即嫡母、繼母殺其所生庶母，子女不得告。[16]誠如黃玫茵所言：「出母、嫁母為子之親母，因生子而形成之母子關係永久有效。縱使出母與父已離異，嫁母於父亡後改嫁，親母與父已非夫妻，仍不影響母子關係。」[17]女子被出或改嫁，並不影響其與子女的關係。再者，依據《儀禮・喪服》所載，「出妻之子為母」服「齊衰杖期」之喪，鄭玄注曰：「母犯七出，去謂去夫氏，或適他族，或之本家。」[18]古時「出妻」離開夫家後，可能改嫁他族，也可能留在本家，就《儀禮・喪服》的思考方式而言，女子被出就有可能改嫁，毋需分立「出母」與「嫁母」，《唐律疏議》承繼《儀禮・喪服》的思想脈絡，律典中亦不見「嫁母」一詞。因此，本文不以「三父八母」概括《唐律疏議》的父母類型，而是向上推衍，從《儀禮・喪服》觀察《唐律疏議》，審視《唐律疏議》對《儀禮・喪服》的承繼與調整。

依《儀禮・喪服》所載，斬衰為五服之中最重者，痛失至親，哀傷最深，喪期為三年，《儀禮・喪服》傳曰：「斬者何？不緝也。」[19]賈公彥疏：「言斬衰裳者，謂斬三升布以為衰裳；不言裁割而言斬者，取痛甚之意。」[20]斬衰之「斬」有二層意義：就服制而言，是指喪服

---

15 《唐律疏議》卷23〈鬥訟律〉「告祖父母父母」條（總345條）曰：「問曰：所生之母被出，其父更娶繼妻，其繼母乃殺所出之母，出母之子合告以否？答曰：所養父母，本是他人，殺其所生，故律聽告。今言出母，即是所生，名例稱：『犯夫及義絕者，得以子蔭。』即子之於母，孝愛情深，顧復之恩，終無絕道。繼母殺其親母，準例亦合聽告。」頁432、433。

16 《唐律疏議》卷23〈鬥訟律〉「告祖父母父母」條（總345條）曰：「若嫡、繼母殺其所生庶母，亦不得告。」頁432。

17 黃玫茵：〈唐代三父八母的法律地位〉，收入《唐代身分法制研究──以唐律名例律為中心》，頁91，頁108。

18 《儀禮注疏》卷30〈喪服〉，頁355。

19 《儀禮注疏》卷29〈喪服〉，頁346。

20 《儀禮注疏》卷29〈喪服〉，頁346。

不縫衣邊；就情意而言，提指哀痛如斬。《儀禮‧喪服》「斬衰」曰：

> 父。〈傳〉曰：為父何以斬衰也？父，至尊也。[21]

何以《儀禮‧喪服》「斬衰」中只云「父」，而不見「母」？賈公彥疏
解釋曰：

> 天無二，家無二尊，父是一家之尊，尊中至極，故為之斬。[22]

古人以「天」為人事的終極根據，既然「天」是獨一無二的唯一存
在，那麼家中的至尊就只能有一人，不能二人並尊，父親是一家之
尊，在所有的尊長中擁有至尊的地位，子女為其服最重的斬衰之服，
如此一來，子女就不能為母親服與父親相同的斬衰之服。子女為母親
所服之制視父親在世與否而有不同規定：（1）《儀禮‧喪服》「齊衰杖
期」曰：「父在為母。」[23]〈傳〉曰：「何以期也？屈也。至尊在，不
敢伸其私尊也。」[24]鄭玄注曰：「尊得伸也。」[25]母親逝世時，如身為
家中至尊的父親尚在，只能服齊衰杖期之喪。儒家思想中的父母之恩
雖無輕重之別，但就家族地位而言仍有尊卑之等。（2）《儀禮‧喪服》
「齊衰三年喪」曰：「父卒則為母。」[26]父卒後，始可為母服齊衰三年
之喪。《禮記‧檀弓上》中有一段伯魚哭母的記載，曰：

---

21 《儀禮注疏》卷29〈喪服〉，頁338。

22 《禮記注疏》卷63〈喪服四制〉，頁1032。

23 《儀禮注疏》卷30〈喪服〉，頁354。

24 《儀禮注疏》卷30〈喪服〉，頁354。

25 《儀禮注疏》卷30〈喪服〉，頁352。

26 《儀禮注疏》卷30〈喪服〉，頁352、353。

> 伯魚之母死，期而猶哭。夫子聞之曰：「誰與哭者？」門人曰：「鯉也。」夫子曰：「嘻！其甚也。」伯魚聞之，遂除之。[27]

孔子之子孔鯉，字伯魚。伯魚之母死後一年，伯魚仍傷心哭泣，孔子認為伯魚的行為太過。孔子尚在，此時伯魚當除喪止哭，否則便悖於禮制了。依據《儀禮·喪服》所載，「出妻之子為母」服「齊衰杖期」之喪，喪期與「父在為母」相同，可見母親被出，雖與父親不再是夫妻，但並不影響母子關係，所以鄭玄曰：「母子至親無絕道」[28]。《唐律疏議·鬭訟律》「妻妾毆詈故夫父母」條（總331條）疏文曰：

> 子孫身亡，妻妾改嫁，舅姑見在，此為「舊舅姑」。今者，姑雖被棄，或已改醮他人，子孫之妻，孀居守志，雖於夫家義絕，母子終無絕道，子既如母，其婦理亦如姑。姑雖適人，婦仍在室，理依親姑之法，不得同於舊姑。[29]

此中討論的是舊姑與舊媳的關係，但從「母子終無絕道」一言中，母親被出，或改嫁，雖與夫家的情義斷絕，但其與子女的血緣無法切斷，親親之道也不會因此廢絕，《唐律疏議》的觀念與《儀禮·喪服》的義理相通。雖然，依《儀禮·喪服》，子女為「父」服斬衰之服，為「母」服齊衰之服，服制不同，但在《唐律疏議》「父」與「母」多連稱，犯「母」與犯「父」的罪刑相同，「母」與「父」的法律地位相同，「斬衰」與「齊衰」遂無分立的必要。

　　接著，討論嫡母、繼母、慈母以及因無子而收養同宗之子的養

27　《禮記注疏》卷3〈檀弓上〉，頁125。

28　《儀禮注疏》卷30〈喪服〉，頁355。

29　《唐律疏議》卷22〈鬭訟律〉，頁416。

母。《唐律疏議・名例律》「稱期親祖父母等」條（總52條）曰：「其嫡、繼、慈母，若養者，與親同。」[30]疏文解釋如下：

> 嫡謂嫡母，《左傳》注云：「元妃，始嫡夫人。」庶子於之稱嫡。繼母者，謂嫡母或亡或出，父再娶者為繼母。慈母者，依《禮》：「妾之無子者，妾子之無母者，父命為母子，是名慈母。」非父命者，依《禮》服小功，不同親母。「若養者」，謂無兒，養同宗之子者。慈母以上，但論母；若養者，即并通父。故加「若」字以別之，並與親同。[31]

《儀禮・喪服》中並無關於「嫡母」的記載，《唐律疏議》於此援引《左傳》說明「嫡母」，隱公元年曰：

> 惠公元妃孟子。孟子卒，繼室以聲子，生隱公。[32]

杜預注：

> 言元妃，明始適夫人也。[33]

元妃，即第一位嫡夫人，嫡夫人死亡或被出時，再娶者為繼室。父親所娶的第一位嫡夫人，庶子稱其為嫡母；嫡母死亡或被出，父親再娶之妻為繼母。「繼母」與「慈母」一詞見於《儀禮・喪服》，曰：

---

30 《唐律疏議》卷6〈名例律〉，頁136。

31 《唐律疏議》卷6〈名例律〉，頁137。

32 《左傳注疏》卷2「隱公元年」，頁28、29。

33 《左傳注疏》卷2「隱公元年」，頁28。

> 繼母如母。〈傳〉曰：繼母何以如母？繼母之配父，與因母
> 同，故孝子不敢殊也。慈母如母。〈傳〉曰：慈母者，何也？
> 〈傳〉曰：妾之無子者，妾子之無母者，父命妾曰：「女以為
> 子」，命子曰：「女以為母」。若是，則終其身如母。[34]

孝子視繼母為親母，因為繼母為父親配偶，即為自己的母親，不敢有
差別之心。所謂「慈母」，父親眾妾中無子者，又有妾所生之子無母
者，父親命令妾曰：「汝以為子」，又命令子曰：「汝以為母」，則此子
終身視此妾為母。能否成為「慈母」的關鍵在於有無父命，如無父命
者，依禮僅服小功之喪，不同於親母，如有父命者，則慈母如親母。
繼母、慈母的服制皆如親母之規定。如本身無子，收養同宗之子，養
母和養父視同親母和親父。綜上所言，嫡母、繼母、慈母以及因無子
而收養同宗之子的養母，在《唐律疏議》的法律地位皆等同於親母，
其中「繼母、慈母如母」的立法依據為《儀禮・喪服》。《唐律疏議・
鬥訟律》「告祖父母、父母」條（總345）曰：

> 嫡、繼、慈、養，依例雖同親母，被出、改嫁，禮制便與親母
> 不同。其改嫁者，唯止服期，依令不合解官，據禮又無心喪，
> 雖曰子孫，唯準期親卑幼，若犯此母，亦同期親尊長。被出
> 者，禮既無服，並同凡人。[35]

如前所述，嫡母、繼母、慈母以及因無子而收養同宗之子的養母，在
《唐律疏議》中的法律地位皆等同於親母。但是，以上之母如被出或
改嫁，就禮制而言，便與親母不同：改嫁者，視同期親尊長；被出
者，視同一般人。

34　《儀禮注疏》卷30〈喪服〉，頁352、353。
35　《唐律疏議》卷23〈鬥訟律〉，頁433。

　　最後，要討論「繼父」的問題。前夫之子稱後夫為「繼父」，為繼父服喪有二種：一為齊衰不杖期，一為齊衰三月。《儀禮‧喪服》「齊衰不杖期」〈傳〉解釋「繼父同居者」時曰：「何以期也？夫死，妻稚，子幼。子無大功之親，與之適人，而所適者亦無大功之親，所適者以其貨財為之築宮廟，歲時使之祀焉，妻不敢與焉。若是，則繼父之道也，同居則服齊衰期，異居則服齊衰三月也。必嘗同居，然後為異居；未嘗同居，則不為異居。」[36]鄭玄注曰：「妻稚，謂年未滿五十。子幼，謂年十五已下。子無大功之親，謂同財者也。為之築宮廟於家門之外，神不歆非族，妻不敢與焉，恩雖至親，族已絕矣，夫不可二。」[37]婦人攜子女再嫁，則再嫁之夫為子女的「繼父」，如繼父無大功內親，自己亦無大功內親，繼父並為自己築宮廟，則為繼父服齊衰不杖期之喪；其後如繼父有子，或自己成家有子，則為繼父服齊衰三月。[38]

　　《唐律疏議》承繼《儀禮‧喪服》思考脈絡，認為繼父子之間的關係視有無「同居」而有所不同，可分為三種情形：（1）繼父子「同居」（2）繼父子「嘗同居，今異居」（3）繼父子「未嘗同居」。但是，不依《儀禮‧喪服》所載，將繼父視為齊衰尊長。《唐律疏議‧鬪訟律》「毆妻前夫子」條（總333條）中，疏文曰：

　　　　「同居」者謂與繼父同居，立廟服期。……依《禮》「繼父同

36　《儀禮注疏》卷31〈喪服〉，頁364。

37　《儀禮注疏》卷31〈喪服〉，頁364。

38　胡培翬《儀禮正義》（臺北：臺灣商務印書館，1965年，收於王雲五主編《萬有文庫薈要》）卷22〈喪服〉：「馬以子不隨母往為未嘗同居，賈則以初隨母往時三者有一闕，即為未嘗同居，以此傳及小記之文考之，則賈說為細密。惟其初時兩無大功，同財祀先，嬴煢獨相倚，恩誼至深，故得以繼父同居目之而為齊衰期。其後或繼父更有子，或已自有子，更立家廟，雖不同居而其初時同居之恩不可忘，故為齊衰三月也。」頁58。

居，服期」，謂妻少子幼，子無大功之親，與之適人，所適者
亦無大功之親，而所適者以其資財，為之築家廟於家門之外，
歲時使之祀焉，是謂「同居」。……其不同居者，謂先嘗同
居，今異者。繼父若自有子及有大功之親，雖復同住，亦為異
居。若未嘗同居，則不為異居，即同凡人之例。其先同居今異
者，毆之同緦麻尊，……同居者，雖著期服，終非本親，犯者
不同正服，止加緦麻尊一等……。注云「餘條繼父準此」，謂
諸條準服尊卑相犯得罪，並準此例。……於前夫之子，不言與
緦麻卑幼同，毆之準凡人減罪，不入緦麻卑幼之例。[39]

（1）第一種情形：繼父子「同居」，繼父為妻前夫之子建立家廟，依
《儀禮・喪服》則該子必須為繼父服齊衰不杖期之喪。這是因為妻少
子幼，子無大功親屬，遂與母親一同改嫁，母親再嫁的對象亦無大功
親屬，後夫並以自己的資財為妻前夫之子建築家廟於家門之外，讓妻
前夫之子每年按時至家廟中祭祀。此種情形，《唐律疏議》未依《儀
禮・喪服》視繼父為期親，而是依侵犯緦麻尊長再加一等，理由是繼
父終非是繼子的本親。（2）第二種情形：繼父子「不同居」者，是說
曾經「同居」，現在「異居」者。繼父如有了自己的子嗣，或有了大功
親屬，繼父子雖然同住，亦視為「異居」。此種情形，《唐律疏議》視
繼父為緦麻尊長，侵犯繼父依侵犯緦麻尊長處置。（3）第三種情形：
所謂「未嘗同居」，是說繼父子未嘗同居，這種情形與上面所說的「異
居」不同。此種情形，《唐律疏議》視繼父為一般人，科以一般刑責。
《唐律疏議》對於《儀禮》有所承繼，卻也有所改動，從《唐律疏
議》的規範中，不難發現唐代法律有意沖淡「繼父」與「繼子」兩方

---

39 《唐律疏議》卷23〈鬥訟律〉，頁419。

的關係，以「終非本親」為由，刻意降低「繼父」的地位。[40]

（二）「祖父母」、「曾祖父母」、「高祖父母」的問題

根據《儀禮・喪服》所載，「孫、孫女」為「祖父母」服齊衰不杖期之喪，「曾孫、曾孫女」為「曾祖父母」服齊衰三月之喪，至於「玄孫、玄孫女」應如何為「高祖父母」服喪，則缺乏明確的記載。《儀禮・喪服》「齊衰不杖期」曰：

> 祖父母。〈傳〉曰：何以期也？至尊也。[41]

又《儀禮・喪服》「齊衰三月」曰：

> 曾祖父母。〈傳〉曰：何以齊衰三月也？小功者，兄弟之服也；不敢以兄弟之服服至尊也。[42]

鄭玄注曰：

> 正言小功者，服之數盡於五，則高祖宜緦麻，曾祖宜小功也。據祖期則曾祖宜大功，高祖宜小功也。曾祖、高祖皆有小功之差，則曾孫玄孫為之服同也。[43]

---

40 唐代禮制承繼《儀禮》，為繼父同居者服「齊衰不丈周」之喪，為繼父不同居者服「齊衰三月」之喪，見《新唐書》卷20〈禮樂志〉，頁443、444。

41 《儀禮注疏》卷30〈喪服〉，頁355。

42 《儀禮注疏》卷31〈喪服〉，頁369。

43 《儀禮注疏》卷31〈喪服〉，頁369。

《儀禮・喪服》所載直系血親尊親屬止於曾祖父母，無高祖父母的記載，曾祖父母為三世之親，依正例應為小功之服[44]，如此說來，玄孫宜為高祖父母服緦麻之服[45]。又孫為祖父母加服至期，那麼曾孫為曾祖父母宜加服至大功，玄孫為高祖父母宜加服至小功。子孫究竟應為曾祖父母、高祖父母服何服？《新唐書・禮樂志》明確指為曾祖父母服齊衰五月、為高祖父母服齊衰三月。[46]依《儀禮・喪服》，「父母」、「祖父母」、「曾祖父母」、「高祖父母」親疏遠近不同，服制自然也各異，但《唐律疏議》將直系血親尊親屬視為一個整體，法律地位皆相同。《唐律疏議》「告祖父母、父母」條（總345）曰：

> 子孫之於祖父母、父母，皆有祖父子孫之名，其有相犯之文，多不據服而斷。[47]

依《儀禮・喪服》所載，「子女」為「父母」與「孫、孫女」為「祖父母」所服之服不同，但在《唐律疏議》的律條中與「父母」與「祖父母」幾乎都是並列出現，也就是說，與「父母」相關的條文皆適用於「祖父母」，「父母」、「祖父母」在法律上的地位相同，所以「子

---

44 林素英《喪服制度的文化意義——以《儀禮・喪服》為討論中心》（臺北：文津出版社，2000年）：「三世之親，依正例應服小功，……對尊親之曾祖父母加服至齊衰三月，而對於與曾祖父母相對稱關係之曾孫，則因為曾祖父母為曾孫之服的期限不可超過曾孫為曾祖父母之服，因此為曾孫之服就因『服窮而降』而出於服喪正例之外，導致直系親屬中三世之親並無正例之屬。」頁114。

45 林素英《喪服制度的文化意義——以《儀禮・喪服》為討論中心》：「四世之親：依正例應服緦麻，……由己而上，四世而至高祖；由己而下，四世而至玄孫，因此高祖與玄孫當有緦服之服，不過以高祖之尊，因而後代子孫不可為之服緦，而且玄孫得見於高祖之機會又微乎其微，因此服制條例中又略而不見為玄孫緦麻之正例。」頁114。

46 《新唐書》卷20〈禮樂志〉，頁443、444。

47 《唐律疏議》卷23〈鬥訟律〉，頁433。

女」犯「父母」與「孫、孫女」犯「祖父母」罪責相同,並不因服制不同,而有不同處斷。《唐律疏議‧名例律》「稱期親祖父母等」條(總52條)規定:

> 諸稱「期親」及稱「祖父母」者,曾、高同。[48]

凡律中提及「期親」與「祖父母」的規定,皆適用於「曾祖父母」、「高祖父母」,也就是說,「曾祖父母」、「高祖父母」與「祖父母」的法律地位相同,又「祖父母」與「父母」的法律地位相同,如此一來,「父母」、「祖父母」、「高祖父母」、「曾祖父母」等直系血親尊親屬遂自成一個範圍,凡「子女」犯「父母」、「孫、孫女」犯「祖父母」、「曾孫、曾孫女」犯「曾祖父母」、「玄孫、玄孫女」犯「高祖父母」,罪責皆相同,不因服制輕重而有不同處置。

　　《唐律疏議》將「父母」、「祖父母」、「曾祖父母」、「高祖父母」視為一個整體,當是為了強調「血統」與「孝道」的重要性。「血統」是與天俱來、無法選擇的關係,被視為是天命;「孝道」則是對此與天俱來、無法選擇的血親,表達敬愛之情。在悠久的中國文化長河中,父母為天,子女為地,代代如此。在法律上,直系血親間的關係始終不對等,卑親屬對尊親屬負擔種種義務,但幾乎無法主張任何權利,「順從」是對卑親屬最基本的要求。《唐律疏議》何以如此強調「血脈」與「孝道」的重要性?這是由於帝王透過對「血脈」與「孝道」的推崇,能使自己的地位更顯得神聖不可侵犯,確立帝王與子民之間的綱常倫理——帝王是天命之所歸,其血脈具有神聖性,不可動搖,天下百姓皆是帝王的子民,子民對帝王亦當盡孝,此孝即是忠。

48　《唐律疏議》卷6〈名例律〉,頁136。

唐玄宗注重孝道，御注《孝經》，使得《孝經》成為十三經注疏中唯一由帝王親自注解的儒家經典，其於〈序〉中曰：

> 朕聞上古，其風朴略，雖因心之孝已萌，而資敬之禮猶簡，及乎仁義既有，親譽益著，聖人知孝之可以教人也，故因嚴以教敬，因親以教愛，於是以順移忠之道，昭矣；立身揚名之義，彰矣。子曰：「吾志存《春秋》，行在《孝經》。」是知孝者德之本歟！[49]

《孝經》開宗明義曰：「夫孝始事親，中於事君，終於立身。」[50]孝道是一切道德的根本，孝即是敬愛尊長，既然能敬愛尊長，必然能敬愛君王，將孝移作忠，以忠孝立身處世，揚名於後世，光顯父母，此為孝道的最終理想。

（三）「期親」的問題

齊衰親屬排除直系血親尊親屬後的齊衰不杖期親屬，《唐律疏議》稱為「期親」，茲將與「期親」相關的疏文引錄如下：

> 「期親」者，謂伯叔父母、姑、兄弟姊妹、妻、子及兄弟子之類。又〈例〉云：「稱期親者，曾、高同。」及孫者，謂嫡孫、眾孫皆是，曾、玄亦同。其子孫之婦，服雖輕而義重，亦同期親之例。曾、玄之婦者，非。[51]

---

49 唐玄宗：〈孝經序〉《孝經注疏》（臺北：藝文印書館，1997年），頁6。
50 《孝經注疏》卷1〈開宗明義章〉，頁11。
51 《唐律疏議》卷2〈名例律〉，頁33。

「期親尊長」，謂祖父母，曾、高父母亦同，伯叔父母，姑，兄姊，夫之父母，妾為女君。[52]

《唐律疏議·名律例》指出律條中稱「期親」者，主要是指伯叔父母、姑、兄弟、姊妹、妻、子及兄弟子等人。《儀禮·喪服》「齊衰不杖期」曰：

世父母，叔父母；〈傳〉曰：世父、叔父，何以期也？與尊者一體也。[53]

為世父母、叔父母所服之喪同於祖父母，即齊衰不杖期之喪，這是因為祖世父、叔父與祖父母為一體。姑為父親的姊妹。《儀禮·喪服》鄭玄注「昆弟」時曰：「昆兄也。為姊妹在室亦如之。」[54]由此可知，兄弟姊妹互服齊衰不杖期之喪。《儀禮·喪服》「齊衰杖期」曰：

妻。〈傳〉曰：為妻何以期也？妻至親也。[55]

妻為夫的至親，所以夫為妻服齊衰杖期之喪。鄭玄注解「昆弟之子」條時，曰：「〈檀弓〉曰：『喪服，兄弟之子，猶子也。』」兄弟的兒子，與自己之子相同，所以為昆弟之子服齊衰不杖期之喪。除此之外，「期親」尚包括：曾祖父母、高祖父母、孫、曾孫、玄孫以及子孫之婦。疏文舉例說明如下：

---

52 《唐律疏議》卷10〈職制律〉，頁205。
53 《儀禮注疏》卷30〈喪服〉，頁355。
54 《儀禮注疏》卷30〈喪服〉，頁357。
55 《儀禮注疏》卷30〈喪服〉，頁354。

稱「期親」者，〈戶婚律〉：「居期喪而嫁娶者，杖一百。」即
居曾、高喪，並與期同。「及稱祖父母者」，〈戶婚律〉云：「祖
父母、父母在，別籍、異財，徒三年。」即曾、高在，別籍、
異財，罪亦同。故云：「稱期親及稱祖父母者，曾，高同」。
〈鬥訟律〉：「子孫違犯教令，徒二年。」即曾、玄違犯教令，
亦徒二年。是為「稱孫者，曾、玄同」。[56]

《唐律疏議·戶婚律》規定居期親之喪期間而嫁娶者，科以杖刑一百
下。依《儀禮·喪服》所載，子孫為曾祖父母、高祖父母服喪皆不及
期年，但《唐律疏議》規定凡與「期親」有關之條文，皆包括曾祖父
母、高祖父母，所以居曾祖父母、高祖父母之喪期間而嫁娶者，亦科
以杖刑一百下。此外，當祖父母、父母在時，別立戶籍，分割財產，
處以徒刑三年。依《唐律疏議》規定凡與「祖父母、父母」有關之條
文，皆包括曾祖父母、高祖父母，所以曾祖父母、高祖父母在時，亦
不得別立戶籍，分割財產，否則亦處以徒刑三年。此外，《唐律疏
議》中對「孫」的規範包括曾孫、玄孫，如〈鬥訟律〉中規定：「子
孫違犯教令，徒二年。」曾孫、玄孫如違犯教令，亦處以徒刑二年。
申言之，《唐律疏議》中稱「孫」者，不分嫡孫、眾孫，而且包含曾
孫、玄孫。又「孫婦」本為緦麻親屬，但由於服輕而義重的緣故，在
法律上依「期親」之例處理，但不含括曾孫之婦及玄孫之婦。《儀
禮·喪服》「齊衰杖期」曰：

妾為女君。〈傳〉曰：何以期也？妾之事女君，與婦之事舅姑
等。[57]

56 《唐律疏議》卷6〈名例律〉，頁136。
57 《儀禮注疏》卷31〈喪服〉，頁365。

婦為舅姑。〈傳〉曰：何以期也。從服也。[58]

夫之妻，妾稱之為「女君」，為其服期喪，這是因為妾侍奉夫之妻，猶如子婦侍奉舅姑。子婦為舅姑服期喪，賈公彥疏曰：「本是路人，與子胖合，則為重服。」[59]子婦與夫之父母原本只是路人的關係，但因與其子結合，兩者的關係由陌生的路人變成重要的親屬，所以子婦為其所服之喪為重服。綜上所述，《唐律疏議》的「期親」包括：祖父母、曾祖父母、高祖父母、伯叔父母、姑、兄弟姊妹、妻、女君、夫之父母、子、子婦、兄弟子、孫、孫婦、曾孫、玄孫，以及改嫁的嫡母、繼母、慈母、養母。

關於「子」的部分，依《儀禮・喪服》所載，有長子與眾子之分。《儀禮・喪服》「斬衰」曰：「父為長子。〈傳〉曰：何以三年也？正體於上，又乃將所傳重也。」[60]鄭玄注曰：「為父後者，然後為長子，三年重其當先祖之正體，又以其將代己為宗廟主也。」[61]父為長子服斬衰之喪，這是因為長子為先祖之正體，將承繼自己的地位主持宗廟祭祀。《儀禮・喪服》「齊衰」曰：「母為長子。〈傳〉曰：何以三年也？父之所不降，母亦不敢降也。」[62]母為長子服齊衰之喪。父母為其他眾子僅服齊衰不杖期，鄭玄注曰：「眾子者，長子之弟及妾子，女子子在室亦如之。」[63]妻妾所生育的子女，除長子之外，皆為眾子。《唐律疏議》中稱「子」者無長子與眾子之別，而且男女皆同。《唐律疏議》「稱期親祖父母等」條（總52條）曰：

58　《儀禮注疏》卷31〈喪服〉，頁365。

59　《儀禮注疏》卷31〈喪服〉，頁365。

60　《儀禮注疏》卷29〈喪服〉，頁346。

61　《儀禮注疏》卷29〈喪服〉，頁346。

62　《儀禮注疏》卷30〈喪服〉，頁353。

63　《儀禮注疏》卷30〈喪服〉，頁357。

稱「子」者，男女同。緣坐者，女不同。[64]

疏文說明如下：

> 稱子者，〈鬥訟律〉：「子孫違犯教令，徒二年。」此是「男女同」。緣坐者，謂殺一家三人之類，緣坐及妻、子者，女並得免，故云「女不同」。其犯反逆、造畜蠱毒，本條緣坐及女者，從本法。[65]

《唐律疏議》以〈鬥訟律〉為例，〈鬥訟律〉規定：「子孫違犯教令，徒二年。」此中「子」不分男女，凡子女違犯教令皆處以徒刑二年。但「緣坐」中的「子」，不一定同時包括兒子與女兒，如觸犯「殺一家三人」之罪，刑罰緣坐妻與兒子，但不牽連女兒，此條律文「子」的部分，男女處置的方式並不相同；如觸犯「反逆」、「造畜蠱毒」等罪，法律則明文規定刑罰緣坐及於女兒。至於「子婦」，依《儀禮・喪服》分為「嫡婦」與「庶婦」二種：嫡婦即嫡子之妻，姑舅為嫡婦服大功之喪[66]；庶婦即丈夫不受重者，姑舅為庶婦服小功之喪[67]。《唐律疏議》則無「嫡婦」與「庶婦」之分，皆視為「期親」。

　　《唐律疏議》中稱「孫」者，不分嫡孫、眾孫，而且包含曾孫、玄孫。又孫婦本為緦麻親屬，但由於服輕而義重的緣故，在法律上依「期親」之例處理，但不含括曾孫之婦及玄孫之婦。疏文舉例說明如下：

64　《唐律疏議》卷6〈名例律〉，頁137。
65　《唐律疏議》卷6〈名例律〉，頁137。
66　《儀禮注疏》卷30〈喪服〉，頁377。
67　《儀禮注疏》卷30〈喪服〉，頁387。

稱「期親」者,〈戶婚律〉:「居期喪而嫁娶者,杖一百。」即
居曾、高喪,並與期同。「及稱祖父母者」,〈戶婚律〉云:「祖
父母、父母在,別籍、異財,徒三年。」即曾、高在,別籍、
異財,罪亦同。故云:「稱期親及稱祖父母者,曾,高同」。
〈鬥訟律〉:「子孫違犯教令,徒二年。」即曾、玄違犯教令,
亦徒二年。是為「稱孫者,曾、玄同」。[68]

《唐律疏議‧戶婚律》規定居期親之喪期間而嫁娶者,科以杖刑一百
下。依禮,為曾祖父母、高祖父母服喪皆不及期年,但《唐律疏議》
規定凡與「期親」有關之條文,皆包括曾祖父母、高祖父母,所以居
曾祖父母、高祖父母之喪期間而嫁娶者,亦科以杖刑一百下。此外,
當祖父母、父母在時,別立戶籍,分割財產,處以徒刑三年。依《唐
律疏議》規定凡與「祖父母、父母」有關之條文,皆包括曾祖父母、
高祖父母,所以曾祖父母、高祖父母在時,亦不得別立戶籍,分割財
產,否則亦處以徒刑三年。此外,《唐律疏議》中對「孫」的規範包
括曾孫、玄孫,如〈鬥訟律〉中規定:「子孫違犯教令,徒二年。」
曾孫、玄孫如違犯教令,亦處以徒刑二年。

　　《唐律疏議》律條中稱「孫」者,原則上不分嫡孫或眾孫,但也
有例外,如《唐律疏議‧名例律》「稱期親祖父母等」條(總52條)
曰:「嫡孫承祖,與父母同。緣坐者,各從祖孫本法。」[69]疏文解釋曰:

依《禮》及〈令〉,無嫡子,立嫡孫,即是「嫡孫承祖」。若聞
此祖喪,匿不舉哀,流二千里。[70]

68　《唐律疏議》卷6〈名例律〉,頁136。
69　《唐律疏議》卷6〈名例律〉,頁136。
70　《唐律疏議》卷6〈名例律〉,頁136。

此中，「依禮」之「禮」，見於《儀禮‧喪服》「齊衰不杖期」，曰：

> 適孫。〈傳〉曰：何以期也？不敢降其適也。有適子者，無適
> 孫，孫婦亦如之。[71]

適孫即嫡孫，嫡長子還在，不立嫡孫，如嫡長子早卒，則嫡長子所生
之長子立為嫡孫，嫡孫又稱承重孫，承重孫必須承繼父親的責任，主
持宗廟，為祖父母服斬衰三年之喪，祖父母則為嫡孫服齊衰不杖期之
喪。[72]又〈封爵令〉曰：「諸王、公、侯、伯、子、男，皆子孫承嫡者
傳襲；若無嫡子及有罪疾，立嫡孫；無嫡孫，以次立嫡子同母弟；無
母弟，立庶子；無庶子，立嫡孫同母弟；無母弟，立庶孫，曾玄以下
准此，無後者國除。」[73]簡言之，無嫡子時立嫡孫，此即「嫡孫承
祖」。若嫡孫聞祖父母喪，隱匿不舉哀，科以流刑二千里。《唐律疏
議‧名例律》「稱期親祖父母等」條（總52條）注文曰：「緣坐者，各
從祖孫本法。」[74]疏文解釋如下：

> 依〈賊盜律〉，反逆者，父子年十六以上皆絞，祖孫沒官。若
> 嫡孫承祖，沒而不死。故云「各從祖孫本法」。[75]

依《唐律疏議》規定，反逆者，父子年齡達到十六歲以上皆絞殺，祖
孫沒入官署，若有嫡孫承祖的情況，則該嫡孫不必絞殺，依祖孫本
法，沒入官署即可。

---

71 《儀禮注疏》卷30〈喪服〉，頁357。
72 《儀禮注疏》卷30〈喪服〉，頁357。
73 仁井田陞：《唐令拾遺》，頁305、306。
74 《唐律疏議》卷6〈名例律〉，頁136。
75 《唐律疏議》卷6〈名例律〉，頁136。

　　《唐律疏議》律條中的「子」與「孫」，原則上並無嫡眾之分，嫡子與眾子、嫡孫與眾孫在法律上具有平等的地位。但是，《唐律疏議》仍然相當重視「立嫡」的問題，《唐律疏議·名例律》「會赦應改正徵收」（總36條）疏文曰：

> 依〈令〉：「王、公、侯、伯、子、男，皆子孫承嫡者傳襲。無嫡子，立嫡孫；無嫡孫，以次立嫡子同母弟；無母弟，立庶子；無庶子，立嫡孫同母弟；無母弟，立庶孫。曾、玄以下準此。」若不依令文，即是「以嫡為庶，以庶為嫡」。[76]

又《唐律疏議·戶婚律》「立嫡違法」（總158條）曰：「諸立嫡違法者，徒一年。即嫡妻年五十以上無子者，得立嫡以長，不以長者亦如之。」[77]疏文曰：

> 立嫡者，本擬承襲。嫡妻之長子為嫡子，不依此立，是名「違法」，合徒一年。「即嫡妻年五十以上無子者」，謂婦人年五十以上，不復乳育，故許立庶子為嫡。皆先立長，不立長者，亦徒一年，故云「亦如之」。依〈令〉：「無嫡子及有罪疾，立嫡孫；無嫡孫，以次立嫡子同母弟；無母弟，立庶子；無庶子，立嫡孫同母弟；無母弟，立庶孫。曾、玄以下準此。」無後者，為戶絕。[78]

此二段疏文所依之令即〈封爵令〉，原則上「立嫡」即立嫡妻之長子

76　《唐律疏議》卷4〈名例律〉，頁96、97。
77　《唐律疏議》卷12〈戶婚律〉，頁238。
78　《唐律疏議》卷12〈戶婚律〉，頁238。

為嫡子，如嫡妻的年齡已達五十歲，無法再受孕，乳育孩子，法律允許立庶子為嫡子，但必須立年齡最長的庶子，不得依自己的意思選立嫡子，凡違反立嫡原則者，皆處以徒刑一年。〈封爵令〉將規定立嫡的順序如下：如無嫡子，則立嫡孫；如無嫡孫，則立嫡子同母弟；如無嫡子同母弟，則立庶子；如無庶子，則立嫡孫同母弟；如無嫡孫同母弟，則立庶孫。曾、玄以下準此。諸王公侯伯子男無後者，則國除；一般百姓無後者，則戶絕。

如欲建立家國一體、宗族有統的禮制社會，首重繼統之法，而繼統之法的關鍵在於嫡庶之別，以嫡長子為正統，防止後世兄弟鬩牆的人倫悲劇，以實踐尊尊之義、親親之道。依《儀禮·喪服》所載的喪服制度，可以清晰地見到其分判嫡庶的用心，唯有嫡庶有別，才能防止爭立、僭越、相殘的亂象，是以妻妾有尊卑之別，其子亦有貴賤之分。《唐律疏議》中妻妾有尊卑之別，但「子」、「孫」無貴賤之分，不分嫡庶，不分長幼，不分男女，法律地位皆相等。此外，基於「服輕而義重」的理由，「子婦」與「孫婦」在法律上的地位與「子」、「孫」相同。《唐律疏議》對《儀禮·喪服》的調整，看似更為「平等」，實則與「平等」無關，真正的目的是為了強化《儀禮·喪服》中「尊尊」與「親親」的精神，「子」、「孫」不分嫡庶，不分長幼，不分男女，皆承擔相等的義務和責任。

（四）「大功」、「小功」、「緦麻」之親的問題

《唐律疏議》承繼《儀禮·喪服》「大功」、「小功」、「緦麻」之名，但經過仔細比對，兩者所規範的親屬並不完全一致，《儀禮·喪服》所載的親屬較《唐律疏議》多，《唐律疏議》不涉及「殤」的問題，也不考慮「尊壓」和「出降」的問題，以下說明《唐律疏議》中的「大功」、「小功」、「緦麻」之親。

1 大功之親

　　《唐律疏議》將「大功尊長」區分為「大功尊」及「大功長」二種，〈名例律〉「十惡條」（總6條）曰：

> 大功尊長者，依《禮》，男子無大功尊，唯婦人於夫之祖父母及夫之伯叔父母是大功尊。大功長者，謂從父兄姊是也。「以上」者，伯叔父母、姑、兄姊之類。[79]

　　男子無「大功尊」，婦人才有「大功尊」，即丈夫的祖父母及伯叔父母。「大功長」為從父兄姊，即堂兄、堂姊。如《唐律疏議》稱「大功尊長以上」者，則包含伯叔父母、姑、兄姊等期親。《唐律疏議》雖有「大功卑幼」的條文，但未明文規定「大功卑幼」的範圍。不過，《唐律疏議》既將從父兄姊歸於「大功尊長」，則從父弟妹為「大功卑幼」。此外，《儀禮‧喪服》「大功」曰：

> 姪丈夫婦人報，〈傳〉曰：「姪者，何也？謂吾姑者，吾謂之姪。」[80]

　　稱自己為「姑」者，即為自己之「姪」。如此說來，「姪」也是「大功卑幼」的範圍。

2 小功之親

　　《唐律疏議‧名例律》「八議條」（總7條）疏文中有解釋「小功

之親」與「小功尊屬」者，曰：

> 小功之親有三：祖之兄弟、父之從父兄弟、身之再從兄弟是
> 也。[81]

> 小功尊屬者，謂從祖父母、姑，從祖伯叔父母、姑，外祖父
> 母，舅、姨之類。[82]

如此說來，《唐律疏議》中的「小功親屬」應當包括：（1）就父黨而言：「從祖父母、姑」，即祖之兄弟及其妻，亦即父之世父母、叔父母，已身之世叔祖父母，並含括祖之姊妹，即已身之祖姑；「從祖伯叔父母、姑」，即父之從父兄弟，亦即父之堂兄弟，已身之堂世叔父母，並包括父之堂姊妹，即已身之堂姑；「身之再從兄弟」，即堂世叔父母之子女。（2）就母黨而言：包括外祖父母、舅和姨等。依《儀禮‧喪服》所載，「舅」本為緦麻親屬，但唐太宗認為「舅」與「姨」親疏相類，經禮官商議後，改「舅」為小功親屬，《唐律疏議》此處仍是依新禮制律。

依《儀禮‧喪服》，妻不為夫之兄弟服喪，《儀禮‧喪服》的〈傳〉曰：「夫之昆弟何以無服也？其夫屬乎父道者，妻皆母道也。其夫屬乎子道者，妻比婦道也。」[83]鄭玄注曰：「言婦人棄姓，無常秩，嫁於父行，則為母行，嫁於子行，則為婦行。」[84]賈公彥疏曰：「若著服，則相親，近于淫亂，故不著服。推而遠之，遠乎淫亂，故

---

81 《唐律疏議》卷1〈名例律〉，頁17。
82 《唐律疏議》卷1〈名例律〉，頁14、15。
83 《儀禮注疏》卷32〈喪服〉，頁377。
84 《儀禮注疏》卷32〈喪服〉，頁377。

無服也。」[85]《禮記·檀弓》也云:「嫂叔之無服也,蓋推而遠之也。」[86]總之,叔嫂之間有男女之防,故推而遠之,不為對方服喪。《唐律疏議·鬪訟律》「毆兄妻夫弟妹」條(總332條)疏文曰:

> 嫂叔不許通問,所以遠別嫌疑。[87]

「嫂叔不許通問」出自於《禮記》,〈曲禮上〉曰:

> 男女不雜坐,不同椸枷,不同巾櫛,不親授。嫂叔不通問,諸母不漱裳。[88]

古代重男女之別,以防淫亂,故而男女不相雜坐,不共用衣架、巾櫛,嫂叔之間不相稱謝,不可使庶母漱浣下服。[89]嫂叔雖無服,但有哭位,兩者相犯,亦不當以一般人論處,《唐律疏議》以「禮敬頓乖」為理由,嫂叔如相犯,刑罰加一般人一等。[90]

此外,將《儀禮·喪服》和《唐律疏議》相互比對,發現《唐律

---

85 《儀禮注疏》卷32〈喪服〉,頁377。

86 《禮記注疏》卷3〈檀弓上〉,頁143。

87 《唐律疏議》卷22〈鬪訟律〉「毆兄妻夫弟妹」條(總332條)曰:「諸毆兄之妻及毆夫之弟妹,各加凡人一等。」疏文曰:「嫂叔不許通問,所以遠別嫌疑。毆兄之妻及毆夫之弟妹者,禮敬頓乖,故各加凡人一等。」頁17。

88 《禮記注疏》卷1〈曲禮上〉,頁36。

89 《禮記注疏》卷1〈曲禮上〉鄭玄注曰:「皆為重別,防淫亂。不雜坐,謂男子在堂,女子在房也。椸,可以枷衣者。通問,謂相稱謝也。諸母,庶母也。庶母賤,可使漱衣,不可使漱裳。」孔穎達正義曰:「諸母,謂父之諸妾有子者。漱,浣也。諸母賤,乃可使漱浣盛服,而不可使漱裳。裳,卑褻也。卻尊崇於兄弟之母,故不可使漱裳耳,又欲遠別也。」頁36。

90 《唐律疏議》卷22〈鬪訟律〉,頁17。

疏議》在論及小功親屬時，並未提到「夫之姑、姊妹，娣姒婦」，鄭
玄注「夫之姑、姊妹、娣姒」時曰：「不殊在室及嫁者，因恩輕，略
從降。」[91]丈夫之姑、姊妹不論出嫁與否，皆服小功之喪，又曰：「娣
姒婦者，兄弟之妻相名也。長婦謂稚婦為娣婦，娣婦謂長婦為姒
婦。」[92]由此可知，娣姒是夫之兄弟的妻子。《新唐書・禮樂志》也將
「夫之姑」、「姊妹在室及適人者」、「娣姒婦」列在小功五月之中。[93]

3　緦麻之親

　　《儀禮・喪服》中所載的緦麻親屬，以「族曾祖父母」、「族祖父
母」、「族父母」、「族昆弟」最為重要，鄭玄注曰：「族曾祖父者，曾
祖昆弟之親也。族祖父者，亦高祖孫，則高祖有服明矣。」[94]族曾祖
父，高祖之子，曾祖父之昆弟；族祖父母，高祖之孫，祖父之從父昆
弟；族父，高祖之曾孫，父之從祖昆弟；族昆弟，高祖之玄孫，己之
三從昆弟。《唐律疏議・名例律》「八議條」（總7條）曰：

> 緦麻之親有四：曾祖兄弟、祖從父兄弟、父再從兄弟、身之三
> 從兄弟是也。[95]

《唐律疏議》的緦麻親屬包括：曾祖之兄弟，即祖之伯叔父、父之伯
叔祖父、己身之曾伯叔祖父，也就是《儀禮・喪服》所載的「族曾祖
父母」；祖從父兄弟，即祖之堂兄弟、父之堂伯叔父、己身之族伯叔

91　《儀禮注疏》卷33〈喪服〉，頁386。
92　《儀禮注疏》卷33〈喪服〉，頁386。
93　《新唐書》卷20〈禮樂志〉，頁445。
94　《儀禮注疏》卷33〈喪服〉，頁388。
95　《唐律疏議》卷1〈名例律〉，頁17。

祖父，也就是《儀禮·喪服》所載的「族祖父母」；父再從兄弟，即己身之族伯叔父，也就是《儀禮·喪服》所載的「族父母」；身之三從兄弟，即己身之族兄弟，也就是《儀禮·喪服》所載的「族昆弟」。此外，依據《儀禮》所載，以及《唐律疏議》本身的內在邏輯，可知律條提到「曾祖兄弟、祖從父兄弟、父再從兄弟」等尊長皆包括其妻。

將《儀禮·喪服》與《唐律疏議》相互對照，可知依《儀禮·喪服》所載，「庶孫之婦」、「曾孫」、「夫之諸祖父母」、「舅」、「父之姑」皆為緦麻親屬，但在《唐律疏議》之中，「庶孫之婦」、「曾孫」移為「期親」，「夫之祖父母」移為「大功尊長」，「舅」移為「小功之親」，「父之姑」則無服。[96]《唐律疏議·名例律》「十惡」條（總6條）曰：

> 姦小功以上親者，謂據《禮》，男子為婦人著小功服而姦者。若婦人為男夫雖有小功之服，男子為報服緦麻者，非。謂外孫女於外祖父及外甥於舅之類。[97]

從上述律條的內容可知，唐代外孫為外祖父服小功之喪，外祖父為外孫服緦麻之喪；外甥為舅服小功之喪，舅為外甥服緦麻之喪。如此說來，《唐律疏議》中的緦麻親屬尚包括「外孫」與「外甥」。《儀禮·喪服》中所載的緦麻親屬，以「族曾祖父母」、「族祖父母」、「族父母」、「族昆弟」最為重要，鄭玄注曰：「族曾祖父者，曾祖昆弟之親

---

96 《唐律疏議》卷14〈戶婚律〉「十惡」條（總6條）曰：「十惡」條（總6條）曰：「父母姑、舅、兩姨姊妹」，於身無服，乃是父母緦麻，據身是尊，故不合娶。」頁263。

97 《唐律疏議》卷1〈名例律〉，頁16。

也。族祖父者，亦高祖孫，則高祖有服明矣。」[98]族曾祖父，高祖之子，曾祖父之昆弟；族祖父母，高祖之孫，祖父之從父昆弟；族父，高祖之曾孫，父之從祖昆弟；族昆弟，高祖之玄孫，己之三從昆弟。《唐律疏議·名例律》「八議條」（總7條）曰：

> 緦麻之親有四：曾祖兄弟、祖從父兄弟、父再從兄弟、身之三從兄弟是也。[99]

《唐律疏議》的緦麻親屬包括：曾祖之兄弟，即祖之伯叔父、父之伯叔祖父、己身之曾伯叔祖父，也就是《儀禮·喪服》所載的「族曾祖父母」；祖從父兄弟，即祖之堂兄弟、父之堂伯叔父、己身之族伯叔祖父，也就是《儀禮·喪服》所載的「族祖父母」；父再從兄弟，即己身之族伯叔父，也就是《儀禮·喪服》所載的「族父母」；身之三從兄弟，即己身之族兄弟，也就是《儀禮·喪服》所載的「族昆弟」。此外，依據《儀禮》所載，以及《唐律疏議》本身的內在邏輯，可知律條提到「曾祖兄弟、祖從父兄弟、父再從兄弟」等尊長皆包括其妻。

　　將《儀禮·喪服》與《唐律疏議》相互對照，可知依《儀禮·喪服》所載，「庶孫之婦」、「曾孫」、「夫之諸祖父母」、「舅」、「父之姑」皆為緦麻親屬，但在《唐律疏議》之中，「庶孫之婦」、「曾孫」移為「期親」，「夫之祖父母」移為「大功尊長」，「舅」移為「小功之親」，「父之姑」則無服。[100]《唐律疏議·名例律》「十惡」條（總6

98　《儀禮注疏》卷33〈喪服〉，頁388。

99　《唐律疏議》卷1〈名例律〉，頁17。

100　《唐律疏議》卷14〈戶婚律〉「十惡」條（總6條）曰：「十惡」條（總6條）曰：「父母姑、舅、兩姨姊妹」，於身無服，乃是父母緦麻，據身是尊，故不合娶。」頁263。

條）曰：

> 姦小功以上親者，謂據《禮》，男子為婦人著小功服而姦者。
> 若婦人為男夫雖有小功之服，男子為報服緦麻者，非。謂外孫
> 女於外祖父及外甥於舅之類。[101]

從上述律條的內容可知，唐代外孫為外祖父服小功之喪，外祖父為外
孫服緦麻之喪；外甥為舅服小功之喪，舅為外甥服緦麻之喪。如此說
來，《唐律疏議》中的緦麻親屬尚包括「外孫」與「外甥」。除上所述
及的緦麻親屬外，依《儀禮・喪服》及《新唐書・禮樂志》所載尚包
括：從母兄弟姊妹、姑之子、舅之子、君母之昆弟、庶母、乳母、
壻、妻之父母、從祖兄弟之子、夫之從父兄弟之妻、夫之從父姊妹在
室及適人者、夫之舅及從母等。[102] 據史書記載，顯慶二年（西元657
年）九月，修禮官長孫無忌等奏曰：

> 依古喪服，甥為舅緦麻，舅報甥亦同此制。貞觀年中，八座議
> 奏：「舅服同姨，小功五月。」而今律疏，舅報於甥，服猶三
> 月。謹按旁尊之服，禮無不報，已非正尊，不敢降也。故甥為
> 從母五月，從母報甥小功，甥為舅緦麻，舅亦報甥三月，是其
> 義矣。今甥為舅使同從母之喪，則舅宜進甥以同從母之報。修
> 律疏人不知禮意，舅報甥服，尚止緦麻，於例不通，禮須改
> 正。今請修改律疏，舅報甥亦小功。[103]

---

101 《唐律疏議》卷1〈名例律〉，頁16。
102 參見《新唐書》卷20〈禮樂志〉，頁445、《儀禮注疏》卷33〈喪服〉，頁388-392。
103 《舊唐書》卷27〈禮儀志〉，頁1021。

又曰：

> 庶母古禮緦麻，新禮無服。謹按庶母之子，即是己昆季，為之
> 杖期，而己與之無服。同氣之內，吉凶頓殊，求之禮情，深非
> 至理。請依典故，為服緦麻。[104]

依《儀禮・喪服》，甥為舅服緦麻之服，舅報甥亦為緦麻之服，貞觀
年中，舅與從母同制，改為小功五月，既然甥為舅服小功之服，舅當
報甥為小功之服。因此，長孫無忌認為禮制須改正，並請求修改律
疏，將外甥列為小功之親。此外，庶母依《儀禮・喪服》為緦麻之
親，然唐代無服，長孫無忌上請恢復庶母之服。依史書所載，此二項
提議皆為唐高宗所接受。[105]今傳《唐律疏議》或為顯慶二年（西元
657年）以前的版本，外甥列入「緦麻之親」，而非「小功之親」，且
「緦麻之親」中不見庶母。

（五）「袒免」之親的問題

值得注意的是，「袒免」雖不在《唐律疏議》「親屬」的定義之
內，但在《唐律疏議》中有「袒免之親」的用語。依《唐律疏議》，
凡社會地位愈高者，所能庇蔭的親屬範圍愈廣，皇家的「袒免之親」
在法律上仍被視為皇家親屬，觸犯法律時享有特殊待遇。《唐律疏
議・名例律》「八議條」（總7條）疏文曰：

> 袒免者，據禮有五：高祖兄弟、曾祖從父兄弟、祖再從兄弟、

---

104 《舊唐書》卷27〈禮儀志〉，頁1021。

105 《舊唐書》卷27〈禮儀志〉，頁1023。

父三從兄弟、身之四從兄弟是也。[106]

《唐律疏議‧戶婚律》「嘗為袒免妻而嫁娶」（總183條）疏文曰：

> 高祖親兄弟，曾祖堂兄弟，祖再從兄弟，父三從兄弟，身四從
> 兄弟、三從姪、再從姪孫，並緦麻絕服之外，即是「袒免」。[107]

「袒免」包括高祖親兄弟、曾祖堂兄弟、祖再從兄弟、父三從兄弟以
及己身之四從兄弟，以及再從姪、孫等晚輩，依禮無服。「袒」者，
指偏脫衣袒而露其肩；「免」者，指布廣一寸，從項中而前，交於額
上，又卻向後，繞於髻。[108]

（六）結語

　　《唐律疏議》中親疏遠不同所適用法條亦不同，唐以後的各朝各
代莫不如此，所以元代龔端禮《五服圖解》曰：「夫有國者，莫不以
刑法為治統；有家者，莫不以服紀別親疏。是故，禮有五禮、服有五
服、刑有五刑，聖人以禮制而定服紀，以服紀而立刑章，然則服有加
降，刑分重輕，欲正刑名，先明服紀。服紀正則刑罰正，服紀不正，
則刑罰不中矣。」[109]處理親屬相犯案件時，必得先釐定雙方相對之名

---

106 《唐律疏議》卷1〈名例律〉，頁17。

107 《唐律疏議》卷14〈戶婚律〉，頁264。

108 司馬光撰《資治通鑑》（臺北：藝文印書館，1955年）卷214〈唐紀〉「唐玄宗開元
　　二十四年」胡三省注「袒免」時曰：「袒者，偏袒衣袒而露其肩；免者，以布廣一
　　寸，從項中而前交於額上，又卻向後繞於髻。」頁6820。以下所引《資治通鑑》，
　　皆見於此版本。

109 龔端禮：〈序〉，《五服圖解》（臺北：藝文印書館，1971年，《續聚珍版叢書》），
　　頁1。

分，才得以準確地論罪科刑，親屬名分的重要性由此可見一斑。以下說《唐律疏議》親屬名分的幾個特色：

一　《唐律疏議》無「斬衰」與「齊衰」之稱

《唐律疏議》無「斬衰」與「齊衰」之稱，原因如下：第一，依《儀禮‧喪服》，為父服「斬衰」之服，為母服「齊衰」之服，但依《唐律疏議》規定，犯母與犯父，罪責相當，也就是說，母與父在法律上地位相同。第二，依《儀禮‧喪服》，「父母」、「祖父母」、「曾祖父母」、「高祖父母」親疏遠近不同，服制各異，但《唐律疏議》將直系血親尊親屬視為一個整體，如有相犯，不據服而斷。第三，依《儀禮‧喪服》，父與長子互服斬衰三年之喪，彼此為對方的「斬衰」親屬；母與長子互服服齊衰三年之喪，彼此為對方的「齊衰」親屬，但由於《唐律疏議》強調直系血親尊親屬與直系血親卑親屬之間的分際，父母犯子女罪刑皆輕，子女犯父母罪刑皆重，法律地位並不對等，必須區分開來，不能用「斬衰」與「齊衰」之名概括，《唐律疏議》長子在法律上的地位降為「期親」。第四、依《儀禮‧喪服》，繼父為「齊衰」之親，但在《唐律疏議》並不視繼父為「齊衰」之親。「斬衰」與「齊衰」之名既無法完全含括《唐律疏議》中重新劃分、歸類的親屬關係，遂捨棄不用，直接寫出親屬名稱。

二　《唐律疏議》推崇「親父」，貶抑「繼父」

《唐律疏議》雖承繼《儀禮‧喪服》的精神內涵，以「同居」與「異居」釐定「繼父」與「繼子」關係的親疏遠近，但《唐律疏議》有意沖淡「繼父」與「繼子」兩方的關係：同居的繼父子，依《儀禮‧喪服》繼子必須為繼父服齊衰不杖期之喪，但在《唐律疏議》中繼子侵犯繼父僅依侵犯緦麻尊長再加一等處置；異居的繼父子，依

《儀禮・喪服》繼子必須為繼父服齊衰三月之喪，但在《唐律疏議》中繼子侵犯繼父僅依緦麻尊長處置即可。古代女性無謀生能力，不難想像當時孤兒寡母艱困的處境，繼父對繼子有衣食照養之恩，同時也能使繼子按時祭祀自己的祖宗，具有存亡繼絕的情義。[110]魏晉時期，由於標榜禮教、名分的緣故，排斥「二父」並立的「亂象」，推崇「親父」，貶抑「繼父」。唐代或承魏晉風尚，在法律上降低「繼父」的地位，賦予「親父」唯一、至尊的地位。

三 《唐律疏議》重視母子血緣，貴「嫡母」賤「庶母」

「親母」改嫁或被出，因其與子女的血緣關係無法斷絕，所以在法律上的地位不受改嫁或被出影響；而「嫡母、繼母、慈母以及因無子而收養同宗之子的養母」在法律上視同「親母」，改嫁後則視同期親尊長，被出後則視同一般人。此外，由於「妻」的法律地位高於「妾」，「嫡母」的地位自然也高於「庶母」，此種「貴嫡母賤庶母」[111]的文化現象在唐代法律上表現得淋漓盡致，《唐律疏議・鬥訟律》「告祖父母父母」條（總345條）曰：「若嫡、繼母殺其所生庶母，亦不得告。」[112]如子女為庶母所生，生母被嫡母或繼母所殺，子女竟不得告官，顯見古代生活中嫡母、繼母與庶母尊卑有別，地位懸殊。「母子終無絕道」、「貴嫡母賤庶母」不僅僅是一種文化現象，更是具體的法律規範。

---

110 參見林素英〈《儀禮》中為繼父服喪的意義〉，《漢學研究》第17卷第2期（1999年12月），頁91-108。

111 林素英〈以「父」名、「母」名者服喪所凸顯的文化現象——以《儀禮・喪服》為討論中心〉，《中國學術年刊》第20期（1999年3月），頁64-66。

112 《唐律疏議》卷23〈鬥訟律〉「告祖父母父母」條（總345條）曰：「若嫡、繼母殺其所生庶母，亦不得告。」頁432。

四　《唐律疏議》提高「舅」的家族地位

　　依《儀禮・喪服》所載，「姨」為小功親屬，「舅」為緦麻親屬。貞觀十四年（640年），唐太宗指出「舅」之與「姨」，親疏相似，服紀卻不同，認為此事「未為得禮」，詔命學者詳議。[113]尚書八座與禮官商議後，上奏曰：「舅之與姨，雖為同氣，推之於母，輕重相懸。何則？舅為母之本宗，姨乃外戚他姓，求之母族，姨不與焉，考之經史，舅誠為重。故周王念齊，是稱舅甥之國；秦伯懷晉，實切渭陽之詩。今在舅服止一時之情，為姨居喪五月，徇名喪實，逐末棄本。」奏請舅與從母同服小功，唐太下詔從其議。[114]《唐書・禮樂志》中「舅」已在「小功五月」之列[115]，《唐律疏議》當是依新禮制律，舅與從母同為小功尊屬。

五　《唐律疏議》中「嫂叔」依然無服

　　依《儀禮・喪服》所載，嫂叔之間，為防淫亂，故推而遠之，不許通問，不相為服。根據《貞觀政要》的記載，唐太宗對於「嫂叔無服」頗有意見，曰：「同爨尚有緦麻之恩，而叔嫂無服？」[116]尚書八座與禮官商議後上請，曰：「若推而遠之為是，則不可生而共居；生而共居為是，則不可死同行路。重其生而輕其死，厚其始而薄其終，稱情立文，其義安在？」並曰：「嫂叔舊無服，今請服小功五月。」[117]唐太宗下詔從其議。考察《唐書・禮樂志》，嫂叔確實也列入「小功五月」之中。[118]但是，不知何故，《唐律疏議》並未依新禮制律，嫂

113　《貞觀政要》，頁411。
114　《貞觀政要》，頁412、413。
115　《新唐書》卷20〈禮樂志〉，頁444。
116　《貞觀政要》，頁411。
117　《貞觀政要》，頁412。
118　《新唐書》卷20〈禮樂志〉，頁445。

叔在法律上依然無服。依古禮，嫂叔雖無服，但有哭位，所以嫂叔如相犯，《唐律疏議》不以一般人論處，而是加一般人一等。

　　《唐律疏議》中服制與刑罰關係相當緊密，同一犯罪事實行為，兩方關係的親疏遠近不同，刑罰即有輕重等差之別：第一、以「盜罪」為例，法律對於親屬間相盜採取從輕發落的原則，以避免家族內的親屬因裂痕過大而導致無法修復關係，所以親屬間相盜不論是強盜還竊盜，皆以較輕的竊盜罪處理，並依親屬關係的親疏遠近調整刑罰，愈親近的親屬刑罰愈輕，愈疏遠的親屬刑罰愈重。卑幼犯尊長較尊長犯卑幼的刑罰重，「尊長於卑幼家竊盜」、「尊長於卑幼家強盜」、「卑幼於尊長家竊盜」三種犯罪的刑罰方式相同，關係愈親近刑罰愈輕，「卑幼於尊長家強盜」則因嚴重違反倫理綱常，依凡人論處，不減其刑。第二、以「毆殺」為例，可分就二個方向說明：「尊長犯卑幼」，從輕處理，毆殺愈親近的卑幼親屬，刑罰愈輕；「卑幼犯尊長」，從重處理，毆殺愈親近的尊長親屬，刑罰愈重。其中，刑罰最為懸殊的組合，莫過於直系血親尊親屬與卑親屬，當兩方互犯時，同罪必定異罰，且刑度差距甚大。第三、以「姦罪」的為例，依男子對女子的服制的分為三種：第一種是男子與緦麻親屬相姦；第二種是男子與小功親屬相姦；第三種是男子與期親相姦。服制愈重，關係愈親近，刑罰愈嚴厲。

　　綜上所述，《唐律疏議》親屬名分雖深受《儀禮・喪服》的影響，但並非全盤接受儒家經典所載的內容，一方面有所承繼，一方面也有所調整，而儒家經典的意義和價值正在於此，能夠顛破時空的限制，不斷地被詮解與運用，與各時代中新的歷史課題相結合而不失核心精神。

附：《唐律疏議》與《儀禮》親屬名分對照表

	《唐律疏議》	《儀禮》	備註
1	父	為父服斬衰三年	《唐律疏議》中父母、祖父母、曾祖父母、高祖父母等直系血親尊親屬視為一個整體，凡「子女」犯「父母」、「孫、孫女」犯「祖父母」、「曾孫、曾孫女」犯「曾祖父母」、「玄孫、玄孫女」犯「高祖父母」，罪責皆相同。
	母	父卒，為母服齊衰三年 父在，為母服齊衰杖期 註：出妻之子為母服齊衰杖期	
	祖父母	為祖父母服齊衰不杖期	
	曾祖父母	為曾祖父母服齊衰三月	
	高祖父母	未明確規範	
2	期親	祖父母	為祖父母服齊衰不杖期	《唐律疏議》中祖父母、曾祖父母、高祖父母，皆為「期親尊長」。
		曾祖父母	為曾祖父母服齊衰三月	
		高祖父母	未明文規範	
		伯叔父母	齊衰不杖期	
		姑	齊衰不杖期	
		兄弟姊妹	齊衰不杖期	
		妻	齊衰杖期	
		子	長子：父為長子斬衰三年；母為長子齊衰三年。 眾子：齊衰不杖期	《唐律疏議》中稱「子」者，原則上無長子與眾子之別，男女皆同。
		兄弟之子	齊衰不杖期	
		孫	嫡孫：為嫡孫服齊衰不杖期 眾孫：為眾孫服大功	《唐律疏議》中稱「孫」者，不分嫡孫、眾孫，包含曾孫、玄孫，男女皆同。

		《唐律疏議》	《儀禮》	備註
		子婦	嫡婦：為嫡婦服大功 庶婦：為庶婦服小功	《唐律疏議》中無「嫡婦」與「庶婦」之分，皆為「期親」。
		孫婦	為孫婦服緦麻	《唐律疏議》以服輕而義重為由，在法律上將孫婦依「期親」之例處理。
		夫之父母	為舅姑服齊衰杖期	
		妾為女君	為女君服齊衰杖期	
		改嫁的嫡母、繼母、慈母、養母	未明確規範	《唐律疏議》視同「期親尊長」。
3	大功	夫之祖父母	為夫之祖父母服大功	《唐律疏議》稱「夫之祖父母」與「夫之伯叔父母」為「大功尊」。
		夫之伯叔父母	為夫之世父母、叔父母服大功	
		從父兄姊	為從父昆弟、姊妹服大功	《唐律疏議》稱「從父兄姊」為「大功長」。
4	小功	從祖父母、姑	為從祖父母、姑服小功	《唐律疏議》稱「從祖父母、姑」、「從祖伯叔父母、姑」、「外祖父母」、「舅」與「姨」為「小功尊屬」。
		從祖伯叔父母、姑	為從祖伯叔父母、姑服小功	
		外祖父母	為外祖父母服小功	
		舅	為舅服緦麻	
		姨	為從母服小功	
		祖之兄弟	為祖之兄弟服小功	
		父之從父兄弟	為父之從父兄弟服小功	
		身之再從兄弟	為身之再從兄弟服小功	

		《唐律疏議》	《儀禮》	備註
5	總麻	曾祖兄弟	為族曾祖父母服總麻	
		祖從父兄弟	為族祖父母服總麻	
		父再從兄弟	為族父母服總麻	

第二節　《唐律疏議》對親屬倫理的重視

　　《唐律疏議》對於親屬倫理的維護相當重視，「十惡」中的「惡逆」、「不孝」、「不睦」、「不義」、「內亂」皆有破壞親屬倫理的規範，這些行為被古人視為罪大惡極，而列入十惡不赦的罪行之中，究其原由無非是虧損名教、毀壞綱常、動搖國本，以下就具有經學色彩的親屬倫理犯罪加以說明。

一　「惡逆」入「十惡」

　　《唐律疏議・名例律》「十惡」條（總6條）注文解釋「惡逆」曰：「謂毆及謀殺祖父母、父母，殺伯叔父母、姑、兄姊、外祖父母、夫、夫之祖父母、父母。」[119]這些親屬中可再分為五類：一為父母、祖父母；二為兄姊；三為伯叔父母、姑、外祖父母；四為夫；五為夫之祖父母、父母。

（一）援引《詩經》解釋「毆及謀殺父母、祖父母」

　　如子孫對於祖父母、父母等直系血親尊親屬，實行「毆」或「謀殺」的犯罪行為，不孝至極，但不入「不孝」，而是入「惡逆」。《唐

---

119 《唐律疏議》卷1〈名例律〉，頁8。

律疏議》疏文解釋「惡逆」如下：

> 父母之恩，昊天罔極。嗣續妣祖，承奉不輕。梟鏡其心，愛敬
> 同盡，五服至親，自相屠戮，窮惡盡逆，絕棄人理，故曰「惡
> 逆」。[120]

「父母之恩，昊天罔極」出自於《詩經》著名的篇章〈蓼莪〉，內容
敘述一名征夫對父母的情思，極其哀痛，父母對子女總是無私的奉
獻，傾盡一生的心力養育子女，當子女長大成人想回報時，父母卻已
積勞成疾離開人世，曰：

> 蓼蓼者莪，匪莪伊蒿。哀哀父母！生我劬勞。蓼蓼者莪，匪莪
> 伊蔚。哀哀父母！生我勞瘁。缾之罄矣，維罍之恥。鮮民之
> 生，不如死之久矣。無父何怙？無母何恃？出則銜恤，入則靡
> 至。父兮生我，母兮鞠我。拊我畜我，長我育我，顧我復我，
> 出入腹我。欲報之德，昊天罔極。南山烈烈，飄風發發。民莫
> 不穀。我獨何害？南山律律，飄風弗弗，民莫不穀，我獨不
> 卒。[121]

「昊天罔極」有二層意義，一是父母之恩若蒼天之無窮無盡，二是蒼
天無常難以預測，父母早亡，自己無所怙恃，子欲養而親不在的哀痛
永遠縈繞在心中。子女承繼直系血親尊親屬的血脈，侍奉尊長時理應
莊嚴不輕慢。《漢書‧郊祀志》曰：「祠黃帝用一梟、破鏡。」孟康注

---

120 《唐律疏議》卷1〈名例律〉，頁8。
121 《詩經注疏》卷13〈小雅‧蓼莪〉，頁435。

曰：「梟，鳥名，食母。破鏡，獸名，食父。黃帝欲絕其類，使百吏祠皆用之。」由此可見，梟是食母之鳥，破鏡是食父之獸。黃帝命令百吏祠皆用梟、破鏡，欲使不孝的禽獸在天地間滅絕。人心如同梟、鏡，對於父母的愛敬之心全面喪失，對於五服內的至親，竟加以殺戮，窮盡人性之惡，惡性重大，徹底違逆天道，逆天行事，滅絕人倫，捨棄綱常，失去人之所以為人的寶貴之處，是為「惡逆」。[122]

（二）援引《孟子》、《詩經》解釋「殺兄姊」

殺兄姊的刑罰見於《唐律疏議・鬪訟律》「毆兄姊等」條（總328條），其曰：「諸毆兄姊者，徒二年半；傷者，徒三年；折傷者，流三千里；刃傷及折支，若瞎其一目者，絞；死者，皆斬；詈者，杖一百。」[123] 疏文解釋如下：

> 兄姊至親，更相急難，彎弧垂泣，義切匪他。[124]

「彎弧垂泣」出自於《孟子・告子下》，其曰：

> 公孫丑問曰：「高子曰：『〈小弁〉，小人之詩也。』」孟子曰：

---

122 《刑法》第二百七十一條規定：「殺人者，處死刑、無期徒刑或十年以上有期徒刑。前項之未遂犯罰之。預備犯第一項之罪者，處二年以下有期徒刑。」、《刑法》第二百七十二條規定：「殺直系血親尊親屬者，處死刑或無期徒刑。前項之未遂犯罰之。預備犯第一項之罪者，處三年以下有期徒刑。」就生命法益而言，直系血親尊親屬與一般人並無不同，然就倫理天性而言，無法將直系血親尊親屬與一般人等同看待。因此，同一殺人罪，殺死直系血親尊親屬與一般人，科罰亦有輕重之分。《刑法》「殺直系血親尊親罪」與《唐律疏議》「毆及謀殺祖父母、父母」構成「惡逆」的立法考量，當有共通之處。
123 《唐律疏議》卷22〈鬪訟律〉，頁413。
124 《唐律疏議》卷22〈鬪訟律〉，頁413。

「何以言之？」曰：「怨。」曰：「固哉，高叟之為《詩》也！有人於此，越人關弓而射之，則己談笑而道之；無他，疏之也。其兄關弓而射之，則己垂涕泣而道之，無他，戚之也。〈小弁〉之怨，親親也。親親，仁也。固矣夫，高叟之為《詩》也！」[125]

此段文獻是公孫丑與孟子在討論《詩經》中一篇名為〈小弁〉的詩篇，高子認為這是一首小人之詩，孟子反駁高子，認為這首詩表現了「親親之道」。孟子舉例明，同樣是彎弓射人，越國人射人與兄長射人，自己的反應必然不同，這是自己與兩人的關係有親疏之別，所以〈小弁〉之怨，是「親親之道」的展現，也是仁的具體實踐。[126]「更相急難」出自於《詩經》，〈小雅・常棣〉曰：

常棣之華，鄂不韡韡。凡今之人，莫如兄弟。死喪之威，兄弟孔懷。原隰裒矣，兄弟求矣。脊令在原，兄弟急難。每有良朋，況也永歎。兄弟鬩于牆，外禦其務。每有良朋，烝也無戎。喪亂既平，既安且寧；雖有兄弟，不如友生。儐爾籩豆，飲酒之飫。兄弟既具，和樂且孺。妻子好合，如鼓瑟琴。兄弟既翕，和樂且湛。宜爾室家，樂爾妻帑。是究是圖，亶其然乎？[127]

---

125 《孟子注疏》卷12〈告子下〉，頁210。

126 朱熹《四書集注》（臺北：國立臺灣大學出版中心，2016年）曰：「〈小弁〉，小雅篇名。周幽王娶申后，生太子宜臼；又得褒姒，生伯服，而黜申后、廢宜臼。於是宜臼之傅為作此詩，以敘其哀痛迫恫之情也。」頁476。

127 《詩經注疏》卷9〈小雅〉，頁318。

此中指出兄弟為人倫至親，思念至深，恩情至厚，急難之時，理當相互救助。《唐律疏議》援引《孟子》、《詩經》之言，說明兄弟姊妹之間情深義切，凡毆打兄姊者，科以徒刑二年半；致使兄姊受傷者，科以徒刑三年；致使兄姊折傷者，科以流刑三千里[128]；如以利器傷害兄姊或折斷肢體，比方說使其一目失明，科以絞殺之刑；凡因此使兄姊死亡者，皆科以斬殺之刑。

二 「不孝」入「十惡」

中國文化自古以來即重視孝道，認為孝道是一切道德的根本所在，也是維護家族倫理和穩定社會秩序的力量。《唐律疏議·名例律》「十惡條」（總6條）疏文曰：

> 善事父母曰「孝」。既有違犯，是名「不孝」。[129]

《唐律疏議》對「孝」的定義出許慎的《說文解字》，許氏解釋「孝」字時曰：「老省丂聲，善事父母者。」[130]段玉裁注曰：「《禮記》：孝者，畜也。順於道不逆於倫，是之謂畜。」[131]段氏之言出自於《禮記·祭統》，曰：

> 祭者，所以追養繼孝也。孝者，畜也。順於道不逆於倫，是之

---

128 《唐律疏議》卷22〈鬥訟律〉「毆兄姊等」條（總328條）疏文曰：「『折傷者』，或折齒，或折手足指，但折一事，即合處流。」頁413。

129 《唐律疏議》卷1〈名例律〉，頁12。

130 《說文解字注》，頁402。

131 《說文解字注》，頁402。

謂畜。是故，孝子之事親也，有三道焉：生則養，沒則喪，喪
畢則祭。養則觀其順也，喪則觀其哀也，祭則觀其敬而時也。
盡此三道者，孝子之行也。[132]

可見孝子事親有三個要點：父母在世時，要能供養；父母離世時，要
能服喪；喪期結束後，要能祭祀。《唐律疏議》基本上是依據此三個
要點，制定「不孝」之罪。「不孝」的具體內容為：「告言、詛詈祖父
母父母」、「祖父母父母在，別籍、異財」、「供養有闕」、「居父母喪，
身自嫁娶，若作樂，釋服從吉」、「聞祖父母父母喪，匿不舉哀，詐稱
祖父母父母死」等[133]，其中引用儒家經典者如下：

（一）援引《儀禮》、《禮記》解釋「告祖父母、父母」

《唐律疏議·鬪訟律》「告祖父母父母」條（總345條）曰：「諸
告祖父母、父母者，絞。」[134]又注文曰：「謂非緣坐之罪及謀叛以上
而故告者。」[135]原則上告發祖父母、父母，皆處以絞刑，但如祖父
母、父母犯了必須緣坐的罪以及謀反、謀大逆、謀叛等罪，則准許子
孫告發祖父母、父母。《唐律疏議·鬪訟律》「告祖父母父母」條（總
345條）疏文曰：

父為子天，有隱無犯。如有違失，理須諫諍，起敬起孝，無令
陷罪。若有忘情棄禮而故告者，絞。[136]

---

132 《禮記注疏》卷25〈祭統〉，頁830。
133 《唐律疏議》卷1〈名例律〉注文，頁12。
134 《唐律疏議》卷23〈鬪訟律〉，頁432。
135 《唐律疏議》卷23〈鬪訟律〉，頁432。
136 《唐律疏議》卷23〈鬪訟律〉，頁432。

「父為子天」出自《儀禮・喪服》,〈傳〉曰:

> 父者,子之天。[137]

「有隱無犯」源自於《禮記・檀弓》,曰:

> 事親有隱而無犯。[138]

鄭玄注曰:

> 隱,謂不稱揚其過失也。無犯,不犯顏而諫。[139]

父親為天,兒子為地,天尊地卑,父親有罪當隱匿其罪,在不得冒犯父親的情形下加以勸諫。「如有違失,理須諫諍,起敬起孝,無令陷罪。」的觀念來自於《禮記・內則》,曰:

> 父母有過,下氣怡色柔聲以諫,諫若不入,起敬起孝,說則復諫;不說,與其得罪於鄉黨州閭,寧孰諫?父母怒、不說,而撻之流血,不敢疾怨,起敬起孝。[140]

父母有過失,子女應當臉色和悅、氣語柔順地勸諫,如果父母聽不進勸諫,必須更加恭敬、更加孝順,等待父母心情和悅時再次勸諫,無

---

137 《儀禮注疏》卷30〈喪服〉,頁359。
138 《禮記注疏》卷3〈檀弓上〉,頁109。
139 《禮記注疏》卷3〈檀弓上〉,頁109。
140 《禮記注疏》卷12〈內則〉,頁521。

論如何，絕對不能令父母陷於犯罪之中，放棄勸諫而向官府告發的子女，如此忘情棄禮者，不容於天地之間，一律處以絞殺之刑。[141]

（二）援引《禮記》解釋「祖父母、父母在，別籍、異財」

《唐律疏議‧名例律》「十惡」條（總6條）疏文曰：「祖父母、父母在，子孫就養無方，出告反面，無自專之道。而有異財、別籍，情無至孝之心，名義以之俱淪，情節於茲並棄，稽之典禮，罪惡難容。二事既不相須，違者並當十惡。」[142]「就養無方」出自於《禮記‧檀弓上》曰：

> 事親……左右就養而無方。[143]

「無方」，就是沒有一定的常則，在祖父母、父母身邊孝養時要能視情況而調整方式。「出告反面」出自於《禮記‧曲禮上》曰：

> 夫為人子者，出必告，反必面。[144]

身為子女，出門必定告知父母，返家必定探看父母，身為子女無自行

---

141 《刑法》第一百七十條規定：「意圖陷害直系血親尊親屬，而犯前條之罪者，加重其刑至二分之一。」所謂「前條」即《刑法》第一百六十九條，該條規定：「意圖他人受刑事或懲戒處分，向該管公務員誣告者，處七年以下有期徒刑。意圖他人受刑事或懲戒處分，而偽造、變造證據，或使用偽造、變造之證據者，亦同」意圖陷害直系向親尊親屬，使其受刑事或懲戒處分，將構成加重誣告罪，必須加重其刑至二分之一，此與《唐律疏議》「告祖父母、父母」構成「不孝」，有著相同的考量。

142 《唐律疏議》卷1〈名例律〉，頁13。

143 《禮記注疏》卷3〈檀弓上〉，頁109。

144 《禮記注疏》卷1〈曲禮上〉，頁18。

專斷的道理，凡事以祖父母、父母的意見為主。又《禮記‧曲禮上》曰：

> 父母存，……不有私財。[145]

如有分割家財與別立戶籍的情況，於人情而言，已無盡孝之心，連盡孝的名義也完全淪喪，不論就情感面，還是就現實面來看，都已經棄孝道於不顧，考察儒家經典中的禮法制度，此種行為罪大惡極，天地難容。依《唐律疏議‧戶婚律》「子孫別籍異財」條（總155條）規定，祖父母、父母在，而子孫別籍、異財者，處以徒刑三年。[146]

（三）援引《禮記》解釋「供養有闕」

《唐律疏議‧名例律》「十惡」條（總6條）疏文曰：「《禮》云：『孝子之養親也，樂其心，不違其志，以其飲食而忠養之。』其有堪供而闕者，祖父母、父母告乃坐。」[147]《唐律疏議》此處援引之《禮》為《禮記》。《禮記‧內則》曰：

> 曾子曰：「孝子之養老也，樂其心，不違其志，樂其耳目，安其寢處，以其飲食忠養之孝子之身終，終身也者，非終父母之身，終其身也；是故父母之所愛亦愛之，父母之所敬亦敬之，至於犬馬盡然，而況於人乎！」[148]

145　《禮記注疏》卷1〈曲禮上〉，頁20。

146　《唐律疏議》卷12〈戶婚律〉曰：「諸祖父母、父母在，而子孫別籍、異財者，徒三年。」頁236。

147　《唐律疏議》卷1〈名例律〉，頁13。

148　《禮記注疏》卷12〈內則〉，頁531。

孝子供養父母，要使父母心情愉悅，不能違背父母的心志，要使父母
的耳目愉悅，睡得安穩，在飲食方面要盡心供養。又《禮記・祭義》
曰：

> 曾子曰：「孝有三：大孝尊親，其次弗辱，其下能養。」[149]

孝道最基本的要求就是養親，如現實經濟情況尚可供養父母而不供
食，經祖父母、父母告發，則入此罪。《唐律疏議・鬪訟律》「子孫違
犯教令」條（總348條）曰：

> 諸子孫違犯教令及供養有闕者，徒二年。謂可從而違，堪供而闕
> 者。須祖父母、父母告，乃坐。[150]

疏文解釋曰：

> 「及供養有闕者」，《禮》云「七十，二膳；八十，常珍」之
> 類，家道堪供，而故有闕者：各徒二年。故注云「謂可從而
> 違，堪供而闕者」。若教令違法，行即有愆；家實貧窶，無由
> 取給：如此之類，不合有罪。皆須祖父母、父母告，乃坐。[151]

此中，《唐律疏議》援引之《禮》為《禮記》。《禮記・王制》曰：

---

149 《禮記注疏》卷24〈祭義〉，頁820。
150 《唐律疏議》卷24〈鬪訟〉，頁437。
151 《唐律疏議》卷24〈鬪訟〉，頁438。

　　　　七十，貳膳；八十，常珍。[152]

孔穎達疏文曰：

　　　　七十貳膳者，貳，副也。膳，善食也。恆令善食有儲副，不使
　　　　有闕也。八十常珍者，珍謂常食之皆珍奇美食，尋常使有。[153]

祖父母、父母七十歲時，膳食必須有備份，避免膳食不足或缺乏；八
十歲時，平日的膳食皆是珍奇的美食。如果家道尚可供養，而故意短
缺祖父母、父母的飲食，處以徒刑二年。山貰《唐律釋文》曰：「貧
之極，謂之窶。」[154]如果家境貧寒，實在無法依法供食，並不觸法。
此條罪狀，必須由祖父母、父母告發。[155]

（四）依《儀禮》、《禮記》規定「居父母喪」的期間

　　《唐律疏議・戶婚律》「居父母夫喪嫁娶」條（總179條）曰：
「諸居父母及夫喪而嫁娶者，徒三年；妾減三等。各離之。知而共為
婚姻者，各減五等；不知者，不坐。」[156]依《儀禮》與《禮記》所記

152　《禮記注疏》卷5〈王制〉，頁263。
153　《禮記注疏》卷5〈王制〉，頁263。
154　山貰冶子：《唐律疏議釋文》，收入《唐律疏議》，頁405。
155　《刑法》第二百九十五條規定：「對於直系血親尊親屬犯第二百九十四條之罪者，
　　　加重其刑至二分之一。」第二百九十四條規定：「對於無自救力之人，依法令或契
　　　約應扶助、養育或保護而遺棄之，或不為其生存所必要之扶助、養育或保護者，
　　　處六月以上、五年以下有期徒刑。因而致人於死者，處無期徒刑或七年以上有期
　　　徒刑；致重傷者，處三年以上十年以下有期徒刑。」遺棄直系血親尊親屬者，加
　　　重其刑至二分之一，此條規定與《唐律疏議》「供養有闕」構成「不孝」的立法考
　　　量，當有相通之處。
156　《唐律疏議》卷13〈戶婚律〉，頁257。

載，父母喪皆為三年，《儀禮》的記載已見於前一節，不再贅述。《禮記・三年問》曰：

> 故三年以為隆，緦小功以為殺，期、九月以為間。上取象於天，下取法於地，中取則於人，人之所以群居和壹之理盡矣。故三年之喪，人道之至文者也，夫是之謂至隆。是百王之所同，古今之所壹也，未有知其所由來者也。孔子曰：「子生三年，然後免於父母之懷；夫三年之喪，天下之達喪也。」[157]

孔穎達疏曰：

> 「上取象於天，下取法於地」者：天地之氣三年一閏，是三年者，取象於一閏；……五服之節，皆取法於天地。「中取則於人」者：則，法也。天地之中取則於人若子生三年，然後免於父母之懷，故服三年。……「所以群居和壹之理盡矣」者，既取法天地與人，三才並備，故能調和群眾、聚居和諧，專壹義理盡備矣。[158]

喪期依「尊卑等差」及「親疏遠近」各有不同，此種制度上取象於天，下取法於地，天地之氣三年一閏，三年之喪，可稱是人道中最重的禮，也是最哀隆的禮，又以人道而言，子生三年才免於父母之懷，故為父母服喪三年。《禮記・王制》曰：

> 三年之喪，自天子達，庶人縣封，葬不為雨止，不封不樹，喪

---

157 《禮記注疏》卷58〈三年問〉，頁962。
158 《禮記注疏》卷58〈三年問〉，頁962、963。

　　不貳事，自天子達於庶人。[159]

又《禮記‧中庸》曰：

　　三年之喪，達乎天子；父母之喪，無貴賤，一也。[160]

父母之喪，上至天子，下至庶民，不分貴賤，喪期皆是三年，聖人制定喪禮取法天地與人，三才並備，足以調和群眾，促使社會和諧。三年之喪，實際上是二十七個月。

　　因此，《唐律疏議‧戶婚律》「居父母夫喪嫁娶」條（總179條）疏文曰：「父母之喪，終身憂戚，三年從吉，自為達禮。夫為婦天，尚無再醮。若居父母及夫之喪，謂在二十七月內，若男身娶妻，而妻女出嫁者，各徒三年。」[161]《儀禮‧士虞禮》曰：

　　期而小祥，曰：「薦此常事。」又期而大祥，曰：「薦此祥事。」中月而禫。是月也，吉祭，猶未配。[162]

又《禮記‧間傳》曰：

　　父母之喪，既虞卒哭，疏食水飲，不食菜果；期而小祥，食菜果；又期而大祥，有醯醬；中月而禫，禫而飲醴酒。始飲酒者先飲醴酒。始食肉者先食乾肉。[163]

159　《禮記注疏》卷5〈王制〉，頁238。
160　《禮記注疏》卷31〈中庸〉，頁885。
161　《唐律疏議》卷13〈戶婚律〉，頁257。
162　《儀禮注疏》卷43〈士虞禮〉，頁513。
163　《禮記注疏》卷37〈間傳〉，頁955。

父母之喪，既虞卒哭，柱楣翦屏，苄翦不納；期而小祥，居堊室，寢有席；又期而大祥，居復寢；中月而禫，禫而床。[164]

斬衰三升，既虞卒哭，受以成布六升、冠七升；為母疏衰四升，受以成布七升、冠八升。去麻服葛，葛帶三重。期而小祥，練冠縓緣，要絰不除，男子除乎首，婦人除乎帶──男子何為除乎首也？婦人何為除乎帶也？男子重首，婦人重帶。除服者先重者，易服者易輕者。又期而大祥，素縞麻衣。中月而禫，禫而纖，無所不佩。[165]

「小祥」、「大祥」、「禫」皆是祭名，父母喪期滿一週年時舉行「小祥」之祭，此祭後男子除去首絰，女子除去腰絰，可以食用蔬果；如此再過一年舉行「大祥」之祭，此祭後戴縞冠穿麻衣，可以食用醋醬。鄭玄注曰：「中，猶間也。禫，祭名也。與大祥間一月，自喪至此，凡二十七月。禫之言澹，澹然平安意也。」[166]也就是說，「大祥」之祭隔一個月後舉行「禫」之祭，至此喪期已滿二十七個月，服飾如常，無所不佩，也可以飲用醴酒了。凡居夫母喪嫁娶者，兩方皆處以徒刑三年。

（五）援引《禮記》解釋「聞祖父、父母喪，匿不舉哀」

《唐律疏議・名例律》「十惡」條（總6條）疏文曰：「依《禮》：『聞親喪，以哭答使者，盡哀而問故。』」父母之喪，創巨尤切，聞即

---

164 《禮記注疏》卷37〈間傳〉，頁955。
165 《禮記注疏》卷37〈間傳〉，頁955。
166 《儀禮注疏》卷43〈士虞禮〉，頁513。

崩殞，擗踊號天。今乃匿不舉哀，或揀擇時日者，並是。」[167]關於
「奔喪之禮」，《禮記·奔喪》曰：

> 奔喪之禮：始聞親喪，以哭答使者，盡哀；問故，又哭盡哀。
> 遂行，日行百里，不以夜行。唯父母之喪，見星而行，見星而
> 舍。[168]

《禮記·檀弓下》曰：「辟踊，哀之至也。」[169]孔穎達疏曰：「撫心為
擗，跳躍為踊。」[170]「男踊女擗，是哀痛之至極也。」[171]又《孝經·
喪親》曰：「擗踊哭泣，哀以送之。」[172]邢昺注云：「男踊，女擗，祖
載送之。」[173]其中又以父母之喪，哀痛最為深切，一旦聽聞父母離
世，悲傷的情緒猶如天崩地裂般，女子撫心，男子跺腳，對天哭號。
凡是隱匿父母死亡的消息而不舉行喪禮，或者未立即舉行喪禮，揀擇
其他時間舉行喪禮，皆入「不孝」。

三 「不睦」與「內亂」入「十惡」

(一) 援引《禮記》、《孝經》解釋「不睦」

　　《唐律疏議·名例律》「十惡」條（總6條）疏文曰：「《禮》云：
『講信修睦。』《孝經》云：『民用和睦。』睦者，親也。此條之內，

167　《唐律疏議》卷1〈名例律〉，頁14。
168　《禮記注疏》卷34〈奔喪〉，頁14。
169　《禮記注疏》卷4〈檀弓下〉，頁166。
170　《禮記注疏》卷4〈檀弓下〉，頁166。
171　《禮記注疏》卷4〈檀弓下〉，頁166。
172　《孝經注疏》卷9〈喪親章〉，頁52。
173　《孝經注疏》卷9〈喪親章〉，頁52。

皆是親族相犯,為九族不相協睦,故曰『不睦』。」[174]援引《禮記》
及《孝經》說明「睦」即「親」之意。「講信修睦」多次出現於《禮記‧禮運》中,曰:

> 大道之行也,天下為公。選賢與能,講信修睦,故人不獨親其親,不獨子其子,使老有所終,壯有所用,幼有所長,矜寡孤獨廢疾者,皆有所養。[175]

> 何謂人義?父慈、子孝、兄良、弟弟、夫義、婦聽、長惠、幼順、君仁、臣忠十者,謂之人義。講信修睦,謂之人利。爭奪相殺,謂之人患。故聖人所以治人七情,修十義,講信修睦,尚辭讓,去爭奪,舍禮何以治之?[176]

> 故禮義也者,人之大端也,所以講信修睦而固人之肌膚之會、筋骸之束也。[177]

鄭玄注曰:「睦,親也。」所謂人義,即為父要慈、為子要孝、為兄要良、為弟要悌、為夫要義、為婦要聽、為長要惠、為幼要順、為君要仁、為臣要忠,其中前八項皆為家族內的親屬倫理,如果家族內的每一個人都能各安其位、各盡其責、講信修睦、尚辭讓、去爭奪,整個家族必然能夠和諧相處。《孝經‧三才章》曰:

---

174 《唐律疏議》卷1〈名例律〉,頁14。
175 《禮記注疏》卷9〈禮運〉,頁412。
176 《禮記注疏》卷9〈禮運〉,頁430。
177 《禮記注疏》卷9〈禮運〉,頁438。

先之以博愛，而民莫遺其親；陳之於德義而民興行；先之以敬讓而民不爭；導之以禮樂而民和睦；示之以好惡而民知禁。導之以禮樂，而民和睦。[178]

唐玄宗御注曰：「禮以檢其跡，樂以正其心，則和睦矣。」[179]如能以禮樂教導人民，人民自然和睦。總之，《唐律疏議》援引《禮記》、《孝經》說明「睦」的重要性，「不睦」即親族相互侵犯，九族不相協睦，被列入「十惡」之中。「十惡」條（總6條）注文載明「不睦」的具體內容為：「謀殺及賣緦麻以上親」[180]、「毆告夫及大功以上尊長、小功尊屬。」[181]

（二）援引《左傳》解釋「內亂」

「十惡」最後一條是「內亂」，《唐律疏議・名例律》「十惡」條（總6條）注文曰：「謂姦小功以上親、父祖妾及與和者。」[182]疏文曰：

《左傳》云：「女有家，男有室，無相瀆。易此則亂。」若有禽獸其行，朋淫於家，紊亂禮經，故曰「內亂」。[183]

此中，《唐律疏議》援引《左傳》桓公十八年（西元前694年）申繻勸諫魯文公的話，曰：

178　《孝經注疏》卷3〈三才章〉，頁27。
179　《孝經注疏》卷3〈三才章〉，頁27。
180　《唐律疏議》卷1〈名例律〉，頁14。
181　《唐律疏議》卷1〈名例律〉，頁14。
182　《唐律疏議》卷1〈名例律〉，頁16。
183　《唐律疏議》卷1〈名例律〉，頁16。

女有家，男有室，無相瀆也。謂之有禮。易此必敗。[184]

杜預注曰：

女安夫之家，夫安妻之室，違此則為瀆。[185]

孔穎達疏曰：

男子一家之主，職主內外，故曰家，婦人主閨內之事，故為室。[186]

女子安於夫之家，男子安於妻之室，雙方皆不違背此原則，即是遵守禮法，如違背此原則，即是牴觸禮法，家族必然敗亡。如有像禽獸般亂倫的行為，結合同類在家族中淫亂，此種行為紊亂禮經，是為「內亂」。此中所謂的「禮經」當是《禮記》。《禮記・曲禮上》曰：

鸚鵡能言，不離飛鳥；猩猩能言，不離禽獸。今人而無禮，雖能言，不亦禽獸之心乎？夫唯禽獸無禮，故父子聚麀。是故聖人作，為禮以教人。使人以有禮，知自別於禽獸。[187]

鄭玄注曰：

184 《左傳注疏》卷7「桓公十八年」，頁130。
185 《左傳注疏》卷7「桓公十八年」，頁130。
186 《左傳注疏》卷7「桓公十八年」，頁130。
187 《禮記注疏》卷1〈曲禮上〉，頁15。

聚，猶共也。鹿牝曰麀。[188]

人與禽獸最大的區別，並不在於能否能言，而是在於是否有禮，禽獸無禮，故而父子同配一隻母獸，如人亦父子同配一個女子，紊亂禮制，則與禽獸何異？又《禮記·內則》曰：

> 男不言內，女不言外。非祭非喪，不相授器。其相授，則女受以篚，其無篚則皆坐奠之而后取之。外內不共井，不共湢浴，不通寢席，不通乞假，男女不通衣裳，內言不出，外言不入。男子入內，不嘯不指，夜行以燭，無燭則止。女子出門，必擁蔽其面，夜行以燭，無燭則止。道路：男子由右，女子由左。[189]

古代家族重視男女之防，除非祭祀或喪禮，男女不得交遞器物，交遞時女性必須以竹篚來授受器物，如手邊無竹篚，則必須將器物放在地上[190]，對方再從地上拿取器物。男女不共用井水，不共用浴室[191]，不共用寢席，不借用東西，不共用衣裳，走路時必須點燭，不得在黑暗中行走，男性靠右，女性靠左。日常生活尚且如此，更遑論男女有姦。《唐律疏議》「十惡」條（總6條）疏文曰：

> 姦小功以上親者，謂據禮，男子為婦人著小功服而姦者。若婦人為男夫雖有小功之服，男子為報服緦麻者，非。謂外孫女於外祖父及外甥於舅之類。[192]

188　《禮記注疏》卷1〈曲禮上〉，頁15。
189　《禮記注疏》卷12〈內則〉，頁520。
190　《禮記注疏》卷12〈內則〉鄭玄注曰：「奠，停地也。」頁520。
191　《禮記注疏》卷12〈內則〉鄭玄注曰：「湢，浴室也。」頁520。
192　《唐律疏議》卷1〈名例律〉，頁16。

此條的判斷標準在於喪服，男子為婦人服小功之喪而姦該名婦人者，即構成「內亂」；如婦人為男夫服小功之喪，但男子為該名婦人服總麻者，則不構成「內亂」，《唐律疏議》並舉例說明如下：外孫女對於外祖父服小功之喪，但父祖父對外孫僅服總麻之喪，又外甥女對於舅舅服小功之喪，但舅舅對於外甥女服總麻之喪，所以外孫女與外祖父或外甥女與舅舅有姦，並不構成「內亂」。

第三節　《唐律疏議》的親情與皇權

《唐律疏議》中有「同居相隱」的規定，凡是同居共財，或者大功以上的親屬以及外祖父母、外孫、孫媳、丈夫之兄弟以及兄弟的妻子，觸犯法律構成犯罪時，得以相互隱匿，當「相隱之道」與「君臣之義」有所牴觸時，該如何處該置？《唐律疏議》基於「孝道」的考量，如罪犯祖父母、父母需要罪犯供養，則可依法「權留養親」，但此制度有「輕重不類」的問題，何以如此？以下將就「同居相隱」與「權留養親」二個法律制度加以討論。

一　同居相隱

《唐律疏議·名例律》「同居相為隱」條（總46條）曰：「諸同居，若大功以上親及外祖父母、外孫，若孫之婦、夫之兄弟及兄弟妻，有罪相為隱。」[193]依據疏文的解釋[194]，「同居」的定義是指未分

193　《唐律疏議》卷6〈名例律〉，頁130。

194　《唐律疏議》卷6〈名例律〉「同居相為隱」條（總46條）曰：「『同居』，謂同財共居，不限籍之同異，雖無服者，並是。『若大功以上親』，各依本服。『外祖父母、外孫，若孫之婦、夫之兄弟及兄弟妻』，服雖輕，論情重。故有罪者並相為隱，反報俱隱。此等外祖不及曾、高，外孫不及曾、玄也。」頁130。

家財居住在一起的親屬，戶籍是否為同戶，在所不問，即使該親屬依禮不為其服喪，仍屬於此處說的「同居」。「大功以上親」，各依本服論處。外祖父母、外孫，或者孫之婦、夫之兄弟及兄弟妻，服制雖輕，但情意重，犯罪時得相互容隱。「反報」指親屬中的尊長為卑幼所服的喪制，除卑幼得以容隱尊長外，尊長亦得容隱卑幼。但是，此條所規定的外祖父並不包括外曾祖父、外高祖父，外孫也不包括外曾孫、外玄孫。[195]

　　《唐律疏議》此種「有罪相為隱」立法思想，乃是出自於《論語》和《孟子》，親屬之間如有人犯罪，應當相互隱匿，而非彼此告發，以維護「親親之道」，鞏固家族倫理。《論語・子路》，曰：

　　　　葉公語孔子曰：「吾黨有直躬者，其父攘羊，而子證之。」孔子曰：「吾黨之直者異於是。父為子隱，子為父隱，直在其中矣。」[196]

葉公與孔子對於「直躬」的具體表現有著不同的看法，鄉里間有一個父親偷了羊隻，兒子出面作證，葉公盛讚出面作證者具有「直躬」的美德，孔子聽聞後深不以為然，指出父子相隱才是體踐「直躬」的作法。葉公所言的「直」是法律上「犯罪事實」之「真」，而孔所言的「直」是天性上「人倫價值」之「善」。[197]孟子也曾與弟子討論過類

---

195 桂齊遜曾撰〈我國固有律關於「同居相為隱」的理論面與實務面——以唐律為核心〉一文，以唐律為中心，針對律文的「理論面」與「實務面」加以闡釋和檢討，收入高明士主編：《唐代身分法制研究——以唐律名例律為中心》（臺北：五南圖書出版公司，2003年），頁55-89。

196 《論語注疏》卷13〈子路〉，頁118。

197 黃師源盛《中國法史導論》曰：「葉公所言的『直』是『事實之真』，而孔子是從『合理合宜』言『直』，保住『人倫價值』之善。」頁144。

似的問題,《孟子・盡心上》記載如下:

> 桃應問曰:「舜為天子,皋陶為士,瞽瞍殺人,則如之何?」
> 孟子曰:「執之而已矣。」「然則舜不禁與?」曰:「夫舜惡得
> 而禁之?夫有所受之也。」「然則舜如之何?」曰:「舜視棄天
> 下,猶棄敝蹝也。竊負而逃,遵海濱而處,終身訢然,樂而忘
> 天下。」[198]

桃應問孟子一個假設性的問題:舜作為天子,皋陶掌管司法,而舜的
父親瞽瞍殺了人,應該如何處理?舜雖愛其父,但不可以因私害公而
視法律為無物;皋陶公正執法,但恐怕無法不顧忌罪犯為天子之父的
身分;事在兩難,進退維谷,所以姚應請教孟子。孟子與姚應三問三
答:第一答,孟子肯定司官法員有拘捕任何罪犯的權責;第二答,孟
子認為即使是天子也不可以干涉法制;第三答,孟子認為父子之情乃
是天性,天性源自於天道,不可違逆,無可改變,不能割捨,而天子
的名位是後天而有的,具可變性,可以放棄。[199]因此,舜應當視天下
如敝蹝,毫不眷戀地放棄天下,私下揹著父親逃亡到天涯海角。

　　《論語》和《孟子》的觀點,並未被秦朝採用,秦律規定親人有
罪而不告發者,將連帶受到刑罰,告發者免罪。[200]漢代時,董仲舒引
用《論語》中「父為子隱,子為父隱」決斷獄案。漢宣帝地節四年
(西元前66年)下詔曰:

198　《孟子注疏》卷13〈盡心上〉,頁240。
199　參見蔡仁厚:《孔孟荀哲學》(臺北:學生書局,1984年),頁300。
200　睡虎地秦墓竹簡小組編:《睡虎地秦墓竹簡》(北京:文物出版社,1900年)曰:
　　「夫有罪,妻先告,不收。」頁157。

> 父子之親，夫婦之道，天性也。雖有患禍，猶蒙死而存之，誠
> 愛結于心，仁厚之至也，豈能違之哉！自今子首匿父母，妻匿
> 夫，孫匿大父母，皆勿坐。其父母匿子，夫匿妻，大父母匿
> 孫，罪殊死，皆上請廷尉以聞。[201]

父子與夫婦之間的情感是一種天性，當災禍降臨時，都願意犧牲自己
的生命保全對方，這種誠愛仁厚的親情，既是天性，就不可違逆。因
此，子女可以隱匿父母、妻子可以隱匿丈夫、孫子可以隱匿祖父母，
將親屬有罪相隱合法化，但僅限於卑者隱匿尊者。《唐律疏議》進一
步擴大親屬有罪相隱的範圍，推崇「親親之道」，以維護家族內部的
和諧安定。

　　再者，有罪得相容隱的親屬，官府不得令其為該親屬作證，《唐
律疏議・斷獄律》「議請減老小疾不合拷訊」條（總474條）曰：「其
於律得相容隱，即年八十以上，十歲以下及篤疾，皆不得令其為證，
違者減罪人罪三等。」[202]疏文曰：

> 「其於律得相容隱」，謂同居，若大功以上親及外祖父母、外
> 孫，若孫之婦、夫之兄弟及兄弟妻，及部曲、奴婢得為主隱；
> 其八十以上，十歲以下及篤疾，以其不堪加刑：故並不許為
> 證。若違律遣證，「減罪人罪三等」，謂遣證徒一年，所司合杖
> 八十之類。[203]

依《唐律疏議》規定，凡犯罪得以相互容隱的範圍，皆不許為證，如

201　《漢書》卷8〈宣帝本紀〉，頁251。
202　《唐律疏議》卷29〈斷獄律〉，頁551。
203　《唐律疏議》卷29〈斷獄律〉，頁551。

官員違反律條要求以上這些人作證，其刑罰減罪人罪三等，比方說：罪人應科以徒刑一年，相關官員則處以杖刑八十下。《唐律疏議》對於相互容隱的行為非常寬容，〈名律例〉「同居相為隱」條（總46條）甚至明文規定：「即漏露其事及擿語消息亦不坐。」[204] 疏文解釋如下：

> 假有鑄錢及盜之類，事須掩攝追收，遂「漏露其事」。「及擿語消息」，謂報罪人所掩攝之事，令得隱避逃亡。為通相隱，故亦不坐。[205]

「漏露其事」者，如有鑄錢及行盜之類的犯罪，官府必須暗中追查，蒐集證物，向罪犯漏露官府查案的情況；「擿語消息」者，將官府暗中追查的事情通報給罪犯，使其得以隱避逃亡。「漏露其事」和「擿語消息」皆屬於相互容隱的行為，為法律所允許，不必擔負刑責。[206]

晉代大理衛展曾上書曰：「相隱之道離，則君臣之義廢；君臣之義廢，則犯上之姦生矣。」[207]事實上，「君臣之義」的基礎就在於「相隱之道」之上，「相隱之道」所推崇的是「親親之道」，又「親親

---

204 《唐律疏議》卷6〈名例律〉，頁130。
205 《唐律疏議》卷6〈名例律〉，頁130。
206 《刑法》第一百六十七條規定：「配偶、五親等內之血親或三親等內之姻親圖利犯人或依法逮捕拘禁之脫逃人，而犯第一百六十四條或第一百六十五條之罪者，減輕或免除其刑」第一百六十四條為藏匿人犯或使之隱避、頂替罪、第一百六十五條為湮滅刑事證據罪。《刑事訴訟法》第一百八十條第一款規定：「現為或曾為被告或自訴人之配偶、直系血親、三親等內之旁系血親、二親等內之姻親或家長、家屬者」，得拒絕證言。《民事訴訟法》第三百零七條第一款規定：「證人為當事人之配偶、前配偶、未婚配偶或四親等內之血親、三親等內之姻親或曾有此親屬關係者」，得拒絕證言。不論是《刑法》第一百六十七條、《刑事訴訟法》第一百八十條、《民事訴訟法》第三百零七條，或是《唐律疏議》「同居相隱」，還是《論語》「父子相隱」、《孟子》「竊負而逃」，古今時空不同，但思考的脈絡仍有一致之處。
207 《晉書》卷30〈刑法志〉，頁939。

之道」中首重「父子之道」。「君臣之義」與「父子之道」始終連結在一起，君王不僅僅是君王，還是天下百姓的父母。《唐律疏議・名例律》「同居相為隱」條（總46條）曰：「若犯謀叛以上者，不用此律。」[208]疏文曰：

> 謂謀反、謀大逆、謀叛，此等三事，並不得相隱，故不用相隱之律，各從本條科斷。[209]

大功以上親屬觸犯謀反、謀大逆、謀叛等罪，不得相互容隱，不得適用「有罪相為隱」之律，各從本條科斷。《唐律疏議・鬬訟律》「知謀反逆叛不告」條（總340條）曰：「諸知謀反及大逆者，密告隨近官司，不告者，絞。知謀大逆、謀叛不告者，流二千里。」[210]凡是知道有人謀反和犯大逆之罪，卻不告官，處以絞殺之刑；知道有人謀大逆和謀叛，卻不告官，處以流刑二千里。無論「親親之道」如何重要，都不能危及「君臣之義」，君王至高無上的地位不容動搖。

二　權留養親

「供養有闕」構成「十惡」中的「不孝」，《唐律疏議》在說明此律文時，援引《禮記・內則》說明供養之道，此已於前一節論及，不再贅述。因此，《唐律疏議》基於「孝道」的考量，刑罰執行與否以及執行的時間，視罪犯祖父母、父母的情況決而定，如罪犯祖父母、父母需要罪犯供養，則法律另有特殊規定。又《禮記・祭統》曰：

208　《唐律疏議》卷6〈名例律〉，頁131。
209　《唐律疏議》卷6〈名例律〉，頁131。
210　《唐律疏議》卷23〈鬬訟律〉，頁427。

孝子之事親也，有三道焉：生則養，沒則喪，喪畢則祭。[211]

孝道中最基本的要求，即是供養父母，《孟子·離婁下》曰：

> 孟子曰：「世俗所謂不孝者五：惰其四支，不顧父母之養，一
> 不孝也；博弈、好飲酒，不顧父母之養，二不孝也；好貨財、
> 私妻子，不顧父母之養，三不孝也；從耳目之欲，以為父母
> 戮，四不孝也；好勇鬥狠，以危父母，五不孝也。」[212]

此中，孟子指出世俗所謂的「不孝」有五種情形，仔細觀察，前三種
情形皆是「不顧父母之養」，可見古代對於「供養父母」重視的程
度。《唐律疏議》的特殊規定如下：（1）犯死罪者，由刑部具狀請呈
皇上裁決。（2）犯流罪者，由刑部自行判斷處理。《唐律疏議·名例
律》「犯死罪應侍家無期親成丁」條（總11條）曰：

> 諸犯死罪非「十惡」，而祖父母、父母老疾應侍，家無期親成
> 丁者，上請。[213]

疏文曰：

> 謂非「謀反」以下、「內亂」以上死罪，而祖父母、父母，通
> 曾、高祖以來，年八十以上及篤疾，據令應侍，戶內無期親年
> 二十一以上、五十九以下者，皆申刑部，具狀上請，聽敕處

---

211 《禮記注疏》卷25〈祭統〉，頁830。
212 《孟子注疏》卷8〈離婁下〉，頁153。
213 《唐律疏議》卷3〈名例律〉，頁69。

分。若敕許充侍，家有期親進丁及親終，更奏；如元奉進止
者，不奏。家無期親成丁者，律意屬在老疾人期親，其曾、高
於曾、玄非期親，縱有，亦合上請。若有曾、玄數人，其中有
一人犯死罪，則不上請。[214]

非因「謀反」、「謀大逆」、「謀叛」、「惡逆」、「不道」、「大不敬」、「不
孝」、「不睦」、「不義」、「內亂」等「十惡」而觸犯死罪者，其曾祖父
母、高祖父母、祖父母、父母年齡達到八十歲以上及罹患篤疾者，需
要人照顧侍奉，但戶內除死刑犯本人外，無其他二十一歲以上、五十
九歲以下的成年期親，皆向刑部申報，由刑部具狀請呈皇上裁決。此
外，曾祖父母、高祖父母與曾孫、玄孫之間，並無期親關係，但如有
由曾孫、玄孫照顧奉養之必要，亦得由刑部具狀請呈皇上裁決，又疏
文曰：

> 死罪上請，敕許留侍，經赦之後，理無殺法，況律無不免之
> 制，即是會赦合原。又，斷死之徒，例無輸課，雖得留侍，課
> 不合徵，免課霑恩，理用為允。[215]

死罪上請後，皇帝既恩准留住性命以侍奉親長，無再殺之理，律文無
不可免罪之規定，如遇赦可原宥其罪行，免除罪責。又死刑犯不必繳
納賦稅，既然免除賦稅是皇恩，自是公允的規定。《唐律疏議・名例
律》「犯死罪應侍家無期親成丁」條（總11條）曰：

> 犯流罪者，權留養親，謂非會赦猶流者。不在赦例，仍準同季流人

214　《唐律疏議》卷3〈名例律〉，頁69、70。
215　《唐律疏議》卷3〈名例律〉，頁70。

未上道,限內會赦者,從赦原。課調依舊。若家有進丁及親終期年者,則從流。計程會赦者,依常例。即至配所應侍,合居作者,亦聽親終期年,然後居作。[216]

疏文曰:

犯流罪者,雖是五流及十惡,亦得權留養親。會赦猶流者,不在權留之例。其權留者,省司判聽,不須上請。……侍丁,依令「免役,唯輸調及租」。為其充侍未流,故云「課調依舊」。……流人至配所,親老疾應侍者,並依侍法。合居作者,亦聽親終期年,然後居作。[217]

即使是觸犯「五流」及「十惡」的流罪,如曾祖父母、高祖父母、祖父母、父母年齡達到八十歲以上及罹患篤疾者,戶內無其他期親可以供養親長,也可以「權留養親」——暫緩流刑,留在家中奉養親長。「五流」指是「加役流」、「反逆緣坐流」、「子孫犯過失流」、「不孝流」、「會赦猶流」,此條不包括「會赦猶流」。至於罪犯是否能「權留養親」,由刑部自行判斷處理,毋須具狀請呈皇上裁決。在「權留養親」這段期間,如果皇帝恩赦,並不在赦免的範圍之內,同時必須依法繳納賦稅。如家中有期親達到二十一歲以上,成為成丁,或所侍奉的親長去世滿一年,依法執行流配。如已流配,行程未過限[218],遇上

---

216 《唐律疏議》卷3〈名例律〉,頁70、71。

217 《唐律疏議》卷3〈名例律〉,頁70、71。

218 《唐律疏議》卷3〈名例律〉「流配人在道會赦」(總25條)曰:「諸流配人在道會赦,計行程過限者,不得以赦原。」注文曰:「謂從上道日總計,行程有違者。」疏文曰:「『行程』,依令:『馬,日七十里;驢及步人,五十里;車,三十里。』其水程,江、河、餘水沿泝,程各不同。但車馬及步人同行,遲速不等者,並從

恩赦，則依常例免罪。如流配至配發之地後，曾祖父母、高祖父母、
祖父母、父母年齡達到八十歲以上及罹患篤疾者，戶內無其他期親可
以供養親長，依侍親之法處理，勞役的部分也允准於親長去世一年後
執行。

　　承上所述，不難發現這些特殊規定的問題：重罪反較輕罪來得更
為優待。犯死罪者，由皇帝恩赦後，不必再執行死刑，又可以免除課
稅的義務；犯流罪者，由刑部核可後，待養親責任已盡，仍然必須執
行流刑，在「權留養親」期間必須繳納賦稅。《唐律疏議》針對「死
刑從輕，流刑反重，輕重不類」的問題，以問與答的方式加以解釋，
其曰：

> 問曰：死罪是重，流罪是輕。流罪養親，逢赦不免；死罪留
> 侍，卻得會恩。則死刑何得從寬，流坐乃翻為急，輕重不類，
> 義有惑焉。
> 答曰：死罪上請，唯聽敕裁。流罪侍親，準律合住。合住者，
> 須依常例；敕裁者，已沐殊恩。豈將恩許之人，比同曹判之
> 色？以此甄異，非為重輕。[219]

理由在於，犯死罪者上請皇帝裁決，皇帝的敕裁使罪犯沐浴在皇恩之
中，而犯流罪者由刑部依律斷定，僅是按照一般程序處理，皇帝恩許
的人與刑部批准的人，兩者無法相提並論。申言之，法律如此處理，
並非著眼於罪刑比重的合理性，而是在於突顯君臣地位的差異性，宣
示皇帝至高無上的權勢。

　　遲者為限。」並舉例說明如下：「假有配流二千里，準步程合四十日，若未滿四十
　　日會赦，不問已行遠近，並從赦原。從上道日總計，行程有違者，即不在赦
　　限。」頁68、69。

219 《唐律疏議》卷3〈名例律〉，頁68、69。

第七章

《唐律疏議》的君臣分際

　　君王奉上天之寶命而有其位，在形而下的現象世界擁有至尊的地位，天下臣民自當由敬天而敬天子，如有冒犯，罪責重大，入「十惡」中的「大不敬」，上書、言談必須避宗廟諱，以表示對君王的敬意。《論語・八佾》曰：「君使臣以禮，臣事君以忠。」[1]君王以「禮」對待臣子，臣子以「忠」回報君王。在《唐律疏議》中，君王以「八議」、「請」、「減」、「贖」、「官當」禮遇臣子，臣子必須對君王盡忠，如有二心，即入「十惡」中「謀反」、「謀大逆」、「謀叛」。

第一節　君王奉天命而有位

　　君王乃是奉天命而居於至尊之位，是以君王受天命時會伴隨著祥瑞之兆，這些徵兆即是天意的示現，根據《左傳》的記載，黃帝受天命時出現雲瑞，故以雲紀事，百官師長皆以雲為名號；炎帝受天命時出現火瑞，故以火紀事，百官師長皆以火為名號；共工氏受天命時出現水瑞，故以水紀事，百官師長皆以水為名號；大皞受天命時出現龍瑞，故以龍紀事，百官師長皆以龍為名號；少皞受天命出現鳥瑞，故以鳥紀事，百官師長皆以鳥為名號。[2]

1　《論語注疏》卷3〈八佾〉，頁30。

2　《左傳注疏》卷48「昭公十七年」曰：「昔者黃帝氏以雲紀，故為雲師而雲名；炎帝氏以火紀，故為火師而火名；共工氏以水紀，故為水師而水名；大皞氏以龍紀，

一 援引《周易》、《禮記》、《尚書》說明君王之位

　　《尚書》曰：「明年正月上日，受堯終帝位之事於堯文祖之廟。雖受堯命，猶不自安。又以璿為璣、以玉為衡者，是王者正文之器也，乃復察此璿璣玉衡，以齊整天之日月五星七曜之政。觀其齊與不齊，齊則受之是也，不齊則受之非也。見七政皆齊，知己受為是，遂行為帝之事，而以告攝事類祭於上帝，祭昊天及五帝也。又禋祭於六宗等尊卑之神，望祭於名山大川、五岳四瀆，而又徧祭於山川、丘陵、墳衍、古之聖賢之群神，以告己之受禪也。」[3] 堯禪讓帝位於舜，舜受堯命後惶恐不安，不知自己接受帝位是否合於天意，於是觀察日月星辰，直至確定其運行齊整才敢接受帝位。《唐律疏議·賊盜律》「謀反大逆」條（總248條）曰：

　　　　人君者，與天地合德，與日月齊明，上祇寶命，下臨率土。[4]

《唐律疏議》這段話出自《周易·文言》，其云：

　　　　夫大人者，與天地合其德，與日月合其明，與四時合其序，與鬼神合其吉凶。先天而天弗違，後天而奉天時。天且弗違，而況於人乎？況於鬼神乎？[5]

其中「先天而天弗違」是指在天時之先行事，不違上天，是「天合大

　　故為龍師而龍名。我高祖少皞摯之立也，鳳鳥適至，故紀於鳥，為鳥師而鳥名。」頁835-838。

3　《尚書注疏》卷3〈虞書·舜典〉，頁36。

4　《唐律疏議》卷17〈賊盜律〉，頁321。

5　《周易注疏》卷1〈乾·文言〉，頁16。

人」[6];「後天而奉天時」是指在天時之後行事,奉順上天,是「大人合天」。[7]不論是「天合大人」,還是「大人合天」,皆是與天地合德,體現天地之道。《禮記‧經解》也有類似的文句,其曰:

> 天子者,與天地參。故德配天地,兼利萬物,與日月並明,明照四海而不遺微小。[8]

君王順應天道稟受天命而居至尊之位,是為「天子」,故其行事皆應與天地合德,做到一舉一動皆吻合天道之流行,才能統領天下開創盛世。因此,古代帝王往往透過觀察天象,審視己身的行為是否符合天意。[9]唐太宗曾說:

> 人言天子至尊,無所畏憚。朕則不然,上畏皇天之監臨,下憚群臣之瞻仰。兢兢業業,猶恐不合天意,未副人望。[10]

即使身為天子,居於至尊之位,不代表就可以毫無忌憚地為滿足一己

6　《周易注疏》卷1〈乾‧文言〉孔穎達正義曰:「『先天而天弗違』者,若在天時之先行事,天乃在後不違,是天合大人也。」頁16。

7　《周易注疏》卷1〈乾‧文言〉孔穎達正義曰:「『後天而奉天時』者,若在天時之後行事,能奉順上天,是大人合法也。」頁16。

8　《禮記注疏》卷26〈經解〉,頁826。

9　《舊唐書》卷36〈天文志〉曰:「日月運行,遲速不齊。日凡周天三百六十五度有餘,日行一度,月行十三度有餘,率二十九日半而與日會。又月行有南北九道之異,或進或退,若晦朔之交,又南北同道,即日為月之所掩,故名薄蝕。雖自然常可以推步,然日為陽精,人君之象。若君行有緩有急,即日為遲速。稍踰常度,為月所掩,即陰浸於陽。亦猶人君行或失中,應感所致。」君王與日月能夠相互應感,頁1319。

10　司馬光:《資治通鑑》卷192〈唐紀〉,頁2940、2941。

私慾任意妄為，天子的行為受到上天的監臨，施政舉措必須符合天意，否則就是逆天而行。

　　唐朝對於儒家經典的推崇，是由於經學的義理底蘊無非是天道的示現，形而上的天道同時具有三個層面的意義，即本體義、生成義與倫常義。「天」是自然界的最高存在，古先聖賢透過觀察「天」，致力於使人間秩序和自然秩序達到和諧統一。《周易・繫辭上》曰：

　　　　天尊地卑，乾坤定矣。卑高以陳，貴賤位矣。[11]

《禮記・樂記》也有類似的文句：

　　　　天尊地卑，君臣定矣。卑高已陳，貴賤位矣。[12]

「地」雖也尊貴，但與「天」相較，仍較為卑下，天為「乾」為「陽」，地為「坤」為「陰」，此觀念不僅表現在天道運行的規律之中，也形成了人間的社會結構和行為規範。《禮記》中魯哀公曾問孔子為政之道，孔子對曰：「夫婦別，父子親，君臣嚴。」[13]儒家經典認為天地陰陽之道，其根本涵義或實質內容就是尊卑有等的倫常之道，把天地陰陽秩序倫理化的思想，成為中國文化的主要特色之一。[14]

11　《周易注疏》卷7〈繫辭上〉，頁143。

12　《禮記注疏》卷19〈樂記〉，頁671。

13　《禮記注疏》卷27〈哀公問〉，頁848。

14　范忠信《中國法律傳統的基本精神》（濟南：山東人民出版社，2001年）：「中國傳統哲學認為，天地自然的陰陽五行之道，其根本涵義或實質是倫常之道。自然的陰陽秩序、五行秩序，實為親親尊尊，尊卑有等的秩序。……這些把天地秩序倫理化的思想，是中國傳統哲學中的主要成分之一，是中國傳統哲學的主要特色之一。」頁25、26。

《唐律疏議》承繼《周易》與《禮記》的思想，曰：

> 尊卑貴賤，等數不同，刑名輕重，粲然有別。[15]

此即《唐律疏議》的立法準則，一個行為是否構成犯罪，觸犯了什麼罪名，以及刑罰的輕重，端視雙方的尊卑貴賤與親疏遠近而定，此一立法基礎正是形而上的天道。鑒於天道有陰陽之別，故而夫妻、君臣、父子之間，就有不同的身分等差，而這種等差，演化為倫理，抽象為三綱原則，表述為禮義法則，倫理、綱常、禮法有天道作為形而上的基礎，更加顯得神聖不可侵犯。[16]

透過推崇儒家經典以及藉由儒者對儒家經典的闡述和教學，「尊尊」的經學思想深植人心，尊卑貴賤的社會秩序得以確立，其中，君王取得至高無上的地位，神聖不可侵犯。《唐律疏議・名例律》「十惡」條（總6條）曰：

> 王者居宸極之至尊，奉上天之寶命，同二儀之覆載，作兆庶之父母，為子為臣，惟忠惟孝。[17]

此中援用了《周易》和《尚書》的思想。《周易・繫辭上》曰：

15　《唐律疏議》卷19〈賊盜律〉「盜園陵內草木」條（總278盜），頁355。

16　范忠信〈法律史學科的體系、結構、特點和研究方法〉：「鑒於天道有陰陽之別，故而，君臣上下，父母子女，官民良賤就有絕然不同的身分等級，而這種等級，演化為倫理，抽象為三綱原則，表述為禮義法則。有了天道的形上基礎，它們也就顯得神聖不可侵犯。」，收入倪正茂主編：《法史思辨——二○○二年中國法史年會論文集》（北京：法律出版社，2004年），頁211。

17　《唐律疏議》卷1〈名例律〉「十惡」條，頁6、7。

是故《易》有太極，是生兩儀，兩儀生四象，四象生八卦。[18]

《尚書・洪範》曰：

子作民父母，以為天下王。[19]

「天道」的本體，稱為「太極」；「太極」的流行，稱為「天道」；「天道」與「太極」名稱雖異，實際上都是用以指稱宇宙萬物的終極根源。君王在形而下現象世界的地位就相當於形而上的「太極」，至高至尊，是一個獨立、絕對、唯一的存在。「二儀」即「天地」，天包覆萬物，地承載萬物，君王如同天地般廣披恩澤於天下黎民，同時也是千千萬萬個百姓的父母。作為君王的子女應當為君王盡孝，作為君王的臣子要為君王盡忠，此為無可動搖、不容質疑、天經地義的人間倫常。

二　由敬天而敬君

儒家經典中隨處可見敬君的思想，如《禮記》曰：「不廢日月，不違龜筮，以敬事其君長，是以上不瀆於民，下不褻於上。」[20]「為人臣，止於敬」[21]、「資於事父以事君，而敬同，貴貴尊尊，義之大者也。」[22]歷代的訓釋家分以「恭」、「肅」、「嚴」、「莊」、「祗」、「慄」、「戒」、「慎」之義解「敬」。[23]經學思想中的「敬」，是一種道德的涵

18　《周易注疏》卷7〈繫辭上〉，頁155。
19　《尚書注疏》卷12〈周書・洪範〉，頁171。
20　《禮記注疏》卷32〈表記〉，頁921。
21　《禮記注疏》卷42〈大學〉，頁984。
22　《禮記注疏》卷49〈喪服四制〉，頁1032。
23　吳澄《吳文正集》卷4〈敬齋說〉曰：「《易》、《書》、《詩》、《禮》四經中，言

養，也是一種如臨深淵、如履薄冰的態度，內心必須戒慎恐懼，外在必須莊嚴端肅，容不得任何一點輕忽怠慢。

（一）援引《禮記》解釋「大不敬」

《唐律疏議・名例律》「十惡」條（總6條）疏文解釋「大不敬」，曰：

> 禮者，敬之本；敬者，禮之輿。故〈禮運〉云：「禮者，君之柄，所以別嫌明微，考制度，別仁義。」責其所犯既大，皆無肅敬之心，故曰「大不敬」。[24]

「禮者，敬之本；敬者，禮之輿」的思想見於《孝經》，〈廣要道章〉曰：「禮者，敬而已矣。」唯有內心存「敬」，發而為「禮」，「禮」才不會流於空洞的儀式。[25]《唐律疏議》並援引《禮記・禮運》，曰：

> 禮者，君之大柄也，所以別嫌明微，儐鬼神，考制度，別仁義，所以治政安君也。[26]

「禮」具有別嫌明微，儐鬼神，考制度，別仁義的功用，是君王安邦定國的重要權柄，如前所述，「禮」最基本的要求就是恭敬，凡身為臣子對君王有所冒犯的話，考量其罪行重大，且無肅敬之心，所以此種犯罪稱為「大不敬」。依《唐律疏議》注文所載，「大不敬」包括：

『敬』者非一，訓釋家不過以『敬』為恭、肅、嚴、莊、祇、懍、戒、慎之義。」頁62。

24 《唐律疏議》卷1〈名例律〉，頁10。

25 《孝經注疏》卷7〈廣要道章〉：「禮者，敬而已矣。」頁42。

26 《禮記注疏》卷9〈禮運〉，頁421。

「盜大祀神御之物、乘輿服御物」、「盜及偽造御寶」、「合和御藥，誤不如本方及封題誤」、「若造御膳，誤犯食禁」、「御幸舟船，誤不牢固」、「指斥乘輿，情理切害」、「對捍制使，而無人臣之禮」等，為聚焦於經學，以下僅說明其中帶有經學色彩的律條。

1 盜大祀神御之物

古時，祭祀對象不同，所使用的詞語也不同，《周禮》曰：「以雷鼓，鼓神祀；以靈鼓，鼓社祭；以路鼓，鼓鬼享。」[27]鄭玄注曰：「神祀，祀天神也。」[28]「社祭，祭地祇也。」[29]「鬼享，享宗廟也。」[30]賈公彥歸結如下：「天神稱祀，地祇稱祭，宗廟稱享。」[31]天神用「祀」字，地祇用「祭」字，宗廟用「享」字。《唐律疏議・名例律》「十惡」條（總6條）疏文云：

> 依〈祠令〉，昊天上帝、五方上帝、皇地祇、神州、宗廟等為大祀。〈職制律〉又云：「凡言祀者，祭、享同。」若大祭、大享，並同大祀。[32]

顯然未嚴格以祭祀對象區分用語，就律令而言，凡與「祀」相關的規定，「祭」、「享」同樣適用，所以「大祭」、「大享」的規定與「大祀」相同。天子乃是奉上天之寶命而有其位，親祀天地代表天子之位的合法性，所以祀祭天地被視為國家大典。宗廟中放置本朝君王祖先

27　《周禮注疏》卷12〈地官司徒・鼓人〉，頁189。
28　《周禮注疏》卷12〈地官司徒・鼓人〉，頁189。
29　《周禮注疏》卷12〈地官司徒・鼓人〉，頁189。
30　《周禮注疏》卷12〈地官司徒・鼓人〉，頁189。
31　《周禮注疏》卷12〈地官司徒・鼓人〉，頁189。
32　《唐律疏議》卷1〈名例律〉，頁10。

的牌位，祀祭宗廟代表天子血脈的正統性，而宗廟本身更是被視為國家的精神象徵。《唐律疏議・賊盜律》「盜大祀神御物」條（總270條）曰：

> 諸盜大祀神御之物者，流二千五百里。謂供神御者，惟帳几杖亦同。及供而廢闕，若饗薦之具已饌呈者，徒二年；饗薦，謂玉幣、牲牢之屬。饌呈，謂已入祀所，經祀官省視者。未饌呈者，徒一年半。[33]

凡盜取大祀對所御之物，包含帷帳、几桌、權杖等，皆處以流刑二千五百里，刑罰相當嚴厲。《唐律疏議》中的「玉幣」即《論語》中的「玉帛」，《論語・陽貨》曰：

> 子曰：「禮云禮云！玉帛云乎哉？樂云樂云！鐘鼓云乎哉？」[34]

此中「玉帛」即玉璧、絹帛，是禮之所用。又《唐律疏議》中「牲牢」的解釋可參見《詩經》鄭玄的箋注。《詩經・小雅・瓠葉序》曰：「上棄禮而不能行，雖有牲牢饔餼不肯用也，故思古之人，不以微薄廢禮焉。」[35]鄭玄注曰：

> 牛、羊、豕為牲，繫養者曰牢，熟曰饔，腥曰餼，生曰牽，不肯用者，自養厚而薄於賓客。[36]

33　《唐律疏議》卷19〈賊盜律〉，頁348。
34　《論語注疏》卷17〈陽貨〉，頁156。
35　《詩經注疏・小雅・瓠葉序》，頁522。
36　《詩經注疏・小雅・瓠葉序》，頁522。

「牲」指的是牛、羊、豬等動物，三牲尚在豢養階段稱之為「牢」，烹熟後稱之為「饗」，殺而未烹稱之為「餼」。《論語》中記載中一段故事，曰：

> 子貢欲去告朔之餼羊。子曰：「賜也，爾愛其羊，我愛其禮。」[37]

何晏注曰：

> 牲生曰餼。禮，人君每月告朔，於廟有祭，謂之朝享。魯自文公始不視朔，子貢見其禮廢，故欲去其羊。羊存，猶以識其禮，羊亡禮遂廢。[38]

經由孔子與子貢的對話，可知羊的意義不僅是存有意義上的羊，還有寓有「禮」存廢與否的意義，涉及更高層次的價值判斷。在古代社會中，不論是「祀」，還是「祭」，還是「享」，皆有一定的禮制，玉幣、牲牢等饗薦不僅是現象世界的存有，還是「禮」的構成要素，具有「禮」的意義與價值。凡祭經祀官省視的饗薦，盜之者，皆處以徒刑二年。

2 盜及偽造御寶

唐代皇帝「御寶」有八：「神寶」、「受命寶」、「皇帝行寶」、「皇帝之寶」、「皇帝信寶」、「天子行寶」、「天子之寶」、「天子信寶」，皆

---

37 《論語注疏》卷3〈八佾〉，頁28。
38 《論語注疏》卷3〈八佾〉，頁28。

以白玉製作。[39]《唐律疏議・名例律》「十惡」條（總6條）疏文解釋「御寶」名稱之流變如下：

> 《說文》云：「璽者，印也。」古者尊卑共之，《左傳》云：「襄公自楚還，及方城，季武子取下，使公冶問，璽書，追而予之。」是其義也。秦漢以來，天子曰「璽」，諸侯曰「印」。開元歲中，改「璽」曰「寶」。[40]

《說文》曰：

> 璽，王者之印也。[41]

段玉段曰：

> 印者，執政所持信也。王者所執則曰璽。……《左傳》季武子璽書追而公冶，皆非王者，蓋古者尊卑通稱，至秦漢而後，為至尊之稱，故〈始皇本紀〉乃為璽書賜公子扶蘇，中車府令趙高行符璽事。[42]

《唐律疏議》援引《左傳》為例證，襄公二十九年（西元前544年），曰：

39　《唐律疏議》卷19〈賊盜律〉「盜御寶及乘輿服御物」條（總271條）疏文曰：「皇帝八寶，皆以玉為之，有神寶、受命寶、皇帝行寶、皇帝之寶、皇帝信寶、天子行寶、天子之寶、天子信寶。此等八寶，皇帝所用之物，並為御寶。」頁349。

40　《唐律疏議》卷1〈名例律〉，頁10、11。

41　《說文解字注》，頁694。

42　《說文解字注》，頁694。

公還，及方城。季武子取卞，使公冶問，璽書，追而與之，曰：「聞守卞者將叛，臣帥徒以討之，既得之矣。敢告。」公冶致使而退，及舍，而後聞取卞。[43]

杜預注曰：

璽，印也。[44]

孔穎達疏文曰：

《月令》曰：周封璽。季武子使公冶問。季武子使公冶問。璽書，此諸侯大夫所稱璽也。衛宏云：秦以前民皆以金玉為印，唯其所好。自秦以來唯天子之印獨稱璽，又以玉，群臣莫敢用也。[45]

綜上所述，「璽」就是印章，古代印章使用者身分不論尊卑皆以「璽」稱之，百姓也可依自己的喜好選擇金石或玉石作為印章；秦漢以後，天子的印章稱之為「璽」，而諸侯的印章稱之為「印」。自開元年間，天子的印章不稱「璽」，改稱「寶」。事實上，「盜及偽造御寶」是「盜御寶」和「偽造御寶」兩種犯行：（1）盜御寶：依《唐律疏議‧賊盜律》「盜御寶及乘輿服御物」條（總271條），凡盜取御寶者，皆絞殺。[46]（2）偽造御寶：依《唐律疏議‧詐偽律》「偽造御寶」條（總

---

43 《左傳注疏》卷39「襄公二十九年」，頁655。
44 《左傳注疏》卷39「襄公二十九年」，頁655。
45 《左傳注疏》卷39「襄公二十九年」，頁655。
46 《唐律疏議》卷19〈賊盜律〉曰：「諸盜御寶者，絞。」頁349。

362條），凡偽造皇帝八寶其中之一者，皆斬殺[47]。唐代皇帝「八寶」各有重大用途：「神寶」，寶而不用，象徵天神受命；「受命寶」，用於封禪；「皇帝行寶」，用於報王公以下書；「皇帝之寶」，用於慰勞王公以下書；「皇帝信寶」，用於徵召王公以下書；「天子行寶」，用於報番國書；「天子之寶」，用於慰勞番國書；「天子信寶」，用於徵召番國兵馬書。[48]總之，盜及偽造御寶的罪刑非絞即斬，刑罰之所以會如此嚴峻，是因為御寶是皇帝行使權力的信物，同時也是國家權力的象徵。

3 合和御藥，誤不如本方及封題誤

《周禮》中記載「醫」的職責，曰：「掌醫之政令，聚毒藥以共醫事。凡邦之有疾病者、有疕瘍者造焉，則使醫分而治之。」[49]掌管醫藥方面的政令，將所有藥物聚集，以供疾醫、瘍醫治癒病人。此中，「毒藥」二字，鄭玄注曰：「毒藥，藥之辛苦者，藥之物恒多毒。」[50]可見「藥」與「毒」關係之密切，用藥時不可不慎。《唐律疏議・職制律》「合和御藥有誤」條（總102條）曰：

> 諸合和御藥，誤不如本方及封題誤者，醫絞。[51]

---

47 《唐律疏議》卷25〈詐偽律〉「偽造御寶」條（總362條）曰：「諸偽造皇帝八寶者，斬」，疏文曰：「八寶之中，有人偽造一者，即斬。」頁452。

48 《唐律疏議》卷25〈詐偽律〉「偽造御寶」條（總362條）曰：「神寶，寶而不用；受命寶，封禪則用之；皇帝行寶，報王公以下書則用之；皇帝之寶，慰勞王公以下書則用之；皇帝信寶，徵召王公以下書則用之；天子行寶，報番國書則用之；天子之寶，慰勞番國書則用之；天子信寶，徵召番國兵馬則用之。皆以白玉為之。」頁452。

49 《周禮注疏》卷4〈天官冢宰・醫師〉，頁72。

50 《周禮注疏》卷4〈天官冢宰・醫師〉，頁72。

51 《唐律疏議》卷9〈職制律〉，頁190。

皇帝身繫天下萬民之福祉,其康泰與否關乎社稷的存亡,調配御藥不
容有誤,御醫必須按症狀謹慎地依本方調配藥物,調配完成後必須在
藥包上題封,並與本方一起呈給君王。如有藥量多少與本方所寫不合
之類的情事,即是本條所說的「誤不如本方」。御藥合成後應於藥包
上注明是藥丸或藥散、煎藥速度的快慢、冷服或熱服,如有誤寫即是
本條所說的「題封誤」。[52] 不論是「誤不如本方」或是「封題誤」,當
班調和藥物者一律處以絞殺之刑。

4　若造御膳,誤犯食禁

　　君主每日的飲食皆應依據《食經》烹制,不得有誤,否則即入
「大不敬」之罪。《唐律疏議》「十惡」條(總6條)疏文曰:

> 《周禮》:「食醫掌王之八珍。」所司特宜敬慎,營造御膳,須
> 憑《食經》,誤不依經,即是「不敬」。[53]

《唐律疏議》援引《周禮》說明食醫的職掌,《周禮・天官冢宰・食
醫》曰:

> 食醫:掌和王之六食、六飲、六膳、百羞、百醬、八珍之齊。[54]

---

52 《唐律疏議》卷1〈名例律〉「十惡」條(總6條)疏文曰:「合和御藥,雖憑正方,
中間錯謬,誤違本法。封題誤者,謂依方合訖,封題有誤,若以丸為散,應冷言熱
之類」,頁11;卷9〈職制律〉「合和御藥有誤」條(總102條)疏文曰:「合和御
藥,須先處方,依方合和,不得差誤。若有錯誤,「不如本方」,謂分兩多少不如本
方法之類。合成仍題封其上,注藥遲駃冷熱之類,并寫本方俱進。若有誤不如本方
及封題有誤等,但一事有誤,醫即合絞。醫,謂當合和藥者。」頁191。

53 《唐律疏議》卷1〈名例律〉,頁11。

54 《周禮注疏》卷5〈天官冢宰・食醫〉,頁72。

《唐律疏議》法條中的「造御膳者」即《周禮》中的「食醫」，負責掌管君王的飲食。《唐律疏議‧職制律》「造御膳有誤」條（總103條）曰：

> 諸造御膳，誤犯食禁者，主食絞。[55]

疏文解釋如下：

> 造御膳者，皆依《食經》，經有禁忌，不得輒造，若乾脯不得入黍米中，莧菜不得和鱉肉之類。有所犯者，主食合絞。……依《禮》，飯齊視春宜溫，羹齊視夏宜熱之類，或朝夕日中，進奉失度及冷熱不時者：減罪二等，謂從徒二年減二等。[56]

《食經》乃古代飲食禁忌、滋補、療病之書，依據《舊唐書》以及《新唐書》的記載，唐代《食經》如下：諸葛穎《淮南王食經》、崔浩《食經》、竺暄《食經》、盧仁宗《食經》、趙武《四時食法》，以及不知何人所撰的《太官食法》、《太官食方》、《四時御食經》……等。[57]凡《食經》中所載食材搭配上的禁忌，不得擅自烹製供君主食用，如：乾脯不得入黍米中，莧菜不得和鱉肉之類。凡烹製御膳，未依《食經》而誤犯食物禁忌者，主食當處以絞刑。又《周禮‧天官冢宰‧食醫》曰：

---

55 《唐律疏議》卷9〈職制律〉，頁192。
56 《唐律疏議》卷9〈職制律〉，頁192。
57 參見《舊唐書》卷47〈經籍志〉，頁2047-2051；以及《新唐書》卷59〈藝文志〉，頁1566-1573。

> 凡食齊眡春時，羹齊眡夏時，醬齊眡秋時，飲齊眡冬時。凡
> 和，春多酸，夏多苦，秋多辛，冬多鹹，調以滑甘。凡會膳食
> 之宜，牛宜稌，羊宜黍，豕宜稷，犬宜粱，雁宜麥，魚宜苽。
> 凡君子之食，恆放焉。[58]

《禮記・內則》也有相似的記載，曰：

> 凡食齊視春時，羹齊視夏時，醬齊視秋時，飲齊視冬時。凡
> 和，春多酸，夏多苦，秋多辛，冬多鹹，調以滑甘。[59]

準備御膳者必須配合四時運行：主食如同春季，要求的是「溫」；羹湯
如同夏季，要求的是「熱」；佐醬如同秋季，要求的是「涼」；水漿如
同冬季，要求的是「寒」。再者，春天烹製食材多一些酸味，夏天烹製
食材多一些苦味，秋天烹製食材多一些辣味，冬天烹製食材多一些鹹
味，配合四時調和御膳，以達到「滑甘」的要求。此外，不同的肉類
必須搭配不同的穀類。凡進御膳未依《周禮》與《禮記》所載，或者
早、中、餐進御膳不合規定以及冷熱不合時令者，依律處徒刑一年。

5 對捍制使，而無人臣之禮

《禮記・曲禮上》曰：「凡為君使者，已受命，君言不宿於家。
君言至，則主人出拜君言之辱；使者歸，則必拜送于門外。」[60]使者
代表君主傳達公事，出使四方，主人不得有所違抗。《唐律疏議・職
制律》「指斥乘輿及對捍制使」條（總122條）曰：

58　《周禮注疏》卷5〈天官冢宰・食醫〉，頁72。

59　《禮記注疏》卷12〈內則〉，頁523。

60　《禮記注疏》卷1〈曲禮上〉，頁53。

對捍制使，而無人臣之禮者，絞。[61]

《唐六典》曰：「自魏、晉以後，因循有冊書、詔、敕，總名曰詔。皇朝因隋不改。天后天授元年，以避諱，改詔為制。」[62]「制」即「詔」，為君王之命令，唐代為避諱天后之諱，改「詔」為「制」，又「敕」是「詔」的一種，亦為君王之命令。「制使者」奉君王命令出使四方，宣告君王旨意，凡出言拒絕並抗捍使者，顯然已喪失人臣之禮，足見其對君王之不敬，皆處以絞刑。[63]

（二）依《詩經》、《禮記》、《論語》避宗廟諱

除上述「大不敬」之規定外，官員上書奏事，要特別留心於避宗廟諱，以表示心中對君王的敬意。《禮記・大傳》曰：「有百世不遷之宗，有五世則遷之宗。百世不遷者，別子之後也⋯⋯宗其繼高祖者，五世則遷者也。」[64]一般而言，避諱以五世為限，五世之內的皇帝父祖名字皆須迴避，以其他同義字取代。《唐律疏議・職制律》「上書奏事犯諱」條（總115條）明定未避宗廟諱是犯罪行為，曰：

諸上書若奏事，誤犯宗廟諱者，杖八十；口誤及餘文書誤犯

61 《唐律疏議》卷10〈職制律〉，頁207。
62 《唐六典》卷9〈中書省〉「中書令」條，頁274。
63 《唐律疏議》卷1〈名例律〉「十惡條」（總6條）疏文曰：「奉制出使，宣布四方，有人對捍，不敬制命，而無人臣之禮者。制使者，謂奉勑定名及令所司差遣者是也。奉制出使，宣布四方，有人對捍，不敬制命，而無人臣之禮者。制使者，謂奉勑定名及令所司差遣者是也。」頁12；卷10〈職制律〉「指斥乘輿及對捍制使」條（總122條）疏文曰：「謂奉制勑使人，有所宣告，對使拒捍，不依人臣之禮，既不承制命，又出拒捍之言者，合絞」頁207、208。
64 《禮記注疏》卷16〈大傳〉，頁620。

者，笞五十。[65]

上書或奏事，未避宗廟諱者，杖打八十下；說話及其他文書，未避宗廟諱者，笞打五十下。如果命名觸犯宗廟名諱者，刑罰更重，處徒刑三年。《唐律疏議・職制律》「上書奏事犯諱」條（總115條）曰：

> 即為名字觸犯者，徒三年。若嫌名及二名偏犯者，不坐。嫌名，謂若禹與雨、丘與區。二名，謂言徵不言在，言在不言徵之類。[66]

疏文解釋如下：

> 普天率土，莫匪王臣。制字立名，輒犯宗廟諱者，合徒三年。若嫌名者，則《禮》云「禹與雨」，謂聲嫌而字殊；「丘與區」，意嫌而理別。「及二名偏犯者」，謂複名而單犯並不坐，謂孔子母名「徵在」，孔子云「季孫之憂，不在顓臾」，即不言「徵」；又云「杞不足徵」，即不言「在」。此色既多，故云「之類」。[67]

「普天率土，莫匪王臣」出自於《詩經》，〈北山〉一篇中有「溥天之下，莫非王土，率土之濱，莫非王臣」的文句[68]，《左傳》中無宇曾引此句話[69]，《孟子》中咸丘蒙也曾引此句話。[70]總之，凡人在制字立名

---

65 《唐律疏議》卷10〈職制律〉，頁200。
66 《唐律疏議》卷10〈職制律〉，頁201。
67 《唐律疏議》卷10〈職制律〉，頁201。
68 《詩經注疏》卷13〈小雅・北山〉，頁444。
69 《左傳注疏》第44卷「昭公七年」，頁758。
70 《孟子注疏》卷9〈萬章上〉，頁163。

時，皆不得觸犯宗廟名諱，但嫌名及二名偏犯不在此限，此規定乃是根據《禮記》而來。《禮記・曲禮》曰：

> 禮不諱嫌名，二名不偏諱。[71]

鄭玄解釋如下：

> 嫌名，謂音聲相近，若禹與雨、丘與區也。偏，謂二名不一一諱也。孔子之母名微在，言在不稱徵，言徵不稱在。[72]

「季孫之憂，不在顓臾」出自《論語・季氏》，孔子曰：

> 丘也聞有國有家者，不患寡而患不均，不患貧而患不安。蓋均無貧，和無寡，安無傾。夫如是，故遠人不服，則修文德以來之。既來之，則安之。今由與求也，相夫子，遠人不服而不能來也，邦分崩離析而不能守也，而謀動干戈於邦內。吾恐季孫之憂，不在顓臾，而在蕭牆之內也。[73]

這是季氏將對顓臾發動戰爭時，冉有、季路與孔子對話的內容，在這段篇幅不短的話語中，孔子已經用了「在」字，就不得再用「徵」字，否則就是犯了尊長的名諱。「杞不足徵」見於《禮記》與《論語》。《禮記・中庸》云：

71　《禮記注疏》卷3〈曲禮〉，頁58。
72　《禮記注疏》卷3〈曲禮〉，頁58。
73　《論語注疏》卷16〈季氏〉，頁146。

> 子曰：「吾說夏禮，杞不足徵也。吾學殷禮，有宋存焉；吾學
> 周禮，今用之，吾從周。」[74]

《論語·八佾》云：

> 子曰：「夏禮，吾能言之，杞不足徵也；殷禮，吾能言之，宋
> 不足徵也。文獻不足故也，足則吾能徵之矣。」[75]

相同的道理，孔子已經用了「徵」字，就不得再用「在」字，否則就
是犯了尊長的名諱。由此可見，《唐律疏議》以《禮記》作為懲罰的
判準，儒家經典的義理思想成為法律的實質內涵，鄭玄的注解在唐代
也被視儒家經典的內容，經文與注文融攝為一體，成為律典的一部
分，而孔子的行為與言論更是合禮與否的依據。

第二節　君臣倫理：君以「禮」使臣

唐代君王依《周禮》「八辟」制度禮遇臣子，凡符合「親」、
「故」、「賢」、「能」、「功」、「貴」、「勤」、「賓」者，觸犯死罪，必須
奏請皇帝裁決。如未符合「八議」規定的皇族和官員，仍可透過
「請」、「減」、「贖」、「官當」等制度避免受刑。「八議」、「請」、
「減」、「贖」、「官當」，具體實踐《禮記·曲禮》「刑不上大夫」[76]的
思想。

74　《禮記注疏》卷31〈中庸〉，頁898。
75　《論語注疏》卷3〈八佾〉，頁26。
76　《禮記注疏》卷3〈曲禮上〉，頁55。

一 刑不上大夫（上）：依《周禮》制定「八議」

依《周禮》所載之「八辟」制定「八議」，當始自於曹魏時代，裴松之注《三國志・夏侯尚傳》時引《魏略》曰：

> 明帝時，許允為尚書選曹郎，與陳國袁侃對，同坐職事，皆收送獄。詔旬嚴切，當有死者，正直者為重。允謂侃曰：「卿，功臣之子，法應八議，不憂死也。」[77]

裴松之多引《魏略》注《三國志》，惜《魏略》今已亡佚，然據此仍可知魏明帝曹叡時即有「八議」之制。依《唐律疏議》所載，「八議」包含：「議親」、「議故」、「議賢」、「議能」、「議功」、「議貴」、「議勤」、「議賓」等。[78]《唐律疏議・名例律》「八議」條（總7條）曰：

> 《周禮》云：「八辟麗邦法。」今之「八議」，周之「八辟」也。《禮》云：「刑不上大夫。」犯法則在八議，輕重不在刑書也。[79]

唐之「八議」即周之「八辟」，源自於《周禮》，〈秋官司寇・小司寇〉曰：

> 以八辟麗邦瀳，附刑罰：一曰議親之辟，二曰議故之辟，三曰議賢之辟，四曰議能之辟，五曰議功之辟，六曰議貴之辟，七

---

77 《三國志》卷9〈夏侯尚傳〉裴松之注引《魏略》，頁303。
78 《唐律疏議》卷1〈名例律〉，頁16、17、18。
79 《唐律疏議》卷1〈名例律〉，頁16。

日議勤之辟，八日議賓之辟。[80]

鄭玄注曰：

辟，法也。……麗，附也。[81]

賈公彥疏曰：

〈曲禮〉云：「刑不上大夫」，鄭注云：「其犯法則在八議議輕
重，不在刑書。」若然，此八辟為不在刑書，若有罪當議，議
得其罪，乃附邦法，而附於刑罰也。[82]

《禮記・曲禮》「刑不上大夫」[83]的思想深植中國文化，上古時期
「親」、「故」、「賢」、「能」、「功」、「貴」、「勤」、「賓」等八辟犯罪時
應受何種刑罰，並未載明於刑書之上，待八辟有罪當議，才議論其
罪，並附於國家法典之內，才有刑罰的適用。《唐律疏議・名例律》
「八議」條（總7條）疏文曰：

其應議之人，或分液天潢，或宿侍旒辰，或多才多藝，或立事
立功，簡在帝心，勳書王府。[84]

《隋書・天文志》曰：「天子得靈臺之禮，則五車、三柱均明。中有

80 《周禮注疏》卷35〈秋官司寇・小司寇〉，頁523。
81 《周禮注疏》卷35〈秋官司寇・小司寇〉，頁523。
82 《周禮注疏》卷35〈秋官司寇・小司寇〉，頁523。
83 《禮記注疏》卷3〈曲禮上〉，頁55。
84 《唐律疏議》卷1〈名例律〉，頁16、17。

五星曰天潢。天潢南三星曰咸池，魚囿也。」[85]天潢原是星宿的名稱，後來引申為皇帝的親屬，「分液天潢」指的是血脈相通的皇族。[86]《禮記・玉藻》曰：

> 天子玉藻，十有二旒，前後邃延，龍卷以祭。[87]

孔穎達疏曰：

> 「天子玉藻」者，「藻」謂雜采之絲繩，以貫於至，以玉飾藻，故云「玉藻」也。「十有二旒」者，天子前後與後，各有十二旒。「前後邃延」者，言十二旒前後垂而深邃以延覆冕上，故云「前後邃延」。「龍卷以祭」者，謂卷畫此龍形，卷曲於衣，以祭宗廟。[88]

《禮記・明堂位》曰：

> 天子負斧依，依南鄉而立。[89]

孔穎達疏曰：

85　《隋書》卷19〈天文志〉，頁540。

86　劉俊文《唐律疏議箋解》說：「按分液天潢者，分液猶流派也，天潢猶天漢，此處喻指皇族。謂與帝王同宗共祖，如天漢之分流諸派。」頁106。

87　《禮記注疏》卷29〈玉藻〉，頁543。

88　《禮記注疏》卷29〈玉藻〉，頁543。

89　《禮記注疏》卷31〈明堂位〉，頁575。

斧依,為斧文屏風於戶牖之間者。[90]

又鄭玄注解《儀禮》「天子設斧依於戶牖之間」時,曰:

依,如今綈屏風也,有繡斧文,所以示威也。[91]

此中「依」即「扆」,據《禮記》所載,可知「旒」和「扆」皆天子所用之物,「旒扆」乃是用以借代「天子」之詞。「簡在帝心」出自《論語》與《尚書》。《論語·堯曰》云:

予小子履,敢用玄牡,敢昭告于皇皇后帝:有罪不敢赦。帝臣不蔽,簡在帝心。朕躬有罪,無以萬方;萬方有罪,罪在朕躬。[92]

《尚書·商書·湯誥》也有類似的文句,曰:

爾有善,朕弗敢蔽,罪當朕躬,弗敢自赦。惟簡在上帝之心。[93]

此為商湯伐夏桀之言,以玄牡為祭,昭告偉大的天帝,自言不敢擅赦夏桀的罪過,因為夏桀的罪過無法隱蔽,皆載於天帝的心中。[94]「勳

---

90 《禮記注疏》卷31〈明堂位〉,頁575。
91 《儀禮注疏》卷26〈覲禮〉,頁321。
92 《論語注疏》卷20〈堯曰〉,頁178。
93 《尚書注疏》卷8〈商書·湯誥〉,頁112。
94 《論語注疏》卷20〈堯曰〉何晏集解曰:「履,殷湯名,此伐桀告天之文。殷家尚白,未變夏禮,故用玄牡。皇,大。后,君也。大,大君。帝,謂天帝也。……言桀居帝臣之位,罪過不可隱蔽,以其簡在天心故。」頁178;《尚書》卷8〈商書·湯誥〉孔安國傳曰:「所以不蔽善人,不敢已罪,以其簡在天心故也。」頁112。

書王府」出自於《左傳》，僖公五年（西元前655年）曰：

> 為文王卿士，勳在王室，藏於盟府。[95]

古代文王卿士以勳而受王室封賞，必有盟約，盟約藏於司盟之府。[96]
總之，此八議之人皇帝皆銘記在心，其特殊貢獻皆載入官方書冊。
《唐律疏議》「八議」條（總7條）疏文曰：

> 若犯死罪，議定奏裁，皆須取決宸衷，曹司不敢與奪。此謂重
> 親賢，敦故舊，尊賓貴，尚功能也。以此八議之人犯死罪，皆
> 先奏請，議其所犯，故曰「八議」。[97]

此八議之人若犯死罪，議定後奏請皇帝裁決，由皇帝決定最後的處置
方式，司法機構不敢擅自定奪，唐代制定「八議」的制度是為了「重
親賢，敦故舊，尊賓貴，尚功能」。

《周禮・天官冢宰・大宰》曰：「以八統詔王馭萬民：一曰親
親，二曰敬故，三曰進賢，四曰使能，五曰保庸，六曰尊貴，七曰達
吏，八曰禮賓。」[98]此八項是君王統馭萬民的方法，合稱為「八統」，
「八統」與「八辟」的對象一致，可相互參照。

1　議親

《唐律疏議・名例律》「八議」條（總7條）曰：「一曰議親。謂皇

95　《左傳注疏》卷12「僖公五年」頁207。
96　《左傳注疏》卷12「僖公五年」杜預注曰：「盟府，司盟之官。」孔穎達正義曰：
　　「以勳受封，必有盟要，其辭當藏於司盟之府也。」頁208。
97　《唐律疏議》卷1〈名例律〉，頁16、17。
98　《周禮注疏》卷2〈天官冢宰・大宰〉，頁523。

帝袒免以上親及太皇太后、皇太后緦麻以上親，皇后小功以上親。」[99]疏文解釋如下：「義取內睦九族，外協萬邦，布雨露之恩，篤親親之理。」[100]「內睦九族，外協萬邦」之說源自於《尚書》。《尚書・虞書・堯典》曰：

> 克明俊德，以親九族；九族既睦，平章百姓；百姓昭明，協和萬邦。[101]

「議親」的制度，對內而言，可以使九族和睦；而外而言，可以使萬邦和協。最重要的是，「議親」是儒家經典中「親親」之理的具體表現，《周禮・天官冢宰・大宰》「八統」中，一曰「親親」，鄭玄注曰：

> 若堯親九族也。[102]

賈公彥疏曰：

> 親親者，君與民俱親九族之親。[103]

以儒家經典的脈絡而言，後世對於古先聖王有著極為深切的孺慕之情，堯親九族以平章百姓、協和萬邦的境界，更是千古以來令人嚮往的政治理境。「議親」的對象包括：（1）皇帝可以庇蔭的親屬範圍最大，袒免以上的親屬[104]，皆可適用「八議」的制度。（2）太皇太后、

99 　《唐律疏議》卷1〈名例律〉，頁17。
100 　《唐律疏議》卷1〈名例律〉，頁17。
101 　《尚書注疏》卷2〈虞書・堯典〉，頁20。
102 　《周禮注疏》卷2〈天官冢宰・大宰〉，頁523。
103 　《周禮注疏》卷2〈天官冢宰・大宰〉，頁523。
104 　《唐律疏議》卷1〈名例律〉「八議」條（總7條）疏文曰：「袒免者，據《禮》有

皇太后可庇蔭緦麻以上的親屬，包括：曾祖兄弟、祖從父兄弟、父再從兄弟、身之三從兄弟等[105]，皆可適用「八議」的制度。「太皇太后」，用以敬稱當朝皇帝的祖母，「皇太后」，用以敬稱當朝皇帝的母親，此二個名號之所以加上「太」字，是因為「太」有「大」的意思，如同《周易》「太極」具有生生之德，為宇宙萬有的最終根源與最高本體，取其「尊大」的意義。[106]（3）皇后可以庇蔭小功以上的親屬，包括祖之兄弟、父之從父兄弟、身之再從兄弟等[107]，皆可適用「八議」的制度。此外，《唐律疏議・名例律》「八議」條（總7條）疏文曰：「據《禮》，內外諸親有服同者，並準此。」[108]賈公彥疏解《周禮》「議親之辟」曰：「親，謂五屬之內及外親有服者皆是。」[109]根據《周禮》，不分內親和外親，凡服制相同者，皆可適用「八議」的制度。

2 議故

　　《唐律疏議・名例律》「八議」條（總7條）曰：「二曰議故。謂故舊。」[110]注文指出「故」指的是「故舊」，疏文進一步解釋曰：「謂宿

　　五：高祖兄弟、曾祖從父兄弟、祖再從兄弟、父三從兄弟、身之四從兄弟是也。」頁17。

105　《唐律疏議》卷1〈名例律〉「八議」條（總7條）疏文曰：「緦麻之親有四：曾祖兄弟、祖從父兄弟、父再從兄弟、身之三從兄弟是也。」頁17。

106　《唐律疏議》卷1〈名例律〉曰：「太皇太后者，皇帝祖母也。皇太后者，皇帝母也。加『太』者，太之言大也，《易》稱『太極』，蓋取尊大之義。」頁17。

107　《唐律疏議》卷1〈名例律〉「八議」條（總7條）疏文曰：「皇后蔭小功以上親者，降姑之義。小功之親有三：祖之兄弟、父之從父兄弟、身之再從兄弟是也。」頁17。

108　《唐律疏議》卷1〈名例律〉，頁17。

109　《周禮注疏》卷35〈秋官司寇・小司寇〉，頁523。

110　《唐律疏議》卷1〈名例律〉，頁17。

得侍見，特蒙接遇歷久者。」[111]可見「故」是指很早就與皇帝相遇，隨侍左右，又蒙皇帝禮遇，且禮遇的時間很長的人。《周禮・天官冢宰・大宰》「八統」中，二曰「敬故」，鄭玄注曰：

> 敬故，不慢舊也。[112]

賈公彥疏曰：

> 敬故者，君與民皆須恭敬故舊朋友。[113]

又鄭玄注解《周禮》「議故之辟」曰：

> 故謂舊知也。鄭司農云：「故舊不遺，則民不偷。」[114]

此中「故舊不遺，則民不偷」出自於《論語》。《論語・泰伯》曰：

> 子曰：「……君子篤於親，則民興於仁；故舊不遺，則民不偷。」[115]

君子要能做到厚於親屬，不遺忘故舊，君子本身的行為仁厚，則能化育天下萬民，使民風不澆薄。[116]「議故」當是君王不遺忘故舊的具體

---

111 《唐律疏議》卷1〈名例律〉，頁17。
112 《周禮注疏》卷2〈天官冢宰・大宰〉，頁523。
113 《周禮注疏》卷2〈天官冢宰・大宰〉，頁523。
114 《周禮注疏》卷35〈秋官司寇・小司寇〉，頁523。
115 《論語注疏》卷8〈泰伯〉，頁70。
116 《論語注疏》卷8〈泰伯〉何晏等注曰：「君能厚於親屬，不遺忘其故舊，行之美者，則民皆化之，起為仁厚之行，不偷薄。」刑昺疏曰：「偷，薄也。」頁70。

表現，同時也寄寓著教化百姓的用心。

3　議賢

《唐律疏議・名例律》「八議」條（總7條）曰：「三曰議賢。謂有大德行。」[117]鄭玄注解《周禮》「議賢之辟」曰：「賢，有德行者。」[118]可見《唐律疏議》的注文順承《周禮》鄭玄注而來。《周禮・天官冢宰・大宰》「八統」中，三曰「進賢」，鄭玄注曰：

> 賢，有善行也。[119]

賈公彥疏曰：

> 進賢者，有賢在下，君當招之，民當舉之，是君民皆進賢也。[120]

《禮記・祭義》曾指出先王之所以治天下者五個要項，第一個要項就是「貴有德」[121]，並指出「貴有德，何為也？為其近於道也。」[122]形而上的本體「天道」下貫至形而下的現象世界，凝聚於具體生命之中，是為「德性」，「德性」既源自於「天道」，必然為善，唯人一旦向外攀緣，天人二分，離道愈來愈遠。有德之心，乃是透過無窮無盡的工夫修養，才能獲致無限而圓滿的安頓，行為舉措皆符合天道。

117　《唐律疏議》卷1〈名例律〉，頁18。

118　《周禮注疏》卷35〈秋官司寇・小司寇〉，頁523。

119　《周禮注疏》卷2〈天官冢宰・大宰〉，頁523。

120　《周禮注疏》卷2〈天官冢宰・大宰〉，頁523。

121　《禮記注疏》卷24〈祭義〉曰：「先王之所以治天下者五：貴有德，貴貴，貴老，敬長，慈幼。」頁811。

122　《禮記注疏》卷24〈祭義〉，頁811。

《唐律疏議‧名例律》「八議」條（總7條）疏文曰：

> 謂賢人君子，言行可為法則者。[123]

賢人君子可以自覺地實踐道德，其言行可垂法於後世。如何才能稱得上「賢」？賈公彥疏解《周禮》「議賢之辟」時指出：

> 賢，即有六德、六行者也。[124]

「六德」與「六行」出自於《周禮》，《周禮‧地官司徒‧大司徒》曰：「六德，知、仁、聖、義、忠、和」[125]、「六行，孝、友、睦、婣、任、恤」[126]，賢者必須具備「智」、「仁」、「聖」、「義」、「忠」、「和」等六種德性，並做到「善於父母」、「善於兄弟」、「親於九族」、「親於外親」、「信於友道」、「振憂貧者」[127]。

4 議能

　　《唐律疏議‧名例律》「八議」條（總7條）曰：「三曰議能。謂有大才藝。」[128]《周禮‧天官冢宰‧大宰》「八統」中，二曰「使能」，鄭玄注曰：「能，多才藝者。」[129]可見《唐律疏議》的注文順承《周

123　《唐律疏議》卷1〈名例律〉，頁18。
124　《周禮注疏》卷35〈秋官司寇‧小司寇〉，頁523。
125　《周禮注疏》卷10〈地官司徒‧大司徒〉，頁160。
126　《周禮注疏》卷10〈地官司徒‧大司徒〉，頁160。
127　《周禮注疏》卷10〈地官司徒‧大司徒〉鄭玄注曰：「善於父母為孝。善於兄弟為友。睦，親於九族。婣，親於外親。任，信於友道。恤，振憂貧者。」頁160。
128　《唐律疏議》卷1〈名例律〉，頁18。
129　《周禮注疏》卷2〈天官冢宰‧大宰〉，頁523。

禮》鄭玄注而來。《唐律疏議・名例律》「八議」條（總7條）疏文進一步解釋「能」，曰：

> 謂能整軍旅，蒞政事，鹽梅帝道，師範人倫者。[130]

「鹽梅」二字出自於《尚書》。《尚書・商書・說命》曰：

> 若作酒醴，爾惟麴糵；若作和羹，爾惟鹽梅。[131]

孔安國傳曰：

> 酒醴須麴糵以成，亦言我須汝以成。鹽鹹，梅醋，羹須鹹醋以和之。[132]

此為殷高宗對丞相傅說所說一段話，鹽味鹹，梅味酸，是調和羹湯時重要的調味品，申言之，丞相的職責就如同鹽梅一般，輔助皇帝，調和人事，使天下大治。《孟子》認為「人倫」的意義如下：

> 父子有親，君臣有義，夫婦有別，長幼有序，朋友有信。[133]

《孟子》指出「人之所以異於禽獸者幾希，庶民去之，君子存之。舜明於庶物，察於人倫；由仁義行，非行仁義也。」[134]揭示明察人倫的

---

130 《唐律疏議》卷1〈名例律〉，頁18。
131 《尚書注疏》卷10〈商書・說命〉，頁140。
132 《尚書注疏》卷10〈商書・說命〉，頁140。
133 《孟子注疏》卷5〈滕文公上〉，頁97。
134 《孟子注疏》卷8〈離婁下〉，頁145。

重要性。據筆者觀察,「人倫」二字最常出現於《孟子》之中。雖然,其他儒家經典中不用「人倫」二字,但字裡行間也無處不示現著倫理綱常。簡言之,《唐律疏議》中的「大才藝」必須能整頓軍旅、能處理政事、能輔助皇帝協調人事、能樹立人倫之功。

5 議功

　　《唐律疏議・名例律》「八議」條(總7條)曰:「五曰議功。謂有大功勳。」[135]《周禮・天官冢宰・大宰》「八統」中,五曰「保庸」,鄭玄注曰:「保庸,安有功者。」[136]賈公彥疏曰:「保庸者:保,安也;庸,功也。」[137]可見《唐律疏議》的注文順承《周禮》鄭玄注而來。《唐律疏議・名例律》「八議」條(總7條)疏文解釋「大功勳」,曰:

> 謂能斬將搴旗,摧鋒萬里,或率眾歸化,寧濟一時,匡救艱難,銘功太常者。[138]

《周禮・夏官司馬・司勳》曰:

> 凡有功者,銘書於王之大常,祭於大烝,司勳詔之。大功,司勳藏其貳。[139]

鄭玄注曰:

135　《唐律疏議》卷1〈名例律〉,頁18。
136　《周禮注疏》卷2〈天官冢宰・大宰〉,頁523。
137　《周禮注疏》卷2〈天官冢宰・大宰〉,頁523。
138　《唐律疏議》卷1〈名例律〉,頁18。
139　《周禮注疏》卷30〈夏官司馬・司勳〉,頁454。

銘之言名也。生則書於王旗,以識其人與其功也;死則於烝先
王祭之,詔謂告其神以辭也。[140]

古代建立功勳者,如果還在世,就將功臣的名字與功績寫於王旗之
上,讓眾人得以認識其人與其功;如果已死去,就在冬天祭享先王的
時候祭拜功臣,司勳並將功臣功績告訴神祇。記載大功勳的冊書,藏
在天府,司勳收藏副本。所謂「大功勳」是指能斬將奪旗,橫掃千
軍,或者主動率領部屬歸化,使天下免於征戰,得以安寧,或者匡救
國家於艱難之時,功勳記載於國家典冊之中者。

6 議貴

《唐律疏議·名例律》「八議」條(總7條)曰:「六曰議貴。謂職
事官三品以上,散官二品以上及爵一品者。」[141]《周禮·天官·大宰》「八
統」中,六曰「尊貴」,鄭玄注曰:「尊貴,尊天下之貴者。《孟子》
曰:『天下之達尊者三,曰:爵也,德也,齒也。』」,〈祭義〉曰:『之
所以治天下者五:貴有德、貴貴、貴老、敬長、慈幼』。」[142]從鄭玄
的注中,可知不論是「尊」,還是「貴」,最原始的內涵含二重意義:
一是指社會地位,一是指道德倫理。在儒家經學思想的脈絡中,理想
的政治圖景,就是「名位」與「道德」相應,如此一來,德治的理想
就不會落空。然而,《唐律疏議》此處之「貴」,已全無道德倫理的意
涵。《唐律疏議·名例律》「八議」條(總7條)疏文曰:

依〈令〉:「有執掌者為職事官,無執掌者為散官。」爵,謂國

---

140 《周禮注疏》卷30〈夏官司馬·司勳〉,頁454。
141 《唐律疏議》卷1〈名例律〉,頁18。
142 《周禮注疏》卷2〈天官冢宰·大宰〉,頁523。

公以上。」[143]

顯然,「貴」是指社會地位尊貴者:(1)職事官三品以上者。「職事官」為執掌政事的官職,三品以上包括:正一品、從一品、正二品、從二品、正三品、從三品等官階。(2)散官二品以上者。「散官」為無執掌政事的官職,又分為「文散官」和「武散官」。二品以上的「文散官」包括:開府儀同三司、特進、光祿大夫;二品以上的「武散官」包括:驃騎大將軍、輔國大將軍、鎮軍大將軍。(3)爵一品者。「爵」,指擁有國公以上封號的皇族,包括:王、郡王、國公等。[144]《禮記・祭義》曰:「貴貴,為其近於君也。」[145]何以「貴貴」?「貴」為君王左右,尊貴即是尊君。

7 議勤

《唐律疏議・名例律》「八議」條(總7條)曰:「七曰議勤。謂有大勤勞。」[146]

《周禮・天官冢宰・大宰》「八統」中,七曰「達吏」,鄭玄注曰:「達吏,察舉勤勞之小吏也。」[147]此中「吏」是「勤勞的小吏」,《唐律疏議》的注文順承《周禮》鄭玄注中「勤勞」之意,但律條適用的對象並非鄭玄注中所指的「小吏」,而是「大將吏」。《唐律疏議・名例律》「八議」條(總7條)疏文曰:「謂大將吏恪居官次,夙

---

143 《唐律疏議》卷1〈名例律〉,頁18。

144 關於唐代官爵階品,參見錢大群撰《唐律疏議新注》(南京:南京師範大學出版社,2008年)附表二「唐代官爵階品對應表」,頁1025。

145 《禮記注疏》卷24〈祭義〉,頁811。

146 《唐律疏議》卷1〈名例律〉,頁18。

147 《周禮注疏》卷2〈天官冢宰・大宰〉,頁523。

夜在公，若遠使絕域，經涉險難者。」[148]即大將高官恪守官職，夙夜為公事勞心，或者被派遣至遠方，音訊斷絕之地，身陷危險，經歷艱難者。鄭玄注解《周禮‧秋官司寇‧小司寇》「議勤之辟」曰：「謂憔悴以事國」[149]正是此意。

8　議賓

　　《唐律疏議‧名例律》「八議」條（總7條）曰：「八曰議賓。謂承先代之後為國賓者。」[150]「賓」指「國賓」，即承繼前朝帝王血脈的後代，疏文援引《尚書》、《詩經》、《禮記》解釋律條，其曰：

> 　　《書》云：「虞賓在位，群后德讓」、《詩》曰：「有客有客，亦白其馬」、《禮》云：「天子存二代之後，猶尊賢也。」昔武王克商，封夏后氏之後於杞，封殷氏之後於宋，若今周後介公、隋後酅公，並為國賓者。[151]

「虞賓在位，群后德讓」出自《尚書‧虞書‧益稷》，曰：

> 　　夔曰戛擊鳴球，搏拊琴瑟以詠，祖考來格，虞賓在位，群后德讓。[152]

孔穎達疏曰：

148　《唐律疏議》卷1〈名例律〉，頁18。
149　《周禮注疏》卷35〈秋官司寇‧小司寇〉，頁523。
150　《唐律疏議》卷1〈名例律〉「八議」條（總7條）注文曰：「謂承先代之後為國賓者。」頁18。
151　《唐律疏議》卷1〈名例律〉，頁18、19。
152　《尚書注疏》卷5〈虞書‧益稷〉，頁70。

丹朱為王者後，故稱賓。言與諸侯助祭，班爵同，推先有德。[153]

丹朱為堯之子，個性傲虐，與堯不肖，堯遂傳位於舜，舜即位後封丹朱為諸侯，立於虞舜之朝，故稱「虞賓」。「有客有客，亦白其馬」出自《詩經·周頌·有客》，曰：

> 有客有客，亦白其馬。有萋有且，敦琢其旅。有客宿宿，有客信信。
> 言授之縶，以縶其馬。薄言追之，左右綏之。既有淫威，降福孔夷。[154]

鄭玄注曰：

> 殷尚白也。……有客有客，重言之者，異之也。亦，亦武庚也。武庚為二王後，乘殷之馬，乃叛而誅，不肖之甚也。今微子代之，亦乘殷之白，獨賢而見尊異，故言亦。[155]

《詩經》連續說二次「有客」，代表此「客」異於一般人。武庚為商紂王之子，周公封其為賓客，後因叛亂而被誅。微子亦為殷人後代，遂代武庚為賓客。此處所說的「客」即是微子，由於殷商尚白色，微子以白色裝飾馬匹。詩中呈現了周王殷勤留客的情意，最後並盛讚賓客，祈求降福。由此詩可知，禮遇國賓的制度自西周已正式建立，唐代承繼西周制度之美，稱前朝帝王後代子孫為「賓」，並在法律上加以

---

153 《尚書注疏》卷5〈虞書·益稷〉，頁70。
154 《詩經注疏》卷19〈周頌·有客〉，頁735。
155 《詩經注疏》卷19〈周頌·有客〉，頁735。

禮遇。「天子存二代之後，猶尊賢也」出自於《禮記‧郊特牲》曰：

> 天子存二代之後，猶尊賢也，尊賢不過二代。[156]

鄭玄注曰：

> 過之，遠離法也。[157]

孔穎達疏曰：

> 天子存二代者，天子繼世而立，子孫以不肖滅亡，見在子孫又無功德，仍須存之，所以存二代之後者，獨尚尊其往昔之賢所能法象。[158]

天子存留前朝君王後代二世，是為了尊敬其先祖之賢，但尊賢之制不過二代，否則就遠離禮法了。最後，《唐律疏議》以武王之例加以說明，周武王戰勝商紂王後，封夏的後代為杞國諸侯，封殷的後代為宋國諸侯。所以，唐代也將周的後代介公和隋的後代酅公視為「國賓」。《周禮‧天官冢宰‧大宰》「八統」中，八曰「禮賓」，鄭玄注曰：「禮賓，賓客諸侯，所以示民親仁善鄰。」[159]對「賓」的禮遇與尊重，同時也是君王向人民展現「親仁善鄰」之德的方式。

　　「八議」者犯罪時，處理程序如下：《唐律疏議‧名例律》「八

156　《禮記注疏》卷11〈郊特牲〉，頁487。
157　《禮記注疏》卷11〈郊特牲〉，頁487。
158　《禮記注疏》卷11〈郊特牲〉，頁487。
159　《周禮注疏》卷2〈天官冢宰‧大宰〉，頁523。

議」條（總7條）規定：「諸八議者，犯死罪，皆條所坐及應議之狀，先奏請議，議定奏裁；議者，原情議罪，稱定刑之律而不正決之。流罪以下，減一等。其犯十惡者，不用此律。」[160] 疏文解釋如下：

> 八議人犯死罪者，皆條錄所犯應死之坐及錄親、故、賢、能、功、勤、賓、貴等應議之狀，先奏請議。依令，都堂集議，議定奏裁。[161]

> 議者，原情議罪者，謂原其本情，議其犯罪。稱定刑之律而不正決之者，謂奏狀之內，唯云準犯依律合死，不敢正言絞、斬，故云「不正決之」。[162]

「八議」依其應受刑罰分為二種：（1）凡「八議」之人觸犯死罪者，皆逐條錄寫犯罪事實和觸犯法條，並載明犯罪人符合「親」、「故」、「賢」、「能」、「功」、「勤」、「賓」、「貴」等八議中的何種資格，先奏請皇帝批准議刑。依令，官吏在尚書都省集合商議，並將商議結果奏請皇帝裁決。商議時，必須推究其犯罪動機和目的，決議其所犯之罪，上奏的文書只寫下「準犯某罪，依律合死」，不能直接寫「絞」或「斬」。此中「準」字意味深長，有「尚不是」的意思，用字可說是委婉至極。（2）凡「八議」之人觸犯流罪以下者，皆減一等。值得注意的是，此「八議」之人如觸犯「十惡」之罪，不得適用「八議」的制度，死罪不得上請，流罪以下不得減罪。

---

160 《唐律疏議》卷2〈名例律〉，頁32。
161 《唐律疏議》卷2〈名例律〉，頁32。
162 《唐律疏議》卷2〈名例律〉，頁32。

二　刑不上大夫（下）：「請」、「減」、「贖」、「官當」

《唐律疏議》除「八議」外，尚有「請」、「減」、「贖」、「官當」
等制度，《禮記・中庸》曰：「仁者，人也，親親為大；義者，宜也，
尊賢為大。親親之殺，尊賢之等，禮所生也。」[163]依「親疏遠近」及
「尊卑貴賤」二大原則，縝密地給予皇族和官吏各式法律上的特權[164]。

1　請

皇帝給予皇族和官吏特權就是為鞏固等級制度，區別尊卑地位，
一層一層遞推，井然有序，不得僭越。不在「八議」之內的官員，可
以透過「請」減輕刑罰，依然享有法律上的特權。《唐律疏議》「皇太
子妃（請章）」條（總9條）曰：

> 諸皇太子妃大功以上親、應議者期以上親及孫、若官爵五品以
> 上，犯死罪者，上請；請，謂條其所犯及應請之狀，正其刑名，別奏
> 請。流罪以下，減一等。其犯十惡，反逆緣坐，殺人，監守內
> 姦、盜、略人、受財枉法者，不用此律。[165]

可見「請」的適用對象包括：（1）皇太子妃大功以上的親屬。（2）應
議者期以上的親屬及孫。（3）官爵五品以上的官員。《唐律疏議》「皇

163　《禮記注疏》卷31〈中庸〉，頁886。

164　錢大群：《唐律疏議新注》說：「『八議』把國家最高的層首先都圈進特權的範圍；
　　請、減、贖不但把所有的官吏依三個級別檔次納入特權系統，而且在親屬系統上
　　又把從『議』者起始的所有的近親屬都連環地套進分享特權的範圍。在這龐大的
　　特權系統中，國家司法權益的內部分配從上到下造成了一個官位由高到低，親等
　　由寬到嚴，權益由多到少的龐大的既得利益階級。」頁54。

165　《唐律疏議》卷2〈名例〉，頁32、33。

太子妃（請章）」條（總9條）疏文曰：

> 皇后蔭小功以上親入議，皇太子妃蔭大功以上親入請者，尊卑
> 降殺也。[166]

> 八議之人，蔭及期以上親及孫，入請。期親者，謂伯叔父母、
> 姑、兄弟、姊妹、妻、子及兄弟子之類。又例云：「稱期親者，
> 曾、高同。」及孫者，謂嫡孫眾孫皆是，曾、玄亦同。其子孫
> 之婦，服雖輕而義重，亦同期親之例。曾、玄之婦者，非。[167]

> 官爵五品以上者，謂文武職事四品以下、散官三品以下、勳官
> 及爵二品以下，五品以上。此等之人，犯死罪者，並為上請。[168]

皇后可以庇蔭小功以上的親屬，使他們享有「議」的特權；皇太子妃
可以庇蔭大功以上的親屬，使他們享有「請」的特權。《唐律疏議》
之所以如此規定，理由是為了使尊卑有所差等。「八議」之人可以庇
蔭期以上的親屬，包括了伯叔父母、姑、兄弟、姊妹、妻、子及兄弟
之子，除此之外，尚可庇蔭嫡孫、眾孫以及子、孫之婦。所謂「官爵
五品以上者」，指文武職事四品以下至五品以上、散官三品以下至五
品以上、勳官及爵二品以下至五品以上等官員。上述之人，凡犯死罪
者，皆可上請。根據《唐律疏議》「皇太子妃（請章）」條（總9條）
的解釋，「請」的程序如下：

---

166 《唐律疏議》卷2〈名例〉，頁33。
167 《唐律疏議》卷2〈名例〉，頁33。
168 《唐律疏議》卷2〈名例〉，頁33。

條其所犯者，謂條錄請人所犯應死之坐。應請之狀者，謂皇太子妃大功以上親，應議者期以上親及孫，若官爵五品以上應請之狀。正其刑名者，謂錄請人所犯，準律合絞、合斬。別奏者，不緣門下，別錄奏請，聽敕。[169]

條列上請之人觸犯死罪的罪情，載明其符合上請的資格情狀以及依律應絞或應斬。符合「請」的資格，其案件不經由門下省審查，而另外錄寫上述內容奏請皇帝裁決。犯流罪以下者，刑罰各減一等。犯十惡，反逆緣坐，殺人，監守內姦、盜、略人、受財枉法者，死罪不合上請，流罪已下不合減罪。唐代典籍中，每以「議請」連稱，這是因為「議」與」請」除了適用範圍有廣狹之分、程序上略有不同，本質上並無分別。[170]

2 減

「減」之特權不涉及死罪，所以對官爵品級的要求較低，受庇蔭的親屬範圍也較小。《唐律疏議》「七品以上之官（減章）」條（總10條）曰：「諸七品以上之官及官爵得請者之祖父母、父母、兄弟、姊妹、妻、子孫，犯流罪已下，各從減一等之例。」[171]適用對象包括：（1）七品以上的官員，即六品、七品文武職事、散官、衛官、勳官等官員。[172]（2）官爵可上請者，即擁有五品以上官爵的官員，可以庇蔭祖父母、父母、兄弟、姊妹、妻、子孫。[173]符合此兩種資格者，

---

169 《唐律疏議》卷2〈名例〉，頁33。
170 「請」與「議」的異同，參見劉俊文：《唐律疏議箋解》，頁132、133。
171 《唐律疏議》卷2〈名例〉，頁34。
172 《唐律疏議》卷2〈名例〉曰：「『七品以上』，謂六品、七品文武職事、散官、衛官、勳官等身。」頁34。
173 《唐律疏議》卷2〈名例〉曰：「『官爵得請者』，謂五品以上官爵，蔭及祖父母、父母、兄弟、姊妹、妻、子孫。」頁34。

犯流罪以下，各得減一等。此外，若上章請人得減，此章亦得減；請人不得減，此章亦不得減。[174]「減」與「請」相比，「請」適用範圍較「減」寬廣，「減」與「請」犯流罪以下，皆得減一等，「請」犯死罪得上請，「減」犯死罪則依律處斷。[175]

3 贖

「贖」是一種以財產贖抵刑罰的特權，依據《唐律疏議》「應議請減（贖章）」條（總11條）規定：「諸應議、請、減及九品以上之官，若官品得減者之祖父母、父母、妻、子孫，犯流罪以下，聽贖。」[176] 適用對象包括：（1）符合「議」、「請」、「減」者。[177]（2）九品以上的官員。[178]（3）七品已上的官員可以庇蔭祖父母、父母、妻、子孫。如犯流罪以下，皆可聽贖。[179]《唐律疏議》「應議請減（贖章）」條（總11條）疏文曰：

> 《書》云：「金作贖刑。」注云：「誤而入罪，出金以贖之。」
> 甫侯訓夏贖刑云：「墨辟疑赦，其罰百鍰；劓辟疑赦，其罰唯倍；剕辟疑赦，其罰倍差；宮辟疑赦，其罰六百鍰；大辟疑

---

174 《唐律疏議》卷2〈名例〉曰：「若上章請人得減，此章亦得減；請人不得減，此章亦不得減。故云『各從減一等之例』。」頁34。

175 「請」與「減」的異同，可參見劉俊文：《唐律疏議箋解》（北京：中華書局，1996年），頁126、127。

176 《唐律疏議》卷2〈名例〉，頁34。

177 《唐律疏議》卷2〈名例〉曰：「應議、請、減者，謂議、請、減三章內人，亦有無官而入議、請、減者，故不云官也。」頁34、35。

178 《唐律疏議》卷2〈名例〉曰：「九品已上官者，謂身有八品、九品之官。」頁34、35。

179 《唐律疏議》卷2〈名例〉曰：「『若官品得減者』，謂七品已上之官，蔭及祖父母、父母、妻、子孫。」頁34、35。

赦，其罰千鍰。」注云：「六兩曰鍰。鍰，黃鐵也。」晉律：
「應八議以上，皆留官收贖，勿髡、鉗、笞也。」今古贖刑，
輕重異制，品目區別，備有章程，不假勝條，無煩縷說。[180]

《尚書·虞書·舜典》曰：「金作贖刑」[181]，鄭玄注曰：「金，黃金。
誤而入刑，出金以贖罪。」[182]古人誤觸刑罰時，出金以贖罪。《尚
書·周書·呂刑》曰：「墨辟疑赦，其罰百鍰，閱實其罪。劓辟疑
赦，其罰惟倍，閱實其罪。剕辟疑赦，其罰倍差，閱實其罪。宮辟疑
赦，罰六百鍰，閱實其罪。大辟疑赦，其罰千鍰，閱實其罪。」[183]鄭
玄注曰：「六兩曰鍰。鍰，黃鐵也。」[184]墨刑疑赦者，赦其刑，罰一
百鍰；劓刑疑赦者，赦其刑，罰二百鍰；剕刑疑赦者，赦其刑，罰五
百鍰[185]；宮刑疑赦者，赦其刑，罰六百鍰；死刑疑赦者，赦其刑，罰
一千鍰。孔穎達疏云：

此以金為黃金，〈呂刑〉其罰百鍰傳為黃鐵，俱是贖罪而金鐵
不同者，古之金、銀、銅、鐵總號為金，別之四名耳。[186]

古者金、銀、銅、鐵，總號為金，今別之以四名，此傳言黃
鐵，〈舜典〉傳言黃金，皆是今之銅也，古人贖罪悉用銅。[187]

---

180 《唐律疏議》卷1〈名例〉，頁6。
181 《尚書注疏》3卷〈虞書·舜典〉，頁40。
182 《尚書注疏》3卷〈虞書·舜典〉，頁40。
183 《尚書注疏》19卷〈周書·呂刑〉，頁300。
184 《尚書注疏》19卷〈周書·呂刑〉，頁300。
185 《尚書注疏》19卷〈周書·呂刑〉：「倍差，謂倍之又半，為五百鍰。」頁301。
186 《尚書注疏》3卷〈虞書·舜典〉，頁40。
187 《尚書注疏》19卷〈周書·呂刑〉，頁300。

《唐律疏議》援引《尚書》的〈呂刑〉和〈舜典〉二篇說明贖刑制度由來已久，悠遠流長。古代金、銀、銅、鐵等礦物總稱為「金」，不論是鄭玄在〈舜典〉中所說的黃金，抑或是〈呂刑〉中所說的黃鐵，實際上都是以指銅。下列情況不得減贖：（1）有官職者，依法官當，不得保留官職而以庇蔭資格用銅贖刑。[188]（2）觸犯加役流[189]、反逆緣坐流[190]、子孫犯過失流[191]、不孝流[192]、及會赦猶流[193]者，皆不得適用本條減贖其刑，依法除名、配流。（3）因過失而傷害期親以上的尊長及外祖父母、丈夫、丈夫之祖父母，應處以徒刑者。（4）故意毆打人，導致對方廢疾者。（5）男性觸犯盜罪，罪在徒刑以上者。（6）女性觸犯姦罪者。[194]

---

188 《唐律疏議》卷2〈名例〉疏文曰：「議、請、減以下人，身有官者，自從官當、除、免，不合留官取蔭收贖。」頁35。

189 《唐律疏議》卷2〈名例〉疏文曰：「加役流者，舊是死刑，武德年中改為斷趾。國家惟刑是恤，恩弘博愛，以刑者不可復屬，死者務欲生之，情軫向隅，恩覃祝網，以貞觀六年奉制改為加役流。」頁35。

190 《唐律疏議》卷2〈名例〉疏文曰：「謂緣坐反、逆得流罪者。其婦人，有官者比徒四年，依官當之法，亦除名；無官者，依留住法，加杖、配役。」頁35。

191 《唐律疏議》卷2〈名例〉疏文曰：「謂耳目所不及，思慮所不到之類，而殺祖父母、父母者。」頁35。

192 《唐律疏議》卷2〈名例〉疏文曰：「不孝流者，謂聞父母喪，匿不舉哀，流；告祖父母、父母者絞，從者流；祝詛祖父母、父母者，流；厭魅求愛媚者，流。」頁35。

193 《唐律疏議》卷2〈名例〉疏文曰：「案〈賊盜律〉云：『造畜蠱毒，雖會赦，並同居家口及教令人亦流三千里。』〈斷獄律〉云：『殺小功尊屬、從父兄姊及謀反、大逆者，身雖會赦，猶流二千里。』此等並是會赦猶流。其造畜蠱毒，婦人有官無官，並依下文，配流如法。有官者，仍除名，至配所免居作。」頁36。

194 《唐律疏議》卷2〈名例〉疏文曰：「過失殺祖父母、父母，已入五流；若傷，即合徒罪。故云『期以上』。其於期親尊長及外祖父母、夫、夫之祖父母，犯過失殺及傷，應合徒者；『故毆人至廢疾應流』，謂恃蔭合贖，故毆人至廢疾，準犯應流者；『男夫犯盜徒以上』，謂計盜罪至徒以上，強盜不得財亦同；及婦人犯姦者：並亦不得減贖。言『亦』者，亦如五流不得減贖之義」頁37。

4　官當

　　官當，是以官職抵消刑罰的一種法律特權，起源自北魏律，在唐代不論犯私罪或犯公罪皆可抵消刑罰，不過兩者所能抵消的年數不同。《唐律疏議》「官當」條（總17條）曰：

> 諸犯私罪，以官當徒者，私罪，謂私自犯及對制詐不以實、受請枉法之類。五品以上，一官當徒二年；九品以上，一官當徒一年。若犯公罪者，公罪，謂緣公事致罪而無私、曲者。各加一年當。[195]

　　私罪，謂不緣公事，私自犯者，或雖緣公事，意涉阿曲，視同私罪。此外，對制詐不以實者，對制雖緣公事，方便不吐實情，心挾隱欺，亦視同私罪。犯私罪者，五品以上的官職，一官可抵減徒刑二年；九品以上的官職，一官可抵減徒刑一年。公事與奪，情無私、曲，雖違法式，是為公罪。[196]犯公罪者，五品以上的官職，一官可抵減徒刑三年；九品以上的官職，一官可抵減徒刑二年。《唐律疏議》「官當」條（總17條）疏文曰：

> 九品以上官卑，故一官當徒一年；五品以上官貴，故一官當徒二年。[197]

195　《唐律疏議》卷2〈名例〉，頁44。
196　《唐律疏議》卷2〈名例〉曰：「私罪，謂不緣公事，私自犯者；雖緣公事，意涉阿曲，亦同私罪。對制詐不以實者，對制雖緣公事，方便不吐實情，心挾隱欺，故同私罪。受請枉法之類者，謂受人囑請，屈法申情，縱不得財，亦為枉法。……私、曲相須。公事與奪，情無私、曲，雖違法式，是為公坐」頁44。
197　《唐律疏議》卷2〈名例〉，頁44。

官職高低不同，所抵減徒刑的年數也不同，這樣的立法理由就在於區別「貴」與「卑」的差異，使得官階的等級序位更能體現儒家學說中尊卑差等的精神。《唐律疏議》「官當」條（總17條）曰：

> 以官當流者，三流同比徒四年。其有二官，謂職事官、散官、衛官同為一官，勳官為一官。先以高者當，若去官未敘，亦準此。次以勳官當。行、守者，各以本品當，仍各解見任。若有餘罪及更犯者，聽以歷任之官當。歷任，謂降所不至者。[198]

《唐律疏議》「官當」條（總17條）疏文曰：

> 品官犯流，不合真配，既須當、贖，所以比徒四年。假有八品、九品官，犯私罪流，皆以四官當之；無四官者，準徒年當、贖。[199]

官員犯罪，依法應科以流刑者，實際上並不真配，因為官員可以行使「官當」與「贖」的特權，所以將流刑比照徒刑計算，三等流刑等同徒刑四年。唐代的職事官、散官、衛官三者，相因而得，視為一官；勳官因勳功而有，別為一官。[200]職事等三官內，取最高者抵減之，然後再次以勳官抵減。官階低而任高職，以及官階高而任低職品者[201]，

---

198 《唐律疏議》卷2〈名例〉，頁45-47。

199 《唐律疏議》卷2〈名例〉曰：「品官犯流，不合真配，既須當、贖，所以比徒四年。假有八品、九品官，犯私罪流，皆以四官當之；無四官者，準徒年當、贖。」頁45。

200 《唐律疏議》卷2〈名例〉曰：「謂職事、散官、衛官計階等者，既相因而得，故同為一官。其勳官，從勳加授，故別為一官。」頁45。

201 《唐六典》卷2「吏部尚書」條曰：「凡注官階卑而擬高則曰『守』，階高而擬卑則曰『行』。」頁10。

各自用本品抵減，仍然必須解除現任的官職。倘若二官抵減罪刑後，仍然有剩餘的徒刑，或者罪刑完全抵減後又再觸犯法律者，准許以未曾抵減的歷任官職抵減刑罰。[202]綜上所述，可知「官當」制度設立之目的，在於確保犯流罪與徒罪的官員不致於真配、真流，體現「刑不上大夫」的經學思想。

第三節　君臣倫理：臣以「忠」事君

　　君王稟受天命而有至尊的地位，君王之位一旦有了形而上的天道作為基礎，就取得了形而下現象世界絕對、唯一、最高的地位，君主跟天道同流共化，神聖不可侵犯，任何人皆不得違逆君王，如有悖逆即入「十惡」中的「謀反」、「謀大逆」、「謀叛」。

一　「謀反」、「謀大逆」

（一）援引《公羊傳》、《左傳》、《周禮》解釋「謀反」

　　「十惡」之首為「謀反」，《唐律疏議・名例律》「十惡」條（總6條）曰：

　　　　一曰謀反。謂謀危社稷。[203]

疏文解釋如下：

202　《唐律疏議》卷2〈名例〉曰：「若有餘罪者，謂二官當罪之外，仍有餘徒；或當罪雖盡而更犯法，未經科斷者：聽以歷任降所不至告身，以次當之。」頁46。

203　《唐律疏議》卷1〈名例律〉，頁1。

《公羊傳》云：「君親無將，將而必誅。」謂將有逆心，而害於君父者，則必誅之。《左傳》云：「天反時為災，人反德為亂。」……乃敢包藏凶慝，將起逆心，規反天常，悖逆人理，故曰「謀反」。[204]

「君親無將，將而必誅」在《公羊傳》中出現過二次，一次是莊公三十二年（前662年），一次是昭公元年（前606年）。

《春秋》莊公三十二年（前662年）記載：「秋，七月癸巳，公子牙卒。」《公羊傳》解釋如此段經文如下：

何以不稱弟？殺也。殺則曷為不言刺？為季子諱殺也。曷為為季子諱殺？季子之過惡也，不以為國獄，緣季子之心而為之諱。季子之過惡奈何？莊公並將死，以病召季子，季子至而授之以國政，曰：「寡人即不起此病，吾將焉致乎魯國？」季子曰：「般也存，君何憂焉？」公曰：「庸得若是乎？牙謂我曰：『魯一生一及，君已知之矣。』慶父也存。」季子曰：「夫何敢？是將為亂乎！夫何敢！」俄而，牙弒械成。季子和藥而飲之，曰：「公子從吾言而飲此，則必可以無為天下戮笑，必有後乎魯國。不從吾言而不飲此，則必為天下戮笑，必無後乎魯國。」於是從其言而飲之，飲之無儇氏，至乎王堤而死。公子牙今將爾，辭曷為與親弒者同？君親無將，將而誅焉。然則善之與？曰：然。殺世子母弟，直稱君者，甚之也。季子殺母兄，何善爾？誅不得辟兄，君臣之義也。然則曷為不直誅，而酖之？行諸乎兄，隱而逃之，使託若以疾死然，親親之道也。[205]

---

204 《唐律疏議》卷1〈名例律〉，頁1、2。
205 《公羊傳注疏》卷9「莊公三十二年」，頁111、112。

莊公有三弟，長曰慶父，次曰叔牙，次曰季友，魯莊公臨死前欲立庶子般，但叔牙擁護慶父，預謀弒逆莊公，季友知道這件事後，要求子牙飲下毒酒，子牙因此而喪命。季友毒害母兄的行為當如何評價？凡是謀逆者皆應誅殺，即使是母兄也不例外，此即「君臣之義」；又季友不直接誅殺子牙，而以藥酒毒殺，假託因病而死，隱匿其弒君的惡行，此即「親親之道」。

《春秋》昭公元年（前606年）記載：「叔孫豹會晉趙武、楚公子圍、齊國酌、宋向戍、衛石惡、陳公子招、蔡公孫歸生、鄭軒虎、許人、曹人于漷。」《公羊傳》解釋如此段經文如下：

> 此陳侯之弟招也，何以不稱弟？貶。曷為貶？為殺世子偃師貶，曰陳侯之弟招殺陳世子偃師。大夫相殺稱人，此其稱名氏以殺何？言將自是弒君也。今將爾，詞曷為與親弒者同？君親無將，將而必誅焉。然則曷為不於其弒焉貶？以親者弒，然後其罪惡甚，《春秋》不待貶絕而罪惡見者，不貶絕以見罪惡也。[206]

陳公子招為陳哀公之弟，哀公的元妃為鄭姬，生下太子偃師，二妃生公子留，下妃生公子勝。陳哀公寵幸二妃，公子留因此得寵，哀公將公子留託付給自己的二個弟弟公子招及公子過，不料公子招竟將太子偃師殺死，另立公子留為太子。哀公怒恨，欲誅殺公子招，公子招派兵圍守哀公，哀公自縊身亡，陳國內亂，陳國最後遭到楚國滅亡。[207]

206　《公羊傳注疏》卷22「昭公元年」，頁273。

207　《左傳注疏》卷44「昭公八年」曰：「陳哀公元妃鄭姬生悼太子偃師，二妃生公子留，下妃生公子勝。二妃嬖，留有寵，屬諸司徒招與公子過。哀公有廢疾，三月甲申，公子招、公子過殺悼太子偃師而立公子留。夏，四月，辛亥，哀公縊。干

　　《唐律疏議》解釋「君親無將，將而誅焉」為「將有逆心，而害於君父者，則必誅之」，切不可因「親親之道」危害「君臣之義」，當兩者有所牴觸時，「君臣之義」先於「親親之道」。「天反時為災，人反德為亂」出自於《左傳》，宣公十五年（前594年）曰：

　　　　天反時為災，地反物為妖，民反德為亂，亂則妖災生。[208]

山貰《唐律釋文》：

　　　　天常之性，子孝於父，臣忠於君，弟悌於兄，卑順於長，此乃謂之天常。[209]

將天常與人理同提並論，足見天常相當天理，即上天的常理、常道。[210]這是傳統中國的思維方式，形而上的天理下貫於形而下的現象世界，現象世界的宇宙萬物自然皆稟受天理，其中又以萬物之靈所稟受的天理最為完善，人天生即內在著「天常之性」，人人皆能做到子孝

　　微師赴于楚，且告有立君。公子勝愬之于楚。楚人執而殺之。公子留奔鄭。」頁768。又《史記》卷36〈陳杞世家〉曰：「三十四年，初，哀公娶鄭，長姬生悼太子師，少姬生偃。二嬖妾，長妾生留，少妾生勝。留有寵哀公，哀公屬之其弟司徒招。哀公病，三月，招殺悼太子，立留為太子。哀公怒，欲誅招，招發兵圍守哀公，哀公自經殺。招卒立留為陳君。四月，陳使使赴楚。楚靈王聞陳亂，乃殺陳使者。使公子弃疾發兵伐陳，陳君留奔鄭。九月，楚圍陳。十一月，滅陳。使弃疾為陳公」頁1580、1581。

208　《左傳注疏》卷24〈宣公〉，頁408。

209　山貰冶子：《唐律疏議釋文》，收入《唐律疏議》，頁7。

210　高明士〈唐律中的「理」〉指出：「將天常與人理同提並論，足見天常相當天理，即上天的常理、常道。」收入黃師源盛主編《唐律與傳統法文化》（臺北：元照出版有限公司，2011年），頁10。

於父，臣忠於君，弟悌於兄，卑順於長。皇帝是天下百姓的君王，也是天下百姓的父母，身為臣子必須盡忠，身為子女必須盡孝，所以《唐律疏議》說「為子為臣，惟忠惟孝」。《唐律疏議》巧妙地將「忠」與「孝」融攝起來，指出皇帝稟受天命而居於人間至尊之位，不僅是百姓的君王，也是百姓的父母，盡忠就是盡孝，試圖將「忠」與「孝」的結合為一。凡是包藏凶慝，將有逆心，皆觸犯「謀反」之罪，由於違反天常，悖逆人理，惡性重大，按律當誅殺。

　　《唐律疏議》「十惡」條（總6條）中「謀反」的注文為「謀危社稷」，疏文解釋「社稷」二字如下：

> 社為五土之神，稷為田正也，所以神地道，主司嗇。君為神主，食乃人天，主泰即神安，神寧即時稔。臣下將圖逆節，而有無君之心，君位若危，神將安恃。不敢指斥尊號，故託云「社稷」。《周禮》云「左祖右社」，人君所尊也。[211]

這是說明何以注文不直言「皇帝」，而以「社稷」指稱「皇帝」。《禮記・祭法》曰：「共工氏之霸九州也，其子曰后土，能平九州，故祀以為社。」[212]又《禮記・郊特牲》曰：「社，所以神地道也。」[213]孔穎達疏云：「土謂五土：山林、川澤、丘陵、墳衍、原隰也。……五土之總神，即謂社。」[214]。此外，《左傳》昭公二十九年曰：「稷，田正也，有烈山氏之子曰柱為稷，自夏以上祀之。周棄亦為稷，自商以

211　《唐律疏議》卷1〈名例律〉，頁7。

212　《禮記注疏》卷23〈祭法〉，頁802。

213　《禮記注疏》卷11〈郊特牲〉，頁489。

214　《禮記注疏》卷11〈郊特牲〉，頁490、491。

來祀之。」[215]根據《禮記》與《左傳》所載，可知《唐律疏議》「社為五土之神，稷為田正也，所以神地道，主司嗇」文句的順序當為：「社為五土之神，所以神地道；稷為田正也，所以主司嗇」。綜上所述，可知「社」是共工氏之子，名為后土，為掌管山林、川澤、丘陵、墳衍、原隰五土之神；「稷」是烈山氏之子，名為柱，為是掌管田地及稼穡之神。君主、神明、農作物之間有著極為緊密的聯繫：君主安泰，神明也安寧，稼穡也會按著四時生長；臣下如有違逆之心，君主的地位危殆，神明也不得安寧，稼穡也不按四時生長。《周禮‧冬官考工記‧匠人》云：

> 左祖右社，面朝後市，市朝一夫。[216]

《禮記‧祭義》也云：

> 建國之神位：右社稷，而左宗廟。[217]

這是說建築邦國時左側為宗廟，右側為社稷，君王宮闕居於中，宗廟與社稷皆為君主所尊，《唐律疏議》不敢指斥尊號，故而以「社稷」代稱「皇帝」。

（二）援引《爾雅》、《周禮》解釋「謀大逆」

《唐律疏議‧名例律》「十惡」條（總6條）曰：

---

215 《左傳注疏》第41卷「昭公二十九年」，頁922。

216 《周禮注疏》第41卷〈冬官考工記‧匠人〉，頁643。

217 《禮記注疏》卷24〈祭義〉，頁825。

二曰謀大逆。謂謀毀宗廟、山陵及宮闕。[218]

疏文解釋如下：

此條之人，干紀犯順，違道悖德，逆莫大焉，故曰「大逆」。[219]

「謀大逆」之人，干犯人倫綱紀，當順從而不順從，悖離天性，違逆天道。《唐律疏議》注文解釋「謀大逆」為「謂謀毀宗廟、山陵及宮闕」，疏文解釋如下：

有人獲罪於天，不知紀極，潛思釋憾，將圖不逞，遂起惡心，謀毀宗廟、山陵及宮闕。宗者，尊也。廟者，貌也。刻木為主，敬象尊容，置之宮室，以時祭享，故曰「宗廟」。山陵者，古先帝王因山而葬，黃帝葬橋山即其事也。或云，帝王之葬，如山如陵，故曰「山陵」。宮者，天有紫微宮，人君則之，所居之處故曰「宮」。其闕者，《爾雅・釋宮》云：「觀謂之闕。」郭璞云：「宮門雙闕也。」《周禮・秋官》「正月之吉日，懸刑象之法於象魏，使人觀之」，故謂之「觀」。[220]

謀大逆主要的犯罪客體有三：（1）宗廟：宗，尊也；廟，貌也。祭祀本朝皇帝父祖的宮室，以木刻為神主，按時舉行祭典。（2）山陵：帝王的墳墓，古先帝王因山而葬，遂以山陵指稱帝王之墓，還有一說是帝王之墓外形如山如陵，故而稱之為山陵。（3）宮闕：《隋書・天文

---

218 《唐律疏議》卷1〈名例律〉，頁7。
219 《唐律疏議》卷1〈名例律〉，頁7。
220 《唐律疏議》卷1〈名例律〉，頁7。

志》曰:「紫宮垣十五星,其西蕃七,東蕃八,在北斗北。一曰紫微,太帝之坐也,天子之常居也,主命,主度也。一曰長垣,一曰天營,一曰旗星,為蕃衛,備蕃臣也。」[221]天有紫微宮,皇帝則天,亦稱自己的居所為「宮」。《爾雅・釋宮》云:「觀謂之闕。」[222]郭璞云:「宮門雙闕也。」[223]《周禮・秋官司寇・大司寇》曰:「正月之吉,始和布刑于邦國都鄙,乃縣刑象之法于象魏,使萬民觀刑象,挾日而斂之。」[224]可見「闕」、「觀」和「象魏」三者名異義同,即宮門外瞭望的一對高樓,古代每年正月公布刑罰之處。

「毀宗廟」為「謀大逆」之首,這是因為天統萬物,宗廟統朝廷社會,君王統萬民,君王的統治權附於天和宗廟;宗子統族人而奉君與宗廟,宗廟又涵邦國君臣;於是,宗廟成為政治社會之本,並與天相配。因此,孔子曰:「郊社之禮,所以事上帝也;宗廟之禮,所以祀乎其先也。」[225]「郊社之義,所以仁鬼神也;嘗禘之禮,所以仁昭穆也。」[226]又曰:「明乎郊社之義、嘗禘之禮,治國其如指諸掌而已乎!」[227]可知宗廟與天命、政教、宗族的關係密不可分,形成一個完整的系統。《禮記・大傳》曰:

> 親親故尊祖,尊祖故敬宗,敬宗故收族,收族故宗廟嚴,宗廟嚴故重社稷,重社稷故愛百姓,愛百姓故刑罰中,刑罰中故庶民安,庶民安故財用足,財用足故百志成,百志成故禮俗刑,

---

221 《隋書》卷19〈天文志〉,頁530。

222 《爾雅注疏》卷5〈釋宮〉,頁73。

223 《爾雅注疏》卷5〈釋宮〉,頁73。

224 《周禮注疏》卷34〈秋官司寇・大司寇〉,頁518。

225 《禮記注疏》卷31〈中庸〉,頁885。

226 《禮記注疏》卷28〈仲尼燕居〉,頁852。

227 《禮記注疏》卷28〈仲尼燕居〉,頁852。

禮俗刑然後樂。[228]

上述文字所表達的正是一個完整的系統：「尊祖——敬宗——收族——宗廟嚴——重社稷——愛百姓——刑罰中——庶民安——財用足——百志成——禮俗刑——樂」此一系統的關鍵在於「宗廟」，因尊崇先祖故能敬重宗主，然後才能收合族人，族人凝聚，宗廟之祀才能嚴謹牢固。宗廟的建立，可明其世代及大小宗之，建立起各種宗法系統，其意義在於由尊祖、敬宗、收族而體踐「親親之道」，成為一股團結的力量，朝廷之重，宗廟為先。毀壞宗廟，罪不可赦的原因，正在於此。[229]

（三）「謀反」、「謀大逆」的罪責

關於「謀反」及「謀大逆」的刑罰，見於《唐律疏議・盜賊律》「謀反大逆」條（總248條），其曰：

> 諸謀反及大逆者，皆斬；父子年十六以上皆絞，十五以下及母女、妻妾子妻妾亦同、祖孫、兄弟、姊妹若部曲、資財、田宅並沒官，男夫年八十及篤疾、婦人年六十及廢疾者並免。餘條婦人應緣坐者，準此。伯叔父、兄弟之子皆流三千里，不限籍之同異。[230]

> 即雖謀反，詞理不能動眾，威力不足率人者，亦皆斬。謂結謀

228　《禮記注疏》卷16〈大傳〉，頁620。

229　參見龔鵬程：《思想與文化》（臺北：業強出版社，1995年）第四章〈宗廟制度略論〉，頁123-196。

230　《唐律疏議》卷17〈賊盜律〉，頁321。

真實，而不能為害者。若自述休徵，假託靈異，妄稱兵馬，虛說反由，傳
惑眾人而無真狀可驗者，自從祅法。父子、母女、妻妾並流三千
里，資財不在沒限。其謀大逆者，絞。[231]

疏文曰：「有狡豎凶徒，謀危社稷，始興狂計，其事未行，將而必
誅，即同真反。」觸犯「謀反」罪者，其實行與否並不是重點，凡預
謀危害君權，即使才剛開始計畫，依《公羊傳》「君親無將，將而必
誅」之思想脈絡，即視同真反，皆斬。「謀反」和「謀大逆」依實害
情形分為兩等：（1）結謀真實，且能為害者：不論觸犯「謀反」或
「謀大逆」之罪，一律處斬。罪犯之父子，年齡在十六歲以上者，皆
絞殺；子年齡在十五歲以下者以及母女、妻妾（包括兒子的妻妾）、
祖孫、兄弟、姊妹、部曲、田宅、資財皆沒官。伯叔父、兄弟之子不
論戶籍是否相同，皆流三千里。（2）結謀真實，而不能為害者：觸犯
「謀反」罪者，依然處斬，罪犯的父子、母女、妻妾並流三千里，其
他親屬則不被牽連，資財不在沒官之限。觸犯「謀大逆」罪者，如謀
而未行，本人處以絞刑，親屬皆不緣坐。[232]

二 「謀叛」

（一）援引《春秋》、《論語》解釋「謀叛」

《唐律疏議・名例律》「十惡」條（總6條）曰：

---

231 《唐律疏議》卷17〈賊盜律〉，頁322。
232 《唐律疏議》卷17〈賊盜律〉：「『謀大逆者，絞』，上文『大逆』即據逆事已行，
　　此為謀而未行，唯得絞罪。」頁322。

三日謀叛。謂謀背國從偽。[233]

疏文解釋如下：

> 有人謀背本朝，將投蕃國，或欲翻城從偽，或欲以地外奔，即
> 如莒牟夷以牟婁來奔，公山弗擾以費叛之類。[234]

有人預謀背叛本朝，即將投靠蕃國，或者翻出城牆歸順偽朝，又或者
挾地奔向他國，都是屬於謀叛的犯罪，《唐律疏議》並以《春秋》「莒
牟夷以牟婁來奔」一事與《論語》「公山弗擾以費叛」一事為例說明此
罪。《春秋》昭公五年（前537年）記載：「夏，莒牟夷以牟婁及防、
茲來奔。」《左傳》解釋如下：

> 牟夷非卿而書，尊地也。[235]

《公羊傳》解釋如下：

> 莒牟夷者何？莒大夫也。莒無大夫，此何以書？重地也。其言
> 及防茲來奔何？不以私邑累公邑也。[236]

《穀梁傳》解釋如下：

233　《唐律疏議》卷1〈名例律〉，頁8。
234　《唐律疏議》卷1〈名例律〉，頁8。
235　《左傳注疏》卷43「昭公五年」，頁748。
236　《公羊傳注疏》卷22「昭公五年」，頁277。

以者，不以者也。來奔者，不言出。及防茲，以大及小也。莒
無大夫，其日牟夷，何也？以其地來也。以地來，則何以書
也？重地也。[237]

由此可知，「莒牟夷以牟婁來奔」一事重點在於牟夷挾牟婁及防、茲
等莒國土地投奔魯國，屬於「謀叛」中「以地外奔」的犯罪類型。
《論語・陽貨》曰：

公山弗擾以費畔，召，子欲往。子路不說，曰：「末之也已，
何必公山氏之之也？」子曰：「夫召我者而豈徒哉？如有用我
者，吾其為東周乎？」[238]

何晏集解曰：

孔曰：弗擾為季氏宰，與陽虎共執季桓子，而召孔子。……興
周道於東方，故曰東周。[239]

邢昺義疏曰：

弗擾即《左傳》之公山不狃，字子洩，為季氏費邑宰。定公五
年，與陽虎囚桓子。八年又謀殺之。陽虎敗而出，弗擾據邑以
畔。十二年，魯墮費，遂襲魯，敗而奔齊。[240]

---

237 《穀梁傳注疏》卷22「昭公五年」，頁166。
238 《論語注疏》卷17〈陽貨〉，頁154。
239 《論語注疏》卷17〈陽貨〉，頁154。
240 《論語注疏》卷17〈陽貨〉，頁154。

公山弗擾是季桓子的家臣，魯定公八年（前502年），公山弗擾與陽虎拘禁了季桓子，盤據費邑準備叛亂。當時公山弗擾召請孔子共商大事，孔子想要前往，子路因此而感到不悅。最後不知何故，孔子並未前往助叛。朱熹《論語集注》曰：

> 哉徒哉？言必用我也。程子曰：「聖人以天下無不可有為之，亦無不可改過之人，故欲往。然而終不往者，知其必不能改故也。」[241]

朱熹援引程子之言，說明孔子何以欲往，又何以終不往的原因，公山弗擾雖有過錯，但孔子認為無不可改過之人，且事有可為，或可在東方復興周朝的王道，所以有意前往，後孔子知其必不能改過，所以終未前往。在春秋時代，權力關係出現轉變，以魯國為例，在孔子時，魯君已無實權，由三桓掌握實權，陽虎和公山弗擾又試圖取代三桓，當時的政治情勢即是「大夫僭越禮制，家臣反抗大夫」。

家臣反抗大夫是否構成「叛」，是一個值得討論的問題，這個問題涉及價值判斷。《左傳》定公五年（前505年）、八年（前502年）、十二年（前498年）及哀公八年（前487年）等文獻記載中，皆未將公山弗擾反抗大夫的行為視為「叛」。歷史的詮釋權往往是由當政掌權者主導，同一個事件，在不同時空的詮釋之下，就會出現不同的價值判斷。三桓在魯國掌握實權，如其認為公山弗擾反抗大夫的行為「叛」，凡類似的行為就皆為「叛」，家臣不敢輕舉妄動，大夫的政權更加穩固。如此說來，《論語》當是孔子的再傳弟子以後設的觀點詮釋公山弗擾反抗大夫的行為，而將之視為「叛」。倘若公山弗擾的行

---

241 朱熹：《四書集注》，頁247。

為，在孔子之時不被視為「叛」，那麼，孔子何以意欲前往費邑，就不難理解了。[242]《唐律疏議》顯然也認定公山弗援據地反抗大夫的行為是「叛」，並以其為例證解說「謀叛」之罪，凡欲據地以下亂上者，皆構成「謀叛」重罪。[243]

（二）「謀叛」的罪責

《唐律疏議・盜賊律》「謀叛」條（總251條）曰：

> 諸謀叛者，絞。已上道者，皆斬。謂協同謀計乃坐，被驅率者非。餘條被驅率者，準此。[244]

> 妻、子流二千里；若率部眾百人以上，父母、妻、子流三千里；所率雖不滿百人，以故為害者，以百人以上論。害，謂有所攻擊虜掠者。[245]

> 即亡命山澤，不從追喚者，以謀叛論，其抗拒將吏者，以已上

---

242 事實上，根據《論語》記載，孔子欲投奔叛亂之人不僅一次，《論語注疏》卷17〈陽貨〉：「佛肸召，子欲往。子路曰：『昔者由也聞諸夫子曰：「親於其身為不善者，君子不入也。」佛肸以中牟畔，子之往也，如之何？』子曰：『然。有是言也。不曰堅乎，磨而不磷；不曰白乎，涅而不緇。吾豈匏瓜也哉？焉能繫而不食？』」頁155。佛肸是晉國大夫趙簡子的邑宰，趙簡子與范氏作戰時，佛肸乘機占據中牟而背叛趙氏，並召請孔子扶助他，孔子亦意欲前往。

243 《論語》中關於公山弗擾與佛肸召孔子的記載，究竟有無其事，歷代學者看法不同。詳見江衍良、陳述之〈《論語》〈陽貨〉篇「公山弗擾」與「佛肸召」兩章再探〉，《長庚科技學刊》第5期（2006年12月），頁81-98；江衍良〈「論語・陽貨篇」「公山佛擾」與「佛肸召」兩章探討──知識社會學的詮釋〉，《長庚科技學刊》第3期（2004年12月），頁105-125。

244 《唐律疏議》卷17〈賊盜律〉，頁325。

245 《唐律疏議》卷17〈賊盜律〉，頁325。

道論。[246]

根據律文，「叛」可以分為兩個階段，第一個階段是「預謀」，第二個階段是「上道」。前者謀而未行，刑罰較輕，處以絞刑；後者已經實行，刑罰較重，處以斬刑。事實上，不論刑罰是輕是重，皆是以生命作為「叛」的代價。其中，第二個階段的犯罪情節較第一階段重大，刑罰更為嚴厲，除了犯罪者本身之外，尚牽涉犯罪者親屬：（1）率眾未達百人，且未攻擊虜掠者，其妻、子流二千里。（2）率眾達到百人，或率眾雖不滿百人，但有攻擊虜掠之情事者，父母、妻、子流三千里。至於，亡命山澤之徒，不聽從朝廷追喚者，視同背叛本朝，以「謀叛」論處，處以絞刑；抗拒將吏追捕者，以「已上道」論處，一律問斬。

246　《唐律疏議》卷17〈賊盜律〉，頁326。

第八章
結論

一　研究成果之說明

　　學者對《唐律疏議》的研究，大多傾力於律條本身的分析與討論，對於律條與經學之間千絲萬縷的連繫缺乏全面的釐析，致使《唐律疏議》中經學與律學絕合的軌跡未能得進一步完整的考察與探討。因此，筆者以經學為研究視角審視《唐律疏議》，經由「終極依據——天」、「婚姻規範」、「親屬關係」、「君臣分際」等面相的勾稽，將《唐律疏議》置於當時的歷史脈絡中，抉發其深層結構與思想底蘊，論證《唐律疏議》與儒家經典密不可分的關係。《唐律疏議》「援經入律」相關問題的解答與建構，是經學發展的研究範疇，同時也是律學形成的重要向度。

　　《唐律疏議》統合魏晉南北朝「引經制律」與東漢「引經注律」的歷史經驗，先「引經制律」，再「引經注律」，由於「經」與「律」高度的一致性，「引律決獄」實際上就是「引經決獄」，自漢以來絕合「經」與「律」的努力，終於在唐代達到歷史的新高度，在《唐律疏議》中可以清晰地看到經學與律學兩大視域的融合。《唐律疏議》以儒家經義作為法學原理，儒家經典成為立法根源，一如劉勰《文心雕龍・宗經篇》曰：「經也者，恆久之至道，不刊之鴻教也。」[1]儒家經典中所載的義理思想成為論罪科刑的準繩，犯罪事實的成立與否以綱

1　《文心雕龍》卷1〈宗經〉，頁33。

常倫理作為判準。經學的核心思想「尊尊」與「親親」則傾注於《唐律疏議》之中,成為《唐律疏議》的兩大支柱,同一犯罪事實行為,因兩造身分的「尊卑貴賤」和「親疏遠近」而有輕重等差之別。唐代官員對國家律典進行法律詮釋活動時,大量的援引儒家經典解釋法律用語、說明罪刑的源流、釐清律條的疑議,可見他們對法律的理解乃是根植於儒家經義的理論基礎之上,儒家經學中的義理思想可說是他們的「前見」,而這些解釋具有法定效力,儒家經句成為國家律典組成的成分,而「引經據典」的作法確實也使得律典中的規範成為「天經地義」。

對於《唐律疏議》而言,儒家經典最重要的功能在於提供形而上的根據。《唐律疏議》指出三才肇位,萬物斯分,萬物之中以人類盡得天地靈秀之氣,是為萬物之靈,當與天地運行之道相契相應:天尊地卑,而夫為天,妻為地,故夫尊妻卑;父為天,子為地,故父尊子卑;君為天,臣為地,故君尊臣卑,人間的綱常倫理就此形成。刑律一旦有了形而上的基礎,其所規範的內容就成為神聖不可侵犯的天理。律典中各條律文皆有其「特殊性」與「具體性」,透過部分可以衡諸整體,建立整部法典的「普遍性」與「抽象性」,此即是「道」,「道」落實在人事即是「仁」與「義」,「仁」[2]與「義」[3]是唐代官員立法、釋法、用法的中心思想,並以無訟無刑為終極的法治境界。[4]

---

2 《唐律疏議》卷4〈名例律〉「老小及疾有犯」條(總30條),依《周禮》與《禮記》矜恤老小及有疾之人,如:「諸年七十以上、十五以下及廢疾,犯流罪以下,收贖。」「八十以上、十歲以下及篤疾,犯反、逆、殺人應死者,上請。盜及傷人者,亦收贖。」「九十以上、七歲以下,雖有死罪,不加刑。」頁80-83。

3 《唐律疏議》卷1〈名例律〉:「《易》曰:『理材正辭,禁人為非曰義。』故銓量輕重,依義制律。」頁1、2。

4 《唐律疏議》卷1〈名例律〉「死刑」條(總5條):「古先哲王,則天垂法,輔政助化,禁暴防姦,本欲生之,義期止殺。」頁5。此與《尚書注疏》卷4〈虞書・大禹謨〉「刑期于無刑」的思想一致,頁54。

　　再者，儒家經典具有協助《唐律疏議》進行文義解釋與歷史解釋的功能。「文義解釋」是指針對律條中的文字意義進行說明，是法律解釋方式中最基本的一種。如「太皇太后」、「皇太后」的「太」源自於《周易》「太極」的「太」，故「太」字的意義即「尊大」；又如「使節」源自於《周禮》「掌節之司」，大使擁節而行，故唐代稱大使為「使節」；再如解釋「璽」字時，援引《左傳》「公還，及方城。季武子取卞，使公冶問，璽書追而與之。」說明「璽」即「天子之印」。「歷史解釋」是追溯律條的根據或者說明律條的源流，目的有二：一是彰顯當政者對於儒家「仁政」的實踐；一是宣示律條「其來有自」，具有正當性。如「老」、「小」及「疾」犯罪皆有矜恤，此規定根據《周禮》「三赦」等文獻而有之；援引《周禮》說明「徒刑」源自於周代；援引《尚書》說明「流刑」源自於唐虞。

　　此外，儒家經典尚有協助律文具體化及提供注疏方式的功能。一般而言，律典中有許多含有不確定的律法規範，實由於立法者無法掌握社會無窮的犯罪態樣而採取的立法技巧。如「謀叛」即是一個不確定的法律概念，《唐律疏議》援引《春秋》「莒牟夷以牟婁來奔」、《論語》「公山弗擾以費叛」二例，使律文具體化。又如「犯諱」也是一個不確定的法律概念，《唐律疏議》援引《論語》與《禮記》，以孔子之語作為「複名而單犯」不構成犯罪的具體例證。自漢代設置五經博士以來，經過長時間的發展，形成龐大的注疏系統，《唐律疏議》云：「昔者，聖人制作謂之為經，傳師所說則謂之為傳，此則丘明、子夏於《春秋》、《經禮》作傳是也。近代以來，兼經、注而明之則謂之義疏。」[5]儒家經典注疏系統的發展以聖人制作「經」作為開端，後人作「傳」或「注」解說「經」，再有以「義疏」釋明「經」與

5　《唐律疏議》卷1〈名例律〉，頁2。

「注」者;《唐律疏議》遂制定「律」,以「注」解說「律」,再以「疏」釋明「律」與「注」。

本研究主要是以經學史的角度切入《唐律疏議》,確實地呈現《唐律疏議》引述儒家經典的歷史圖像,分析儒家經典滲透進入《唐律疏議》的實際情況,了解《唐律疏議》對儒家經典的接受或運用的狀況,以及儒家經典滲透進入國家律典的傳播流衍情形,以觀察傳統儒家經典在國家律典內發展的狀況。儒家經典滲透進入傳統法律後,導引出一種儒家經典與傳統法律混合的律典,此類律典是儒者經世致用理想的實踐,也是中華法系重要的表徵。研究成果對中國經學史、中國法學史與東亞法文化的研究者,或有提供正面助益與新視角的功能。

二　當代意義之呈顯

在中國歷史的長河中,歷朝歷代都試著「理解」與「運用」儒家經典,這一方面對儒家經典有所繼承,一方面又對儒家經典有所調整,使得儒家經義永遠能適合新時代的需求,成為中國政治史上的一股穩定的力量,由於經學與律學對於社會秩序的要求具有高度的一致性,兩者遂產生了千絲萬縷的密切關係,經學在《唐律疏議》中與律學視域產生「視域的融合」,兩者展開精采的對話、激盪出璀璨的火花,從而成為中華法系的特色,奠定了中華法系的理論基礎。

《唐律疏議》對後世的影響極為深遠,幾乎歷朝歷代皆以其為楷模,立法、釋法、用法亦皆根植於經學思想之上。唐朝傾覆後,進入五代十國的分裂局面,趙匡胤統一全國,建立宋王朝,踐祚之初修訂律典,承襲《唐律疏議》的篇名以及律文,僅在文字上稍加更加動。元朝漢化不深,不沿用唐之律、令、格、式,也不援用宋之刑統、

救、令、格、式，而稱「通制」、「條格」，法典中多為蒙古特有的習慣法，但也保留了「五刑」、「五服」、「十惡」、「八議」等規範。明太祖所頒《大明律》，法體漢唐，參以宋典，雖有所變革和創新，實質內容和指導精神仍本於《唐律疏議》。清朝入關後，詳譯《大明律》，參以國制，增損裁量，頒布《大清律例》。

當代法律是「繼受法」，「法的繼受」又稱「法的移植」，乃指一個國家基於外來勢力、內在社會結構的變異、外國法品質或內部意識的覺醒等因素，全盤或部分採用其他國家法律制度的一種法律現象。[6]清末受到列強逼迫，不得不革新法制，光緒二十六（1900），清廷飭內外臣工條陳變時曰：「世有萬古不易之常經，無一成不變之治法。窮變通久，見於大《易》；損益可知，著於《論語》。蓋不易者，三綱五常，如日星之照世；而可變者，令甲令乙，不妨如琴瑟之改弦。」[7]此中清朝對於「三綱五常」的重視與堅持清晰可見，唯以「三綱五常」為中心的法典，過於強調禮教，缺乏「人格尊嚴」與「人權保障」的觀念，異於與西方法理，不符合世界法制發展的潮流，最終遭到廢棄的命運，中華法系也因此斷裂崩解。

美國法學家龐德（Roscoe Pound, 1870-1946），他因創立美國社會學法學流派而蜚聲中外，成為西方法學界的權威人物之一。龐德並不贊成任何一個國家在立法時盲目地模仿他國現成的法律制度，簡單地說，中國所需要的法典應該是能適應中國人民實際生活需要的法典，他說：「無疑，不能指望法律造就一個偉大的民族。更有可能的情形，是民族塑造了法律而非法律塑了民族……畢竟存在著不同的地理、種族、經濟和歷史條件以及不同的語言、性格、民族傳統的需

6　黃師源盛：《中國法史導論》，頁334。

7　朱壽彭：《光緒朝東華錄》「光緒二十六年」，收入《續修四庫全書·史部·編年類》（上海：上海古籍出版社，1997年），頁383。

求,而且可能在未來很長的時間裡,都不僅擁有他們自己的規則和制度,而且擁有他們的法律。」[8]由於地理、種族、經濟、語言、性格、歷史條件種種的不同,只有將法律根植於民族傳統的需要之中,才能制定一部合適、穩定、長久的法典[9]。

中華法系並非完美無缺,但也絕非一無可取,當法律的實質內容從家族、倫理、義務本位走向個人、自由、權利本位時,新的問題也逐漸浮現,黃師源盛指出:「蓋近世以來,世界法學思潮對於權利主義及個人本位的過度膨脹,又不得不再回頭省思法律與倫理道德究該如何結合及調適的問題。」[10]鑑往而知來,溫故以求新,中國傳統法律史的研究,不是為了標榜過去,而是為了使現在有所借鑑,更是為了使將來有所取法。[11]

三　本書可能之貢獻

人們對法律的思考必立足於對於生命意義的闡釋,生命意義不同,其法律價值的取向也會迥然不同,而古人對生命意義的闡釋正是以儒家經典為主要的根據。儒家經典經過歲月的淘洗,起落興衰,但始終為中國政治思想的主流,深刻地影響著百姓的實際生活。筆者以《唐律疏議》為研究對象,探討經學對律學的影響,期待可以做到下幾點貢獻:

8　龐德:〈以中國法為基礎的比較法和歷史〉,收入《西法東漸──外國人與中國法的近代變革》(北京:中國政法大學,2011年),頁79、81。

9　請參見汪漢卿、劉軍:〈龐德論中國的法制改革和法律教育〉,收入倪正茂主編《法史思辨──二〇〇二年中國法史年會論文集》(北京:法律出版社,2004年),頁364。

10　黃師源盛:《中國法史導論》,頁260。

11　陳顧遠:《中國法制史概要》(臺北:三民書局,1977年):「鑑往而知來,溫故以求新,法律史學之研究,非為過去標榜,實為現在借鑑,並為將來取法。」頁3、4。

（一）研究向度的新開拓：現代經學研究的進路——社會史的研究進路

　　自先秦以來，經學與律學不斷地發展，匯聚成中國學術的兩大血脈，並在歷史的長河中不停地相互激盪，經學與律學兩大視域出現融合的景況。葉國良在政大演講時指出當前經學史著作的缺點有四：「有如點鬼簿」、「有如目錄」、「缺乏經學對現實政治面及對社會下層影響的描述」、「缺乏經學對其他學術之影響的描述」，並提出現代經學研究的三個進路：「改良型的傳統研究進路」、「三重證據法的研究進路」、「社會史的研究進路」。[12]筆者即是採取社會史的研究進路，探求經學與《唐律疏議》的關聯，說明儒家經典對現實政治面及社會各階層深刻而具體的影響。

（二）《唐律疏議》的再認識：不同學科的學者共同建構《唐律疏議》的完整面貌

　　法律史學本身是一門交叉學科，與經學、科學、政治、經濟、社會等都有著錯綜複雜的關係，所以研究法律史學應當與相關學科保持密切的學術聯繫。當不同領域的學者從不同的角度切入《唐律疏議》，也就提供了不同的觀察視角，透過不同學科的學者的共同努力，可逐步勾勒《唐律疏議》在歷史縱深脈絡中的全幅圖景。目前，《唐律律議》的研究多半由法學界與史學界兩大領域的學者長期間的努力所積累而來。《唐律疏議》與經學有著密不可分的關係，如中文領域能以經學為研究視角切入《唐律疏議》，將有助於呈現《唐律疏議》全面而立體的面貌。

---

12 葉國良教授於2008年12月30日應董金裕教授之邀，在國立政治大學中文系所開設「經學史」課堂上演講。

（三）體現法律史研究「文化解釋」的使命：以經學的角度切入法律史

筆者透過宏觀的視野，審視唐代律學對前代律學的承繼與發展。接著，再透過微觀的視野，對《唐律疏議》的原始文獻進行內部義理的分析，並以抽絲剝繭的方式將其中經學思想撿別出來，並分別按單元主題的論述，體系化地架構出唐代經學與律學交融的情形。范忠信說：「法律史研究的目的主要就是對一個國家或民族的法律進行文化解釋，或者說，法律的文化解釋就是真正意義上的、更有價值的、更高檔次的（因而是傳統的法律史學家所難以做到的）法律史研究。」[13]筆者以經學作為研究視角切入《唐律疏議》，所要努力的方向正是體現法律史研究「文化解釋」的使命。

（四）開拓研究東亞法史學的新視角：深入探究東亞法文化與經學的關係

《唐律疏議》汲取歷代法制的經驗，使得中國的律學成就達到一個新的高度。岡野誠教授在〈日本之中國法史研究現況〉一文中指出：「今天我們學習中國法史學的目的與8、9世紀的官員們不同，我們的目的是，第一要探究日本法史之淵源，第二要透過對中國法史之理解來了解今日中國、香港、臺灣的法文化（現行法、前近代法、習慣、法意識），第三則要認識東亞（中國、朝鮮、日本、越南等）各國各地區的法文化源流是中國法，而理解東亞法文化的特質。」[14]由此可知，研究中國法史學有助於了解日本法史的淵源，也可理解中

---

13 范忠信：〈法律史研究的「文化解釋」使命──兼論傳統法律史研究的侷限性〉，收入《批判與重建──中國法律史研究反撥》（北京：法律出版社，2002年），頁292。

14 岡野誠：〈日本之中國法史研究現況〉，《法制史研究》創刊號（2002年12月），頁304。

國、香港、臺灣三地的法文化，同時還可以理解東亞法文化的特質，未來可深入探討東亞法文化與經學之間的關係。

（五）提供現行法律的借鑒：透過認識過去，來了解現在，進而策劃未來

自清末以來，中國法律進入了繼受法時期，然而這個嶄新的法律體系仍有所不足，松田惠美子指出：「認識中國傳統法制的目標乃在了解這個法律體制的運作，並找出法律體制對於人們的生活的意義，而透過對於傳統中國法律以及其運作情形的認識，或許可以使得我們擺脫現代法律觀念的新看法。」[15]王泰升也說：「法律史學所關心的是過去曾發生的法律現象，法律史學之所對已成為過去的法律現象加以研究，主要是想透過認識過去，來了解現在，進而策劃未來。亦即經由對過去的法律之形成原因和實際運作情形為充分的認識後，了解其是否透過文化的傳遞而影響及現今的法律社會，並藉以設計相映的策略來維持或變易傳統觀念，達到改善現行法律的目的。」[16]中國傳統法律是先民法律智慧的結晶，透過中國傳統法律的研究，可以提供現代法律立法、釋法、用法的借鑑。

四　未來研究之展望

事實上，要透過「經學」的視角審視中國傳統法律，就共時性而言，應當對當時所有所的法律文獻進行全面而深入的分析研究，橫向地定位出此時期「引經入律」的歷史圖像；就歷時性而言，應當對各

---

15 松田惠美子：〈日本的法制史研究之課題〉，《法制史研究》創刊號（2000年12月），頁309。

16 王泰升：《台灣法律史的建立》（臺北：王泰升發行，1997年），頁6。

個朝代的律學進行全面而深入的分析研究，縱向地定位出各時期「引經入律」的姿態樣貌，並將各個時代的情況相互比況。此外，還應考察法「應然面」和「實然面」是否一致。

　　《新唐書・刑法志》曰：「唐之刑書有四，曰：律、令、格、式。令者，尊卑貴賤之等數，國家之制度也；格者，百官有司之所常行之事也；式者，其所常守之法也。凡邦國之政，必從事於此三者。其有所違及人之為惡而入于罪戾者，一斷以律。」[17]《唐六典》曰：「凡律以正刑定罪，令以設範立制，格以禁違正邪，式以軌物程事。」[18]可見唐代的刑書有「律」、「令」、「格」、「式」四種。目前，僅有「律」完整地保留下來，「令」、「格」、「式」皆已亡佚。關於「令」的部分，日本著名的法學家仁井田陞以日本《養老令》為基礎，完成了《唐令拾遺》一書，計有七百一十五條，其弟子池田溫等人增補《唐令拾遺》，出版了《唐令拾遺補》，增補一百四十三條。關於「格」的部分，則散見於《唐大詔令集》、《唐會要》、《唐六典》、《通典》、《冊府元龜》、《白氏六帖事類集》等書中，另在巴黎國立圖書館、大英圖書館有編號P3078、S4673的《唐神龍散頒刑部格》殘卷，《宋刑統》也收錄了不少開元二年（西元714年）以後的「令」、「格」、「式」的條文。[19]如要全面性地建構唐代法律與經學融攝的歷史圖像，除了「律」之外，可再對「令」、「格」、「式」加以探討。

　　中國法律學發展至唐代，其與儒家經學的融攝，出現了前所未有

17　《新唐書》，頁1407。

18　《唐六典》卷6「刑部郎中員外郎」，頁185。

19　關此，可參見鄭顯文：《唐代律令制研究》第一章〈律令格式的法律體系〉（北京：北京大學出版社，2005年），頁1-51；王立民：《唐律新探》第四章〈唐律與令格式〉（北京：北京大學出版社，2007年），頁45-58；錢大群：〈論唐代法律體系與唐律的性質〉，收入錢大群：《唐律與唐代法律體系研究》（南京：南京大學出版社，1996年），頁98-127。

的熱烈景況，這個現象並不是偶然形成的，而是經過長時間醞釀才有
的成果。因此，我們可以從唐代向上追溯至漢代，甚至是先秦時代，
仔細地考察各朝代法律與經學的關係。可惜的是，唐以前的法典亡
佚失傳，僅能透過歷代史書、類書、學者所輯佚的文獻[20]以及出土文
獻[21]，考究法律與經學的關係。此外，我們可以將觸角自唐代向下延
伸，觀察其對宋、元、明、清的影響。唐之後的宋明時期，為了對抗
佛老思想的盛行，儒者傾盡心力鑽研儒家經典，建構出龐雜縝密的
理學體系，隨著理學體系波瀾壯闊地發展，研讀儒家經典也蔚然成
風，《宋統刑》、《大明律》是否受到時代思潮的影響，使得法典與經
學的關係更加密切？宋明之間的元朝，由蒙古人建立，蒙古人歧視異
族，《大元通制》與經學的關係是否因此而疏離斷裂？清朝，由滿人
所建立，滿人積極學習漢文化，有清一代的學術思想以於經學為中
心，著重於名物、訓詁、考據等學問，《大清律例》與經學的關係又
如何？如果，能深入探討各個時期的法律與經學的關係，將有助於全
面性地勾勒法律與經學交融互攝的演變軌跡。

---

20 沈家本：《歷代刑法考》（北京：中華書局，1995年），收有《漢律摭遺》22卷，對
　材料的微稽力求窮盡，並援引漢人之說解釋漢律。程樹德：《九朝律考》（臺北：臺
　灣商務印書館，2011年）從現存史籍中搜列零散的法律、科令、格式、刑名以及相
　關資料，逐一綜合考訂，依朝代順序分類輯錄，包括：漢律考、魏律考、晉律考、
　南北朝（梁、陳、後魏、北齊、後周）律考和隋律考等。除此之外，尚有薛允升：
　《漢律輯存》、張鵬一：《漢律類纂》、杜貴墀：《漢律輯證》等，皆收入島田正郎主
　編：《中國法制史料》（臺北：鼎文書局，1982年）。

21 張伯元《出土法律文獻研究》（北京：商務印書館，2005年）指出：「最近30年的簡
　牘發現，數量驚人，舉世矚目。舉以近期出土的秦漢法制簡牘之大者言，就有1973
　年繼三十年代發現居延漢簡之後又出土竹木簡2萬多枚，即《居延新簡》，1979年1
　月四川青川縣郝家坪出土的奏更修為田律木牘，1981年甘肅武威磨嘴子出土的西漢
　晚期的《王杖詔書令》，1983年12月湖北江陵張家山247號墓出土西漢早期的《奏讞
　書》、《二年律令》，1987年湖北荊門包山2號墓出土戰國包山楚簡文書，1989年冬湖
　北雲夢龍崗6號墓出土《秦律》，1993年湖北長沙走馬樓倉井出土吳文書，2002年4
　月湖南龍山里耶古城址一號井發現大批官文書等等。」頁14。

　　法律既包括靜態的意義上的法律，即律典所載的法律；同時也包括動態意義上的法律，即日常生活的法律。法律史是「靜態法律」與「動態法律」有機統一的歷史。[22]筆者的研究側重於「靜態法律」，這樣的研究顯然仍有不足之處，研究的觸角應該還要涉及「動態法律」，才能真實的呈現唐代法律的歷史圖像。事實上，法律的「應然面」與「實然面」常會出現落差，在歷史上甚至會出現有些律文的規定形同具文的情況，對於人民的日常生活根本不生效力[23]，所以瞿同祖說：「講到法律的實效問題，我們應當感謝人類學家研究殖民地司法問題以後在這方面的貢獻。在以前這原是一與法律學無關的問題。在中國，無論研究法律史或現行法的人，從不曾想到這嚴重的問題，只一味注重法典條文，絕未想到這條文是否有實效，推行的程度如何，與人民的生活有什麼影響：只能說是條文的，形式的，表面的研究，而不是活動的，功能的研究。」[24]法律的實效問題是研究法律相關議題時要特別留意的地方。[25]因此，究竟《唐律疏議》這部帶有濃厚經學色彩的律典在人民日常生活中實際施行的效果如何？此一問題的解答與開展，值得進一步考察。

---

22 韓慧〈中國法律史的體系建構〉：「從法律的內容上講，法律既包括靜態的，也包括動態意義上的法，法律史是靜態的法（紙上的法）與動態的法（生活中的法）有機統一的歷史。」收於倪正茂主編：《法史思辨──二○○二年中國法史年會論文集》（北京：法律出版社，2004年），頁47。

23 張建一〈《唐律》具文考述〉：「如果，我們著眼於唐代法律的實際狀況，不僅僅從《唐律》條文，而是結合條文的具體實施情況來觀察《唐律》，便不難發現條文與具體實施之間存在著一定的差異，在唐代法制的演進過程中，《唐律》中一些制度、原則和具體規定，有不少已經隨著時間的推移而逐漸發生了變化，有不少條文成了徒具形式的具文。」收入郭建主編：《中國法律史研究》（上海：學林出版社，2003年），頁1。

24 瞿同祖：《中國法制與中國社會‧導論》（臺北：里仁書局，2004年），頁1。

25 李昉等：《文苑英華》（臺北：中研院史語所，2008年）分三十八類，「判」為其中一類，收錄於卷503至卷552之中，共計有唐判1046道，可作為主要的研究文獻。

《唐律疏議》援引儒家經典一覽表[*]

　　《唐律疏議》援引儒家經典的方式，大致可分為「具名引述」、「間接引述」與「化入文本」三種類型：「具名引述」指明確標明經書文句出處；「間接引述」指未標明出處，但文字與經典文本相同或相近者；「化入文本」指以化用的方式將經書文本融入文句中，須再經分析方能見出其經書文本來源者。[1]以下分就《易經》、《尚書》、《詩經》、《左傳》、《公羊傳》、《穀梁傳》、《周禮》、《儀禮》、《禮記》、《論語》、《孝經》、《爾雅》、《孟子》等十三部儒家經典，具體呈現《唐律疏議》「援經入律」的實況，並說明其援引各部儒家經典的功能。

（一）援引《周易》實況及其功能

《唐律疏議》援引《周易》一覽表

序號	援引方式	《唐律疏議》文本	出處
第1例	具名引述	天垂象，聖人則之[2]（〈名例律〉）	〈繫辭上〉
第2例		理材正辭，禁人為非曰義[3]（〈名例律〉）	〈繫辭上〉

---

[*] 本文曾發表於〈《唐律疏議》「援經入律」之實況及其功能〉，《法制史研究》第33期（THCI核心期刊），2018年6月，渥蒙楊晉龍教授及期刊匿名審查先生悉心指正，謹致謝忱。

[1] 參考自楊晉龍〈穆斯林學者王岱輿著作引述及應用經書探論〉，《中國文哲研究集刊》第43期（2013年9月），頁173-216。

[2] 《唐律疏議》卷1〈名例律〉，頁1。

[3] 《唐律疏議》卷1〈名例律〉，頁1、2。

序號	援引方式	《唐律疏議》文本	出處
第3例		太極[4]（〈名例律〉）	〈繫辭上〉
第4例		玄象著明，莫大於日月。故天垂象，聖人則之[5]（〈職制律〉）	〈繫辭上〉
第5例		仰則觀於天文[6]（〈職制律〉）	〈繫辭下〉
第6例	間接引述	河出圖，洛出書，聖人則之[7]（〈職制律〉）	〈繫辭上〉
第7例		夫三才肇位，萬象斯分[8]（〈名例律〉）	〈說卦〉、〈繫辭下〉
第8例		王者居宸極之至尊，奉上天之寶命，同二儀之覆載，作兆庶之父母，為子為臣，惟忠惟孝[9]（〈名例律〉）	〈繫辭上〉
第9例	化入文本	觀雷電而制威刑，覩秋霜而有肅殺[10]（〈名例律〉）	〈噬嗑卦〉
第10例		懲其未犯而防其未然，平其徽纆而存乎博愛，蓋聖王不獲已而用之。[11]（〈名例律〉）	〈習坎卦〉
第11例		妻者，傳家事，承祭祀，既具六禮，取則二儀[12]（〈戶婚律〉）	〈繫辭上〉
第12例		人君者，與天地合德，與日月齊明，上祗寶命，下臨率土[13]（〈賊盜律〉）	〈文言〉

4　《唐律疏議》卷1〈名例律〉「八議」條（總7條），頁17。

5　《唐律疏議》卷9〈職制律〉「私有玄象器物」條（總110條），頁196。

6　《唐律疏議》卷9〈職制律〉「私有玄象器物」條（總110條），頁196。

7　《唐律疏議》卷9〈職制律〉「私有玄象器物」條（總110條），頁196。

8　《唐律疏議》卷1〈名例律〉，頁1。

9　《唐律疏議》卷1〈名例律〉「十惡」條（總6條），頁6、7。

10　《唐律疏議》卷1〈名例律〉，頁1。

11　《唐律疏議》卷1〈名例律〉，頁1。

12　《唐律疏議》卷13〈戶婚律〉「以妻為妾」條（總178條），頁256。

13　《唐律疏議》卷17〈賊盜律〉「謀反大逆」條（總248條），頁321。

序號	援引方式	《唐律疏議》文本	出處
第13例		尊卑貴賤，等數不同，刑名輕重，粲然有別[14]（〈賊盜律〉）	〈繫辭上〉

　　《唐律疏議》援引《周易》的篇章多半集中於〈名例律〉，共計七例，另有〈職制律〉三例、〈賊盜律〉二例、〈戶婚律〉一例。《周易》具有決定《唐律疏議》整體架構的功能，由「天道」的陰與陽，確立「人道」的尊與卑，整定律法適用的輕與重。《唐律疏議》開宗明義指出「三才肇位，萬象斯分」（第7例），三才即天、地、人，「地道」與「人道」皆以「天道」為依歸，「天道」是陰陽、五行流衍變化的終極根據，也是宇宙萬物生成存在的終極根據，「天道」是現象世界「所以然」的最終依歸，也是現象世界「所當然」的最終依歸。《唐律疏議》以第13例「尊卑貴賤，等數不同，刑名輕重，粲然有別」作為編纂律法的樞軸。第1例、第4例、第5例、第6例、第9例的功用在於向眾人宣示，人間的秩序乃是向天道效法而有；第2例說明人道應與天道相應，天有陰陽，人有仁義，律法禁人為非是「義」的體現；第3例援用《周易》「太極」之「太」解釋法律中的皇族稱謂、第8例以「二儀」比擬「王者」，第12例說明人君上承天命，能與天地交感合一，皆蘊藏著賦予君主形而上根據的用意，同時透顯君尊臣卑的法律關係；第10例，則寓有〈習坎卦〉上六：「繫用徽纆，寘于叢棘，三歲不得，凶。」[15]的深意；第11例，以「二儀」喻「夫妻」，二儀乃天地，天為陽，地為陰，夫在法律上的地位也因此較妻優越。

14　《唐律疏議》卷19〈賊盜律〉「發冢」條（總277條），頁355。

15　《周易注疏》卷3〈習坎〉，頁73。

（二）援引《尚書》實況及其功能

《唐律疏議》援引《尚書》一覽表

序號	援引方式	《唐律疏議》文本	出處
第1例	具名引述	扑作教刑[16]（〈名例律〉）	〈舜典〉
第2例		鞭作官刑[17]（〈名例律〉）	〈舜典〉
第3例		「流宥五刑。」謂不忍刑殺，宥之于遠也。又曰：「五流有宅，五宅三居。」[18]（〈名例律〉）	〈舜典〉
第4例		金作贖刑[19]（〈名例律〉）	〈舜典〉
第5例		虞賓在位，群后德讓[20]（〈名例律〉）	〈虞書〉
第6例		在璇璣玉衡，以齊七政[21]（〈職制律〉）	〈虞書〉
第7例	間接引述	以刑止刑，以殺止殺[22]（〈名例律〉）	〈大禹謨〉
第8例		咸有天秩，典司刑憲[23]（〈名例律〉）	〈皋陶謨〉
第9例		簡在帝心，勳書王府[24]（〈名例律〉）	〈湯誥〉
第10例	化入文本	稟氣含靈，人為稱首[25]（〈名例律〉）	〈泰誓〉
第11例		王者居宸極之至尊，奉上天之寶命，同二	〈洪範〉

---

16 《唐律疏議》卷1〈名例律〉「十惡」條（總6條），頁12。
17 《唐律疏議》卷1〈名例律〉「十惡」條（總6條），頁13。
18 《唐律疏議》卷1〈名例律〉「十惡」條（總6條），頁14。
19 《唐律疏議》卷1〈名例律〉「死刑」條（總5條），頁5、6。
20 《唐律疏議》卷1〈名例律〉「八議」條（總7條），頁18、19。
21 《唐律疏議》卷9〈職制律〉「私有玄象器物」條（總110條），頁196。
22 《唐律疏議》卷1〈名例律〉，頁1。
23 《唐律疏議》卷1〈名例律〉，頁1。
24 《唐律疏議》卷1〈名例律〉「八議」條（總7條），頁17。
25 《唐律疏議》卷1〈名例律〉，頁1。

序號	援引方式	《唐律疏議》文本	出處
		儀之覆載，作兆庶之父母，為子為臣，惟忠惟孝。[26]（〈名例律〉）	
第12例		內睦九族，外協萬邦[27]（〈名例律〉）	〈堯典〉
第13例		鹽梅帝道，師範人倫[28]（〈名例律〉）	〈商書〉

　　《唐律疏議》援引《尚書》的篇章集中於〈名例律〉，共計十二例，另有〈職制律〉一例。《尚書》對《唐律疏議》的主要意義在於提供各類規範形而上的根據與歷史淵源，可分五點加以觀察：

　　第一、指出宇宙萬物中，以人為貴，眾人之中，以君王為至尊，且君王之位不得擅居，必視天意而定，如：第10例說明人為萬物之靈；第11例說明王者如同眾人父母，眾人須對王者盡忠盡孝；第6例說明古代君王須以「璿璣玉衡」觀察「日」、「月」與「金」、「木」、「水」、「火」、「土」等五星的運行是否齊整，如五星齊整方能接受帝位。

　　第二、說明爵秩與刑罰乃是順應天道運行而有，如：第8例「天秩有禮，典司刑憲」出自於「天秩有禮，自我五禮」[29]與「天討有罪，五刑五用」[30]。

　　第三、說明刑罰制定的終極目的在於「以刑止刑、以殺止殺」，此即《尚書》中「刑期于無刑」的理境，如：第7例。

　　第四、指出《唐律疏議》中的刑罰皆其來有自，絕非憑空妄作而有，如：第1例說明「笞刑」的淵源即《尚書》中的「扑刑」；第2例說明「杖刑」的淵源即《尚書》中的「鞭刑」；第3例說明「流刑」源

26　《唐律疏議》卷1〈名例律〉「十惡」條（總6條），頁6、7。

27　《唐律疏議》卷1〈名例律〉「八議」條（總7條），頁17。

28　《唐律疏議》卷1〈名例律〉「八議」條（總7條），頁18。

29　《尚書注疏》卷4〈虞書・皋陶謨〉，頁60。

30　《尚書注疏》卷4〈虞書・皋陶謨〉，頁60。

自於《尚書》，且依《尚書》將流刑分為三等；第4例說明「贖刑」源
自於《尚書》，誤觸刑罰時，律法准許出金以贖罪。

第五、用以解釋「八議」的制度，如：第5例解釋「議賓」，說明
「賓」字出自於「虞賓」，以及禮遇前朝君王之後代的由來；第9例解
釋「八議」，說明「八議之人」的功過銘記於帝王之心，其特殊貢獻
皆載入官方書冊；第12例解釋「議親」，說明「議親」的制度是為了
實踐「親親之理」；第13例解釋「議能」，說明「能」的二個要件：一
是能協助帝王調和人事，一是樹立人倫綱常的價值。

（三）援引《詩經》實況及其功能

《唐律疏議》援引《詩經》一覽表

序號	援引方式	《唐律疏議》文本	出處
第1例	具名引述	有客有客，亦白其馬[31]（〈名例律〉）	〈周頌・有客〉
第2例		邂逅相遇[32]（〈斷獄律〉）	〈鄭風・野有蔓草〉
第3例	間接引述	父母之恩，昊天罔極[33]（〈名例律〉）	〈小雅・蓼莪〉
第4例		普天率土，莫匪王臣[34]（職制律）	〈小雅・北山〉
第5例		日月所照，莫匪王臣[35]（〈鬥訟律〉）	〈小雅・北山〉
第6例	化入文本	其妻既非尊長，又殊卑幼，在禮及詩，比為兄弟，即是妻同於幼[36]（職制律）	〈邶風・谷風〉

---

31 《唐律疏議》卷1〈名例律〉「八議」條（總7條），頁18。
32 《唐律疏議》卷29〈斷獄律〉「拷囚不得過三度」條（總477條），頁553。
33 《唐律疏議》卷1〈名例律〉「十惡」條（總6條），頁8。
34 《唐律疏議》卷10〈職制律〉「上書奏事犯諱」條（總115條），頁201。
35 《唐律疏議》卷24〈鬥訟律〉「子孫違犯教令」條（總348條），頁438。
36 《唐律疏議》卷10〈職制律〉「匿父母及夫等喪」條（總120條），頁205。

序號	援引方式	《唐律疏議》文本	出處
第7例		為婚之法，必有行媒[37]（〈戶婚律〉）	〈齊風・南山〉
第8例		伉儷之道，義期同穴，一與之齊，終身不改[38]（〈戶婚律〉）	〈王風・大車〉
第9例		兄姊至親，更相急難，鶺鴒垂泣，義切匪他[39]（〈鬥訟律〉）	〈小雅・常棣〉

　　《唐律疏議》援引《詩經》的篇章，〈名例律〉二例、〈職制律〉二例、〈戶婚律〉二例、〈鬥訟律〉二例、〈斷獄律〉一例，最主要的功能在於證成各篇章「夫妻」、「父母」、「手足」與「君臣」等倫理綱常規範的重要性，以及解釋法制的淵源與律法的用語。

　　第一、與「夫妻」相關者：第6例以《詩經》「宴爾新昏，如兄如弟」界定夫婦法律上的地位，認為夫如兄，是為長，妻如弟，是為幼；第8例引《詩經》證實婚姻至重，死生不變，終身不改。

　　第二、與「父母」相關者，如：第3例是引《詩經》之句，說明父母之恩如天，無窮無盡；第7例源於《詩經》「取妻如之何？匪媒不得。」旨在說明男女嫁娶，應由父母商請媒人傳達婚配之意。

　　第三、與「手足」相關者，第9例以《詩經》說明手足之間情深義切，同時解釋殺害兄姊何以入「十惡」。

　　第四、與「君臣」相關者，《唐律疏議》提及君臣關係時最常引用〈小雅・北山〉篇中的「率土之濱，莫非王臣」，以宣示君王至高無上的地位，如：第4例、第5例。

　　第五、用以解釋律法規定的淵源，如：第1例引用〈周頌・有客〉說明法律上禮遇前朝君王後代的制度。

37　《唐律疏議》卷13〈戶婚律〉「為婚妄冒」條（總176條），頁255。

38　《唐律疏議》卷14〈戶婚律〉「妻無七出而出之」條（總189條），頁267。

39　《唐律疏議》卷22〈鬥訟律〉「毆父姊等」條（總328條），頁413。

　　第六、用以解釋律法用語者，如：第2例援引《詩經》解釋「邂逅致死」的「邂逅」為「不期」之意，即不在預料之內。

（四）援引《周禮》實況及其功能

《唐律疏議》援引《周禮》一覽表

序號	援引方式	《唐律疏議》文本	出處
第1例		司刑掌五刑[40]（〈名例律〉）	〈秋官・司刑〉
第2例		其奴男子入于罪隸[41]（〈名例律〉）	〈秋官・司寇〉
第3例		任之以事，寘以圜土而收教之。上罪三年而捨，中罪二年而捨，下罪一年而捨[42]（〈名例律〉）	〈秋官・司寇〉
第4例	具名引述	正月之吉日，懸刑象之法於象魏，使人觀之[43]（〈名例律〉）	〈秋官・大司寇〉
第5例		左祖右社[44]（〈名例律〉）	〈冬官・考工記・匠人〉
第6例		食醫掌王之八珍[45]（〈名例律〉）	〈天官・腏宰・食醫〉
第7例		八辟麗邦法[46]（〈名例律〉）	〈秋官・小司寇〉

40　《唐律疏議》卷1〈名例律〉，頁2。
41　《唐律疏議》卷1〈名例律〉「徒刑」條（總3條），頁4。
42　《唐律疏議》卷1〈名例律〉「徒刑」條（總3條），頁4、5。
43　《唐律疏議》卷1〈名例律〉「十惡」條（總6條），頁7。
44　《唐律疏議》卷1〈名例律〉「十惡」條（總6條），頁7。
45　《唐律疏議》卷1〈名例律〉「十惡」條（總6條），頁11。
46　《唐律疏議》卷1〈名例律〉「八議」條（總7條），頁16。

序號	援引方式	《唐律疏議》文本	出處
第8例		年七十以上及未齓者，並不為奴[47]（〈名律例〉）	〈秋官・司寇〉
第9例		三赦之法：一曰幼弱，二曰老耄，三曰戇愚[48]（〈名律例〉）	〈秋官・司寇〉
第10例		五百人為旅，二千五百人為師[49]（〈禁衛律〉）	〈夏官・司馬〉
第11例		掌節[50]（〈禁衛律〉）	〈夏官・司馬〉
第12例		五家為鄰，五鄰為里[51]（〈捕亡律〉）	〈地官・司徒〉
第13例		銘功太常者[52]（〈名律例〉）	〈夏官・司馬〉
第14例	化入文本	大祀丘壇，謂祀天於圓丘，祭地於方丘[53]（〈雜律〉）	〈春官・大司樂〉

　　《唐律疏議》援引《周禮》的篇章多半見於〈名律例〉，共計十例，另有〈禁衛律〉二例、〈捕亡律〉一例、〈雜律〉一例，最顯著的功用在於說明律法的歷史淵源以及解釋法律用語。

　　第一、說明刑罰的由來，如：第1例以《周禮》揭櫫「五刑」由來已久，〈秋官〉記載「墨罪五百，劓罪五百，宮罪五百，刖罪五百，殺罪五百」說明唐代「五刑」乃是承繼《周禮》而有，改「墨、

47　《唐律疏議》卷4〈名例律〉「老小及疾有犯」條（總30條），頁81。

48　《唐律疏議》卷4〈名例律〉「老小及疾有犯」條（總30條），頁82。

49　《唐律疏議》卷8〈禁衛律〉「緣邊城戍不覺姦人出入」條（總89條），頁178。

50　《唐律疏議》卷8〈禁衛律〉「偽寫符節」條（總364條），頁454。

51　《唐律疏議》卷28〈捕亡律〉「鄰里被強盜不救助」條（總456條），頁531。

52　《唐律疏議》卷1〈名例律〉「八議」條（總7條），頁18。

53　《唐律疏議》卷27〈雜律〉「毀大祀兵壇」條（總436條），頁513。

劓、宮、刖、殺」為「笞、杖、徒、流、死」;第2例、第3例,說明「五刑」中的「徒刑」源自於《周禮》「奴」的制度,將犯罪男子收為罪隸,並任之以事,以收教化之功。

　　第二、說明「八議」的由來與要件,如:第6例援引《周禮》說明唐代司法制度所設的「八議」制度源自於周代「八辟」,凡符合「親、故、賢、能、功、貴、勤、賓」身分者在法律上皆享有特殊待遇;第13例則化用《周禮》文句,說明「八議」中之「功」必須是「銘功太常」者。

　　第三、唐代矜恤「老小戆愚」的制度,源自於《周禮》「三赦」的思想,如:第8例說明「七十以上,七九以下」、「十五以下,十一以上」與「廢疾」者,流罪以下收贖;第9例依《周禮》「三赦」的精神,規定十歲以下為「幼弱」,八十以上為「老耄」,篤疾為「戆愚」,此三類之人犯罪應死者皆可上請。

　　第四、援引《周禮》說明官員的職務與職稱,如:第6例說明「食醫」的職責在於掌管王之八診;第11例說明「使節」職稱源自於「掌節之司」,大使因擁節而行,故唐稱「使節」。

　　第五、說明祭祀之禮,如:第14例說明古人祀天於圓丘,祭地於方丘。

　　第六、解釋律法用語,如:第4例引用《周禮》解釋「觀」,古時正月吉時朝廷將刑罰圖像懸示於象魏,使人觀之,是以「象魏」又稱「觀」,即宮門外之雙闕;第10例以《周禮》對「師」與「旅」的定義為犯罪構成要件的說明,凡戍守邊境,境外寇賊入境,寇賊人數超過五百人以上,從重處斷;第12例說明五家為「鄰」、五鄰為「里」,鄰里有相互救助之義務。

（五）援引《儀禮》實況及其功能

《唐律疏議》援引《儀禮》一覽表

序號	援引方式	《唐律疏議》文本	出處
第1例		依《禮》，嫡子為父後及不為父後者，並不為出母之黨服，即為繼母之黨服，此兩黨俱是外祖父母[54]（〈名律例〉）	〈喪服・齊衰杖期〉
第2例		所從亡，則已[55]（〈名律例〉）	〈喪服・小功〉
第3例		夫者，婦之天[56]（〈名律例〉）	〈喪服・齊衰不杖期〉
第4例	具名引述	妻者，齊也[57]（〈名律例〉）	〈喪服・齊衰不杖期〉
第5例		大功尊屬，依《禮》，唯夫之祖父母及夫之伯叔父母[58]（〈名律例〉）	〈喪服・大功〉
第6例		依《禮》……，無嫡子，立嫡孫，即是嫡孫承祖[59]（〈名律例〉）	〈喪服・齊衰不杖期〉
第7例		妾之無子者，妾子之無母者，父命為母子，是名慈母[60]（〈名律例〉）	〈喪服・齊衰三年喪〉
第8例		繼父同居，服期[61]（〈名律例〉）	〈喪服・齊衰不杖期〉

---

54 《唐律疏議》卷1〈名例律〉「十惡」條（總6條），頁9。
55 《唐律疏議》卷1〈名例律〉「十惡」條（總6條），頁9。
56 《唐律疏議》卷1〈名例律〉「十惡」條（總6條），頁14。
57 《唐律疏議》卷1〈名例律〉「十惡」條（總6條），頁14。
58 《唐律疏議》卷1〈名例律〉「十惡」條（總6條），頁14。
59 《唐律疏議》卷6〈名例律〉「稱期親祖父母等」條（總52條），頁136。
60 《唐律疏議》卷6〈名例律〉「稱期親祖父母等」條（總52條），頁137。
61 《唐律疏議》卷6〈名例律〉「稱期親祖父母等」條（總52條），頁136。

序號	援引方式	《唐律疏議》文本	出處
第9例	間接引述	小功尊屬者，謂從祖父母、姑，從祖伯叔父母、姑，外祖父母，舅、姨之類[62]（〈名律例〉）	〈儀禮・小功〉
第10例		小功之親有三：祖之兄弟、父之從父兄弟、身之再從兄弟是也[63]（〈鬭訟律〉）	〈喪服・小功〉
第11例		緦麻之親有四：曾祖兄弟、祖從父兄弟、父再從兄弟、身之三從兄弟是也[64]（〈名律例〉）	〈喪服・小功緦麻〉
第12例		期親者，謂伯叔父母、姑、兄弟姊妹、妻、子及兄弟子之類[65]（〈名律例〉）	〈喪服・齊衰不杖期〉
第13例		期親尊長，謂祖父母，曾、高父母亦同，伯叔父母，姑，兄姊，夫之父母，妾為女君[66]（〈職制律〉）	〈喪服・齊衰不杖期〉
第14例		夫為婦天，尚無再醮[67]（〈戶婚律〉）	〈喪服〉、〈士虞禮〉
第15例		為子天，有隱無犯[68]（〈鬭訟律〉）	〈喪服〉
第16例	化入文本	謂喪制未終，而在二十七月之內，釋去衰裳而著吉服者[69]（〈名律例〉）	〈士虞禮〉
第17例		妻者，傳家事，承祭祀，既具六禮，取則二儀[70]（〈戶婚律〉）	〈士昏禮〉

62　《唐律疏議》卷6〈名例律〉「稱期親祖父母等」條（總52條），頁137。

63　《唐律疏議》卷23〈鬭訟律〉「毆妻前夫子」條（總333條），頁419。

64　《唐律疏議》卷1〈名例律〉「十惡」條（總6條），頁14、15。

65　《唐律疏議》卷1〈名例律〉「八議」條（總7條），頁17。

66　《唐律疏議》卷10〈職制律〉「匿父母及夫等喪」條（總120條），頁205。

67　《唐律疏議》卷13〈戶婚律〉「居父母夫喪嫁娶」條（總179條），頁257。

68　《唐律疏議》卷23〈鬭訟律〉「告祖父母父母」條（總345條），頁432。

69　《唐律疏議》卷1〈名例律〉「十惡」條（總6條），頁13。

70　《唐律疏議》卷13〈戶婚律〉「以妻為妾」條（總178條），頁256。

序號	援引方式	《唐律疏議》文本	出處
第18例		婦人從夫，無自專之道，雖見兄弟，送迎尚不踰閾[71]（〈戶婚律〉）	〈喪服〉
第19例		嫂叔不許通問，所以遠別嫌疑[72]（〈鬪訟律〉）	〈喪服・大功〉
備　註	另有一種特殊類型，僅標示經書名稱，未引述任經書文句，主要的功能在於指出兩造身分無《儀禮》可依據，但又顯與一般人不同，因而造成律法適用上的疑議，如：「女君於妾，依《禮》無服。其有誣告，得減罪以否？」[73]（〈鬪訟律〉）「子孫於父祖之妾，在《禮》全無服紀，父祖亡歿，改適他人，子孫姦者，理同凡姦之法。」[74]（〈雜律〉）		

　　《唐律疏議》援引《儀禮》的篇章多半見於〈名律例〉，共計十二例，另有〈戶婚律〉三例、〈鬪訟律〉三例、〈職制律〉一例、〈雜律〉一例。《唐律疏議》援引《儀禮》的內容多半見於〈喪服〉，〈喪服〉依據輩分的尊卑長幼、血緣的親疏遠近、感情的深淺厚薄詳細地記載著各式服制。《唐律疏議》援引《儀禮》主要的目的在於界定律法規範的「親屬」及其說明相關的問題：

　　第一、說明「親屬」的意義與範圍，如：第7例說明構成「慈母」必須符合三個要件：一是無子之妾、二是無母之妾子、三是父命為母子；第12例、第13例說明「期親」的範圍包括；第5例說明「大功尊屬」的範圍；第9例、第10例說明「小功之親」的範圍；第11例說明「緦麻之親」的範圍。

　　第二、說明「親屬」的相關疑議，如：第1例說明出嫡子親母被

71　《唐律疏議》卷14〈戶婚律〉「義絕離之」條（總190條），頁268。

72　《唐律疏議》卷22〈鬪訟律〉「八議」條（總7條），頁17。

73　《唐律疏議》卷24〈鬪訟律〉「告緦麻以上卑幼」條（總347條），頁437。

74　《唐律疏議》卷26〈雜律〉「姦父祖妾等」條（總413條），頁495。

出，父親另娶，則為繼母之黨服喪，雖不為出母之黨服喪，出母與繼母兩黨皆是律法上的「外祖父母」；第2例，說明嫡母亡故，則對其黨無服，兩者關係斷絕；第3例、第4例，說明夫妻關係，夫為婦之天，妻與夫齊體。第8例說明「同居繼父」中「同居」的要件，必須妻少子幼，子無大功之親，與之適人，所適者亦無大功之親，而所適者以其資財，為之築家廟於家門之外，歲時使之祀。

第三、說明法律條文的淵源，如：第6例以《儀禮》說明「嫡孫承祖」的制度；第16例以《儀禮》說明父母喪期為「二十七月」，此時期內不得著吉服[75]；第17例以《儀禮》說明妻之重要性，婢不堪承嫡之重，不許為妻；第18例以《儀禮》說明婦人無自專之道，不得背夫擅行；第14例以《儀禮》說明居夫喪，妻不得出嫁；第15例，以《儀禮》說明子女不得告父母的原因。

第四、經書未有相關記載的部分，仍有其功能，正由於無經書可以依據，刑官必須思考如何處理此類的犯罪，如：叔嫂無服、女君於妾無服、子孫於父祖之妾無服等。

《唐律疏議》最大的特色即「以服紀立刑章」，同一犯罪事實行為，兩造親疏遠近不同，刑罰有輕重等差之別，或加其刑，或減其刑，處理親屬相犯案件時，必得必釐定雙方相對之名分，才得以準確地適用律條、論罪科刑，服紀不正，則刑罰不中，形成「犯罪事實判斷」與「倫理價值判斷」重疊的現象。

---

75 《儀禮注疏》卷43〈士虞禮〉曰：「期而小祥，曰：『薦此常事』。又期而大祥，曰：『薦此祥事』。中月而禫。是月也，吉祭，猶未配。」鄭玄注曰：「中，猶閒也。禫，祭名也。與大祥閒一月，自喪至此，凡二十七月。禫之言澹，澹然平安意也。」父母喪期滿一週年時舉行「小祥」之祭，此祭後男子除去首絰，女子除去腰絰，可以食用蔬果；如此再過一年舉行「大祥」之祭，此祭後戴縞冠穿麻衣，可以食用醋醬。「大祥」之祭隔一個月後舉行「禫」之祭，至此喪期已滿二十七個月，服飾如常，無所不佩，也可以飲用醴酒了，頁513。

（六）援引《禮記》實況及其功能

《唐律疏議》援引《禮記》一覽表

序號	援引方式	《唐律疏議》文本	出處
第1例		刑者，侀也，成也。一成而不可變，故君子盡心焉[76]（〈名律例〉）	〈王制〉
第2例		公族有死罪，罄之于甸人[77]（〈名律例〉）	〈祭法〉
第3例	具名引述	依《禮》，嫡子為父後及不為父後者，並不為出母之黨服，即為繼母之黨服，此兩黨俱是外祖父母；若親母死於室，為親母之黨服，不為繼母之黨服，此繼母之黨無服，即同凡人[78]（〈名律例〉）	〈服問〉
第4例		所從亡，則已[79]（〈名律例〉）	〈喪服小記〉
第5例		依《禮》，有三月廟見，有未廟見，或就婚等三種之夫，並同夫法[80]（〈名律例〉）	〈曾子問〉
第6例		禮者，君之柄，所以別嫌明微，考制度，別仁義[81]（〈名律例〉）	〈禮運〉
第7例		孝子之養親也，樂其心，不違其志，以其飲食而忠養之[82]（〈名律例〉）	〈內則〉

---

76 《唐律疏議》卷1〈名例律〉「笞刑」條（總1條），頁4。

77 《唐律疏議》卷1〈名例律〉「死刑」條（總5條），頁5。

78 《唐律疏議》卷1〈名例律〉「十惡」條（總6條），頁9。

79 《唐律疏議》卷1〈名例律〉「十惡」條（總6條），頁9。

80 《唐律疏議》卷1〈名例律〉「十惡」條（總6條），頁9。

81 《唐律疏議》卷1〈名例律〉「十惡」條（總6條），頁10。

82 《唐律疏議》卷1〈名例律〉「十惡」條（總6條），頁13。

序號	援引方式	《唐律疏議》文本	出處
第8例		刑不上大夫[83]（〈名律例〉）	〈曲禮〉
第9例		聞親喪，以哭答使者，盡哀而問故[84]（〈名律例〉）	〈奔喪〉
第10例		夫者，婦之天[85]（〈名律例〉）	〈喪服〉
第11例		妻者，齊也[86]（〈名律例〉）	〈郊特牲〉
第12例		禽獸其行，朋淫於家，紊亂《禮經》[87]（〈名律例〉）	〈曲禮上〉
第13例		袒免者，據《禮》有五：高祖兄弟、曾祖從父兄弟、祖再從兄弟、父三從兄弟、身之四從兄弟是也[88]（〈名律例〉）	〈大傳〉
第14例		天子存二代之後，猶尊賢也[89]（〈名律例〉）	〈郊特牲〉
第15例		凡婦人，從其夫之爵位[90]（〈名律例〉）	〈雜記上〉
第16例		與夫齊體[91]（〈名律例〉）	〈內則〉
第17例		九十曰耄，七歲曰悼，悼與耄，雖有死罪不加刑[92]（〈名律例〉）	〈曲禮上〉
第18例		三日齋，一日用之，猶恐不敬[93]（〈職制律〉）	〈郊特牲〉

83 《唐律疏議》卷1〈名例律〉「十惡」條（總6條），頁16。
84 《唐律疏議》卷1〈名例律〉「十惡」條（總6條），頁14。
85 《唐律疏議》卷1〈名例律〉「十惡」條（總6條），頁14。
86 《唐律疏議》卷1〈名例律〉「十惡」條（總6條），頁14。
87 《唐律疏議》卷1〈名例律〉「十惡」條（總6條），頁16。
88 《唐律疏議》卷1〈名例律〉「八議」條（總7條），頁17。
89 《唐律疏議》卷1〈名例律〉「八議」條（總7條），頁18、19。
90 《唐律疏議》卷2〈名例律〉「婦人有官品邑號」條（總12條），頁38。
91 《唐律疏議》卷3〈名例律〉「犯徒應役家無兼丁」條（總27條），頁72。
92 《唐律疏議》卷4〈名例律〉「老小及疾有犯」條（總30條），頁84。
93 《唐律疏議》卷9〈職制律〉「大祀不預申期及不如法」條（總98條），頁188。

序號	援引方式	《唐律疏議》文本	出處
第19例		「唯祭天地社稷，為越紼而行事」，不避有慘，故云「則不禁」[94]（〈職制律〉）	〈王制〉
第20例		依《禮》，飯齊視春宜溫，羹齊視夏宜熱之類[95]（〈職制律〉）	〈內則〉
第21例		授立不跪，授坐不立[96]（〈職制律〉）	〈曲禮上〉
第22例		斬衰之哭，往而不返。齊衰之哭，若往而返。大功之哭，三曲而偯。小功、緦麻，哀容可也[97]（〈職制律〉）	〈間傳〉
第23例		大功將至，辟琴瑟[98]（〈職制律〉）	〈雜記下〉
第24例		小功至，不絕樂[99]（〈職制律〉）	〈雜記下〉
第25例		田里不鬻[100]（〈戶婚律〉）	〈王制〉
第26例		娉則為妻[101]（〈戶婚律〉）	〈內則〉
第27例		依《禮》，日見於甲，月見於庚，象夫婦之義[102]（〈戶婚律〉）	〈禮器〉
第28例		一與之齊[103]（〈戶婚律〉）	〈郊特牲〉
第29例		「葬者，藏也，欲人不得見[104]（〈賊盜律〉）	〈檀弓上〉

94　《唐律疏議》卷9〈職制律〉「廟享有喪遣充執事」條（總101條），頁190。
95　《唐律疏議》卷9〈職制律〉「造御膳有誤」條（總103條），頁192。
96　《唐律疏議》卷9〈職制律〉「乘輿服御物持護修整不如法」條（總105條），頁193。
97　《唐律疏議》卷10〈職制律〉「匿父母及夫等喪」條（總120條），頁205。
98　《唐律疏議》卷10〈職制律〉「匿父母及夫等喪」條（總120條），頁206。
99　《唐律疏議》卷10〈職制律〉「匿父母及夫等喪」條（總120條），頁206。
100　《唐律疏議》卷13〈戶婚律〉「賣口分田」條（總163條），頁242。
101　《唐律疏議》卷13〈戶婚律〉「許嫁女輒悔」條（總175條），頁254。
102　《唐律疏議》卷13〈戶婚律〉「有妻更娶」條（總177條），頁255。
103　《唐律疏議》卷13〈戶婚律〉「有妻更娶」條（總177條），頁255。
104　《唐律疏議》卷19〈賊盜律〉「發冢」條（總277條），頁354。

序號	援引方式	《唐律疏議》文本	出處
第30例		五世祖免之親，四世緦麻之屬[105]（〈鬬訟律〉）	〈大傳〉
第31例		凡教學之道，嚴師為難。師嚴道尊，方知敬學[106]（〈鬬訟律〉）	〈學記〉
第32例		家有塾，遂有序[107]（〈鬬訟律〉）	〈學記〉
第33例		死而不弔者三，謂畏、壓、溺[108]（〈鬬訟律〉）	〈檀弓上〉
第34例		七十，二膳；八十，常珍[109]（〈鬬訟律〉）	〈王制〉、〈內則〉
第35例		諸造器用之物及絹布之屬，有行濫、短狹而賣者，各杖六十[110]（〈鬬訟律〉）	〈月令〉
第36例	間接引述	就養無方[111]（〈名律例〉）	〈檀弓上〉
第37例		出告反面[112]（〈名律例〉）	〈曲禮上〉
第38例		杞不足徵[113]（〈職制律〉）	〈中庸〉
第39例		買妾不知其姓，則卜之[114]（〈戶婚律〉）	〈曲禮〉、〈坊記〉
第40例		一與之齊，終身不改[115]（〈戶婚律〉）	〈郊特牲〉

---

105 《唐律疏議》卷21〈鬬訟律〉「毆皇家袒免以上親」條（總315條），頁398。
106 《唐律疏議》卷23〈鬬訟律〉「毆妻前夫子」條（總333條），頁420。
107 《唐律疏議》卷23〈鬬訟律〉「毆妻前夫子」條（總333條），頁420。
108 《唐律疏議》卷23〈鬬訟律〉「戲殺傷人」條（總338條），頁425。
109 《唐律疏議》卷24〈鬬訟律〉「子孫違犯教令」條（總348條），頁438。
110 《唐律疏議》卷26〈鬬訟律〉「器用絹布行濫短狹而賣」條（總418條），頁498。
111 《唐律疏議》卷1〈名例律〉「十惡」條（總6條），頁13。
112 《唐律疏議》卷1〈名例律〉「十惡」條（總6條），頁13。
113 《唐律疏議》卷10〈職制律〉「上書奏書犯諱」條（總115條），頁201。
114 《唐律疏議》卷14〈戶婚律〉「同姓為婚」條（總182條），頁262。
115 《唐律疏議》卷14〈戶婚律〉「妻無七出而出之」條（總189條），頁267。

序號	援引方式	《唐律疏議》文本	出處
第41例		父為子天，有隱無犯[116]（〈鬬訟律〉）	〈檀弓〉
第42例		如有違失，理須諫諍，起敬起孝[117]（〈鬬訟律〉）	〈內則〉
第43例	化入文本	稟氣含靈，人為稱首[118]（〈名律例〉）	〈禮運〉
第44例		覿秋霜而有肅殺[119]（〈名律例〉）	〈月令〉
第45例		大辟[120]（〈名律例〉）	〈文王世子〉
第46例		社為五土之神[121]（〈名律例〉）	〈祭法〉
第47例		神地道[122]（〈名律例〉）	〈郊特牲〉
第48例		奉制出使，宣布四方，有人對捍，不敬制命，而無人臣之禮者[123]（〈名律例〉）	〈曲禮上〉
第49例		父母在，……異財別籍，情無至孝之心，名義以之俱淪，情節於茲並棄，稽之典禮，罪惡難容[124]（〈名律例〉）	〈曲禮上〉
第50例		謂喪制未終，而在二十七月之內，釋去衰裳而著吉服者[125]（〈名律例〉）	〈間傳〉
第51例		宿侍旒扆[126]（〈名律例〉）	〈玉藻〉、〈明堂位〉

116　《唐律疏議》卷23〈鬬訟律〉「告祖父母父母」條（總345條），頁432。
117　《唐律疏議》卷23〈鬬訟律〉「告祖父母父母」條（總345條），頁432。
118　《唐律疏議》卷1〈名例律〉，頁1。
119　《唐律疏議》卷1〈名例律〉，頁1。
120　《唐律疏議》卷1〈名例律〉「死刑」條（總5條），頁5。
121　《唐律疏議》卷1〈名例律〉「十惡」條（總6條），頁7。
122　《唐律疏議》卷1〈名例律〉「十惡」條（總6條），頁7。
123　《唐律疏議》卷1〈名例律〉「十惡」條（總6條），頁12。
124　《唐律疏議》卷1〈名例律〉「十惡」條（總6條），頁13。
125　《唐律疏議》卷1〈名例律〉「十惡」條（總6條），頁13。
126　《唐律疏議》卷1〈名例律〉「八議」條（總7條），頁17。

序號	援引方式	《唐律疏議》文本	出處
第52例		二名偏犯[127]（〈職制律〉）	〈曲禮〉
第53例		妻者，傳家事，承祭祀[128]（〈戶婚律〉）	〈昏義〉
第54例		同宗共姓，皆不得為婚[129]（〈戶婚律〉）	〈坊記〉、〈郊特牲〉
第55例		近代以來，特蒙賜姓，譜牒仍在，昭穆可知，今姓之與本枝，並不合共為婚媾[130]（〈戶婚律〉）	〈祭統〉
第56例		同姓之人，即嘗同祖，為妻為妾，亂法不殊[131]（〈戶婚律〉）	〈坊記〉、〈郊特牲〉
第57例		尊卑貴賤，等數不同，刑名輕重，粲然有別[132]（〈賊盜律〉）	〈樂記〉
第58例		嫂叔不許通問，所以遠別嫌疑[133]（〈鬭訟律〉）	〈曲禮上〉、〈檀弓〉

　　《唐律疏議》援引《禮記》篇章半數集中於〈名例律〉，共計二十八例，另有〈職制律〉九例、〈戶婚律〉十例、〈賊盜律〉二例、〈鬭訟律〉九例。《唐律疏議》援引《禮記》的功用可從以下七點加以觀察：

　　第一，運用《禮記》從「天人合一」的角度說明刑罰的由來，如：第43例指出人為含有五行之秀氣，具有與天地合德的能力；第44例說明聖人觀察天象變化，發現孟秋之月天地瀰漫著肅殺之氣，應死

---

127 《唐律疏議》卷10〈職制律〉「上書奏事犯諱」條（總115條），頁201。
128 《唐律疏議》卷13〈戶婚律〉「以妻為妾」條（總178條），頁256。
129 《唐律疏議》卷14〈戶婚律〉「同姓為婚」條（總182條），頁262。
130 《唐律疏議》卷14〈戶婚律〉「同姓為婚」條（總182條），頁262。
131 《唐律疏議》卷14〈戶婚律〉「同姓為婚」條（總182條），頁262。
132 《唐律疏議》卷19〈賊盜律〉「發冢」條（總277條），頁355。
133 《唐律疏議》卷22〈鬭訟律〉「毆兄妻夫弟妹」條（總332條），頁417。

的罪犯必待孟秋之月而決，以符合天道運行；第57例說明天地有尊卑之分，人與人的相對位置也有貴賤之別，刑名因此而有輕重之等。

第二，運用《禮記》說明親屬之間的律法條文，如：第3例釐清己身與「出母」、「繼母」、「嫡母」之黨的關係，母出則為繼母親族服喪，不為出母親族服喪，出母與繼母親族皆是律條上所稱「外祖父母」；親母死於室，則不為繼母親族服喪，繼母親族視同一般人；第4例說明嫡母存妾子為其黨服，嫡母亡則不為其黨服；第13例說明「祖免」的範圍；第30例說明毆皇家五世袒免之親與四世緦麻之屬，皆從重處斷；第58例以《禮記》說明嫂叔無服，以推而遠之、遠別嫌疑；第12例用以解釋「內亂」的構成要件為「禽獸其行，朋淫於家」；第23例、第24例用以說明依《禮記》所載，居小功之喪毋須斷絕音樂，居大功以上之喪則不得作樂；第22例以《禮記》說明聞喪舉哀的具體作法，聞喪不即舉哀期親以上從「不應得為重」，大功從「不應得為輕」，小功以下不合科罪。

第三，運用《禮記》說明婚姻規範與夫妻關係者，如：第5例說明「廟見」、「未廟見」、「就婚」等夫法律地位相同，皆視為「夫」；第17例依據《禮記》妻與夫齊體的觀念，戶中除罪犯外，無其他成丁時，妻可視為成丁；第26例依據《禮記》以「受聘」作為「許婚」的判準；第27例說明「夫」與「妻」的對應，有如「日」與「月」，日生於東，月生於西，夫為陽，象日出東方而西行，婦為陰，象月出西方而東行[134]；第28例說明妻的重要性，一與之齊，終身不改；第53例說明婚姻的意義在於「上以事宗廟，下以繼後世」；第39例、第54例、第55例、第56例說明同宗共姓不得為婚，婚配前須確認譜牒昭穆，買妾不知姓，取之於蓍龜，以防同姓。

---

134 《禮記注疏》卷10〈禮器〉鄭玄注曰：「大明，日也。」，並解釋「君西酌犧象，夫人東酌罍尊。」曰：「象日出東方而西行也，月出西方而東行也。」頁471。

　　第四，運用《禮記》說明與孝道相關的律法條文，如：第7例、第34例、第36例說明子女對父母供養不得有闕，七十歲以上提供二膳，八十歲以上提供珍饈，供養無常則，要能視情況而調整方式；第50例以「出告反面」說明子女無自專之道，不得有私財；第41例、第42例說明父母有過，當下氣怡色柔聲以諫，起敬起孝，有隱無犯，不得向官府告發；第50例說明父母喪期當是二十七個月。

　　第五、運用《禮記》說明君臣倫理的律法條文，如：第6例說明臣對君必須做到「敬」，否則將責其所犯，以懲其無肅敬之心；第48例說明使節雖非君王，但其奉制出使，君言至，主人出拜，使者歸，主人拜送，以示敬意；第20例說明御膳須配合四時運行：主食如春，要求「溫」；羹湯如夏，要求「熱」；佐醬如秋，要求「涼」；水漿如冬，要求「寒」。再者，春天烹製食材多一些酸味，夏天多一些苦味，秋天多一些辣味，冬天多一些鹹味，配合四時調和御膳，以達到「滑甘」的要求，進奉失度與冷熱不時皆構成犯罪；第21例以《禮記》「授立不跪，授坐不立」為例，說明「進御乖失」的形態；第38例以「杞不足徵」、及第53例以《禮記》「不諱嫌名，二名不偏諱」為例，說明官員上書避諱的方式。

　　第六、運用《禮記》說明律法的規範與制度，如：第1例說明刑罰具有不可回復性，論罪科刑必須審慎；第2例說明「絞刑」源自於周代；第8例說明「刑不上大夫」故有「八議」的制度；第14例援引《禮記》作為「議賓」制度的依據與原因；第15例以《禮記》說明婦人依其夫品位，享有議、請、減、贖等法律上的特權；第17例指出唐代「愛幼養老」的立法精神出自於《禮記》；第19例援引《禮記》說明祭祀天地社稷不避有慘；第25例援引《禮記》「田里不鬻」說明公里不得私自買賣；第29例說明「葬」寓有「藏」的深意，不欲人見，故不得發冢；第33例援引《禮記》說明「畏、壓、溺」三種死法皆不

哭弔，況乎「嬉戲」而死，故共戲而殺傷者，刑減一等；第35例說明因「行濫」、「短狹」而有之刑罰源自於《禮記》，「行濫」謂用之物不牢、不真，「短狹」謂絹足不充四十尺，布端不滿五十尺，幅闊不充一尺八寸。

第七、以《禮記》作為法律用語的根據：第46例、第47例以《禮記》說明「社稷」的「社」是「社」是共工氏之子，名為后土，為掌管山林、川澤、丘陵、墳衍、原隰五土之神；第51例，「旒」、「扆」二字見於《禮記》，天子冠冕前後各有十二旒垂延，扆為天子所用斧文屏風，借代為天子。

（七）援引《左傳》實況及其功能

《唐律疏議》援引《左傳》一覽表

序號	援引方式	《唐律疏議》文本	出處
第1例		天反時為災，人反德為亂[135]（〈名律例〉）	宣公十五年
第2例		襄公自楚還，及方城，季武子取卞，使公冶問，璽書，追而予之[136]（〈名律例〉）	襄公二十九年
第3例	具名引述	女有家，男有室，無相瀆，易此則亂[137]（〈名律例〉）	桓公十八年
第4例		吉禘於莊公[138]（〈職制律〉）	閔公二年
第5例		春蒐，夏苗，秋獮，冬狩，皆因農隙以講大事[139]（〈擅興律〉）	隱公五年

---

135 《唐律疏議》卷1〈名例律〉「十惡」條（總6條），頁6。

136 《唐律疏議》卷1〈名例律〉「十惡」條（總6條），頁10、11。

137 《唐律疏議》卷1〈名例律〉「十惡」條（總6條），頁16。

138 《唐律疏議》卷9〈職制律〉「廟享有喪遣充執事」條（總101條），頁190。

139 《唐律疏議》卷16〈擅興律〉「校閱違期」條（總229條），頁305。

序號	援引方式	《唐律疏議》文本	出處
第6例	間接引述	婦人從夫，無自專之道，雖見兄弟，送迎尚不踰閾[140]（〈戶婚律〉）	僖公二十二年
第7例	化入文本	昔白龍、白雲，則伏犧、軒轅之代；西火、西水，則炎帝、共工之年。鶅鳩筮賓於少暭，金政策名於顓頊[141]（〈名律例〉）	昭公十七年
第8例		毀裂冠冕[142]（〈名律例〉）	昭公九年
第9例		社為五土之神，稷為田正也，所以神地道，主司嗇[143]（〈名律例〉）	昭公二十九年
第10例		莒牟夷以牟婁來奔[144]（〈名律例〉）	昭公五年
第11例		勳書王府[145]（〈名律例〉）	僖公五年
第12例		妻者，傳家事，承祭祀[146]（〈戶婚律〉）	文公二年
第13例		同宗共姓，皆不得為婚[147]（〈戶婚律〉）	僖公二十三年
第14例		魯、衛，文王之昭；凡、蔣，周公之胤[148]（〈戶婚律〉）	僖公二十二年

　　《唐律疏議》援引《左傳》的篇章多半見於〈名律例〉，共計八例，另有〈戶婚律〉四例、〈職制律〉一例、〈擅興律〉一例。《唐律疏議》援引《左傳》的功用在於確立君臣倫理、宣示律法依禮而設、說明刑官的由來以及解釋律法用語。

140　《唐律疏議》卷14〈戶婚律〉「義絕離之」條（總190條），頁268。
141　《唐律疏議》卷1〈名例律〉，頁1。
142　《唐律疏議》卷1〈名例律〉「十惡」條（總6條），頁6。
143　《唐律疏議》卷1〈名例律〉「十惡」條（總6條），頁7。
144　《唐律疏議》卷1〈名例律〉「十惡」條（總6條），頁8。
145　《唐律疏議》卷1〈名例律〉「八議」條（總7條），頁17。
146　《唐律疏議》卷13〈戶婚律〉「以妻為妾」條（總178條），頁256。
147　《唐律疏議》卷14〈戶婚律〉「同姓為婚」條（總182條），頁262。
148　《唐律疏議》卷14〈戶婚律〉「同姓為婚」條（總182條），頁262。

　　第一、確立君臣倫理，如：第1例以《左傳》指出「謀反」造成天地妖災的出現；第8例「毀裂冠冕」中「冠冕」出自《左傳》「昭公九年」（西元前533年）周天子宣示天子之於諸侯一如冠冕之於衣服，諸侯不得裂冠毀冕，罔顧君臣倫常；第10例以昭公五年（西元前537年）牟夷之事解說「謀叛」的類型，牟夷挾牟婁及防、茲等莒國土地投奔魯國，屬於「謀叛」中「以地外奔」的犯罪類型。

　　第二、宣示律法依禮而設，如：第3例說明女有家，男有室，依禮不得相瀆，否則構成「內亂」；第4例，《春秋》曾載「吉禘於莊公」，依禮莊公三年之喪結束後才能舉行禘祭，而魯國於莊公喪制未闋時違禮舉行，故於在「禘」加「吉」字以示譏；第12例說娶妻的目的在於依禮奉粢盛，供祭祀；第6例說明婦人依禮送迎不出門，見兄弟不踰閾，更遑論意在分離，背夫擅行；第13例說明依禮同宗共姓，皆不得為婚；第14例摘錄《左傳》「管、蔡、郕、霍、魯、衛、毛、聃、郜、雍、曹、滕、畢、原、酆、郇，文之昭也。邘、晉、應、韓，武之穆也。凡、蔣、邢、茅、胙、祭，周公之胤也。」的文本說明姓氏的源流。[149]

　　第三、說明刑官的由來，如：第7例說明自古君王受天命時，皆有瑞象，各依瑞象設官名，伏犧以白龍為名、軒轅以白雲為名、炎帝以西火為名、共工以西水為名、少皞以爽鳩為名、顓頊以金政為名。

　　第四、解釋律法用語，如：第9例解釋「社稷」之「稷」，「稷」是烈山氏之子，名為柱，為是掌管田地及稼穡之神；第5例解釋律條中「校閱」即春蒐、夏苗、秋獮、冬狩。

149　《左傳注疏》卷15「僖公二十二年」，頁255。

（八）援引《公羊傳》實況及其功能

《唐律疏議》援引《公羊傳》一覽表

序號	援引方式	《唐律疏議》文本	出處
第1例	具名引述	君親無將，將而必誅[150]（〈名例律〉）	莊公三十二年、昭公一年
第2例	化入文本	莒牟夷以牟婁來奔[151]（〈名例律〉）	昭公五年

　　《唐律疏議》援引《公羊傳》的篇章皆見於〈名例律〉，分別用以解說「謀反」與「謀叛」。第一、謀反，如：第1例「君親無將，將而必誅」一句，意在宣示君王至高無上的統治權，不容侵犯，這句話在《公羊傳》出現二次，一次是莊公三十二年（前662年），一次是昭公一年（前606年）。第二、謀叛，如：第2例主要是借牟夷之事以說明「謀叛」的類型。[152]

（九）援引《穀梁傳》實況及其功能

序號	援引方式	《唐律疏議》文本	出處
第1例	化入文本	莒牟夷以牟婁來奔[153]（〈名例律〉）	昭公五年

　　《唐律疏議》援引《穀梁傳》僅有一例，見於〈名例律〉，即「莒牟夷以牟婁來奔」[154]，出自「昭公五年」（前537年），屬於「化入文本」的類型，旨在說明「莒牟夷以牟婁來奔」一事重點在於牟夷

150　《唐律疏議》卷1〈名例律〉「十惡」條（總6條），頁6。

151　《唐律疏議》卷1〈名例律〉「十惡」（總6條），頁8。

152　《公羊傳注疏》卷22「昭公五年」：「莒牟夷者何？莒大夫也。莒無大夫，此何以書？重地也。其言及防茲來奔何？不以私邑累公邑也。」頁277。

153　《唐律疏議》卷1〈名例律〉「十惡」（總6條），頁8。

154　《唐律疏議》卷1〈名例律〉，頁8。

挾牟婁及防、茲等莒國土地投奔魯國。[155]

（十）援引《論語》實況及其功能

《唐律疏議》援引《論語》一覽表

序號	援引方式	《唐律疏議》文本	出處
第1例	具名引述	季孫之憂，不在顓臾[156]（〈職制律〉）	〈季氏〉
第2例		杞不足徵[157]（〈職制律〉）	〈八佾〉
第3例	化入文本	公山弗擾以費叛之類[158]（〈名例律〉）	〈陽貨〉
第4例		故舊[159]（〈名例律〉）	〈泰伯〉
第5例		父母之喪，終身憂戚，三年從吉，自為達禮[160]（〈戶婚律〉）	〈陽貨〉
第6例		父為子天，有隱無犯[161]（〈鬭訟律〉）	〈子路〉

《唐律疏議》援引《論語》的篇章，〈名律例〉二例，〈職制律〉二例，〈戶婚律〉一例，〈鬭訟律〉一例。《唐律疏議》援引《論語》的功用如下：

第一、作為是否犯諱的判準，如：第1例、第2例以孔子母親「徵在」為例，孔子言「在」即不再言「徵」，言「徵」即不再言「在」，據此，律法規定上書時「複名而單犯」者不罰。

---

155 《穀梁傳注疏》卷22「昭公五年」：「以者，不以者也。來奔者，不言出。及防茲，以大及小也。莒無大夫，其曰牟夷，何也？以其地來也。以地來，則何以書也？重地也。」頁166。

156 《唐律疏議》卷10〈職制律〉「上書奏事犯諱」條（總115條），頁201。

157 《唐律疏議》卷10〈職制律〉「上書奏事犯諱」條（總115條），頁201。

158 《唐律疏議》卷1〈名例律〉「十惡」條（總6條），頁8。

159 《唐律疏議》卷1〈名例律〉「八議」條（總7條），頁17。

160 《唐律疏議》卷13〈戶婚律〉「居父母夫喪嫁娶」條（總179條），頁257。

161 《唐律疏議》卷23〈鬭訟律〉「告祖父母父母」條（總345條），頁432。

　　第二、作為「謀叛」的事證，如：第3例以「公山弗擾以費叛」的事證為例，公山弗擾乃季桓子家臣，魯定公八年（前502年），公山弗擾與陽虎拘禁了季桓子，盤據費邑叛亂。

　　第三、說明「議故」的制度，如：第4例說明「議故」中的「故」來自〈泰伯〉「故舊不遺，則民不偷」的概念，君王不忘故舊，民風自然不澆薄。[162]

　　第四、說明父母之喪的期間，如：第5例，父母之喪以三年為達出自於《論語》，〈陽貨〉曰：「子生三年，然後免於父母之懷」[163]。

　　第五、作子女不得告父母的依據，如：第6例，《論語》中有「父為子天，有隱無犯」的經句，在傳統律法中被視為金科玉律，子女告父母者處以絞殺之刑。[164]

（十一）援引《孝經》實況及其功能

《唐律疏議》援引《孝經》一覽表

序號	援引方式	《唐律疏議》文本	出處
第1例		民用和睦[165]（〈名例律〉）	〈三才章〉
第2例	具名引述	卜其宅兆而安厝之[166]（〈禁衛律〉）	〈喪親章〉
第3例		卜其宅兆而安厝之[167]（〈雜律〉）	〈喪親章〉
第4例	化入文本	禮者，敬之本[168]（〈名例律〉）	〈廣要道章〉

---

162 《論語注疏》卷8〈泰伯〉何晏等注曰：「君能厚於親屬，不遺忘其故舊，行之美者，則民皆化之，起為仁厚之行，不偷薄。」刑昺疏曰：「偷，薄也。」頁70。

163 《論語注疏》卷17〈陽貨〉，頁157。

164 參見王立民，〈論「論語」對唐律的影響〉，《孔孟月刊》第371期（1997年7月），頁12-16。

165 《唐律疏議》卷1〈名例律〉「十惡」條（總6條），頁14。

166 《唐律疏議》卷7〈禁衛律〉「闌入廟社及山陵兆域門」條（總58條），頁149。

167 《唐律疏議》卷27〈雜律〉「山陵兆域內失火」條（總428條），頁508。

序號	援引方式	《唐律疏議》文本	出處
第5例		父母之喪，創巨尤切，聞即崩殞，擗踊號天[169]（〈名例律〉）	〈喪親〉

　　《唐律疏議》援引《孝經》的篇章半數見於〈名例律〉，共計三例，另有〈禁衛律〉一例，〈雜律〉一例。《唐律疏議》涉及「不孝」的律條相當多，但援用《孝經》經文不多，且僅是用以說明刑律用語而已。第1例以〈三才章〉「民用和睦」解釋「睦」，即「陸」即「親」，謀殺及賣緦麻以上親或毆告夫及大功以上尊長、小功尊屬等親族相犯、不相協睦的罪行，皆入「十惡」中的「不睦」；第2例、第3例引用〈喪親章〉「卜其宅兆而安措之」解釋「兆」字，「兆」即墓地的邊界，於帝王山陵兆域內失火，徒二年；第4例引用〈廣要道章〉解釋「禮」的本質為「敬」，可用於安上治民；第5例「擗踊」的禮制見於〈喪親〉，父母之喪，創巨尤切，聞即崩殞，擗踊號天，匿不舉哀者入「十惡」中的「不孝」。

（十二）援引《爾雅》實況及其功能

《唐律疏議》援引《爾雅》一覽表

序號	援引方式	《唐律疏議》文本	出處
第1例	具名引述	「觀謂之闕。」郭璞云：「宮門雙闕也。」[170]（〈名例律〉）	〈釋宮〉

　　《唐律疏議》援引《爾雅》僅有一例，見於〈名例律〉，「十惡」中的「謀大逆」具體規範為「謀毀宗廟、山陵及宮闕」，此例引用

168　《唐律疏議》卷1〈名例律〉「十惡」條（總6條），頁10。
169　《唐律疏議》卷1〈名例律〉「十惡」條（總6條），頁14。
170　《唐律疏議》卷1〈名例律〉「十惡」條（總6條），頁7。

〈釋宮〉解釋「宮闕」的意義，說明「闕」即「觀」，乃宮門外用以瞭望的一對高樓，主要的功能在於解釋律法的用語。

（十三）援引《孟子》實況及其功能

《唐律疏議》援引《孟子》一覽表

序號	援引方式	《唐律疏議》文本	出處
第1例		為婚之法，必有行媒。[171]（〈戶婚律〉）	〈滕文公下〉
第2例		七出者，依〈令〉：「一無子，二淫泆，三不事舅姑，四口舌，五盜竊，六妒忌，七惡疾。」[172]（〈戶婚律〉）	〈離婁上〉
第3例	化入文本	兄姊至親，更相急難，彎弧垂泣，義切匪他。[173]（〈鬬訟律〉）	〈告子下〉
第4例		父為子天，有隱無犯。如有違失，理須諫諍，起敬起孝，無令陷罪。若有忘情棄禮而故告者，絞。[174]（〈鬬訟律〉）	〈盡心上〉

《唐律疏議》援引《孟子》的篇章，〈名律例〉與〈鬬訟律〉各二例，主要的功能有二：一為證成婚姻相關規範，一為說明親屬犯罪的問題。第1列旨在婚姻締結必待父母之命、媒妁之言，不容擅斷；第2例指出「無子」為「七出」之首的原因，子嗣斷絕則無人祭祀，祖先精魂將無所安頓，孝道不存；第3例「彎弧垂泣」出自於《孟子》，用以說明〈小弁〉之怨實是「親親」之道的展現，毆殺兄姊當加重刑罰；第4例源自孟子與桃應的問答，說明父子之情乃是天性，父有違失，只能諫諍，不得告官，否則依律絞殺。

171　《唐律疏議》卷13〈戶婚律〉「為婚妄冒」條（總176條），頁255。
172　《唐律疏議》卷14〈戶婚律〉「妻無七出而出之」條（總189條），頁267。
173　《唐律疏議》卷22〈鬬訟律〉「毆兄姊」條（總328條），頁413。
174　《唐律疏議》卷23〈鬬訟律〉「告祖父母父母」條（總345條），頁432。

附：《唐律疏議》援引儒家經典統計表

律名 經名	名例	衛禁	職制	戶婚	擅興	賊盜	鬥訟	雜	捕亡	斷獄	總計
周易	7		3	1		2					13
尚書	12		1								13
詩經	2		2	2			2			1	9
周禮	10	2						1	1		14
儀禮	12		1	3			3				19
禮記	28		9	10		2	9				58
左傳	8		1	4	1						14
公羊	2										2
穀梁	1										1
論語	3		1	1			1				6
孝經	3	1							1		5
爾雅	1										1
孟子				2			2				4
總計	89	3	18	23	1	4	17	2	1	1	159

《唐律疏議》援引儒家經典最多的篇章是〈名例律〉，〈名例律〉是《唐律疏議》的第一篇，具有「總則」的功能，規範律典通用的刑名和法例。儒家經典大量地出現在〈名例中〉之中，顯示儒家經典是《唐律疏議》重要的法源依據，開宗明義地宣示《唐律疏議》是一部以「經學」作為核心價值的國家律典。《唐律疏議》援引最多的儒家經典是《禮記》，共五十八例，再加上《周禮》與《儀禮》，「三禮」的用例達到九十一例，占整體比率約三分之二，無怪乎《四庫全書總目提要》以「一准乎禮」評論《唐律疏議》[175]，認定《唐律疏議》的編纂與解釋皆以「禮」作為判準，出禮即入刑。

---

175 《欽定四庫全書總目》（臺北：臺灣商務印書館，1986年），頁2-270。

參考書目

一 古典文獻（按朝代先後排列）

（一）經書

《周易注疏》，王弼注、韓康伯注，《十三經注疏》第1冊，臺北：藝文印書館，1997年。

《尚書注疏》，孔安國傳、孔穎達等正義，《十三經注疏》第1冊，臺北：藝文印書館，1997年。

《毛詩注疏》，毛公傳、孔穎達等正義，《十三經注疏》第2冊，臺北：藝文印書館，1997年。

《周禮注疏》，鄭玄注、賈公彥疏，《十三經注疏》第3冊，臺北：藝文印書館，1997年。

《儀禮注疏》，鄭玄注、賈公彥疏，《十三經注疏》第4冊，臺北：藝文印書館，1997年。

《禮記注疏》，鄭玄注、孔穎達等正義，《十三經注疏》第5冊，臺北：藝文印書館，1997年。

《春秋左傳注疏》，杜預注、孔穎達等正義，《十三經注疏》第6冊，臺北：藝文印書館，1997年。

《春秋公羊傳注疏》何休注、徐彥疏，《十三經注疏》第7冊，臺北：藝文印書館，1997年。

《春秋穀梁傳注疏》范甯注、楊士勛疏，《十三經注疏》第7冊，臺北：藝文印書館，1997年。

《孝經注疏》，唐玄宗御注、邢昺疏，《十三經注疏》第8冊，臺北：
　　　藝文印書館，1997年。

《論語注疏》，何宴等注、邢昺疏，《十三經注疏》第8冊，臺北：藝
　　　文印書館，1997年。

《爾雅注疏》，郭璞注、邢昺疏，《十三經注疏》第8冊，臺北：藝文
　　　印書館，1997年。

《孟子注疏》，趙岐注、孫奭疏，《十三經注疏》第8冊，臺北：藝文
　　　印書館，1997年。

（二）刑律

《法律答問》，竹簡整理小組編，北京：文物出版社，2001年。

《秦律十八種》，竹簡整理小組編，北京：文物出版社，2001年。

《奏讞書》，竹簡整理小組編，北京：文物出版社，2007年。

《二年律令》，竹簡整理小組編，北京：文物出版社，2007年。

《二年律令與奏讞書——張家山漢墓竹簡（二四七號墓）：釋文修訂
　　　本》，彭浩、陳偉、工藤元男主編，上海：上海古籍出版
　　　社，2007年。

《漢律輯存》，薛允升，《中國法制史料》，臺北：鼎文書局，1982年。

《漢律類纂》，張鵬一，《中國法制史料》，臺北：鼎文書局，1982年。

《漢律輯證》，杜貴墀，《中國法制史料》，臺北：鼎文書局，1982年。

《唐律疏議》，長孫無忌撰、劉俊文點校，北京：中華書局，1996年。

《唐律疏議》，長孫無忌著，臺北：臺灣商務印書館，2005年。

《唐律疏議箋解》，劉俊文，北京：中華書局，1996年。

《唐律疏義新注》，錢大群，南京：南京師範大學出版社，2007年。

《唐令拾遺》，仁井田陞，東京：東京大學出版會，1983年。

《唐令拾遺補》，池田溫主編，東京：東京大學出版會，1997年。

《宋刑統》，竇儀等撰、薛梅卿點校，北京：中華書局，1986年。

《大元通制條格》，至中正敕撰、郭成偉點校，北京：法律出版社，
　　　2000年。

《大明律》，劉惟謙撰、懷效峰點校，北京：法律出版社，1999年。

《大清律例》，田濤、鄭秦點校，北京：法律出版社，1999年。

《歷代刑法考》，沈家本，北京：中華書局，1985年。

《九朝律考》，程樹德，北京：中華書局，2003年。

（三）史書

《史記》，司馬遷撰，北京：中華書局，1975年。

《漢書》，班固撰，北京：中華書局，1975年。

《後漢書》，范曄撰，北京：中華書局，1975年。

《晉書》，房玄齡等撰，北京：中華書局，1975年。

《宋書》，沈約撰，北京：中華書局，1975年。

《南齊書》，蕭子顯撰，北京：中華書局，1975年。

《梁書》，姚思廉撰，北京：中華書局，1975年。

《陳書》，姚思廉撰，北京：中華書局，1975年。

《魏書》，魏收撰，北京：中華書局，1975年。

《北齊書》，李百藥撰，北京：中華書局，1975年。

《周書》，令狐德棻撰，北京：中華書局，1975年。

《南史》，李延壽撰，北京：中華書局，1975年。

《北史》，李延壽撰，北京：中華書局，1975年。

《隋書》，魏徵撰，北京：中華書局，1975年。

《舊唐書》，劉昫等撰，北京：中華書局，1975年。

《新唐書》，歐陽修、宋祁等撰，北京：中華書局，1975年。

《元史》，宋濂撰，北京：中華書局，1975年。

《明史》，張廷玉撰，北京：中華書局，1975年。

《清史稿》，趙爾巽等撰，北京：中華書局，1986年。

（四）其他

《新書》，賈誼撰、閻振益、鍾夏校注，臺北：中華書局，2000年。

《春秋繁露》，董仲舒撰、蘇輿義證，北京：中華書局，1992年。

《論衡》，王充，臺北：中華書局，未載明出版時間。

《白虎通》，班固等，臺北：臺灣商務印書館，1966年。

《說文解字》許慎著、段玉裁注，臺北：書銘出版事業公司，1997年。

《釋名》，劉熙，臺北：臺灣商務印書館，1966年。

《博物志》，張華，臺北：明文書局，1981年。

《唐六典》，李林甫等撰、陳仲夫點校，北京：中華書局，2008年。

《通典》，杜佑，王文錦等點校，北京：中華書局，1992年。

《貞觀政要》，吳兢、謝保成集校，北京：中華書局，2009年。

《北堂書鈔》，虞世南撰，臺北：臺灣商務書局，1983年。

《藝文類聚》，歐陽詢撰，臺北：新興書局，1973年。

《白氏六帖事類集》，白居易，臺北：新興書局，1969年。

《初學記》，徐堅撰，臺北：新興書局，1972年。

《管子校正》，尹知章注、戴望校正，臺北：世界書局，1955年。

《文心雕龍》，劉勰著、王更生注譯，臺北：文史哲出版社，1985年。

《太平御覽》，李昉等奉敕撰，臺北：新興書局，1959年。

《崇文總目》，王堯臣，臺北：臺灣商務印書館，1965年。

《文苑英華》，李昉等，臺北：中研院史語所，2008年。

《玉函山房輯佚書》，馬國翰，臺北：文海出版社，1967年。

《春在堂隨筆》，俞樾，臺北：文海出版社，1969年。

《四庫全書總目》，紀昀等撰，臺北：臺灣商務印書館，1983年。

二 現代專著（按姓氏筆劃排列）

丁凌華，《中國法律思想史》，上海：華東理工大學出版社，1997年。

王立民，《法律思想與法律制度》，北京：中國政法大學出版社，2002年。

王立民，《唐律新探》，北京：北京大學出版社，2007年。

王彬，《法律解釋的本體與方法》，北京：人民出版社，2011年。

史廣全，《禮法融合與中國傳統法律文化的歷史演進》，北京：法律出版社，2006年。

牟宗三，《心體與性體》，臺北：正中書局，1986年。

向淑雲，《唐代婚姻法與婚姻實態》，臺北：臺灣商務印書館，1991年。

任繼愈，《中國道教史》，臺北：桂冠圖書公司，1991年。

朱維錚，《中國經學史十講》，上海：復旦大學出版社，2002年。

朱紅林，《張家山漢簡《二年律令》集釋》，北京：社會科學文獻出版社，2005年。

李甲孚，《唐律釋義》，臺北：情報知識出版社，1960年。

李威熊，《中國經學發展史論》上冊，臺北：文史哲出版社，1999年。

李光燦、張國華主編，《中國法律思想通史》，太原：山西人民出版社，2001年。

李申，《中國儒教史》，上海，上海人民出版社，2002年。

李書吉，《北朝禮制法系研究》，北京：人民出版社，2002年。

李明輝，《儒家經典詮釋方法》，臺北：喜瑪拉雅基金會，2003年。

李淑媛，《爭財競產——唐宋的家產與法律》，臺北：五南圖書出版公司，2005年。

杜維運，《史學方法論》，臺北：三民書局，2003年。

吳雁南、秦學頎、李禹階，《中國經學史》，福州：福建人民出版社，2001年。

余治平，《唯天為大》，北京：商務印書館，2003年。

何學勤，《律學考》，北京：商務印書館，2004年。

林素英，《古代生命禮儀中的生死觀——以〈禮記〉為主的現代詮釋》，臺北：文津出版社，1997年。

林素英，《喪服制度的文化意義——以《儀禮‧喪服》為討論中心》，臺北：文津出版社，2000年。

林素英，《禮學思想與應用》，臺北：紅螞蟻圖書公司，2003年。

林慶彰，《五十年來的經學研究》，臺北：臺灣學生書局，2003年。

岳純之，《唐代民事法律制度論稿》，北京：人民出版社，2006年。

俞榮根，《儒家法思想通論》，南寧：廣西人民出版社，1998年。

范忠信，《中國法律傳統的基本精神》，濟南：山東人民出版社，2001年。

范志新，《避諱學》，臺北：臺灣學生書局，2006年。

姜廣輝，《中國經學思想史》，北京：中國社會科學出版社，2003年。

胡旭晟：《解釋性法史學——以中國傳統法律文化的研究為側重點》，北京：中國政法大學出版社，2005年。

柳立言主編，《史國史新論——法律史分冊》，臺北：中央研究院、聯經出版社，2008年。

徐忠明，《思考與批評：解讀中國法文化》，北京：法律出版社，2000年。

徐道鄰，《唐律通論》，上海：中華書局，1947年。

徐道鄰，《中國法制史論略》，臺北：正中書局，1961年。

徐復觀，《中國思想史論集》，臺北：臺灣學生書局，1981年。

徐復觀，《中國經學史的基礎》，臺北：臺灣學生書局，1990年。

徐復觀，《中國人性論史》，臺北：臺灣商務印書館，1999年。

徐永康、吉霽光、鄭取，《法典之王：〈唐律疏議〉與中國文化》，開封：河南大學出版社，2005年。

徐世虹主編,《中國古代法律文獻研究》,北京:法律出版社,2010年。

高明,《高明經學論叢》,臺北:黎明文化事業公司,1978年。

高明士主編,《唐律與國家社會研究》,臺北:五南圖書出版公司,1999年。

高明士,《唐代身分法制研究——以唐律名例律為中心》,臺北:五南圖書出版公司,2003年。

唐君毅,《中國哲學原論》,臺北:臺灣學生書局,1993年。

唐律研究會,《唐律索引稿》,京都:京都大學人文科學研究所,1958年。

馬小紅,《禮與法:法的正史連接》,北京:北京大學出版社,2004年。

馬宗霍,《中國經學史》,臺北:臺灣商務印書館,2006年。

桂齊遜,《國法與家禮之間——唐律有關家族倫理的立法規範》,臺北:龍文出版社,2007年。

時顯群,《法家「以法治國」思想研究》,北京:人民出版社,2010年

陳寅恪,《隋唐制度淵源略論稿》,臺北:臺灣商務印書館,1944年。

陳顧遠,《中國文化與中國法系》,臺北:三民書局,1969年。

陳鐵凡,《孝經學源流》,臺北:國立編譯館,1986年。

陳顧遠,《中國婚姻史》,臺北:臺灣商務印書館,1992年。

陳顧遠著,范忠信、尤陳俊、翟文喆編校,《中國文化與中國法系——陳顧遠法律史論集》,北京:中國政法大學出版社,2006年。

陳曉楓,《中國法律文化研究》,鄭州:河南人民出版社,1993年。

陳寅恪,《隋唐制度淵源略論稿》,臺北:臺灣商務印書館,1998年。

陳鵬生,《中國法制通史》,北京:北京大學法學院,1999年。

陳登武,《從人間世到幽冥界　唐代的法律、社會與國家》,臺北:五南圖書出版公司,2005年。

陳惠馨,《傳統個人、家庭、婚姻與國家——中國法制史的研究與方法》,臺北:五南圖書出版公司,2006年。

陳壁生，《經學、制度與生活──《論語》「父子相隱」章疏證》，上
　　　海：華東師範大學出版社，2010年。

梁治平，《尋求自然秩序中的和諧──中國傳統法律文化研究》，上
　　　海：上海人民出版社，1991年。

梁治平編，《法律的文化解釋》，北京：生活、讀書、新知三聯書店，
　　　1998年。

張立文主編，《道》，臺北：漢興書局，1994年。

張立文主編，《氣》，臺北：漢興書局，1994年。

張立文，《心》，臺北：七略出版社，1996年。

張立文，《性》，臺北：七略出版社，1997年。

張全民，《「周禮」所見法制研究（刑法篇）》，北京：法律出版社，
　　　2004年。

張豈之，《中國思想學說史》，桂林：廣西師範大學出版社，2008年。

張伯元，《出土法律文獻研究》，北京：商務印書館，2005年。

張晉藩，《中國法制史》，臺北：五南圖書出版公司，1992年。

張晉藩，《中國法律的傳統與近代轉型》，北京：法律出版社，1997年。

張國華，《中國法律思想史新編》，北京：北京大學出版社，1999年。

張壽林原著，林慶彰、蔣秋華主編，《張壽林著作集》，臺北：中研院
　　　文哲所，2009年。

陶毅、明欣，《中國婚姻家庭制度史》，北京：東方出版社，1994年。

許道勛、徐洪興，《中國經學史》，上海：上海人民出版社，2006年。

郭建、姚榮濤、王志強，《中國法制史》，上海：上海人民出版社，
　　　2006年。

湯用彤，《隋唐佛教史稿》，臺北：木鐸出版社，1983年。

喬偉，《唐律研究》，濟南：山東人民，1985年。

勞思光，《新編中國哲學史》，臺北：三民書局，1987年。

黃俊傑主編，《天道與人道》，臺北：聯經出版事業公司，1989年。

黃俊傑，《孟學思想史論》，臺北：中央研究院文哲研究所籌備處，
　　　　1997年。

黃俊傑，《東亞儒學史的新視野》，臺北：喜瑪拉雅研究發展基金會，
　　　　2001年。

黃朴民，《董仲舒與新儒學》，臺北：文津出版社，1992年。

黃源盛，《中國傳統法制與思想》，臺北：五南圖書出版公司，1998年。

黃源盛，《法律繼受與近代中國法》，臺北：元照出版公司，2007年。

黃源盛，《漢唐法制與儒家傳統》，臺北：元照出版公司，2009年。

黃源盛，《中國法史導論》，臺北：元照出版公司，2012年。

程宜山、劉笑敢、陳來，《中華的智慧──中國古代哲學思想精粹》，
　　　　臺北：貫雅文化事業公司，1991年。

曾振宇、范學輝，《天人衡中》，開封：河南大學出版社，1998年。

曾加，《張家山漢簡法律思想研究》，北京：商務印書館，2008年。

楊鴻烈，《中國法律在東亞各國之影響》，臺北：臺灣商務印書館，
　　　　1971年。

楊廷福，《唐律初探》，天津：天津人民出版社，1982年。

楊鴻烈，《中國法律發達史》，上海：上海書店，1990。

楊鶴皋，《魏晉隋唐法律思想研究》，北京：大學出版社，1995年。

蒙元培，《中國心性論》，臺北：臺灣學生書局，1990年。

劉俊文，《唐代法律研究》，臺北：文津出版社，1982年。

劉俊文，《唐代法制研究》，臺北：文津出版社，1999年。

劉瀚平，《儒家心性與天道》，臺北：商鼎文化出版社，1996年。

劉燕儷，《唐律中的夫妻關係》，臺北：五南圖書出版公司，2007年。

劉庚安、高浣月、李建渝等，《中國法制史學的發展》，北京：中國政
　　　　法大學出版社，2007年。

鄭顯文：《唐代律令制》，北京：北京大學出版社，2004年。

鄭顯文，《唐代律令制度研究》，北京：北京大學出版社，2005年。

鄧奕琦，《北朝法制研究》，北京：中華書局，2005年。

蔡萬進，《張家山漢簡《奏讞書》研究》，桂林：廣西師範大學出版社，2006年。

潘維和，《唐律上家族主義之研究》，臺北：中國文化學院出版部，1965年。

潘維和，《唐律家族主義》，臺北：嘉新水泥公司文化基金會，1968年。

潘維和，《唐律學通義》，臺北：漢林出版社，1979年。

潘維和，《唐律家庭主義論》，臺北：聯合出版社，1974年。

蔡墩銘，《唐律與近世刑事立法之比較研究》，臺北：中國學術著作獎助委員會，1968年。

蔡萬進，《張家山漢簡《奏讞書》研究》，桂林：廣西師範大學出版社，2006年。

錢基博，《經學通志》，臺北：中華書局，1962年。

錢大群、錢元凱，《唐律論析》，南京：南京大學出版社，1989年。

錢大群、郭成偉，《唐律與唐代吏治》，北京：中國政治大學出版社，1994年。

錢大群，《唐律與唐代法律體系研究》，南京：南京大學出版社，1996年。

錢大群，《唐律研究》，北京：法律出版社，2000年。

錢大群，《中國法律史》，南京：南京師範大學出版社，2001年。

錢大群，《唐律與唐代法制考辨》，北京：社會科學文獻出版社，2009年。

龍大軒，《漢代律家與律章句考》，北京：社會科學文獻出版社，2009年。

戴炎輝，《唐律各論》，臺北：成文出版社，1988年。

戴炎輝，《中國法制史》，臺北：三民書局，1998年。

戴炎輝，《唐律通論》，臺北：元照出版公司，2010年。

謝冠生、查良鑑主編，《中國法制史論集》，1968年。

謝暉，《中國古典法律解釋的哲學向度》，北京：中國政治大學出版
　　　社，2005年。

韓樹峰，《漢魏法律與社會——以簡牘、文書為中心的考察》，北京：
　　　社會科學文獻出版社，2011年。

瞿同祖，《瞿同祖法學論著集》，北京：中國政治大學出版社，1998年。

瞿同祖，《中國法制與中國社會》，臺北：里仁書局，2004年。

仁井田陞，《唐宋法律文書の研究》，東京：東京大學出版會，1983
　　　年。

仁井田陞，《中國身分法史》，東京：東京大學出版會，1983年。

仁井田陞，《中國法制史研究》，東京：東京大學出版社，1991年。

池田溫主編，《唐令拾遺補》，東京：東京大學出版會，1997年。

池田雄一，《奏讞書——中國古代の裁判記錄》，東京：刀水書房，
　　　2002年。

辻正博，《唐宋時代刑制度の研究》，京都：京都大學學術出版會，
　　　2010年。

海德格爾著，陳嘉映等譯，《存在與時間》，北京：生活‧讀書‧新知
　　　三聯書局，1987年。

伽達默爾著，洪漢鼎譯，《真理與方法》，上海：上海譯文出版社，
　　　1999年。

三 論文集論文（按出版時間排列）

陳惠馨，〈法史學的研究方法——從戴炎輝的相關研究談起〉，黃源盛主編，《法史學的傳承‧方法與趨向——戴炎輝先生九五冥誕紀念論文集》，臺北：中國法制史學會，1994年。

俞榮根，〈唐律學：傳承與趨勢——兼及戴炎輝的唐律研究〉，黃源盛主編，《法史學的傳承‧方法與趨向——戴炎輝先生九五冥誕紀念論文集》，臺北：中國法制史學會，1994年。

高明士，〈律令與禮刑的關係〉，黃源盛主編，《法史學的傳承‧方法與趨向——戴炎輝先生九五冥誕紀念論文集》，臺北：中國法制史學會，1994年。

錢大群，〈關於唐律現代研究的幾個問題〉，黃源盛主編，《法史學的傳承‧方法與趨向——戴炎輝先生九五冥誕紀念論文集》，臺北：中國法制史學會，1994年。

陶 安，〈法典與法律之間——近代法學給中國法律史帶來的影響〉，黃源盛主編，《法史學的傳承‧方法與趨向——戴炎輝先生九五冥誕紀念論文集》，臺北：中國法制史學會，1994年。

戴炎輝，〈中國固有法上的離婚法〉，戴炎輝文教基金會，《傳統中華社會的民刑法制——戴炎輝教授論文集》，臺北：財團法人戴炎輝文教基金會，1998年。

戴炎輝，〈論唐律上罪名定刑之態樣〉，戴炎輝文教基金會，《傳統中華社會的民刑法制——戴炎輝教授論文集》，臺北：財團法人戴炎輝文教基金會，1998年。

戴炎輝，〈論唐律上身分與罪刑之關係〉，戴炎輝文教基金會，《傳統中華社會的民刑法制——戴炎輝教授論文集》，臺北：財團法人戴炎輝文教基金會，1998年。

戴炎輝,〈論唐律上「免除官當」〉,戴炎輝文教基金會,《傳統中華社會的民刑法制 —— 戴炎輝教授論文集》,臺北:財團法人戴炎輝文教基金會,1998年。

戴炎輝,〈唐律十惡之溯源〉,戴炎輝文教基金會,《傳統中華社會的民刑法制 —— 戴炎輝教授論文集》,臺北:財團法人戴炎輝文教基金會,1998年。

高明士,〈導論:唐律研究及其問題〉,高明士主編:《唐律與國家社會研究》,臺北:五南圖書出版公司,1999年。

甘懷真,〈反逆罪與君臣關係〉,高明士主編,《唐律與國家社會研究》,臺北:五南圖書出版公司,1999年)。

桂齊遜,〈刑事責任能力〉,高明士主編,《唐律與國家社會研究》,臺北:五南圖書出版公司,1999年。

李淑媛,〈悔婚與嫁娶之關係〉,高明士主編,《唐律與國家社會研究》,臺北:五南圖書出版公司,1999年。

金相範,〈時令與禁刑〉,高明士主編,《唐律與國家社會研究》,臺北:五南圖書出版公司,1999年。

高明士,〈唐律中的家長責任〉,高明士主編,《唐代身分法制研究 —— 以唐律名例律為中心》,臺北:五南圖書出版公司,2003年。

桂齊遜,〈我國有律關於「同居相為隱」的理論面與實務面〉,高明士主編,《唐代身分法制研究 —— 以唐律名例律為中心》,臺北:五南圖書出版公司,2003年。

黃玫茵,〈唐代三父八母的法律地位〉,高明士主編,《唐代身分法制研究 —— 以唐律名例律為中心》,臺北:五南圖書出版公司,2003年。

劉燕儷,〈從法律面看唐代的夫與嫡妻關係〉,高明士主編:《唐代身

分法制研究——以唐律名例律為中心》，臺北：五南圖書出版公司，2003年。

甘懷真，〈唐律中的罪的觀念：《唐律·名例律》篇目疏議分析〉，高明士主編，《唐代身分法制研究——以唐律名例律為中心》，臺北，五南圖書出版公司，2003年。

陳俊強，〈試論唐代流刑的成立及其意義〉，高明士主編，《唐代身分法制研究——以唐律名例律為中心》，臺北：五南圖書出版公司，2003年。

李清良，〈黃俊傑論中國經典詮釋傳統：類型、方法與特質〉，洪漢鼎主編，《中國詮釋學》第一輯，濟南：山東人民出版社，2003年。

楊　昂，〈中國古代法律詮釋傳統形成的歷史語境〉，洪漢鼎主編，《中國詮釋學》第一輯，濟南：山東人民出版社，2003年。

蔣曉偉，〈論《唐律疏議》〉，郭建主編，《中國法律史研究》，上海：學林出版社，2003年。

張建一，〈《唐律》具文考述〉，郭建主編，《中國法律史研究》，上海：學林出版社，2003年。

柳正權，〈中國法制史研究方法之探討〉，倪正茂主編，《法學思辨二〇〇二年中國法史年會論文集》，北京：法律出版社，2004年。

夏新華，〈比較法律史：中國法律史學研究的新視角〉，倪正茂主編，《法學思辨二〇〇二年中國法史年會論文集》，北京：法律出版社，2004年。

戴建國，〈關於中國法律史研究規範問題的思考〉，倪正茂主編，《法學思辨二〇〇二年中國法史年會論文集》，北京：法律出版社，2004年。

閻曉君，〈中國法制史的學科視野與研究方法〉，倪正茂主編，《法學思辨二○○二年中國法史年會論文集》，北京：法律出版社，2004年。

夏錦文，〈研究範式的轉換與中國法律史學科的性質和體系〉，倪正茂主編，《法學思辨二○○二年中國法史年會論文集》，北京：法律出版社，2004年。

劉新、楊曉青，〈中國法律思想史學科的對象與體〉，倪正茂主編，《法學思辨二○○二年中國法史年會論文集》，北京：法律出版社，2004年。

徐　彪，〈「法制史」、「法律發達史」、「法律史」──一個歷史維度的觀察〉，倪正茂主編，《法學思辨二○○二年中國法史年會論文集》，北京：法律出版社，2004年。

范忠信，〈法律史學科的體系、結構、特點和研究方法〉，倪正茂主編，《法學思辨二○○二年中國法史年會論文集》，北京：法律出版社，2004年。

汪漢卿、劉軍，〈龐德論中國的法制改革和法律教育〉，倪正茂主編，《法學思辨二○○二年中國法史年會論文集》，北京：法律出版社，2004年。

韓　慧，〈中國法律史的體系建構〉，倪正茂主編，《法學思辨二○○二年中國法史年會論文集》，北京：法律出版社，2004年。

張隆溪，〈經典在闡釋學上的意義〉，黃俊傑編：《中國經典詮釋傳統（一）通論篇》，臺北：國立臺灣大學出版中心，2004年。

張鼎國，〈「較好地」還是「不同地」理解：從詮釋學論爭看經典註疏中的詮釋定位與取向問題〉，黃俊傑編，《中國經典詮釋傳統（一）通論篇》，臺北：國立臺灣大學出版中心，2004年。

黃俊傑，〈從儒家經典詮釋史觀點論解經者的「歷史性」及其相關問

題〉，黃俊傑編，《中國經典詮釋傳統（一）通論篇》，臺北：國立臺灣大學出版中心，2004年。

八重津洋平著、鄭顯文譯，〈《故唐律疏議》研究〉，何勤華編，《律學考》，北京：商務

陳惠馨，〈《唐律》中家庭與個人的關係——透過教育與法制建構「家內秩序」〉，高明士編，《東亞傳統家禮、教育與國法（一）家族、教育與國法》，臺北：臺灣大學出版中心，2005年。

張中秋，〈家禮與國法的關係和原理及其意義〉，高明士編，《東亞傳統家禮、教育與國法（一）家內秩序與國法》，臺北：國立臺灣大學出版中心，2005年。

羅彤華，〈「諸戶主皆以家長為之」——唐代戶主身分研究〉，高明士編，《東亞傳統家禮、教育與國法（一）家內秩序與國法》，臺北：國立臺灣大學出版中心，2005年。

桂齊遜，〈唐律「家人共犯，止坐尊長」〉，高明士編，《東亞傳統家禮、教育與國法（一）家內秩序與國法》，臺北：國立臺灣大學出版中心，2005年。

劉燕儷〈唐律中的母子關係〉，高明士編，《東亞傳統家禮、教育與國法（一）家內秩序與國法》，臺北：國立臺灣大學出版中心，2005年。

李淑媛，〈唐代的緣坐——以反逆緣坐下的婦女為核心之考察〉，高明士編，《東亞傳統教育與法制研究（二）唐律諸問題》，臺北：國立臺灣大學出版中心，2005年。

李淑媛，〈唐代的家庭暴力——以虐妻、毆夫為中心之思考〉，高明士編，《東亞傳統家禮、教育與國法（一）家內秩序與國法》，臺北：國立臺灣大學出版中心，2005年。

劉燕儷，〈唐律私賤階層的夫妻關係與實態之探討〉，高明士編，《東

亞傳統教育與法制研究（二）唐律諸問題》，臺北：國立臺
灣大學出版中心，2005年。

高橋芳郎，〈唐代以來的竊盜罪與親屬——罪責減輕的緣由〉，高明士
編，《東亞傳統家禮、教育與國法（一）家內秩序與國法》，
臺北：國立臺灣大學出版中心，2005年。

翁育瑄，〈戶婚律與家內秩序——唐代家庭的探討〉，高明士編，《東
亞傳統家禮、教育與國法（一）家內秩序與國法》，臺北：
國立臺灣大學出版中心，2005年。

翁育瑄，〈唐宋有關親屬相犯案件的審理〉，高明士編，《東亞傳統教
育與法制研究（一）教育與政治社會》，臺北：國立臺灣大
學出版中心，2005年。

陳登武，〈唐律對於「上書奏事」的相關規範——兼論唐代的「欺君
罔上」〉，高明士編，《東亞傳統教育與法制研究（二）唐律
諸問題》，臺北：國立臺灣大學出版中心，2005年。

李均明，〈張家山漢簡《奏讞書》是一部判例集〉，張伯元主編，《法
律文獻整理與研究》，北京：北京大學出版社，2005年。

閆曉君，〈張家山漢簡《奏讞書》考釋〉，張伯元主編，《法律文獻整
理與研究》，北京：北京大學出版社，2005年。

丁凌華，〈喪服學研究與准五服制罪〉，張伯元主編，《法律文獻整理
與研究》，北京：北京大學出版社，2005年。

高明士，〈法文化的定型：禮主刑輔原理的確立〉，柳立言主編：《中
國史新論——法律史分冊》，臺北：聯經出版事業公司，
2008年。

馬若斐（Geoffrey MacCormack）著、蔡京玉譯，〈重估由漢至唐的
「法律儒家化」〉，柳立言主編：《中國史新論——法律史分
冊》，臺北：聯經出版事業公司，2008年。

劉怡君，〈漢初法制研究——以《奏讞書》亡匿案件為中心之考察〉，
　　　　《出土文獻研究視野與方法第一輯》，臺北：國立政治大學
　　　　中國文學系，2009年。

高明士，〈唐律中的「理」〉，黃源盛主編，《唐律與傳統文化》，臺
　　　　北：元照出版公司，2011年。

賴亮郡，〈從放妻書看唐代的和離〉，黃源盛主編，《唐律與傳統文
　　　　化》，臺北：元照出版公司，2011年。

張中秋，〈傳統中國法的道德原理及其價值——以《唐律疏議》為分
　　　　析中心〉，黃源盛主編，《唐律與傳統文化》，臺北：元照出
　　　　版公司，2011年。

四　期刊論文（按出版時間排列）

（一）臺灣地區

周慶華，〈「格義」學的歷史意義與現代意義〉，《國際佛學研究年刊》，
　　　　1992年。

黃源盛，〈董仲舒春秋折獄案例研究〉，《國立台灣大學法學論叢》，
　　　　1992年。

彭　浩，〈談《奏讞書》中的西漢案例〉，《文物》第8期，1993年。

黃源盛，〈兩漢春秋折獄案例探微〉，《政大法學評論》，1994年。

那思陸，〈中國法制史的研究目的與研究方法〉，《社會科學學報》，
　　　　1995年。

陳志信，〈尊尊與親親——試論《禮記》所反映的文化模式〉，《鵝湖
　　　　月刊》第23卷第2期，1997年8月。

林素英，〈降服的文化結構意義——以《儀禮‧喪服》為討論中心〉，
　　　　《中國學術年刊》第19期，1998年3月。

桂齊遜，〈唐律「刑事責任能力」規定及相關規範分析〉，《元培學報》，1998年12月。

林素英，〈為「父」名、「母」名者服喪所凸顯的文化現象——以《儀禮・喪服》為討論中心〉，《中國學術年刊》第20期，1999年3月。

林素英，〈《儀禮》中為繼父服喪的意義〉，《漢學研究》第17期，1999年12月。

黃俊傑，〈從儒家經典詮釋史觀點論解經者的「歷史性」及其相關問題〉，《臺大歷史學報》第24期，1999年12月。

桂齊遜，〈五十年來（1029-1948）臺灣地區唐律研究評介〉，《元培學報》，1999年12月。

桂齊遜，〈五十年來（1949-1998）臺灣地區唐律研究評介〉，《法制史研究》，2000年12月。

桂齊遜，〈唐律關於維護「社會集體安全」規範之研究〉，《法制史研究》，2002年12月。

林素娟，〈古代婚禮「廟見成婦」說問題探究〉，《漢學研究》第21卷第1期，2003年6月。

黃源盛，〈兩漢春秋折獄「原心定罪」的刑法理論〉，《政大法學評論》，2004年6月。

錢大群，〈關於唐律現代研究的幾個問題〉，《法制史研究》，2004年6月。

蕭銘慶，〈「唐律」的犯罪思想——「唐律疏議」分析〉，《中央警察大學學報》，2004年8月。

劉怡君，〈論董仲舒經律思想的淵源、內涵與實踐〉，《東方人文》第3卷第3期，2004年9月。

桂齊遜，〈中國中古時期「經義折獄」案例初探〉，《通識研究集刊》第6期，2004年11月。

江衍良、陳述之，〈《論語‧陽貨篇》「公山弗擾」與「佛肸召」兩章探討──知識社會學的詮釋〉，《長庚科技學刊》第3期，2004年12月。

任育才，〈論唐代的人才培育簡選與任用〉，《興大歷史學報》第16期，2005年6月。

李隆獻，〈復仇觀的省察與詮釋──以《春秋》三傳為重心〉，《臺大中文學報》第22期，2005年6月。

桂齊遜，〈從出土簡牘史料論《唐律‧戶婚律》之淵源〉，《法制史研究》，2005年12月。

桂齊遜，〈《唐律關於「律文解釋」方式之分析〉，《通識研究集刊》，2005年12月。

江衍良，〈《論語》〈陽貨〉篇「公山弗擾」與「佛肸召」兩章再探〉，《長庚科技學刊》第5期，2006年12月。

郜積意，〈宣、章二帝與兩漢章句學的興衰〉，《漢學研究》第25卷第1期，2007年6月。

李隆獻，〈兩漢復仇風氣與《公羊》復仇理論關係重探〉，《臺大中文學報》第27期，2007年12月。

李隆獻，〈隋唐時期復仇與法律互涉的省察與詮釋〉，《成大中文學報》第20期，2008年4月。

李隆獻，〈兩漢魏晉南北朝復仇與法律互涉的省察與詮釋〉，《臺大文史哲學報》第68期，2008年5月。

張傳璽，〈再議古代法律中的「親屬容隱」規定〉，《法制史研究》第15期，2009年6月。

李淑媛，〈休妻棄放──唐代離婚「七出」、「義絕」問題再探〉，《法制史研究》第17期，2010年6月。

劉怡君，〈《唐律疏議‧名例律》「天」與「刑」關係之探析──兼論經學律學的交涉〉，《東吳中文學報》第19期，2010年6月。

林啟屏，〈先秦儒學思想中的「君」、「臣」與「民」〉，《政大中文學報》第15期，2011年6月。

高明士，〈唐律中的「理」——斷罪的第三法源〉，《臺灣師大歷史學報》第45期，2011年6月。

劉怡君〈《儀禮》對《唐律疏議》的影響——以「親屬名分」諸問題為探討核心〉，《中央大學人文學報》第55期，2013年7月。

劉怡君，〈唐代「援經入律」探析——以《唐律疏議》婚姻規範為中心之考察〉，《東吳中文學報》第28期（THCI Core 核心期刊），2014年12月。

劉怡君，〈論《唐律疏議》對《禮記》「通經致用」之情形〉，《中國學術年刊》第37期（春季號），2015年3月。

劉怡君，〈《唐律疏議》「援經入律」之實況及其功能〉，《法制史研究》第33期，2018年6月。

（二）大陸地區

彭浩，〈談《奏讞書》中的西漢案例〉，《文物》第8期，1993年。

李學勤，〈《奏讞書》解說（上）〉，《文物》第8期，1993年。

楊劍虹，〈漢簡《奏讞書》所反映的三個問題〉，《江漢考古》第4期，1994年。

魏恤民，〈試論《唐律疏議》中的有關養老敬老思想〉，《咸寧師專學報》，1995年4月。

錢大群，〈律、令、格、式與唐律的性質〉，《法學研究》，1995年5月。

葉昌富，〈唐律慎刑論〉，《咸寧師專學報》，1996年2月。

海文衛，〈從《唐律疏議》看唐代封爵貴族的法律特權〉，《廣西民族學院學報》，1999年。

陳戍國，〈從《唐律疏議》看唐禮及相關問題〉，《湖南大學學報》，1999年1月。

陳戌國，〈從《唐律疏議》看唐禮及相關問題（續）〉，《湖南大學學報》，1999年2月。

徐永康，〈唐律「十惡」罪刑研究〉，《河南省政法管理幹部學院學報》，1999年6月。

邱玉梅，〈唐律「一準乎禮」的立法特點及產生的主要原因〉，《黑龍江省政法管理幹部學院學報》，2000年3月。

楊建，〈《奏讞書》地名箚記（四則）中的第一則「夷道」〉，《江漢考古》第4期，2001年。

李偉迪，〈論血緣關係在唐律中的基礎地位〉，《懷化師專學報》，2001年6月。

商愛玲，〈《唐律》中的孝治思想〉，《錦州師範學院學報》，2001年3月。

李偉迪，〈論唐律的血緣主義特徵〉，《船山學刊》，2002年1月。

王立民，〈論唐律的禮法關係〉，《浙江學刊》，2002年2月。

馬建興，〈略論《唐律》中的禮教思想〉，《中南大學學報》，2003年3月。

洪佳期，〈《唐律疏議》中的留養制度〉，《棗莊師範專科學校學報》，2004年4月

趙　鵬，〈試論「血緣關係」在唐律中的體現〉，《理論月刊》，2004年6月。

馬建興，〈唐律倫理法思想的社會學分析〉，《唐都學刊》，2004年5月。

劉培麗，〈《唐律疏議》之婚姻家庭法中儒家法律思想解讀〉，《內蒙古農業大學學報》，2006年1月。

李廣成，〈《唐律疏議》的法律解釋方法論析〉，《求索》，2006年4月。

任海濤，〈魏晉南北朝對唐律的貢獻〉，《蘭州商學院學報》，2006年2月。

蘇亦工，〈唐律「一準乎禮」辨正〉，《政治論壇》，2006年3月。

施偉青，〈疑罪從有、輕罪重懲的刑法實踐與漢初社會──從《奏讞書》談起〉，《中國社會經史研究》第3期，2007年。

廖宗麟，〈從《唐律疏議》的侷限性看中華法系發展的特點〉，《河池學院學報》，2007年1月。

韋宇潔，〈唐律之依血緣立法思想〉，《法制與社會》，2007年2月。

任映艷，〈從《唐律疏議》看中國古代的孝親思想〉，《蘭州交通大學學報》，2007年2月。

李忠建，〈論《唐律疏議》的儒家倫理化〉，《沙洋師範高等專科學校學報》，2007年3月。

孫家紅，〈略論唐律的「不孝罪」〉，《中國文化研究》，2007年4月。

阮　興，〈《唐律疏議》「律疏」的律學意義〉，《寧夏大學學報》，2007年6月。

孫晉輝，〈對《唐律疏議》中有關婚姻家庭制度的「禮」性思考〉，《三峽大學學報》，2007年12月。

張善英，〈淺論《唐律》對婦女地位的確認〉，《重慶文理學院學報》，2008年1月。

孫　奕，〈從觀念到制度──《唐律》中的容隱制度及其相關問題〉，《武漢大學學報》，2008年2月。

朱　坤，〈唐律對家庭中家長權力的保護略析──以尊長卑幼間互犯罪之量刑為例〉，《齊齊哈爾師範高等專科學校學報》，2008年3月。

李　煒，〈論唐律的禮法關係〉，《安徽文學》，2008年4月。

李忠建，〈《唐律疏議》立法倫理思想探究〉，《延邊大學學報》，2008年4月。

索引

漢學研究叢書・文史新視界叢刊　0402015

援經入律——《唐律疏議》立法樞軸與詮釋進路

作　　者　劉怡君
責任編輯　呂玉姍
特約校稿　林秋芬

發 行 人　林慶彰
總 經 理　梁錦興
總 編 輯　張晏瑞
編 輯 所　萬卷樓圖書股份有限公司
　　　　　臺北市羅斯福路二段 41 號 6 樓之 3
　　　　　電話 (02)23216565
　　　　　傳真 (02)23218698

發　　行　萬卷樓圖書股份有限公司
　　　　　臺北市羅斯福路二段 41 號 6 樓之 3
　　　　　電話 (02)23216565
　　　　　傳真 (02)23218698
　　　　　電郵 SERVICE@WANJUAN.COM.TW
香港經銷　香港聯合書刊物流有限公司
　　　　　電話 (852)21502100
　　　　　傳真 (852)23560735

ISBN 978-986-478-661-9
2022 年 11 月初版
定價：新臺幣 660 元

如何購買本書：
1. 劃撥購書，請透過以下郵政劃撥帳號：
　帳號：15624015
　戶名：萬卷樓圖書股份有限公司
2. 轉帳購書，請透過以下帳戶
　合作金庫銀行 古亭分行
　戶名：萬卷樓圖書股份有限公司
　帳號：0877717092596
3. 網路購書，請透過萬卷樓網站
　網址 WWW.WANJUAN.COM.TW

大量購書，請直接聯繫我們，將有專人為
您服務。客服：(02)23216565 分機 610

如有缺頁、破損或裝訂錯誤，請寄回更換

國家圖書館出版品預行編目資料

援經入律 : <<唐律疏議>>立法樞軸與詮釋進路
= Quote classics into legislation : a study of "Tang
Lu Shu Yi" / 劉怡君著. -- 初版. -- 臺北市 : 萬
卷樓圖書股份有限公司, 2022.11
　面 ；　公分. -- (漢學研究叢書.文史新視界
叢刊 ; 402015)
ISBN 978-986-478-661-9(平裝)
1.CST: 唐律疏議 2.CST: 法規 3.CST: 經學
4.CST: 學術研究 5.CST: 唐代
582.141　　　　　　　111004918